LE JAPON RÉSIGNÉ

Points sur l'Asie
Collection dirigée par Philippe Delalande

Dernières parutions

Alain LAMBALLE, *L'eau en Asie du Sud : confrontation ou coopération ?*, 2009.
Stephen DUSO-BAUDUIN, *Sociostratégie de la Chine : dragon, panda ou qilin ?*, 2009.
Michel POUSSE, *L'Inde et le monde contemporain, histoire des relations internationales de 1947 à nos jours*, 2009.
Claude HELPER, *Corée : réunification, mission impossible ? Quid de l'après Kim_Jong-il ?*, 2008.
LIN Chi-Fan, *Le Tourisme des Chinois taiwanais en France*, 2008.
Jacques DUPOUEY, *Passeport pour le Japon des Affaires*, 2008.
Agnès ANDRESY, Le Président chinois HU Jintao, sa politique et se réseaux. Who's Hu ? 2008
Christine LE BONTE, *Le Cambodge contemporain. Quelles perspectives de développement compte tenu de la situation politique et économique actuelle ?*, 2007.
Philippe DELALANDE, *Vietnam, dragon en puissance. Facteurs politiques, économiques, sociaux*, 2007.
Esmeralda LLADSER, *Instantanés chinois, dans le nid du dragon*, 2007.
Antony TAO, *Dieu et le Tao*, 2007.
Nilsy DESAINT, *Mort du père et place de la femme au Japon*, 2006.
Asie 21 – Futuribles, *La Chine à l'horizon 2020*, 2006.
PROCHEAS, *Cambodge : Population et société d'aujourd'hui*, 2005.
Lucas DOMERGUE, *La Chine, puissance nucléaire*, 2005
Dominique LUKEN-ROZE, *Cambodge : vers de nouvelles tragédies ? Actualité du génocide*, 2005.
Hervé COURAYE, *L'alliance nippo-américaine à l'épreuve du 11 septembre 2001*, 2005.
Chris REYNS, *Images du Japon en France et ailleurs : entre japonisme et multiculturalisme*, 2005.
J.P. BEAUDOUIN, *Zen, le torrent immobile*, 2005.

Marc DELPLANQUE

LE JAPON RÉSIGNÉ

La non-résistance au changement
fait sa force

L'Harmattan

© L'Harmattan, 2009
5-7, rue de l'Ecole polytechnique ; 75005 Paris

http://www.librairieharmattan.com
diffusion.harmattan@wanadoo.fr
harmattan1@wanadoo.fr

ISBN : 978-2-296-09461-1
EAN : 9782296094611

AVANT-PROPOS

En 2007, les Japonais avaient choisi le kanji, 偽 "gi", qui signifiait "faux" à cause des fraudes et dissimulations de toute nature dans le domaine des affaires, et que l'on ne savait plus à qui ni à quoi, faire confiance.

Pour les Japonais, 2008 est marquée par le 変 "hen", élu "kanji de l'année". Chaque 12 décembre, l'Association d'examen de connaissance des kanji, agréée par le ministère de l'Éducation, annonce le "kanji de l'année". Celui-ci est choisi en fonction de l'actualité dominante par plus de 111.208 votants en 2008. Dans le temple de Kiyomizu de Kyoto, un moine calligraphie le "kanji de l'année" sur une grande affiche, lors d'une cérémonie. Le kanji, "hen", a été choisi par 6031 votes (5,45 % de la totalité des votes). Le kanji 金 "kin" (argent), en seconde place, à cause de la baisse du pouvoir d'achat, n'a obtenu que 3211 votes (2,89 %). Le kanji 落 "raku" qui signifie la "chute" a obtenu la troisième place pour marquer le retour de la crise économique et financière.

Le "hen" [1] signifie d'une part, "changement" ou "changer" ; et dans un autre sens, quelque chose qui n'est pas "futsu", c'est-à-dire, quelque chose de "bizarre" (qui n'est pas normale). Le "hen" s'est manifesté de la façon suivante :

- Sur le plan politique : c'est d'une part, le changement de premier ministre au Japon et d'autre part, le changement de Président et de politique des États-Unis.
- Sur le plan économique : au début 2008, on annonçait que le retour de la croissance se poursuivrait malgré la crise des "subprimes" en 2007. Puis la crise financière de l'été 2008 a stoppé net la reprise économique.
- Ensuite, on constate une multiplicité des crises : crise de la sécurité alimentaire, crise de l'énergie, crise du pouvoir d'achat, et une hausse de la criminalité.
- Par ailleurs, le changement climatique mondial s'intensifie et crée une augmentation des catastrophes naturelles et leur gravité s'intensifie. Certains Japonais ont opté pour le kanji, "hen", parce qu'ils souhaitent un changement positif et en douceur pour l'avenir, tandis que d'autres pensent que c'est une année bien étrange.

Enfin, ce livre fait le bilan de la situation économique du Japon jusqu'à la fin de l'année 2008. La récession économique mondiale continuant de s'aggraver, les données statistiques pour 2009 ne sont que des prévisions sans doute déjà dépassées par les évènements.

---

[1] La photo de couverture et la photo de la calligraphie 変 ("hen") en page précédente ont été réalisées par Marc DELPLANQUE. Le kanji "hen" ayant été réalisé spécialement pour ce livre par la calligraphe, Keiko NAGAO, à la demande de l'auteur.

INTRODUCTION

SE RÉSIGNER AU CHANGEMENT

De tout temps, le Japon a surtout subi le changement, attendant qu'il vienne de l'extérieur du pays pour s'imposer à lui. Car son peuple est dans l'incapacité de prendre l'initiative de faire la révolution. Il est résigné et fataliste par nature. Il doit son industrialisation à des pressions venant de l'extérieur ("gaïatsu", "gaï" comme "extérieur" et "atsu" comme "pression"), lesquelles lui ont enseigné comment devenir riche. Par résignation, il s'est donc adapté à l'économie de marché imposée par une force extérieure. Après avoir été vaincu, il est devenu la seconde puissance industrielle du monde grâce à son esprit de soumission aux lois de l'économie de marché. Subissant les envahisseurs venus d'Occident, il en est devenu le meilleur élève, puis le meilleur partenaire. La résignation est un état d'esprit qui permet aux Japonais de garder leur dignité et d'agir avec ruse en toute circonstance. Dans leur conception, *perdre, c'est gagner* ("makeru ga kachi"), c'est-à-dire, qu'on cède la victoire à l'adversaire, mais qu'en conséquence, on devient gagnant. Ainsi en 1864, lorsque le Japon a cédé aux exigences des Américains pour ouvrir le pays au commerce, il a évité une guerre perdue d'avance et également la colonisation. Puis, grâce au développement du commerce et de l'industrie, le Japon est devenu un pays moderne. D'autre part, en capitulant sans condition, lors de la Seconde Guerre mondiale, il a ainsi encore évité l'occupation de son territoire par l'Union Soviétique et un partage éventuel en deux blocs avec les Américains. Leur défaite leur a permis de devenir une grande puissance économique.

Aujourd'hui, comme tous les grands pays industrialisés, le Japon est victime du changement, de son industrialisation et de la financiarisation de son économie. Il subit ce qu'il a semé, comme toutes les autres grandes nations. Mais les catastrophes naturelles, les crises de toutes natures sont devenues mondiales et ne connaissent donc pas les frontières tracées par les États. Cependant, victime de ces changements, dont on est tous responsables, mais que l'on ne peut réellement maitriser ou stopper, le Japon attend toujours que des solutions arrivent de l'extérieur du pays. Il veut le changement, mais il se sent impuissant à en créer les conditions.

Finalement, le Japon, dans son histoire, s'est toujours soumis au changement venant d'ailleurs. Mais aujourd'hui, pour affronter les crises mondiales, aucune force venant de l'étranger ne vient plus lui dire ce qu'il faut faire. Abandonné à lui-même, le Japon doit désormais apprendre à se débrouiller, à prendre ses propres responsabilités et son propre destin en main, sans attendre une aide de l'extérieur ni celle de son père, les États-Unis d'Amérique.

En outre, le Japon, c'est aussi l'inverse de l'Occident : à gauche ou à droite ? Dès qu'on débarque de l'avion à l'aéroport de Narita, on ne se rend pas tout de suite compte que sur l'escalateur automatique, il faut se placer du côté gauche pour laisser le côté droit libre pour ceux qui sont pressés. Les voitures roulent à gauche et les piétons aussi se placent automatiquement du côté gauche lorsqu'ils croisent d'autres piétons venant en sens inverse. En Europe, on se place plutôt à droite pour se laisser doubler par quelqu'un à pieds ou bien arrivant en sens inverse. Marcher toujours à gauche est une habitude difficile à prendre pour un Occidental, mais qu'il faut rapidement assimiler, car il arrive que l'on se retrouve nez à nez avec la personne arrivant dans l'autre sens. Le problème se pose surtout lorsqu'il y a une foule de piétons arrivant en sens inverse aux heures de sortie des bureaux, au moment de partir travailler, ou bien encore lorsque l'on fait du shopping dans des quartiers comme Shibuya. Heureusement que ma compagne me tient par la main pour toujours me tirer du côté gauche et éviter de me faire bousculer, voire même de me faire écraser par un cycliste. Car à vélo, on roule sur les trottoirs quand il y en a, sinon là, où les piétons circulent.

D'autre part, les portes d'entrée des appartements et des maisons s'ouvrent vers l'extérieur, et non pas vers l'intérieur comme en Occident. Il faut ajouter qu'il faut tourner la clé dans le sens inverse des aiguilles d'une montre pour ouvrir les portes japonaises. Et qu'ainsi, si vous allez aux toilettes au Japon, il faut tourner le verrou vers la gauche pour s'enfermer, sinon vous risquez une mauvaise surprise.

En revanche, la langue japonaise peut s'écrire, soit de manière verticale en partant d'une colonne de droite vers une colonne de gauche ; soit à l'horizontale sur une même ligne en partant de la gauche vers la droite. Mais on tourne les pages d'un livre, d'un magazine ou bien d'un journal dans le sens inverse des livres en écriture alphabétique. Toutefois, il arrive parfois que les livres s'ouvrent et se lisent dans le même sens que dans notre alphabet romain, comme c'est la règle chez les Occidentaux, notamment dans les ouvrages à caractère scientifique.

Lorsque l'on communique avec les Japonais, il faut éviter de poser une question sous la forme négative. Par exemple : *vous n'allez pas déjeuner ?* Car si le Japonais vous répond tout simplement par le mot "oui" en français ou bien "yes", en anglais, sans faire de phrase, cela signifie : "oui, bien sûr que je ne vais pas déjeuner", c'est-à-dire, plus précisément que, non il ne va pas déjeuner !

D'autre part, si le Japonais vous répond, "non !", il pense que, oui, il va déjeuner ! Dans cette dernière situation, un Français répondrait "si !" pour confirmer qu'il va effectivement déjeuner. Le même problème se pose avec des interlocuteurs chinois. En conclusion, il ne faut jamais poser de questions sous la forme négative pour une bonne compréhension en toute circonstance.

La spécificité de la culture japonaise se manifeste encore dans le fait que les Japonais utilisent une dénomination particulière pour définir chaque variété d'une même couleur, rouge, bleu, vert, jaune, noir ou blanc. Par exemple, la couleur rouge, appelée généralement "aka", peut aussi s'appeler "beni" lorsqu'il s'agit d'un rouge éclatant teinté de violet. Ou bien encore, si ce rouge éclatant est légèrement teinté de jaune, on l'appelle la couleur "hi", etc.

Enfin, pour dire "je", on utilise normalement "watashi", ou bien "watakushi" (forme très polie) ; entre collègues ou amis, on dit "ore", ou bien "boku", quand on est un garçon ; et les filles disent plutôt "watashi", mais encore, "atashi". De même qu'il existe beaucoup d'autres façons aussi pour dire, "tu", dont la forme la plus polie est, "anata", mais encore, "anta", "omae", "kimi", "temei". Mais plus encore, il existe encore d'autres formes écrites des sujets "je" et "tu". Dans la façon de parler, certaines manières sont péjoratives comme celle de dire "anta" à un client, et révèle un grand manque de respect ou une méconnaissance totale des coutumes japonaises. Dans beaucoup d'autres domaines, l'ambiguïté, ou ce qu'on appelle l'"aïmaï", joue un rôle influent dans la société japonaise.

Voilà pourquoi on estime généralement que les Japonais sont équivoques, mais il leur arrive parfois d'oublier les bonnes manières et le nom exact d'une couleur. De nos jours, la perte de l'authenticité culturelle marque bien la fin de l'"esprit Yamato".

Écrivain en littérature moderne, Haruki MURAKAMI a séjourné en Europe, notamment en Grèce et en Italie d'octobre 1986 à l'automne 1989. Il raconte ses séjours dans un livre, *Tôï Taïko* ("Le murmure au loin du tambour", livre jamais traduit en français). Quand il est revenu au Japon, il sentait qu'il avait lui-même changé, mais son pays aussi. Il sentait une certaine répulsion à l'égard du Japon et en même temps une certaine attirance. La vitesse de la consommation au Japon s'était accélérée d'une manière fulgurante. Voilà sa première impression, lors de son retour au pays natal. Il était comme pétrifié face à cette horrible accélération. Le Japon étant devenu une gigantesque machine à broyer qui capture et avale tout ce qui vit et tout ce qui est mort pour le transformer. Les médias du pays faisaient la propagande de ce système comme dans une dictature. Tout ce qu'il a vu autour de lui, ce n'était que des débris misérables rejetés après avoir été digérés par le système. "Voilà mon pays !" pensait-il à cette époque.

Bien d'autres choses nous paraissent à l'inverse de notre raisonnement et de nos sentiments, en particulier, dans les domaines juridiques, économiques et sociaux. L'envers du Japon, c'est également la face cachée de ce pays, son mal de vivre, parce que le plus important est de toujours faire bonne figure à l'égard des autres et surtout des étrangers. C'est ce que nous constaterons aussi tout au long de ce livre.

LE "BEAU JAPON" D'ABE, CE N'ÉTAIT QU'UN RÊVE !

Un futur sans retour envisageable, c'est aller dans le futur sans se retourner, sinon il faut choisir la mort, le suicide de tout un peuple. Un futur sans espérance de retour, ou bien le suicide ; de toute façon, pour les Japonais dans ces deux perspectives, c'est mourir. Parce que les Japonais vivent au jour le jour sans idéal, depuis que celui de la reconstruction du pays après la guerre s'est réalisé. Aujourd'hui, ils ne savent plus se projeter dans le futur pour bâtir un avenir meilleur. Ils disent toujours qu'ils n'ont aucune idée de quoi sera fait demain, et de ce qu'il faut envisager de faire. Mais ils ont bien compris que leur puissance économique ne fait pas le bonheur de tous. Pourtant, ils continuent de fermer les yeux pour fuir la réalité cruelle, parce que c'est un peuple qui se laisse guider par la peur et l'ignorance de son histoire et de son destin.

Lorsqu'il est arrivé triomphalement au pouvoir en septembre 2006, le premier ministre japonais, Shinzo ABE, avait promis de tourner définitivement la page de l'Après-guerre et de construire le *Beau pays*, grâce à son programme qui faisait la promotion d'une idéologie patriotique et néoconservatrice pour rétablir la fierté en chaque Japonais. Pour Abe, son programme était le meilleur remède contre la grande détresse qui s'est installée dans le pays depuis les années 1990. Les Japonais sont conscients que le pays se trouve dans une situation difficile et dangereuse pour son avenir. Sans doute qu'Abe a été influencé par le discours de Yasunari KAWABATA, lorsqu'il a été le premier écrivain japonais à recevoir le prix Nobel de littérature en 1968. Son discours est intitulé, *Utsukushii Nippon no watashi*, signifiant : "Moi, qui appartiens au beau Japon". Le *beau Japon* de Kawabata étant celui des poèmes des moines zen de l'époque féodale. Mais le Japon d'aujourd'hui n'est plus reconnu pour sa littérature et sa philosophie de l'époque féodale. Kawabata n'était donc pas un écrivain de la littérature moderne lorsqu'il a reçu le prix Nobel. En revanche, Kenzaburo OE appartient à la littérature postmoderne et a établi le lien entre le passé récent et le monde d'aujourd'hui, comme l'avait déjà fait, bien avant lui et à son époque, le romancier, Soseki NATSUME, au tout début du 20e siècle. L'écrivain, Yukio MISHIMA avait prédit, 26 ans avant, que s'il ne recevait pas le prix Nobel de littérature, ce serait OE qui le recevrait un jour.

Par contre, le *Beau Japon*, rêvé par Shinzo ABE, est plutôt celui de l'industrie et du commerce, qui font du Japon l'une des plus grandes puissances économiques du monde. Cependant, ce *Beau Japon* n'est pas envisageable avec des "Freeters" (travailleurs précaires à temps partiel ou temporaires, ou bien encore, en contrat à durée déterminée). Les magazines de recherche d'emplois sont gratuits dans les "konbini"[2] (supérettes) et ils sont remplis d'offres d'emplois telles que : livreurs, laveurs de vitres, employé de "konbini", etc.

Le terme japonais de "konbini" vient de l'anglais "Convenience Store", ces supérettes sont ouvertes parfois jusqu'à 24 h/24 et tous les jours de l'année, y compris les jours fériés. Ils s'adressent surtout à une clientèle de célibataires et de retraités de plus en plus nombreux au Japon. Car on y trouve les produits de première nécessité vendus à l'unité. On y vend aussi des portions de repas préparés pour une seule personne. On peut y envoyer des colis, payer les factures d'électricité et de téléphone, payer ses impôts, retirer de l'argent, se faire livrer un "obento" à domicile (petit repas japonais), payer un voyage en avion sur la compagnie japonaise Japan Airlines (JAL) ou bien All Nippon Airways (ANA). Dans certaines communes, on peut même y retirer un "juminhyo" (attestation de lieu de résidence de la municipalité). On trouve des "konbini" dans tous les quartiers de la ville, mais aussi dans les immeubles des quartiers d'affaires. Les services des "konbini" peuvent être différents en fonction de leur lieu et de leur clientèle. Il existe des "konbini" qui ne vendent que des produits et des aliments "bio". Parmi les enseignes les plus connues : Seven-Eleven, Lawson, FamilyMart, et am/pm. Leur succès est tel que leur chiffre d'affaires est devenu supérieur au chiffre d'affaires de l'ensemble des "Departement Stores" (ou "depato" en japonais, grands magasins), tel que Mitsukoshi, Takashimaya, Isetan, etc.

La vie est pleine d'opportunités, mais quand on est jeune, on a désormais plus de chance de basculer dans la précarité à vie. On peut commencer à espérer s'en sortir à partir de 1000 yens de l'heure (ce qui équivaut à 6,11 euro[3] en mai

---

[2] Les termes japonais écrits en "romaji", c'est-à-dire, reproduits à l'aide de l'écriture alphabétique romaine, n'obéissent pas aux règles de l'orthographe française. Ainsi, ils ne comportent pas, en principe, de "m" devant les lettres, m, b, et p. même si par exemple, "shinbun" (journal) comporte souvent un "m" dans les médias internationaux, mais on prononce "shi-n-bu-n", (quatre phonèmes distincts, selon les règles de la phonétique de la langue japonaise) et non pas "shim-bun" (ne comprenant que deux phonèmes). Ni de "s" au pluriel, car l'écriture "romaji" est une écriture basée sur la phonétique. Par exemple, les mots suivants retranscrits dans ce livre : "konbini", "futoko", "ijime", "hikikomori", "futsu", et "keganin", etc., ne connaissent ni le féminin, ni le pluriel. Toutefois, on peut admettre des exceptions lorsqu'il s'agit de mots adoptés et repris par les médias internationaux. Par exemple, "Nikkeijin" prend parfois un "s" au pluriel dans la presse internationale, ainsi que "kamikaze", "tatami", etc. Enfin, le "romaji" s'écrit sans accents pour les Japonais. En revanche, il peut s'écrire aussi avec des accents, notamment pour les Français, qui veulent insister sur la prononciation prolongée de voyelles. Mais dans cet ouvrage, pour une écriture simplifiée et pour une lecture plus aisée par les lecteurs, les accents sont inexistants. Si on connaît les bases de la prononciation du japonais, qui sont des règles relativement simples, la lecture de ces termes ne comporte alors pas de difficultés majeures.

[3] Veuillez noter que le terme "euro" ne s'écrit jamais au pluriel, ainsi en a décidé l'Union-Européenne, lors de la création de sa monnaie, car dans certaines langues des pays membres de l'Union, cela ne conviendrait pas. Les banques françaises commettent donc une erreur en ajoutant un "s" à "euro", notamment sur les chèques préimprimés, alors que, sur les billets de banque, le terme "euro" est toujours au singulier quelque soit le montant inscrit.

2007 et à 8,68 euro en janvier 2009), au lieu des 673 yens habituels, sauf si le contrat est à durée déterminée. D'ailleurs, à cause des difficultés de recrutement du personnel, des "konbini" de Tokyo offrent plus de 1000 yens de l'heure à l'embauche, mais toujours dans le cadre de contrat à durée déterminée. Quand on est en contrat à durée déterminée ou bien à temps partiel, bien que l'on travaille, on fait partie de la nouvelle classe des "Non-méritants".

Selon le ministère des Affaires intérieures, en 2007, 33,5 % des salariés japonais sont des salariés temporaires ou en CDD, tandis que selon le ministère de la Santé et du Travail, ils sont 37,8 %. Le Japon arrivant en seconde place dans le monde juste après les Pays-Bas. Dans la tranche d'âge de 15 à 34 ans, les "Freeters" représentaient 31,4 % des travailleurs salariés en 2006, puis 32 % en 2007. C'est-à-dire, 1/3 jeunes n'ont jamais l'opportunité de décrocher un emploi stable, et ils constituent désormais un réservoir de main-d'œuvre bon marché, nécessaire à la relance de la croissance économique. Ils n'ont plus l'opportunité de retrouver facilement un emploi stable, car les employeurs préfèrent recruter les jeunes diplômés sans expérience dès la sortie de leur formation. Le nombre d'offres d'emploi à durée indéterminée avait brutalement chuté en 1998 pour ensuite remonter en douceur : en novembre 2008, on recensait 76 offres d'emploi pour 100 demandes et selon les statistiques disponibles, le taux de chômage était de 3,9 % (2,56 millions de chômeurs) de la population active, en progression de 0,2 point par rapport à celui du mois précédent.

Mais en décembre 2008, selon le ministère des Affaires intérieures, le taux de chômage a bondi d'un demi-point atteignant 4,4 % de la population active. On comptait 2,7 millions de chômeurs, soit 390.000 en plus, une hausse de 16,9 % par rapport à décembre 2007. Dans le même temps, la population active a diminué de 0,4 % à 66,010 millions d'individus.

Toutefois, 2003 a été la pire des années pour le recrutement des jeunes diplômés. Ce problème majeur résulte du fait que les groupes d'entreprises japonaises ont systématiquement recours à une main-d'œuvre précaire. Mais elles sont elles-mêmes à l'origine de cette précarisation de l'emploi et de la paupérisation d'une bonne partie de la population, avec la bénédiction des autorités de l'État. En effet, la législation japonaise permet aux entreprises d'être exemptées de payer des charges sociales (assurance maladie et cotisations pour la retraite) pour les employés temporaires, si le nombre d'heures mensuelles de travail temporaire ne dépasse pas 3/4 du nombre d'heures total de travail effectué et que le contrat ne dépasse pas deux mois. Pour les indemnités de chômage, si l'employeur ne veut pas embaucher pour une durée d'un an au moins, l'employeur n'a pas l'obligation de cotiser pour le chômage. Même si un journalier travaille dans une même entreprise pendant 365 jours consécutifs. Il y a donc plus de 10 millions de travailleurs temporaires (en activité ou sans emploi) qui ne peuvent bénéficier d'aucune indemnité de chômage. Le gouvernement a l'intention de réduire la période d'un an à 6 mois.

Ainsi, les grandes entreprises cherchent à profiter et à abuser de cet avantage en créant chacune leur propre filiale de recrutement d'employés intérimaires, afin d'en tirer elles-mêmes tous les bénéfices. Mais il arrive que la société mère recrute des intérimaires en passant par une autre société d'intérim que celle qu'elle a elle-même créée. Une forte concurrence s'impose donc entre les différentes sociétés d'intérim qui se sont multipliées, et en conséquence, cela provoque une importante baisse des salaires. Étant donné qu'en 2007, qu'un employé intérimaire était payé environ 9534 yens pour un jour de travail par la société d'intérim, cette dernière étant rémunérée 14.032 yens par jour de travail de chaque employé temporaire. Actuellement par exemple, 12.000 travailleurs dans 19 entreprises du groupe Canon (plus de 30 % du personnel) sont des intérimaires.

Cependant, comme la plupart des grandes entreprises japonaises, Canon contourne les règles du droit du travail en sous-traitant avec des entreprises, lesquelles ont embauché des travailleurs temporaires spécialement pour les mettre sous la responsabilité directe de Canon. En droit, ces employés temporaires étaient considérés comme étant rattachés à l'entreprise sous-traitante. Mais en fait, Canon était l'employeur direct de ces employés. Il s'agit d'une forme déguisée de travail intérimaire appelée "giso ukeoi".

Fortement critiqué, en 2006, Canon s'était engagé à régulariser dans les deux ans à venir sa situation en embauchant directement sous contrat à durée déterminée, ses 6000 travailleurs temporaires irréguliers et les 6000 autres venant d'entreprises sous-traitantes. Cependant même s'ils sont embauchés directement, ils conserveront leur statut de travailleurs temporaires. Toutefois en 2008, le retour de la crise économique met un coup d'arrêt à cet objectif, car Canon a décidé de ne pas renouveler les contrats de 1100 intérimaires. Tout le secteur de l'électronique a pris de telles mesures. Canon est dirigé par Fujio MITARAI, lequel est aussi le Président du "Keidanren", le patronat japonais. Ce qui semble expliquer l'inaction actuelle du gouvernement pour sanctionner le non-respect du droit du travail par les grandes entreprises japonaises. Au Japon, au moment de la révélation de l'existence du travail intérimaire frauduleux, il n'y avait que 34 % des entreprises industrielles qui avaient une bonne connaissance de la distinction entre société d'intérim et entreprise sous-traitante. Car les deux sont souvent des activités exercées par une même entreprise.

Autre problème, le déclin du taux de fécondité [4] est aussi au cœur de l'inquiétude générale. L'indice de fécondité du Japon a atteint 1,34 enfant par femme en 2007, et 1,32 en 2006, alors qu'il était à son plus bas niveau en 2005, 1,26 enfant par femme japonaise. Si l'on observe de plus près, l'indice de

---

[4] Ne pas confondre le taux de fécondité, c'est-à-dire le nombre d'enfants effectivement nés vivants par rapport au nombre de femmes fécondes (entre 15 et 49 ans), avec le taux de natalité, ce dernier représentant le nombre de naissances vivantes par habitant. Le taux de fécondité est en moyenne de 2,1 dans les pays les plus développés.

fécondité pour le département de Tokyo est de 1,05 par femme seulement. Pire encore, l'indice de fécondité par femme est de 0,74 dans l'arrondissement de Meguro à Tokyo. Par contre, le département d'Okinawa possède le taux de fécondité le plus élevé du pays, 1,75 enfant par femme. Dans certaines communes du sud de l'île de Kyushu, l'indice est supérieur à 2. En particulier dans le village d'Isen du département de Kagoshima, l'indice de fécondité atteint 2,4 par femme en 2007. Dans ce même village d'Isen, il y avait également deux habitants parmi ceux qui étaient les plus âgés dans le monde, un Japonais né en 1865 et décédé à l'âge de 120 ans en 1986, détenant ainsi le record mondial chez les hommes ; ainsi qu'une femme japonaise d'Isen, née en 1887 et décédée à l'âge de 116 ans en 2003.

Ainsi, il n'est pas correct de dire que les jeunes femmes ne veulent pas avoir des enfants. Elles hésitent tout simplement à le faire, en particulier, lors de la "Période glacière de l'emploi" de 1993 à 2005. Il faut noter aussi qu'il n'y a pas suffisamment de compatibilité entre le travail et élever un enfant au Japon, car le mari est rarement disponible pour s'occuper des enfants et des tâches ménagères. Bien qu'il existe également un lien entre la chute du taux de fécondité et l'insuffisance de libido chez les Japonais. Les Japonais sont ceux qui consomment le moins de préservatifs dans le monde et qui souffrent le plus de l'absence de libido. Il y a aussi un grand manque de communication dans le couple. Le couple ne passe pas assez de temps ensemble et généralement le mari rentre trop tard du travail. Sans oublier les "Freeters" dont l'instabilité est un facteur important dans la chute des naissances et le "Sexless". Le manque des perspectives à long terme ne se limite plus aux jeunes. Un "Freeter", à qui on avait demandé pourquoi il ne payait pas ses cotisations pour la retraite, a répondu "je n'ai aucune idée de mon avenir au-delà de cinq ans, alors pourquoi je devrais m'inquiéter de la vie dans 50 ans ?" Le professeur Masahiro YAMADA de l'Université de Chuo à Tokyo explique, dans son livre, *Kibo kakusa shakaï* ("La société de l'espoir divisé"), que la société change d'une telle manière que les gens deviennent désespérés parce qu'ils voient que tous leurs efforts n'aboutissent à rien en ce qui concerne leur situation personnelle.

"Shoganaï !" répètent les Japonais à longueur de temps. Shoganaï, c'est la contraction de l'expression courante, "shiyo-ga-naï" ! Qui signifie : "c'est comme ça !", "c'est la vie !", "on n'y peut rien !" ; il signifie également la résignation, la fatalité, la destinée, c'est-à-dire, ce qui doit arriver inévitablement, ce peut être un signe de mort, etc. L'expression Shoganaï est parfois prononcée en politique. Voici un exemple récent et très significatif : le ministère de la Défense a été créé en janvier 2007, succédant à une simple "Agence de la Défense", afin de jouer un rôle plus important sur la scène internationale. Fumio KYUMA avait pourtant critiqué l'invasion de l'Irak par les Américains, ce qui ne l'avait pas empêché de devenir à 66 ans, le premier des ministres de la Défense du Japon depuis la Seconde Guerre mondiale, avant d'avoir été remplacé par une femme, Yuriko KOIKE. Mais il avait affirmé le 30 juin 2007 que les bombardements atomiques de Hiroshima et de Nagasaki étaient "quelque chose qui ne pouvait pas être évité pour empêcher l'invasion du Japon par l'Union Soviétique et le forcer rapidement à capituler... Je crois que c'est Shoganaï... Je n'en veux pas aux États-Unis... Par chance, Hokkaido n'a pas été occupé. Dans la pire des situations, Hokkaido aurait pu être annexé par l'Union Soviétique".

Ses propos, qui justifiaient l'usage de l'arme atomique, ont été considérés comme inadmissibles par les associations de survivants des bombardements atomiques, d'autant plus que Kyuma est un député de Nagasaki. L'opposition (le Parti démocrate du Japon ou PDJ) et certains membres de la coalition au pouvoir (le Parti libéral démocratique et le Parti bouddhiste) ont alors réclamé sa démission. Les excuses du ministre, et le désaveu du premier ministre Abe, n'ont pas suffi. Kyuma a finalement démissionné trois jours plus tard et à moins d'un mois avant les élections sénatoriales, car les sondages étaient très défavorables au gouvernement, mais ce fait n'a pas empêché le PLD de perdre les élections.

Pour les Occidentaux, la franchise n'est pas un vilain défaut, et il est notoire, en tout cas pour les historiens, que ces propos constituent une vérité historique incontestable. Même si pour les Japonais, c'est une vérité qui les blesse tout particulièrement, cela veut également dire qu'ils ont ainsi été sauvés du communisme par les États-Unis. Et peut-être à un partage du pays entre les deux grands blocs idéologiques comme en Corée. Il parait certain que le destin du Japon s'est joué à ce moment précis de l'Histoire, et qu'il n'aurait donc pu devenir la deuxième puissance économique que l'on connait sans cette malédiction. Ce qui explique peut-être la raison pour laquelle ils n'éprouvent ni rancœur ni haine à l'égard des Américains. Les Américains ignoraient toutes les conséquences des bombes atomiques sur la population. Ils avaient besoin de l'expérimenter et de faire une démonstration de leur puissance face à l'expansionnisme du bloc communiste. Car le communisme constituait surtout un frein au développement de l'économie de marché, et donc au développement industriel, commercial et financier des États-Unis. Le leitmotiv américain a toujours été, "Faisons-nous la guerre par le commerce plutôt que par les armes ! Si vous refusez, alors nous emploierons la force".

C'est ce que le Commodore Perry était venu dire aux Japonais avec ses grands navires de guerre à la fin du 19e siècle. Et c'est aussi ce que les Américains ont encore voulu signifier au Japon en 1945. Les Américains avaient d'abord programmé d'utiliser l'arme atomique contre l'Allemagne. Mais lorsqu'ils étaient enfin prêts, les Allemands venaient alors de capituler le 8 mai 1945. L'économie américaine est une économie essentiellement fondée sur la production et le commerce des armes, qui a besoin en permanence de conflits ou de menaces contre la paix pour se développer. Tant que les profits rapportés par l'économie de guerre sont satisfaisants, il n'y a pas de véritable volonté politique pour arrêter la guerre. En revanche, le Japon ne s'est avoué vaincu qu'après les bombardements atomiques de Hiroshima et de Nagasaki, les 6 et 9 août, la guerre a pris fin le 15 août et la capitulation a été signée le 2 septembre 1945. Ce n'est qu'à partir de ce moment-là que prend vraiment fin la Seconde Guerre mondiale. Aussi incroyable que cela puisse paraître de nos jours, ces bombardements ont eu lieu dans l'indifférence totale, l'ampleur des destructions et des effets sur la population a été dissimulée à l'époque. Car on ne voulait surtout pas que l'opinion publique s'oppose farouchement au développement de l'arme atomique, alors que le monde était en train de se constituer en deux grands blocs ayant une idéologie radicalement opposée.

Shoganaï, ne signifie pas en réalité que l'on ne peut rien faire, ni rien changer, mais que l'on n'en a pas la volonté ! Et que l'on cherche ainsi à ériger en vertu l'inaction et la passivité pour se justifier, car on ne cherche pas à améliorer les conditions de vie et son environnement ; au motif, que l'on veut changer l'homme en exigeant de lui qu'il accepte de tout subir. Shoganaï est un terme très péjoratif que l'on peut lancer sans faire de phrase, tout comme les termes "dose" ou bien "shosen" que les Japonais utilisent fréquemment au commencement d'une phrase pour exprimer leur désenchantement, leur pessimisme, leur désespoir et surtout leur amertume.

La société japonaise est comme le "moaï" (statue géante représentant un visage à double face) retrouvé dans l'océan Pacifique et qui est ancré à l'une des sorties de la gare du quartier de Shibuya à Tokyo. On peut s'y asseoir tout autour et observer les gens qui passent. L'une des faces, la plus apparente, me donne l'image d'un pays "kawaï", plein de choses mignonnes, d'un pays "subarashii", où il y a des choses extraordinaires, et où tout est "sugoï ne !", c'est-à-dire super, sans oublier qu'on y trouve beaucoup de choses qui font du bien, "kimochi ii ne !" Mais dans ce pays plein de superlatifs, il y a également une autre face, que l'on ne voit pas au premier abord. Un peu comme lorsqu'on passe à côté du "moaï" de la gare de Shibuya, on ne se rend pas compte qu'il a un second visage dont le regard est bien différent du premier. Cette seconde face représente, selon moi, l'image d'un pays "kowaï", un pays qui a peur, où la paranoïa fait partie de la vie quotidienne. Ce regard baissé est celui d'un pays qui cultive la honte, c'est aussi comme ça, le Japon.

Dans la perspective qui nous regarde, Shoganaï, c'est surtout la démission du Japon et des Japonais pour prendre en main leur propre destinée et ne pas l'abandonner totalement à la main invisible de l'économie de marché. La société "Shoganaï", c'est une société sans espoir, qui ne se construit plus et qui est hantée par le sentiment de la mort qu'elle veut se donner, c'est donc une société suicidaire en puissance. Il faut se demander si le *Beau pays* rêvé par Abe ne serait pas le pays perdu, celui des *samuraï*, du vieux *Hagakure*, de l'esprit *Bushido* et surtout du premier texte constitutif du Japon en tant qu'État, la *Charte de Shotoku*. Il faut donc, d'abord, envisager un bref retour sur l'histoire de ce pays, pour mieux comprendre sa situation actuelle et deviner les changements à venir.

CHAPITRE 1

LE POIDS INSUPPORTABLE DE L'HISTOIRE

En principe, les historiens ne doivent accepter aucun dogme, ne respecter aucun interdit et ne pas avoir de tabou. Cependant, les horreurs commises par les troupes japonaises n'ont pas encore été digérées, car elles perturbent encore aujourd'hui, les relations de bon voisinage entre le Japon et les autres pays d'Asie concernés. Les autorités japonaises reconnaissent que les troupes japonaises ont commis des actes criminels contre des civils, notamment en Chine et en Corée, mais elles en ignorent l'ampleur et minimisent les faits. En effet, les experts chinois, coréens et japonais en histoire sont en plein désaccord, en particulier au sujet du fameux massacre de Nankin. Les arguments sont aussi forts des deux côtés, et il est impossible de se faire une idée suffisamment objective à partir des rares archives que l'on peut trouver. Globalement, la Chine estime qu'il a eu plus de 300.000 morts, dont des femmes et des enfants ; en revanche, les historiens japonais considèrent, généralement, quand ils ne nient pas complètement les faits qu'il n'y en aurait eu qu'entre 80.000 et 100.000 morts et contestent fermement la réalité de certains faits criminels. On reproche également aux autorités militaires japonaises d'avoir créé plus de 3000 lieux dits de "femmes de réconfort" dans toute l'Asie du Sud-est, afin de satisfaire la libido de ses troupes. Et le doute subsiste sur la véracité des rares archives, car de chaque côté, il y aurait de faux documents qui circuleraient. Juste après la défaite de 1945 et l'occupation de leur territoire par les Américains, les Japonais ont détruit des documents essentiels à la recherche de la vérité. Il serait temps que les historiens de chaque pays concerné travaillent ensemble en faisant abstraction de tous préjugés et de toute idéologie pour faire la lumière sur cette période obscure de l'Histoire. Il faudrait également recourir à l'expertise des archives européennes et américaines des documents et rapports officiels, et aussi de la presse de l'époque. Car la présence d'étrangers, hommes d'affaires, diplomates et journalistes, à Nankin (choisi comme capitale par l'anticommuniste TCHANG KAI-CHEK, ou Chiang Kai-shek en anglais) et Shanghai, était importante à l'époque. Cependant, on peut fortement douter d'une réelle volonté politique de part de la Chine et du Japon de régler ce contentieux, malgré les appels répétés des historiens japonais et étrangers et de hautes personnalités politiques et du monde de la culture. Même si 70 ans après, le 25 avril 2007, le gouvernement japonais a encore souligné la difficulté de dresser un bilan exact tout en reconnaissant l'existence de crimes contre des civils.

LE PAYS "WA"

L'archipel du Japon à l'origine était peuplé par les "Jomon" dont seraient issus, entre autres, les "Aïnous", puis ils se sont mélangés avec les "Yayoï" qui venaient de la péninsule coréenne au 3ᵉ siècle avant Jésus-Christ. Une légende jomon prétend que les corbeaux auraient créé le monde et d'après une autre légende, l'empereur Jimmu, descendant de la déesse Amaterasu, aurait fondé la dynastie japonaise en 660 avant Jésus-Christ.

Selon deux livres sacrés du 8ᵉ siècle, le *Kojiki* et le *Nihonshoki*, des divinités se succédèrent au Ciel et sur la Terre jusqu'à l'avènement d'Izanagi et de sa sœur Izanami. De leur union, l'archipel est né et les divinités qui l'habitent encore. L'Empire du "Soleil levant" aurait été fondé en 660 avant Jésus-Christ, par Jimmu, le premier Empereur (appelé "Tenno" et qui signifie, Prince céleste) et descendant de la déesse du soleil, Amaterasu Omikami. Beaucoup plus tard en 1271, Marco POLO, à l'occasion de ses voyages en Chine, avait entendu parler d'une île mystérieuse et riche, nommée "Cipango" et située du côté où se lève le soleil. Ses habitants avaient eux-mêmes nommé leur pays, "Soleil levant" ("Nippon" ou "Nihon").

Le *Kojiki* (Chronique des faits historiques) raconte l'histoire du Japon depuis sa création par Izanagi et Izanami (les dieux fondateurs et parents de la déesse Amaterasu), ainsi que la réincarnation de leur divinité en l'Empereur Jimmu, jusqu'à la fin du règne de l'Impératrice Suiko en l'an 628. Cette fameuse Chronique a été rédigée par Ono Yasumaro dans une langue japonaise fortement influencée par le chinois dans son écriture. Le *Kojiki* a été compilé sur l'ordre de l'Empereur Temmu et de l'Impératrice Gemmei, et il a été achevé en 712. Ce recueil de petits récits successifs est considéré comme le premier texte fondateur du Japon destiné à établir la prédominance de la Famille impériale sur l'ensemble des clans qui se faisaient constamment la guerre. Notamment, on peut y lire que l'un des dieux, Susanoo, était fou, car il était touché par une force étrange, il faisait n'importe quoi, et surtout, il était très violent. Ce qui l'a conduit un jour à faire des bêtises avec sa sœur, Amaterasu, la déesse du soleil. Alors, elle s'est mise en colère, et s'est cachée dans une cave, et là, l'univers s'est assombri soudainement, la lumière avait disparu. D'autres dieux se sont alors réunis pour faire une fête devant la cave, la déesse curieuse est sortie et la lumière a rejailli sur le monde.

Il semble que l'État japonais ait commencé à prendre forme vers la fin du 2ᵉ siècle, lors de l'avènement de l'Impératrice Himiko soutenue par de nombreux clans. Puis une première structure politique et sociale, dominée par des clans et appelée "Yamato", a commencé à apparaître vers le 5ᵉ siècle dans la région de Nara pour ensuite s'étendre sur tout l'archipel excepté le nord où s'étaient concentrés les Aïnous. Shotoku (574-622) a été le premier Prince de l'empire à cette époque, il avait donc le titre de dauphin ou "taishi" en japonais. Il était également, mystérieusement, appelé dans sa jeunesse, "Prince de la porte des étables". À 14 ans, il s'est allié au clan bouddhiste "Soga", lequel, a exterminé le clan shintoïste "Mononobe" en 587. En récompense, le Prince Shotoku a été nommé régent impérial, à 19 ans, par l'Impératrice Suiko en 593 pour gouverner le pays à sa place. L'année suivante, il a promulgué des édits en faveur du développement du bouddhisme et l'a déclaré religion d'État. Très influencé par les civilisations chinoise et coréenne, il s'en inspire pour développer le pays. Il établit des relations diplomatiques avec la Corée et la Chine dont il accueille des artisans, des moines et des intellectuels. En 607, le Japon a envoyé une mission à la Cour de l'Empire Zui, avec le fameux message diplomatique commençant par "Comment allez-vous ? Cette lettre est présentée par le Prince céleste du pays du Soleil levant au Prince céleste du pays du Soleil couchant". On attribue au Prince Shotoku la première utilisation par écrit du nom "Nihon" ou "Nippon" qui désigne le Japon ; lorsqu'il a envoyé la première mission diplomatique, de toute l'histoire japonaise, en vue d'instaurer des relations pacifiques avec le grand Empire chinois. Ce qui a permis à Shotoku d'envoyer des chargés de mission, ainsi que des étudiants en Chine pour étudier, notamment, les quatre grands courants de pensée : le confucianisme, le taoïsme, l'école des légistes et le bouddhisme.

Le confucianisme a été fondé par Confucius (551-579, avant Jésus-Christ) qui préconisait le gouvernement par la vertu. Confucius considère la miséricorde comme la première des vertus. C'est une doctrine qui incite les êtres humains à faire des efforts pour améliorer la société. Alors qu'au contraire, le taoïsme, fondé par Lao-Tseu (4ᵉ ou 5ᵉ siècle avant Jésus-Christ) postule pour une certaine manière de vivre, libre de tout artifice social et selon les lois de la nature. Quant à la doctrine légiste de Kanoi-Tseu et Kan-Tseu (vers le 4ᵉ siècle avant Jésus-Christ), elle considère qu'il faut que le gouvernement s'impose avec sévérité par la loi, et que tout manquement soit sanctionné par la peine de mort.

La première réforme, en l'an 603, visait à établir une fonction publique en nommant les fonctionnaires suivant le mérite et selon une hiérarchie de douze degrés. Shotoku a également classé par ordre décroissant les degrés vertueux : la vertu, la miséricorde, la politesse, la confiance, la justice, la connaissance, tandis que le confucianisme place en premier la miséricorde, puis la justice, la politesse, la connaissance et la confiance. La seconde grande réforme consistait dans l'élaboration de principes fondamentaux pour construire "l'État idéal" (une idée que l'on a retrouvée de nos jours dans le programme politique de l'ancien premier ministre Abe, lequel avait pour ambition de *construire un Beau pays*, selon sa propre expression). Pour cela, le Prince Shotoku va puiser ses idées dans le confucianisme, la loi et le bouddhisme. En l'an 604, il a réorganisé la noblesse et promulgué la première *Charte* écrite comprenant dix-sept articles [5] inspirée des principes moraux confucianistes et bouddhistes. L'écriture chinoise et le calendrier chinois (caractérisé par les différentes ères ou "nengo" pour chaque empereur), sont adoptés au début du 7e siècle. Jusqu'à la fin de l'époque d'Edo, il y a eu plusieurs empires successifs japonais, tandis que, l'ère Meiji correspond au règne de l'Empereur Meiji, l'ère Showa (1926-1989) au règne de l'Empereur Showa (plus connu sous le nom de Hirohito) et enfin l'ère Heisei au règne de l'actuel Empereur Heisei (plus connu sous le nom de Akihito par l'Occident). On voit apparaître des poèmes japonais écrits à l'aide des idéogrammes chinois. Avec le temps, l'écriture du japonais s'est personnalisée, et elle possède ses propres caractéristiques qui la distinguent complètement du chinois. Shotoku est considéré par les bouddhistes comme une réincarnation de la déesse indienne Kannon, la déesse de la paix et de l'ouverture sur le monde, qui fait encore, de nos jours, l'objet d'un culte au Japon.

La Charte du Prince-dauphin Shotoku a pour originalité d'établir la vertu comme la valeur suprême dont le principe le plus respectable est *l'harmonieuse coopération* ("wa no seishin"). La Charte est un ensemble de recommandations devant être observé essentiellement par les fonctionnaires d'État. Ces derniers sont ceux qui, en réalité, gouverneront le pays à la place de l'empereur, lequel est relégué au rôle de gardien des valeurs morales. Elle a une structure comparable à une pagode d'un temple bouddhiste de cinq niveaux superposés où l'on retrouve les cinq principaux éléments qui composent l'Univers : la terre, l'eau, le vent, le feu et le ciel. Les trois grands piliers de l'État idéal reposent sur les trois premiers articles :

- Le "wa" ou l'harmonieuse coopération constitue la valeur supérieure (article I) ;
- L'enseignement bouddhiste, ainsi le bouddhisme est religion d'État (article II) ;
- L'obéissance, "une fois reçu l'Édit impérial, obéissez-y absolument", l'ordre est maintenu par des lois sévèrement sanctionnées (article III).

Puis des recommandations particulières :

- La politesse, principe d'organisation (articles IV-VIII) ;
- La confiance, principe de relations humaines sincères (articles IX-XI) ;
- La justice, principe de relations humaines équitables (articles XII-XIV) ;
- La sagesse, principe de fonctionnement de l'administration (articles XV-XVII).

En 672, le Japon s'est pourvu aussi d'un régime appelé "ritsuryo", sorte de Code législatif (s'inspirant du régime de la dynastie chinoise) destiné à faire du

---

[5] Voir, la *Charte du Japon des dix-sept articles de Shotoku*, à la fin de ce livre.

Japon, un État régi directement par un gouvernement central et visant à unifier le peuple qui vivait dans plus de 60 provinces et 270 seigneuries ("han"). Ce qui a permis la création d'une fiscalité unifiée, d'un régime d'état civil et d'un mécanisme de distribution des terres sous le contrôle de l'État.

Après deux siècles et demi d'un total repli du pays sur lui-même, à l'exception de relations commerciales avec la Hollande, l'ère Meiji (à partir de 1868) est marquée par une ouverture des frontières et le passage de la féodalité à la modernité d'une façon soudaine. La Constitution de Meiji de 1889 a marqué une rupture avec la *Charte des dix-sept articles de Shotoku* et a adopté le principe de la monarchie constitutionnelle autoritaire comme en Allemagne. Rejetant ainsi le principe de la démocratie issue de la Déclaration française de 1789 et le système parlementaire britannique. L'empereur conservait son caractère divin et détenait le pouvoir absolu. Le basculement du Japon dans le totalitarisme et le militarisme, à partir du début du 20e siècle, n'était plus conforme à l'esprit pacifique et coopératif du Dauphin Shotoku, et cela constituait une dénaturation aberrante du "wa". Après la défaite de 1945, l'empereur n'est plus qu'un symbole, complètement dépourvu de pouvoir politique, ce qui représente une renaissance de l'ancien régime de la séparation entre l'autorité morale et le pouvoir ! Le Japon moderne a opté pour un régime parlementaire de type anglo-saxon, a renoncé définitivement à la guerre (article 9 de la Constitution du 5 mai 1947), a adhéré au principe du respect des droits de l'Homme, et a instauré un contrôle de constitutionnalité de type américain. La *Charte de Shotoku*, établie il y a plus de mille quatre cents ans, paraît être complètement dépassée et oubliée. Cela est vrai sur le plan des institutions et du droit, mais l'esprit de la Charte plane toujours sur l'État japonais et dans chaque individu. Par exemple, l'ancien premier ministre Zenko SUZUKI, dans sa première déclaration en 1981, avait qualifié son Cabinet de "Gouvernement de l'harmonieuse coopération" ("wa no seiji"). Cependant, on constate, généralement, l'ignorance des Japonais de l'existence même de cette Charte et de son contenu, ainsi que le nom de son auteur, bien que son esprit soit encore présent dans le fonctionnement et l'organisation de la société tout entière.

La Déclaration française des Droits de l'Homme et du Citoyen de 1789 est le fondement de toute Constitution d'un État moderne. En effet, elle garantit les droits naturels de l'Homme en tant qu'individu : liberté, égalité et fraternité. La Constitution japonaise de 1947 s'en est inspirée. La nouvelle culture de la société libérale démocratique et pacifique, que cette Constitution veut réaliser, suppose que les Japonais deviennent des citoyens libres, responsables et solidaires respectant les droits de l'Homme. Cette culture constitutionnelle a un caractère fondamentalement individualiste, horizontal et rationnel. Ce qui semble à l'opposé de la culture traditionnelle japonaise fondée sur la primauté d'un grand ensemble communautaire fortement hiérarchisé, verticale et irrationnelle. Cependant, l'esprit d'universalité de la Déclaration française n'est pas à l'opposé de l'esprit du "wa", principe fondamental de la première

Constitution écrite du Japon, la *Charte du Prince Dauphin Shotoku*. C'est la raison pour laquelle, les Japonais ont su l'intégrer à leur manière, sans en appliquer véritablement les principes. Le Japon est encore à l'étape de transition où le citoyen libre et responsable hésite à se substituer au sujet obéissant et résigné, pour construire une société véritablement démocratique et ouverte. Il s'agit là d'une différence profonde entre ces deux conceptions de l'État : les Japonais veulent donner le sentiment d'appartenir aux grandes nations modernes, alors qu'on fond d'eux-mêmes, ils ne désirent jamais y adhérer.

L'ARRIVÉE DES OCCIDENTAUX

En 1543, pour la première fois, au cours d'une tempête, le premier navire de commerçants portugais en provenance de Macao en Chine a atteint l'île de Tanegashima. Ils ont amené avec eux des armes à feu et la technique de fabrication de ces armes. Plus tard, d'autres navires marchands chargés d'épices sont arrivés. Ils étaient bien accueillis par les Japonais. Des milliers de Japonais s'étaient convertis au christianisme principalement à Nagasaki, sur l'île de Kyushu. Les shoguns qui s'étaient succédé cherchaient à unifier tout le pays par des actions militaires. Et pour la première fois en 1575, lors de la fameuse bataille de Nagashino, 38.000 samouraï, dont 3000 armés d'armes à feu, vont obtenir la victoire contre une armée de 15.000 samouraï à cheval. Dès 1597, les chrétiens ont commencé à subir des persécutions, ils étaient accusés de chercher à coloniser le pays et de venir au secours de certains seigneurs féodaux. Le culte chrétien a été interdit en 1612. En 1636, les Japonais avaient l'interdiction de quitter le territoire et de construire des bateaux. Tous les étrangers occidentaux étaient expulsés, excepté des marchands hollandais de la Compagnie des Indes orientales sur l'îlot de Dejima, à Nagasaki. Ainsi, le Japon avait décidé de se replier sur lui-même pendant plus de deux siècles. De 1603 à 1867, les shoguns du clan Tokugawa gouvernaient le pays, ils avaient relégué l'empereur (le Tenno) à un rôle purement honorifique et spirituel, et les grands seigneurs féodaux (daïmyo) leur étaient soumis.

Le 8 juillet 1853, les quatre "bateaux noirs", qui utilisaient du charbon et crachaient de la fumée noire, ont fortement impressionné les Japonais qui réalisaient à quel point ils étaient en retard sur l'Occident. Le Commodore Matthew PERRY était venu délivrer au Shogun un message d'amitié de la part du Président américain Millard FILLMORE. Mais en fait, il s'agissait d'une demande d'ouverture des frontières du pays. Le premier message étant resté sans réponse, le 13 février 1854, le Commodore Perry était alors revenu avec sept navires de guerre, dont quatre à vapeur. Cette fois, il a menacé d'utiliser ses canons si les ports japonais restaient fermés aux navires de commerce et aux baleiniers américains. Le Shogunat (gouvernement) s'est incliné et a signé le traité du 31 mars 1854 à Kanagawa par lequel il garantissait le rapatriement des naufragés, le cas échéant, et qu'il acceptait d'ouvrir ses ports aux navires de commerce américains et offrait aux États-Unis un statut privilégié. Dans les années suivantes, les principales puissances européennes ont obtenu des droits équivalents.

Entre 1865 et 1876, le polytechnicien français François-Léonce VERNY a fondé la plus grande base navale du pays, à Yokosuka, près de Tokyo. À l'origine, Yokosuka était un village de pêcheurs, puis il s'est transformé en une ville de 420.000 habitants, connu comme étant le meilleur port en Asie pendant la guerre, et depuis 1945, c'est la principale base de l'US Navy au Japon. Il s'agit de la première grande réalisation industrielle ("shokusan kogyo") et de transfert de technologies au Japon : machines à vapeur et marteau-pilon, mortier, briqueteries, comptabilité moderne, adoption du système métrique, etc. Verny a créé également la première école d'ingénieurs japonais, enseignant les techniques de construction navale, les mathématiques et la comptabilité. D'autres industries métallurgiques ont ensuite été créées. En 1886, l'ingénieur et inventeur Paul-Émile BERTIN a réorganisé l'arsenal de Yokosuka et construit les nouveaux modèles de navire de guerre de la flotte impériale. Ce qui a permis à la marine japonaise de vaincre la marine russe en 1905.

RETOUR DU NATIONALISME ET DE LA GUERRE

L'entrée du Japon dans la modernité s'accompagne d'un retour de la fierté nationale qui entraîne le pays vers la guerre. En 1867, les réformistes après de violents affrontements contre les conservateurs ont fini par triompher. Le 122e empereur (1852-1912) du Japon avait à peine 15 ans lorsqu'il a restauré son pouvoir absolu, tout en réaffirmant sa filiation divine avec la déesse du soleil Amaterasu. Au détriment du bouddhisme, le shintoïsme était redevenu la religion officielle du Japon jusqu'en 1945. Selon le culte shinto, tous les éléments de la nature sont habités par des esprits qui peuvent se mouvoir. Mais le shinto, ou la "voie des dieux", a pris un aspect nationaliste en considérant l'empereur comme une sorte de pape. Le nouvel empereur a pris pour nom Meiji (l'ère des Lumières). L'Empereur Meiji a décidé de déplacer sa résidence de l'ancienne capitale, Kyoto, à Edo qui a pris le nouveau nom de Tokyo (capitale de l'est), et qui était déjà depuis 1603 la capitale administrative du pays avec plus d'un million d'habitants. En 1871, l'empereur dissout la hiérarchie instaurée par les shoguns. En 1889, l'Empereur Meiji adopte la première Constitution par laquelle il remet une partie de son pouvoir souverain au profit de deux assemblées élues. Les samuraï, qui étaient tenus d'obéir à leur seigneur, soit ils se mettaient au service de l'empereur, soit ils se reconvertissaient dans le commerce. Un million de samuraï se sont retrouvés subitement à la retraite, avec une pension misérable. Beaucoup n'ont pas pu se reconvertir. Le ministre de la Guerre, Takamori SAIGO, voulait convaincre l'empereur d'utiliser les samouraï dans une nouvelle guerre contre la Corée. Mais l'empereur a refusé. Des révoltes de samouraï ont eu lieu parfois, car ils voulaient conserver le droit de porter leurs armes traditionnelles. Ainsi, l'ancien ministre de la Guerre et quelques centaines de samouraï, dans une dernière bataille, la bataille de Seinan en 1877, ont été battus par l'Armée impériale. Il s'agit de la dernière guerre civile (guerre entre Japonais) ayant existé au Japon.

Le fait que la moitié de la population japonaise était déjà alphabétisée a permis son développement très rapide qui avait demandé plusieurs siècles à l'Europe. En 1895, les Chinois mal équipés ont perdu la guerre contre une armée japonaise moderne et par le Traité de capitulation de Shimonoseki, ils ont cédé Taïwan au Japon.

La Russie du Tsar Nicolas II (encouragé par l'empereur allemand) et le Japon veulent se constituer un empire colonial, comme les puissances occidentales, en tentant d'occuper la Chine. La Russie occupait déjà la Mandchourie, dont Port-Arthur. Le Japon, sans déclaration de guerre préalable, a attaqué par surprise Port-Arthur dans la nuit du 7 au 8 février 1904 (les Japonais récidiveront plus tard à Pearl-Harbour de la même manière contre les Américains). Ensuite, presque toute la flotte russe de 45 navires a été détruite en deux jours dans la bataille de Tsushima en mer du Japon, et grâce à l'aide de la France pour se constituer une flotte moderne. Le tsar a finalement accepté la médiation du Président américain Théodore ROOSEVELT pour un accord de paix en 1905.

Bien avant de renoncer définitivement à la guerre, l'empereur du Japon hésitait à s'y engager, non pour des intentions pacifistes, mais parce qu'il estimait que l'armée n'était pas suffisamment préparée. En décembre 1941, Hirohito (1901-1989), devenu l'empereur en 1928 sous l'ère Showa (qui signifie "Paix rayonnante" et laquelle a commencé en 1926), croyait à la victoire après l'attaque-surprise de Pearl-Harbour aux États-Unis. Cependant en décembre 1942, le journal du grand chambellan (celui qui est chargé du service de la chambre de l'empereur) révèle qu'en 1931 le souverain ne voulait pas que le Japon, qu'il estimait mal préparé, attaque la Chine, car il craignait que l'Union Soviétique lui déclare la guerre. Il avait ajouté : "Il faut faire attention avant de commencer une guerre. Une fois qu'elle a commencé, il faut aller jusqu'au bout". L'empereur était inquiet quand le Prince Fumimaro KONOE était à la tête du gouvernement, lequel était disposé à partir en guerre sans aucune préparation. Le Japon, qui avait hérité de la Mandchourie grâce à sa victoire en 1905 contre les Russes qui l'occupaient, avait créé artificiellement l'État du Mandchoukouo en 1932. Il y avait placé à sa tête, Pu Yi (1908-1967), le dernier des empereurs de Chine qui venait d'être destitué. Cependant, ce nouvel État n'a jamais été reconnu par l'ensemble de la Communauté internationale. Puis le Japon est entré en guerre contre la Chine en lançant une invasion à grande échelle en 1937. Mais la résistance chinoise était plus forte que prévu, alors que l'état-major avait affirmé à l'empereur qu'elle serait terminée en trois mois.

Opposé à l'ouverture d'un nouveau conflit armé contre les États-Unis, la Grande-Bretagne et la Hollande, le Prince Konoe a démissionné. Le Japon ne s'est senti prêt à faire la guerre que lorsque le ministre de l'Armée Tojo a été nommé premier ministre à la veille de l'attaque de Pearl-Harbour, le 8 décembre 1941 (heure japonaise).

Le 19 mars 1945, 234 bombardiers lâchaient leur cargaison de bombes incendiaires sur Tokyo en faisant 83.000 victimes. Puis les Américains ont payé cher la résistance des Japonais lors de la bataille d'Okinawa d'avril à juin 1945, 7600 morts et 31.000 blessés américains. Dans l'attaque de l'île d'Iwojima (du 19 février au 16 mars 1945), ce sont les Japonais qui ont subi le plus de pertes : 20.129 morts sur 20.933 combattants ; du côté américain, 6821 morts et 21.865 blessés sur un total de 28.686 combattants (notez, qu'il n'existe pas de véritable exactitude parmi ces chiffres, mais qu'ils donnent une idée de l'ampleur des pertes). En juin 2007, Iwojima, une petite île volcanique du Pacifique qui fait partie du département de Tokyo, a enfin retrouvé son ancien nom d'avant-guerre, Iwoto. Sur les cartes américaines datant d'avant la Seconde Guerre mondiale, l'île avait pour nom Iwojima. Pour les Japonais, elle s'appelait Iwoto (l'île sulfurique), mais après la guerre, ils ont pris l'habitude de l'appeler Iwojima, car "jima" (qui est une déformation de "shima") et "to" signifient "île".

En outre, les kamikazes qui s'écrasaient avec leur avion sur les vaisseaux de guerre américains démontraient leur détermination d'aller jusqu'au bout en brisant le moral des troupes de l'adversaire. "Kamikaze" signifie "vent divin", par référence au typhon qui avait protégé le Japon d'une invasion des Mongols, le 20 novembre 1274 dans le détroit de Tsushima. Pour les kamikazes, la Voie du samouraï, c'était la mort, s'il fallait choisir entre la mort et la vie, il fallait choisir la mort. Tous préféraient vivre, mais celui qui échouerait dans sa mission serait méprisé. Celui qui mourrait en ayant échoué, sa mort était celle d'un fanatique. Sa mort était vaine, mais pas déshonorante, une telle mort était celle de la Voie du samouraï. Le samouraï devait être prêt à mourir à chaque moment et "étant des dieux, vous n'avez plus de désirs humains" leur disait le Vice-amiral Takijiro OHNISHI qui a lui-même fini par se suicider lors de la capitulation. Les escadrons de kamikazes avaient été créés tardivement, le 20 octobre 1944. Aucun officier supérieur japonais n'était volontaire pour devenir kamikaze. Il fallait avoir un tempérament suicidaire, ce qui ne manquait pas dans les rangs de l'armée, étant donné que les jeunes étudiants recrutés étaient victimes de harcèlement moral et battu par leurs supérieurs. À tel point qu'on les dégoutait de la vie et qu'ils devenaient volontaires pour des missions suicides. Les moteurs de leurs avions étaient construits par des jeunes filles de 14 à 16 ans, car il y avait une grande pénurie de main-d'œuvre et les hommes étaient tous envoyés à la guerre. Lorsque le cuirassé "Yamato" a été coulé en avril 1945, tous les pilotes ont été réquisitionnés comme kamikazes pour effectuer des missions "tokkotaï" (d'attaques en équipe) avec une quantité de carburant limitée à un aller simple jusqu'à la cible et donc sans espoir de retour. Les kamikazes étaient des pilotes généralement peu expérimentés, leur formation était insuffisante et se limitait souvent à l'apprentissage par cœur du manuel de pilotage en attendant une première et dernière mission. Il était un devoir de boire du saké avant l'ultime décollage pour se donner du courage et atténuer la peur. Plus de 4000 Kamikazes sont morts dans des missions "tokkotaï". Tous les Kamikazes sont des hommes morts en mission. Un pilote survivant n'est pas un kamikaze, mais un pilote qui a échoué à sa mission et qui ne peut donc recevoir les honneurs, lesquels ne sont dus que si on a réussi à donner sa vie pour sa patrie. Certains pilotes japonais recrutés comme kamikazes ont survécu à la guerre parce qu'ils n'ont pas été affectés à temps pour une mission, ou bien parce que leur avion était soit tombé en panne, soit échoué sur un des îlots d'Okinawa.

La résistance du Japon constituait une opportunité pour que les Américains utilisent leur nouvelle arme nucléaire, car il était trop tard pour l'employer contre les Allemands qui venaient juste de capituler, et ils voulaient défier l'URSS d'aller plus loin dans son expansionnisme.

Le Président Franklin ROOSEVELT (à ne pas confondre avec Théodore) mort en avril 1945 a été remplacé par le Vice-président Harry TRUMAN. Ce dernier avait pris la décision du bombardement atomique sur le Japon dans le but d'anticiper sur l'entrée en guerre prévue de l'Union Soviétique contre le Japon dans les mois qui ont suivi la fin de la guerre en Europe. Car les États-Unis étaient pressés de faire une démonstration de leur puissance nucléaire face à l'URSS. À l'origine, les Américains projetaient de lancer la bombe atomique sur l'Allemagne pour gagner la guerre, mais aussi pour démontrer leur force face à l'avancée menaçante du communisme. Alors que, le 3 juin, l'Empereur Hirohito, comprenant que la guerre était perdue, a demandé en vain la paix contrairement à certains généraux qui voulaient continuer la guerre. Le 16 juillet 1945, après un test réussi d'explosion nucléaire, les Américains se préparent pour deux opérations inédites, car ils ne disposent que de deux bombes A. le 26 juillet, avec la Grande-Bretagne et la Chine, ils ont adressé un ultimatum (seulement pour la forme) dans lequel ils font allusion à une arme terrifiante. Mais les Américains sont restés sourds aux appels à la paix de Hirohito, car ils voulaient aller jusqu'au bout de leur objectif. Cependant, les scientifiques ignoraient les effets réels de la bombe atomique sur la population. La cible a été déterminée pendant le survol du territoire japonais, tout dépendait des conditions météorologiques. Le ciel était dégagé sur Hiroshima le 6 août 1945 (140.000 morts sur un an) et sur Nagasaki trois jours après (70.000 morts sur un an). La veille de l'attaque de Nagasaki, l'URSS déclarait la guerre au Japon. Le 15 août 1945, le Japon se déclare vaincu et les États-Unis ont exigé de l'Empereur Showa, plus connu à l'étranger sous le nom de Hirohito, qu'il déclare publiquement qu'il n'était pas d'ascendance divine. Mais c'est dans l'indifférence mondiale que la nouvelle a parcouru le monde. À ce moment-là, l'opinion publique internationale n'avait pas conscience des effroyables conséquences de l'usage de l'arme atomique, l'information circulait difficilement et chacun était trop préoccupé par ses propres problèmes. On ne mesurait pas à quel point cela était un évènement très important, et que le monde entrait dans une nouvelle phase de son évolution avec le risque d'un conflit nucléaire entre le bloc communiste et le bloc capitaliste. Mais le Japon a échappé de justesse à une invasion soviétique qui aurait changé le cours de son histoire, son rattachement au bloc des pays socialistes et communistes. Et que certainement, le Japon n'aurait pas pu devenir la seconde puissance économique du monde sans l'aide et l'occupation des Américains. Son meilleur ennemi est ainsi devenu son meilleur allié. D'ailleurs, les Japonais disent qu'ils ont un père américain et une mère japonaise. C'est peut-être une des raisons pour laquelle les Japonais n'ont aucune rancune contre les Américains. Les Japonais n'auraient donc pas perdu la guerre, leur défaite leur a permis de gagner leur liberté bien plus menacée à l'époque par l'expansion du communisme.

Peu importe de gagner ou de perdre, de toute façon, pour éviter le déshonneur, il faut mourir. Le samuraï doit se battre avec obstination en ne pensant ni à la victoire ni à la défaite. Il doit se contenter de combattre comme un fou jusqu'à la mort. C'est seulement à ce moment-là que vient le succès.

L'ACCORD SECRET DE YALTA

Les Accords de Yalta du 11 février 1945, dont l'accord secret concernant l'entrée en guerre de l'URSS (Union des républiques socialistes soviétiques) contre le Japon, non communiqué à la presse, puis rendu public en 1947, et signé par Staline, Churchill et Roosevelt, stipulent que :

"Les chefs de gouvernements des Trois Grandes Puissances, l'Union des républiques socialistes soviétiques, les États-Unis d'Amérique et la Grande-Bretagne, ont décidé d'un commun accord que deux ou trois mois après la reddition allemande et la cessation des hostilités en Europe, l'Union des républiques socialistes soviétiques entrera en guerre contre le Japon aux côtés des alliés sous réserve des conditions suivantes :

- *Le statu quo sera respecté en Mongolie extérieure (République du Peuple mongol) ;*

- *Les droits antérieurs de la Russie qui avaient été violés par l'attaque perfide du Japon en 1904 seront rétablis, c'est-à-dire :*

- *La partie sud de Sakhaline ainsi que toutes les îles adjacentes feront retour à l'Union Soviétique ;*

- *Le port commercial de Dairen sera internationalisé ; les intérêts essentiels de l'Union Soviétique dans ce port seront sauvegardés et la cession à bail de Port-Arthur à l'Union des républiques socialistes soviétiques comme base navale, sera rétablie ;*

- *Le chemin de fer de la Chine de l'Est et le chemin de fer de la Mandchourie du Sud, qui assurent un débouché à Dairen, seront exploités conjointement par une société mixte sino-soviétique constituée à cet effet, étant entendu que les intérêts essentiels de l'Union Soviétique seront sauvegardés, et que la Chine conservera une pleine et entière souveraineté en Mandchourie ;*
- *Les îles Kouriles seront cédées à l'Union des républiques socialistes soviétiques.*

Il est entendu que les arrangements concernant la Mongolie extérieure ainsi que les ports et chemins de fer désignés ci-dessus nécessiteront l'accord du général Tchang Kaï-Chek. Le Président prendra les mesures nécessaires afin d'obtenir cet accord, sur avis du maréchal Staline.

Les chefs de gouvernement des Trois Grandes Puissances ont reconnu que ces revendications de l'Union Soviétique devront être incontestablement satisfaites après la défaite du Japon.

Pour sa part, l'Union Soviétique se déclare prête à conclure avec le Gouvernement national de la Chine, un pacte d'amitié et d'alliance entre l'Union des républiques socialistes soviétiques et la Chine, en vue de prêter à celle-ci l'appui de ses forces armées pour l'aider à se libérer du joug japonais.[6]"

Les îles Kouriles sont encore l'objet d'un lourd contentieux entre la Russie et le Japon. Ces îles faisaient partie intégrante du territoire japonais depuis un traité de 1875, signé avec la Russie, par lequel le Japon cédait en échange l'île de Sakhaline. À l'origine, ces îles étaient peuplées par les Aïnous, qui peuplaient également le nord de Honshu, l'île principale de l'archipel du Japon et dont on retrouve surtout des traces sur les îles de Hokkaido et de Sakhaline, mais aussi dans la péninsule du Kamchatka, à l'extrême-est de la Sibérie, conquise par les Russes au 12e siècle.

---

[6] Texte traduit par le ministère des Affaires étrangères, *Recueil de textes à l'usage des conférences de la Paix*, Imprimerie nationale, Paris, 1946.

LE PROCÈS BÂCLÉ DE TOKYO

Équivalent asiatique du procès de Nuremberg contre les nazis, le procès de Tokyo a été bâclé. Le 11 septembre 1945, en qualité de commandant suprême des forces alliées, Douglas MacArthur avait ordonné l'arrestation et l'emprisonnement des criminels de guerre présumés à la prison de Sugamo à Tokyo. MacArthur a convaincu Hideki TOJO de reconnaître qu'il assumait l'entière responsabilité dans le déclenchement et la conduite de la guerre, devant le Tribunal militaire international de l'Extrême-Orient ("The International Military Tribunal for The Far East"), que l'Empereur n'y était pour rien dans cette décision. Cependant, Tojo avait dit malencontreusement devant le Tribunal militaire de Tokyo qu'aucun sujet japonais, même un haut officier du Japon, n'irait jamais à l'encontre de la volonté de l'empereur. Malgré la demande du Congrès américain de faire juger Hirohito pour crimes de guerre, MacArthur et son équipe ont tenté de persuader le Président Truman que le maintien de l'empire était le meilleur rempart contre le communisme. Cependant, la Maison Blanche lui a rappelé que Hirohito n'était pas à l'abri d'une arrestation, d'un jugement et d'une condamnation comme criminel de guerre, et que lorsque l'occupation du territoire pourra s'organiser sans l'empereur, la question de son jugement pourrait être soulevée. Mais MacArthur a ordonné au juge américain de ne pas citer les noms de Hirohito et des membres de sa famille, et aussi d'omettre toutes informations relatives aux unités de recherche bactériologiques et à l'utilisation d'armes chimiques par l'armée japonaise.

Le Tribunal militaire de Tokyo avait déjà été créé le 8 août 1945. Mais ce n'est qu'en mars 1946, que ce Tribunal a établi les listes des accusés de classe A. La liste américaine n'avait retenu que 30 noms et la liste britannique seulement 11, et dans aucune des deux, ne figurait le nom de l'empereur. En revanche, la liste australienne avait retenu 100 personnes et comprenait un mémoire sur les crimes de Hirohito, l'accusant de crimes contre l'humanité et de crime contre la paix. Quant aux Soviétiques, ils avaient exigé que toute la Famille impériale soit jugée et fusillée. Pour le dirigeant chinois, anticommuniste, TCHANG KAI-CHEK, l'ordre impérial japonais constituait une barrière contre l'avancée du communisme. Le juge chinois ne s'est donc pas opposé à l'absence de poursuites contre la Famille impériale, et il n'a pas non plus demandé des poursuites contre le général Okamura au sujet du massacre de Nankin, territoire alors sous contrôle communiste.

Le procès de Tokyo a commencé le 3 mai 1946, trois grandes catégories de crimes étaient retenues : crime contre la paix, crime contre les conventions et usages de la guerre et crime contre l'humanité. Le Tribunal militaire de Tokyo était présidé par le juge australien William WEBB et comprenait dix autres juges venant de chaque pays allié : Canada, Chine, États-Unis, France, Grande-Bretagne, Hollande, Inde, Nouvelle-Zélande, Philippines, Union Soviétique.

Hirohito était soumis à de fortes pressions de la part de hautes personnalités japonaises qui lui demandaient d'abdiquer, dont son deuxième frère, le Prince Takamatsu. Ce dernier voulait que Hirohito abdique et nomme le Prince Chichibu comme régent. Le plus jeune frère de l'Empereur, le Prince Mikasa adhérait à cette idée. Quant au Prince Higashikuni, l'oncle de l'impératrice, il avait dit au *New York Times* que *le Prince Takamatsu serait régent jusqu'à la majorité du Prince Akihito*, actuellement Empereur du Japon. Plusieurs intellectuels japonais s'étaient prononcés publiquement en faveur de l'abdication, notamment, le poète Tatsuji MIYOSHI, pour lequel, il n'y aurait pas de moralité dans le monde si l'Empereur n'abdiquait pas, car il était coupable de graves négligences dans l'accomplissement de sa tâche en permettant à l'armée d'accomplir des actions inadmissibles.

En avril 1948, les audiences d'examen des preuves étaient terminées sans qu'aucun des Membres de la Famille impériale ne soit inquiété. Le 4 novembre 1948, après plus de 6 mois de délibérations, le Tribunal militaire de Tokyo a rendu sa décision en déclarant coupables 25 des accusés, dont deux (Matsuoka et Nagano) sont décédés avant la fin du procès, l'un étant condamné par contumace (Okawa), et l'autre étant interné dans un établissement psychiatrique durant le procès.

Le 12 novembre, la sentence était prononcée, 7 accusés ont été condamnés à mort, dont le fameux Hideki TOJO, ministre de l'Armée et premier ministre. 16 autres ont été condamnés à la prison à vie. Le 23 décembre, jour de l'anniversaire du Prince héritier Akihito, 7 condamnés à mort ont été pendus à la prison de Sugamo. On ignore encore si cette date avait été choisie par hasard. Mais 42 accusés dans l'attente d'être jugés ont été discrètement libérés, dont Nobusuke KISHI (grand-père, par sa mère, du premier ministre Shinzo ABE, nommé en septembre 2006), lequel est ensuite devenu premier ministre en 1957. Le seul juge encore survivant en 1981, le néerlandais Roling, s'étonnait dans un article de n'avoir jamais été informé sur les activités criminelles de l'Unité de recherche bactériologique de Shiro ISHII, et qu'il ignorait tout des actions des Américains visant à exclure de toutes poursuites certains Membres de la Famille impériale.

LES HORREURS DE L'OCCUPATION JAPONAISE EN ASIE

À l'aube du 21e siècle, les crimes commis par le Japon durant la Seconde Guerre mondiale hantent encore les esprits des pays asiatiques qui ont été occupés par lui. Le Japon refuse toujours de regarder en face son passé, d'en mesurer toutes les conséquences et surtout de reconnaître la responsabilité de l'État à l'époque. Il sous-estime la réalité des faits et les chiffres avancés, tandis que de l'autre côté, les Chinois et les Coréens tendent à surévaluer les chiffres et à exagérer les faits. Mais il est évident que l'on manque d'informations autres que celles propagées par la Chine qui entretien encore la haine des Japonais, et que le Japon continue de faire comme si rien de tout cela n'avait jamais existé. Notamment, en omettant des faits historiques, dans les manuels scolaires d'histoire. Ce qui implique la grande ignorance de l'histoire du Japon par toutes les générations qui se sont succédé depuis la Seconde Guerre mondiale. En revanche, les manuels d'histoire en Chine insistent fortement sur les crimes de l'armée japonaise de manière exagérée et en donnant des chiffres pratiquement invérifiables. Ce qui pousse à exciter le nationalisme parmi les jeunes Chinois, car la Chine semble encore avoir besoin de se désigner un ennemi pour maintenir actuellement l'unité du pays.

Les chiffres que nous allons donner sont approximatifs, car ils font l'objet de disputes entre les historiens de tout bord. En décembre 1937, l'armée japonaise a commis des pillages et des crimes à Nankin. La Chine estime qu'environ 300.000 Chinois, civils et militaires ont été tués. Après la guerre, le Tribunal militaire international de Tokyo n'a retenu que le chiffre de 140.000 morts. Entre 1936 et 1945, en Mandchourie, l'Unité 731 pratiquait des expériences bactériologiques autorisées sur des prisonniers par décret impérial. De nombreux médecins ont injecté à 3000 prisonniers civils chinois, la tuberculose, typhoïde, la dysenterie et autres virus dans le but de mettre au point des armes bactériologiques. Dans les camps japonais de prisonniers, lors de la Seconde Guerre mondiale, il y avait 20.000 civils et 50.000 soldats britanniques. Ils ont été victimes de la faim et de tortures, et parfois soumis aux travaux forcés, par exemple, la construction de la voie ferrée de la Birmanie à la Thaïlande. 30 % d'entre eux seraient morts, alors qu'il n'y en aurait eu que 4 % dans les camps de concentration de l'Allemagne nazie. Enfin, 200.000 "femmes de réconfort" originaires de Taïwan, de Corée, de Chine et des Philippines auraient été forcées de servir de prostituées à l'armée japonaise.

MacArthur, dans son quartier général de Manille, avait commencé à préparer l'invasion du Japon (l'opération Downfall) prévue pour la fin 1945. L'invasion n'a pas eu lieu grâce aux bombardements atomiques de Hiroshima et de Nagasaki et à la capitulation sans condition du Japon, le 15 août. Le 2 septembre 1945, MacArthur présidait la signature de la capitulation du Japon à bord du navire l'USS Missouri en tant que Commandant suprême des forces d'occupation alliées au Japon. MacArthur a insisté pour que l'Empereur Hirohito ne soit pas destitué. Plus tard, des historiens ont sévèrement critiqué ses actions pour exonérer de toute responsabilité l'Empereur et certains Membres de la Famille impériale et ainsi échapper à des poursuites pour crimes de guerre et crimes contre l'humanité devant le Tribunal militaire de Tokyo.

En 1950, lors de la guerre de Corée, MacArthur proposait d'utiliser l'arme atomique sur environ une cinquantaine d'objectifs en Mandchourie et sur des grandes villes chinoises, pour frapper la Chine qui menaçait d'intervenir en

Corée, si les forces alliées continuaient leur progression jusqu'à leur frontière. Mais le Président Truman et le Département d'État ont refusé dans la mesure où les États-Unis considéraient l'Union Soviétique comme son principal ennemi et l'Europe occidentale comme étant l'enjeu essentiel. MacArthur a été désavoué et en conséquence relevé de ses fonctions le 11 avril 1951 par le Président Truman.

Situé au centre de Tokyo, le temple de Yasukuni rend hommage aux 2,5 millions de Japonais morts pour la patrie depuis la restauration de l'Empire en 1853. Yasukuni a toujours été un lieu de recueillement une fois par an pour l'Empereur depuis sa création en 1869. Il contient notamment les noms des soldats japonais morts pour l'Empereur ainsi que les noms des Membres de la Famille impériale. Mais à partir de 1978, il a mis fin à ses visites au temple de Yasukuni sans faire part de ses motivations. Toutefois, durant la même année, les responsables du temple de Yasukuni ont accepté l'inscription des noms des 14 criminels de guerre parmi tous ceux qui sont morts pour le Japon. Selon des archives de la bibliothèque du Parlement japonais, datant de janvier 1969 et rendues publiques par la presse, le Gouverneur de Tokyo aurait discrètement suggéré d'honorer des criminels de guerre, sans le faire publiquement, au temple shinto de Yasukuni. Ainsi, en octobre 1978, le temple de Yasukuni a enregistré les noms de 14 criminels de guerre, en particulier, celui de Hideki TOJO, lequel avait été condamné à la pendaison après la guerre. Les visites annuelles de l'ancien premier ministre Junichiro KOIZUMI ont créé une crise diplomatique avec les Chinois et les Coréens qui les considèrent comme une glorification du passé colonialiste et militariste du Japon. Ancien partisan de ces visites, le premier ministre Shinzo ABE, successeur de Koizumi, avait gardé longtemps le silence pour faire savoir s'il se rendrait ou non à Yasukuni en cérémonie officielle le 15 août 2007, comme c'est la coutume. Finalement, ce même jour, il a présenté à nouveau les "profonds regrets" de son pays et fait part de ses condoléances aux victimes des atrocités commises pendant la Seconde Guerre mondiale en présence de l'Empereur Akihito.

En 2007, le premier ministre Abe faisait du réchauffement des relations avec la Chine une priorité de sa politique étrangère. Mais en raison du renforcement de la puissance militaire de la Chine, Shoichi NAKAGAWA, un des responsables du Parti libéral démocratique se demandait : "quelles sont intentions réelles de la Chine ?" En ajoutant que si Taïwan tombait sous le contrôle total de la Chine dans 15 ou 20 ans, le Japon pourrait bien devenir une autre province de la Chine. Les Américains s'interrogent également sur les raisons qui poussent la Chine à augmenter chaque année, de manière substantielle et au même rythme que son taux de croissance, le budget pour son armée ; tandis qu'elle continue de réaffirmer haut et fort qu'elle s'est engagée dans un développement pacifique. Le véritable changement dans les relations japono-chinoises viendra certainement du renforcement de la puissance économique de la Chine et de l'affaiblissement, du même coup, du Japon.

CHAPITRE 2

LE DÉCLIN DE L'ESPRIT "YAMATO"

Déjà à son époque, le vieil ermite Jocho se plaignait de la décadence morale des jeunes samuraï qui ne pensaient plus qu'à leurs intérêts personnels. Ils se rencontraient pour parler d'argent, des femmes ou de la qualité des vêtements. Les hommes perdaient leur virilité et devenaient semblables à des femmes. La paix s'était installée grâce à la domination du clan Tokugawa à partir de 1603 et que l'on nommait "l'époque d'Edo". Mais en période de paix, on ne cherche ainsi que la compagnie des hommes charmants et agréables, disait Jocho. Il affirmait que la féminisation commence lorsqu'on s'efforce d'être beau pour être aimé. Le samuraï doit toujours avoir un teint de fleur de cerisier, l'"esprit Yamato", car c'est la couleur de la vie. Avant de partir au combat et de mourir, le samuraï devait se farder les joues de rouge, sinon il risquait d'avoir honte devant son ennemi. L'esthétique et l'éthique sont liées. Ce qui est fort doit être beau et énergique. Ce qui ne veut pas dire qu'on doit avoir l'air vraiment efféminé, mais que la maquillage permet de dissimuler un éventuel malaise lorsqu'il faut aller combattre ou bien accomplir le rite du suicide. Le bon samuraï a donc toujours un peu de fard et de poudre sur lui pour afficher une bonne mine en toute occasion. Ce qui n'a rien à voir avec le fait qu'il arrivait souvent que le samuraï ait dans sa jeunesse une relation homosexuelle ; ce qui s'accorde bien avec la voie du guerrier, car l'amour spirituel entre deux hommes est plus intense qu'entre une femme et un homme, affirmait Jocho.

LES ENSEIGNEMENTS DU SAMURAÏ

En 1700, un samuraï du nom de Jocho YAMAMOTO s'était retiré pour vivre comme un ermite dans une cabane, dès la mort prématurée de son seigneur et maître. En 1710, un jeune samuraï a commencé à lui rendre visite régulièrement pour recevoir ses enseignements qu'il a notés scrupuleusement au fur et à mesure sur du papier pendant sept ans. Jocho lui racontait qu'il avait voulu se suicider à la suite de la mort de son maître. Mais depuis un édit de 1663, le suicide rituel, appelé "seppuku", était interdit sous peine que la propre famille du suicidé subisse le déshonneur. À cette époque, la famille et le clan comptaient plus que l'individu. Jusqu'en 1868, ces écrits ont été conservés dans la famille Nabeshima, la famille du seigneur à laquelle appartenait Jocho. La compilation, appelée *Hagakure* dont quelques exemplaires circulaient depuis 150 ans, a été redécouverte par un public large sous l'ère Meiji (1870), et ce livre a permis le renforcement d'une loyauté absolue envers l'empereur qui venait de retrouver ses pleins pouvoirs. En 1906, un instituteur de l'école primaire Ikuichi NAKAMURA a publié à ses frais une partie du *Hagakure*. Puis en 1940, Koya KURIHARA a édité le *Hagakure* en version complète, puis au cours de la même année 1940, des philosophes connus comme Tetsuro WATSUJI et Tesshi FURUKAWA l'ont publié et commenté avec la maison d'édition *Iwanami*.

Dans les années 1930, le *Hagakure* était déjà devenu le livre de référence des nationalistes pour y puiser leur idéologie et justifier la nécessité de toutes les horreurs des guerres qui ont suivi. Le *Hagakure* disait que "la Voie du samuraï, c'est la mort", une devise qui servait de slogan aux Kamikazes. Pendant l'occupation américaine après la défaite, le livre était considéré comme dangereux, et on détruisait tous les stocks et les exemplaires retrouvés pour qu'ils ne tombent pas entre les mains des étrangers.

Le *Hagakure* contient surtout des principes moraux et pratiques à l'usage des samuraï, des histoires sur leurs exploits, des recueils de faits historiques et sur la vie locale. Aujourd'hui, on retrouve quelques principes moraux du *Hagakure* essentiellement dans la pratique des arts martiaux, alors qu'il ne peut être réduit qu'à cela. Très souvent, les Occidentaux font la distinction entre le *Bushido* et le *Hagakure*. En réalité, le *Hagakure* est le seul écrit ancien, datant de l'époque où les samuraï occupaient une place importante dans l'organisation sociale, qui définit les principes et l'esprit "bushido". Il n'y a donc pas lieu de croire qu'il s'agit de deux éthiques différentes. Tout le problème vient de l'interprétation des vieux textes du *Hagakure*. On peut en déduire le pire comme le meilleur, et tout dépend de l'usage qu'on désire en faire.

Le *Bushido, The Soul of Japan*, a été écrit en anglais et publié en 1899 chez un éditeur américain. L'auteur de ce livre était Inazo NITOBE (1862-1933), japonais et fils de samuraï, il s'était converti au christianisme. Il avait commencé par étudier l'apprentissage de l'anglais à Tokyo pour ensuite poursuivre des études d'agriculture en anglais dans une école américaine chrétienne à Hokkaido. Il a également passé plus de 18 ans à l'étranger, notamment aux États-Unis et en Allemagne pour étudier. Dans son parcours assez compliqué, il a notamment obtenu les titres de docteur en agronomie, de docteur en philosophie et de docteur en droit. Il a enfin exercé différentes responsabilités pour représenter le Japon auprès de différentes institutions internationales. Lorsqu'il a commencé à dicter à son épouse américaine, *Le Bushido, l'âme du Japon*, ils s'étaient installés en Californie pour se reposer, car

Nitobe souffrait de violents maux de tête chroniques. L'auteur précise que le "bushido" s'inspire du bouddhisme, du confucianisme, du shintoïsme et du zen.

Ce qui semble assez curieux dans son livre, c'est que l'auteur ne cite jamais sa véritable source d'inspiration. Alors qu'à cette époque, le *Hagakure*, qui contient les réflexions d'un samuraï devenu prêtre, circulait secrètement dans tout le Japon. Plus exactement, ce livre portait le titre de, *Recueil des paroles du Maître Hagakure*, où il parle de la voie des chevaliers combattants, en utilisant les termes "bu-shi-do". Il semble que le "Maître Hagakure" signifie "le Maître caché dans les feuilles", dans les broussailles de sa cabane faite de branches et de feuilles et installée dans la forêt. Jocho, qui est lui-même le "Maître Hagakure", décrit clairement le "bushido" comme un ensemble de règles morales qui se transmettaient oralement d'une génération de samuraï à l'autre. Bien que, le *Hagakure* n'était pas encore devenu célèbre, il semble évident que Nitobe en possédait un exemplaire, et qu'il en a extrait le terme "bushido" pour s'en servir de titre. Bien que Nitobe fût un homme très cultivé, et bien qu'il soit lui-même fils de samuraï, il avait surtout une éducation chrétienne et anglophone. Il n'aurait pu exposer les principes du "bushido" par écrit que s'il avait subi la véritable formation traditionnelle d'un samuraï et que s'il en avait eu l'expérience. Ce qui n'était absolument pas le cas. On peut ainsi lui reprocher d'avoir omis de mentionner sa véritable source d'inspiration, les vieux textes du *Hagakure*. D'autant plus, qu'aucun autre auteur japonais, que Jocho et son élève, ne s'est aventuré à décrire la Voie du samuraï. Sans oublier que, Nitobe nous donne une version du "bushido" très influencée par sa culture anglophone et chrétienne. Le *Bushido* de Nitobe a eu un grand succès à l'époque, et il a été traduit en plusieurs langues. On dit que le Président des États-Unis, Théodore ROOSEVELT (1901-1909), l'a lu et relu, en croyant enfin connaître ce mystérieux pays, et il en offrait même des exemplaires à ses relations. Mais cette version édulcorée du *Hagakure*, n'a pas permis aux Américains de bien prendre la mesure du nationalisme au Japon à cette époque ; et que s'ils avaient eu connaissance du *Hagakure* au lieu du *Bushido* de Nitobe, les Américains auraient peut-être aussitôt compris à qui ils avaient effectivement affaire.

Paul BOURGET (un écrivain et académicien français dont chaque roman portait sur un thème précis) avait écrit "*Le sens de la mort*". Paru en 1915, ce livre a eu un grand succès parmi la jeunesse militaire japonaise. Pour l'auteur, la vie humaine n'est possible et le monde habitable qu'à la condition de se nier elle-même par le sacrifice. D'ailleurs, l'œuvre entière de Bourget porte sur la nécessité sociale de la discipline et de l'autorité. Il est étonnant de constater qu'à cette époque, la littérature conservait une place importante, comme au temps des samuraï, dans la formation de la jeunesse et pour servir à la guerre, alors que le pays entrait dans l'ère industrielle et commerciale, l'ère de la prédominance de la technique et des mathématiques. Certainement que la littérature a joué un grand rôle pour galvaniser les troupes, notamment, contre les Russes en 1905, puis contre la Chine et la Corée, et surtout contre les

Américains. Il était fortement recommandé, également, de lire le *Hagakure* avant de partir au combat lors de la Seconde Guerre mondiale. Puis la littérature a perdu définitivement son rôle majeur de mobilisation des masses après la défaite de 1945.

MISHIMA ET JOCHO, LES DEUX SAMURAÏ

Actuellement, le monde appartient aux techniciens, se lamentait Yukio MISHIMA (1925-1970) dans son livre, *Hagakure Nyumon* ("La Voie du Hagakure"), paru en 1967. Dans les années 1960, l'écrivain Yukio MISHIMA faisait ainsi la comparaison entre la société moderne et l'époque de Jocho pour en tirer les mêmes conclusions. Il note que l'ambition d'un technicien est réduite à une fonction unique, et que plus il réussit dans son métier, plus il sera estimé et pourra éventuellement acquérir la célébrité, bien qu'il soit comme une marionnette sans véritable personnalité. En effet, selon Jocho, celui qui se consacre toute sa vie à développer une seule et unique compétence particulière, sans autre préoccupation, est un idiot.

La société moderne évite de parler de la mort, alors qu'elle est un facteur de bonne santé mentale, écrivait Mishima. Selon le *Hagakure*, si l'on vit avec l'idée que l'on peut mourir d'un instant à l'autre, alors notre vie prend tout son sens. Méditer chaque jour sur la mort, c'est se concentrer sur la vie, disait Jocho. Pour Jocho, la mort est le moteur de l'action, elle purifie l'action, car elle n'est jamais vaine si on meurt justement pour une cause juste. La mort inutile est comparable à la fleur de cerisier dont la vie éphémère ne produirait pas de fruit. Le samuraï doit toujours décider de mourir en fanatique, disait Jocho dont la citation a bien été retenue pendant la période noire du Japon et par Mishima, le dernier des samuraï.

Mais que voulait dire exactement Jocho par "fanatique" ? Certainement que ce mot n'avait pas le même sens au début de l'époque Edo qu'en 1940. Il est assez curieux de découvrir que le mot "fanatique", utilisé pour la traduction, vient de "fanum", qui signifie "temple" en latin. Il avait donc à l'époque un tout autre sens que celui qu'on lui donne de nos jours. Ce n'était pas quelque chose de péjoratif que d'être un illuminé, inspiré de l'esprit divin. Du temps de Jocho, un samuraï est un fanatique au sens spirituel du terme. Finalement, mourir comme un fanatique, c'est mourir de passion, de rage, d'exaltation. Car pour acquérir la sagesse, le samuraï doit renoncer au "moi" lorsqu'il réfléchit et prend une décision. En revanche, de nos jours, l'usage moderne de ce terme possède un tout autre sens qui l'a éloigné de la spiritualité.

"La Voie du samuraï, c'est la mort", cela veut dire aussi qu'il ne faut pas passer son temps à ne faire que ce qui nous plaît au motif que la vie est courte. Autrement dit, il ne faut pas passer sa vie, parce qu'on se croit obligé, à ne faire que des choses qui nous ennuient et qu'on n'aime pas. La vie entière du samuraï est une suite de décisions, mais le samuraï ne doit se concentrer que sur la réalisation d'une seule à la fois pour ne pas se perdre, disait Jocho. Pour lui, il ne faut pas résister au temps qui passe, ni être nostalgique, ni tomber dans la mode et mépriser ce qui est dépassé.

Mishima disait qu'au fond de nous, il y a deux types de pulsion, la pulsion de liberté et la pulsion de mort. En période de guerre, la pulsion de mort est libérée, tandis qu'à l'inverse, en période de paix, la pulsion de vie est libre et la pulsion de mort est réprimée.

L'homme se lasse de la liberté dès qu'il l'obtient, disait Mishima. Dès que l'on construit son foyer et que l'on a une position sociale, l'ennui s'installe, car l'avenir n'a plus rien à nous offrir. Tel est l'État providence, le désir de travailler se perd et les vieux se suicident de plus en plus. C'est vrai, mais on se lasse de tout dès qu'on l'obtient, le mariage, l'argent, etc., on en veut toujours plus ou bien on désir ce qu'on n'a pas, ça peut être l'amour (mais on se lasse encore plus vite de la guerre, de combattre, n'est-ce pas !). Cependant, en période de paix, ajoutait Mishima, l'instinct de mort de la jeunesse qui est réprimé, risque d'éclater un jour. Lorsque la jeunesse devient violente, c'est parce qu'elle cherche une cause pour laquelle elle serait prête à donner sa vie et à condition qu'elle lui paraisse juste. C'est la raison pour laquelle la jeunesse japonaise manifestait violemment contre le renouvellement du Traité de sécurité américano-japonais en 1960. Parce que les jeunes Japonais cherchaient une cause pour laquelle ils seraient prêts à sacrifier leur vie. Cependant, l'article 9, de la Constitution japonaise de 1946, interdit le recours à la guerre ; qu'ainsi, les Forces d'Auto-défense japonaises (FAD, ou bien "Self-Defense Forces", SDF) ne constituent pas une véritable armée qui aurait pour objectif de faire la guerre en cas de nécessité. Il faut noter que l'armée japonaise a été dissoute après la Seconde Guerre mondiale. Honteux, les Japonais se sont résignés à renoncer définitivement à la guerre comme les Américains leur ont dicté dans leur nouvelle Constitution.

Selon l'article 9 du Chapitre II relatif au "Renoncement à la guerre" de la Constitution japonaise du 3 mai 1947 :

- *"Aspirant sincèrement à la paix internationale fondée sur l'ordre et la justice, le peuple japonais renonce pour toujours à la guerre en tant que droit souverain de la nation, ainsi qu'à la menace ou à l'usage de la force comme moyen de règlement des conflits internationaux.*
- *Pour atteindre l'objectif fixé au paragraphe précédent, il ne sera plus jamais conservé de forces terrestres, navales et aériennes, ou autre potentiel de guerre. Le droit à la guerre de l'État ne sera plus reconnu."*

En même temps, les Japonais ont perdu toute fierté qu'ils ne sont toujours pas prêts de retrouver. Les FAD ont été créées en 1954 dans le but de venir au secours de la population civile en cas d'agression ou de catastrophe naturelle. Car ce sont les États-Unis d'Amérique qui se sont engagés par le Traité de sécurité de 1951 (renouvelé et modifié en 1960) à défendre le Japon en cas de conflit. Mishima s'était engagé dans les FAD en 1967, mais cela n'a duré qu'un seul mois, jusqu'au jour où il s'est donné la mort conformément au rite traditionnel "seppuku" dans le bureau du général qu'il tenait en otage au Quartier Général des FAD. Il détestait sentir la vieillesse s'approcher, il avait prévu de mourir en fanatique, car il ne voulait pas s'adapter à son époque. Pourtant, le suicide serait une lâcheté pour le vrai samouraï, car si la vie est plus terrible que la mort, alors le vrai courage, c'est de continuer à vivre et d'accepter le changement dans la société, pensait Jocho qui avait lui-même renoncé au suicide.

Mishima, dans les années 1960, ne réalisait pas, comme la grande majorité d'entre-nous, que depuis la paix relative entre les plus grandes puissances du monde, nous sommes sortis de la guerre par les armes pour entrer dans la guerre par le commerce et l'industrie. Est-ce qu'en 1854, les Américains arrivés avec leurs grands bateaux noirs de guerre face au port de Yokosuka, n'étaient pas venus en disant : faisons-nous la guerre par le commerce plutôt que par les armes ? Et si vous refusez, alors nous emploierons nos canons ! Ce n'est pas exactement ce qu'ils ont dit, mais c'est bien ce qu'ils ont voulu faire comprendre. Les Japonais, mal armés et mal organisés à ce moment-là, ont cédé, et ils ont ouvert pour la première fois leur pays au commerce international, alors que le Japon vivait replié sur lui-même depuis des siècles, refusant les échanges avec l'extérieur. Mishima est mort avant d'avoir pu réaliser à quel point la mondialisation des échanges, c'est la guerre économique. Et dans ce type de guerre, les principes de la "voie du chevalier combattant" ont trouvé leur place et ont permis au Japon de devenir la seconde puissance économique du monde après les États-Unis. Son plus grand ennemi est devenu ainsi son meilleur allié. D'ailleurs, le *Hagakure* affirme qu'on n'a pas de meilleur ennemi que son meilleur allié. N'est-ce pas, exactement, ce qui est en train de se passer dans le domaine économique ?

D'autre part, le combat des jeunes d'aujourd'hui, c'est d'abord un combat pour l'amélioration de leur situation matérielle, mais aussi pour de nouveaux idéaux plutôt écologiques : la lutte contre la pollution, la pauvreté, etc. Contre toutes les malversations et les conséquences issues de la guerre économique. Bien entendu, il n'y a plus un grand idéal à défendre, sauf celui d'exprimer son opposition à l'économie de marché, mais il y a des combats, au pluriel, à mener pour chaque problème posé. Pourquoi ? Tout simplement, parce que nous sommes arrivés à un certain stade de construction de la société qui ne nous permet plus de revendiquer la nécessité de la bâtir, même autrement, nous sommes à court d'idées !

Tandis qu'à l'époque féodale, l'État n'existait pas, les idées émergeaient au travers de la philosophie qu'on enseignait aussi aux chevaliers ; et les individus devaient trouver le moyen d'exprimer leur volonté de vouloir vivre ensemble et en définir la manière. Ce qui a changé, ce sont les moyens de se faire la guerre et le moyen privilégié et utilisé pour la mener. Avant, c'était essentiellement par les armes à feu, car on cultivait le mépris pour les métiers du commerce. Il est notoire qu'on se battait pour défendre son territoire, sa famille, ses biens, et que de nos jours, on se bat pour défendre son emploi, son pouvoir d'achat, sa retraite, etc., à coups d'arguments juridiques et non plus à coups de sabre. Cependant, à l'époque de la féodalité, le droit était peu construit et ne constituait généralement pas le moyen le plus utilisé pour appliquer une sanction. Actuellement, on préfère plutôt la sanction de nature économique et juridique. On donne de préférence des amendes, et on interdit une chose ou l'autre au nom de la loi. On utilise toujours les armes à feu, et pire encore, des armes encore plus meurtrières où il suffit parfois d'appuyer sur un simple bouton sans être contraint de s'exposer physiquement.

Mais on se bat toujours pour défendre son honneur. C'est la nature de l'honneur qui a changé ! Bien sûr au temps de Jocho, on défendait sa position sociale, mais aujourd'hui aussi ! On se bat pour garder son emploi, pour une augmentation de salaire, ou pour gagner une compétition sportive. Mais c'est toujours pour défendre ses acquis ou bien s'enrichir matériellement ou spirituellement, quelle que soit l'époque. Alors, rien n'aurait changé, seulement les moyens d'arriver à nos fins. La nature prédominante de la guerre a changé, elle est industrielle, commerciale et financière, peu importe, elle nous stresse, elle nous met sous pression et exige de nous encore plus d'efforts et toujours des sacrifices. L'honneur est une chose morale, c'est le sentiment de mériter le respect des autres, d'être récompensé grâce à ses qualités, à ses compétences. Dans la modernité, ce sont les mots qui changent, mais ils veulent dire la même chose. Les vertus deviennent des qualités, les talents deviennent des compétences, l'honneur est la fierté, le mérite est une qualité, et le sens de l'honneur devient le bon sens. La dignité, c'est la manifestation d'une fierté inviolable, "plutôt mourir que d'être méprisé", affirmait Jocho. Il faut faire partie des gens qui restent distants pour ne pas être ennuyé par des parasites. Il ne faut pas perdre son temps à dire du mal des autres, ni les flatter. Il faut parler peu et ne jamais rendre visite à quelqu'un à l'improviste, car la véritable amitié est rare et la rencontre est souvent décevante. Dans un monde qui dégénère, il est plus facile d'être excellent, et dans un monde de héros, il est plus difficile de se faire une place.

Il y a, de nos jours, beaucoup trop d'hommes d'affaires et de personnalités politiques peu scrupuleux, prêts à sacrifier leur honneur en échange d'une forte somme d'argent. C'est vraiment regrettable, mais ça ne signifie pas que dans un lointain passé, on ne se battait pas pour se nourrir ou bien acquérir des richesses et que finalement, c'était bien cela le plus important au temps de la féodalité. Aujourd'hui, c'est surtout avec des armes de nature économique. Mais cela ne signifie nullement qu'on a abandonné définitivement la guerre par les armes à feu. Et qu'il n'y aurait plus de lutte au nom de principes moraux, telle que les droits de l'Homme, la démocratie, l'égalité, la justice, etc. Même si la plupart du temps, ces principes éthiques peuvent dissimuler des ambitions commerciales. Selon les Américains, si on veut qu'un pays devienne une démocratie, il faut commencer par commercer librement avec lui et le reste suivra. C'est ce qu'ils ont fait avec le Japon, ils n'ont jamais tué l'Empire, ni en 1870, ni en 1945. Même si la priorité au commerce est fortement contestable et contraire à notre morale, on n'a pas encore trouvé de meilleure alternative à la guerre par les armes à feu. Mishima n'a donc pas compris que le combat existe encore et qu'il a changé de nature, et comme disait Jocho, il faut vivre avec son temps, ne pas être nostalgique et que "l'important est de faire en sorte que chaque époque soit aussi bonne qu'elle peut l'être compte tenu de sa nature". Une citation qui a pourtant été reprise par Mishima dans son livre.

On peut se demander s'il n'aurait pas mieux valu que le *Hagakure* ne soit jamais conservé et republié 150 ans plus tard. Jocho avait ordonné au jeune moine Tashiro de brûler toutes ses notes, mais il les a conservés en secret et faisait des copies manuscrites qui circulaient parmi les samuraï et qu'on appelait les "Analectes de Nabeshima". Peut-être que Jocho pressentait déjà le danger que pouvaient représenter les notes écrites, si elles servent des intérêts autres que le développement personnel de l'individu, et si elles tombent entre de mauvaises mains pour manipuler le peuple. Le *Hagakure* est peut-être à l'origine des grands malheurs du Japon et des grandes souffrances endurées par son peuple et infligées à d'autres nations. Le *Hagakure* ne représentait pas une menace à l'époque d'Edo, d'autant qu'il était ignoré et conservé en secret. L'arme principale du samuraï était son sabre et son éthique. Mais le sabre ne fait plus peur et son idéal à travers les principes du "bushido" a survécu. Avec la montée des nouvelles idéologies liées à la primauté du commerce et de l'industrie partout dans le monde, le *Hagakure* a permis à l'esprit samuraï de tenter un retour en force lors de la restauration de l'Empire au Japon en 1878 ; et ainsi, de décupler ses forces grâce au développement des moyens de communication et de l'industrie de l'armement. Le *Hagakure* n'a cependant pas de caractère politique, mais il a été utilisé à des fins politiques. C'est une philosophie de l'action et non de gouvernement, rappelle Mishima. Il faut se rendre à l'évidence, tout de même, que cette philosophie a effectivement été utilisée par le pouvoir politique pour endoctriner le peuple japonais et donc servir d'idéologie aux nationalistes, mais également pour conduire des actions militaires. Pour Mishima, on trouve encore dans le *Hagakure* une grande sagesse encore applicable, aujourd'hui, dans les relations humaines ; et le *Hagakure* nous permet de remettre en question nos idées sur la vie et la mort. Pour Mishima, le *Hagakure*, c'est le Livre ! Il y a découvert que la voie du samuraï, c'était toujours la mort. Ce qui a incité beaucoup d'autres écrivains contemporains et très connus à se suicider, notamment, Yasunari KAWABATA, Ryunosuke AKUTAGAWA et Osamu DAZAI.

UNE SOCIÉTÉ TOUJOURS À LA RECHERCHE DU "WA"

Pour les Japonais, changer l'homme, c'est le changer en vue de sa parfaite intégration dans la communauté et non pas son épanouissement purement personnel. L'esprit du "wa", c'est le consensus, l'esprit d'équipe, pour le sauvegarder, on évite de faire part de ses opinions personnelles et de manifester ouvertement son opposition. Le "wa" peut créer une forme d'irresponsabilité collective. Chacun ayant imité l'autre en respectant l'avis de son supérieur. Conduit au paroxysme, le "wa" peut alors aller jusqu'à provoquer une hystérie collective sans que la raison puisse arriver à la maitriser. Ce qui explique l'origine de certaines atrocités commises par les troupes japonaises pendant la Seconde Guerre mondiale. Et du fait que l'esprit d'équipe soit impératif, il est souvent difficile de trouver qui est le responsable en cas de problème, même si dans la voie du "wa", la faute du subordonné devient alors la faute de son supérieur.

L'entrée du Japon dans l'ère moderne, sous l'Empereur Meiji, a conduit le pays vers un bouleversement social majeur en introduisant progressivement dans l'économie l'idée de primauté du talent et des compétences (du mérite) au lieu du rang social traditionnel (la position sociale ou l'ancienneté). L'inégalité sociale apparaissait alors, non plus à travers l'hérédité, mais dans l'éducation, le niveau de qualification et la compétence. Afin de dépendre le moins possible de l'étranger, le gouvernement incitait les ménages à épargner. L'idéal social était un homme travailleur et une femme économe. On retrouvait l'égalité dans un niveau de vie peu varié dans la population active dont le capital était investi dans le développement de l'industrie et peu rémunéré. On retrouve également l'idée d'égalité dans l'éducation avec un taux de 90 d'enfants scolarisés au début du 20e siècle. Les Japonais, habitués à s'identifier par rapport à l'"ie"[7] (petite collectivité appelée "maison" ou bien "clan"), héritage de l'époque féodale, ont accepté sans contrainte de se sacrifier pour l'entreprise moderne. Sur le plan social, on appartient à une communauté de vie et de travail appelée l'"ie" (ou "uchi", maison). Le registre de l'état-civil n'était pas dressé par individu, mais par maison ("ko"), correspondant à la cellule familiale comprenant aussi les grands-parents. Il découle de la loi du 22 décembre 1947 sur le "koseki-bo" (registre de l'état administratif de la maison), toujours en vigueur, que le koseki n'est pas un acte d'état-civil individuel, mais communautaire. Cette forme de communauté s'est peu à peu effacée au profit de la "kaïsha" (l'entreprise).

Mais ce n'est qu'après la Seconde Guerre mondiale que l'entreprise s'est véritablement substituée à l'"ie", et qu'elle a tirée bénéfice de la recherche et du maintien de l'harmonie, du "wa" qui régnait dans l'ancienne maison

---

[7] Prononcer "i-é".

traditionnelle. Cependant, la Constitution actuelle de 1946 est une constitution familialiste. D'ailleurs, "kokka" qui veut dire État, est composé de deux kanji signifiants "pays" et "maison". Ainsi, au lieu de développer un système de sécurité sociale, il fallait compter sur la famille ou l'aide sociale fournie par l'entreprise. Le "wa" a été conservé comme une valeur fondamentale permettant une certaine égalité sociale grâce à une politique salariale et fiscale favorable. Le consensus social s'est établi autour de trois grands principes : efficacité, égalité et sécurité. Dans ce type de système économique, on prend le moins de risques possible et on décourage tout esprit d'initiative. C'est ce qui a conduit le pays au déclin économique durant la décennie 1990, disent les réformateurs japonais. Pendant ces années, 90 % des ménages estimaient appartenir à la classe moyenne, selon un sondage officiel. Alors que vers la fin du 19e siècle, à peine 10 % de la population de Tokyo faisait partie de la classe moyenne.

En France, à la même période, seulement 38 % des ménages considéraient appartenir à la classe moyenne. Mais pour le professeur d'économie de l'Université de Doshisha, Toshiaki TACHIBANAKI, depuis les années 1970, c'était devenu un mythe, ce n'était déjà plus la réalité. Car le "wa", c'est aussi cultiver le sentiment d'appartenir à la même classe, de ne pas être différent de son voisin. Le "wa" se trouve donc malmené par une diminution du taux de croissance, des salaires et de la population.

La croissance était passée de 4 % à 1 % durant la décennie 1980. Le taux de chômage n'était que de 4,1 % en 1998, mais les revenus se réduisaient d'un quart lors d'une nouvelle embauche. Depuis le pic de la Bulle spéculative boursière, à la fin 1989, le patrimoine des ménages s'est contracté surtout à cause de l'effondrement des prix de l'immobilier après le pic de 1991. Formation de bulles spéculatives boursières et immobilières entre 1987 et 1990, puis la récession économique de la fin 1991 à l'automne 1993. On a ainsi constaté des records de profits nets pour 20 % des entreprises en 2000, tandis que la même année, près de 19.000 entreprises se déclaraient en faillite. La recherche de l'égalité a été très utile dans le contexte de la reconstruction du pays après la Seconde Guerre mondiale. Mais aujourd'hui, avec l'augmentation de la concurrence, l'égalité n'incite pas à l'initiative individuelle et au développement de la créativité. L'État japonais laisse jouer librement les lois du marché, il croit fermement à la bonne "main invisible du marché", il ne cherche plus à le réguler.

L'économie japonaise est à la recherche d'un nouvel équilibre sous la pression de multiples facteurs. L'économie japonaise doit prendre en compte la baisse importante des naissances, 1,6 million en 1957 contre 2,7 millions par an pendant le "Baby-boom" de 1947 à 1949. L'indice de fécondité japonais est passé de 4,32 en 1949 à 2,04 en 1957. Le Second Baby-boom concerne ceux nés entre 1971 et 1974. Mais depuis le Second Baby-boom, le taux de fécondité a continué de s'effondrer pour atteindre 1,38 enfant en 1998, puis 1,26 en 2005. Malheureusement, le troisième Baby-boom, attendu en 2001, n'a pas eu lieu. Si les tendances démographiques actuelles se poursuivent, en 2100, la population sera réduite de moitié après avoir atteint le pic de décembre 2004 de **127.838,000 habitants**, y compris les habitants de nationalités étrangères (estimation rectifiée après le recensement de 2005). Ce qui était déjà à peine plus élevé que lors du recensement suivant pour l'année 2005 : 127.767,994 habitants (chiffre officiel [8] du recensement effectué tous les 5 ans). L'estimation finale (toujours réalisée cinq mois après l'estimation provisoire) de la population totale en août 2008 est de 127.705,000 habitants, comprenant les étrangers, et de 126.006,000 habitants uniquement japonais. Au 1er janvier 2009, la population estimée provisoirement à 127.650,000 habitants au total.

Avant l'arrivée de la crise financière et économique de 2007/2008, on prévoyait qu'en 2020, il y aurait un déficit de 2 millions de travailleurs. Pour faire face à la pénurie de main-d'œuvre, trois solutions étaient envisagées : l'allongement de la vie professionnelle, inciter davantage les femmes à travailler, et l'immigration prévue par un plan en discussion pour faire venir 10 millions d'immigrés dans les 50 ans à venir.

Sous la pression du vieillissement accéléré de la population, des nouveaux besoins apparaissent, et si le Japon réussit à faire face à ces besoins, il sera capable de développer un modèle qui va inspirer les autres pays, et il pourrait devenir le leader dans ces nouveaux secteurs de la croissance.

La remise en question de la pratique du salaire à l'ancienneté, liée à l'emploi à vie, était bien ancrée. Seulement, entre 1990 et 1999, la proportion des entreprises appliquant le système d'emploi à vie est passée de 27,1 % à 9,9 %. Ce système est en voie de disparition, mais cela ne signifiait jamais que l'on était protégé de tout licenciement, mais que celui était rare et que l'on poussait plutôt l'employé visé à la démission. La pratique du salaire basé essentiellement sur l'ancienneté a été complètement remise en cause par l'adoption du principe du salaire lié au mérite.

---

[8] Tous les chiffres donnés dans cet ouvrage émanent d'organismes statistiques officiels, soit internationaux comme l'OCDE, soit japonais, comme le ministère de la Santé, du Travail et des Affaires sociales, etc. Mais également français, comme l'Institut National d'Études démographiques (INED), et l'Institut National de la Statistique et des Études économiques (INSEE). D'autre part, en ce qui concerne les statistiques fournies dans ce livre, les médias et les ministères se livrent à une guerre des chiffres, les médias tendent à aggraver les situations et les ministères à sous-estimer la réalité.

L'ABANDON DES VALEURS MARTIALES

Les valeurs martiales n'ont plus leur place dans le cœur des Japonais, mais ils continuent de rechercher le "wa". Dans l'éducation traditionnelle, le "bushido" visait à forger le caractère, à inculquer la maîtrise de soi, à enseigner le mépris de l'argent et de tout ce qui relevait de l'économie. Ainsi dans la formation, les mathématiques étaient négligées au profit de la littérature et de la philosophie pour développer la rigueur mentale. L'apparente froideur et insensibilité des Japonais vient de leur éducation qui leur a appris à ne pas laisser paraître leurs émotions. C'est une vraie souffrance pour le peuple japonais qui est aussi capable de s'émouvoir autant que n'importe quel autre peuple. Lorsqu'un Japonais ressent de la passion, sa première réaction est de refouler toute manifestation sentimentale. Il paraît que c'est à cause de leur sensibilité excessive et de leur tempérament nerveux que les Japonais ont dû apprendre à se contrôler depuis toujours. Mais la discipline poussée à l'extrême empêche toute spontanéité et peut aller jusqu'à créer des monstres chez les simples d'esprit. Pour les Japonais, l'autodiscipline excessive peut conduire au suicide.

Dans la tradition, on ne considérait pas le suicide comme répugnant, mais comme un soulagement lorsque l'honneur était perdu ou simplement menacé. On pouvait être condamné à se donner soi-même la mort au cours d'une cérémonie pour cela (le "seppuku"). Le "seppuku" était glorifié, car il nécessite une grande maîtrise de soi, mais il arrivait qu'il soit exécuté de manière abusive sans motif réel et sérieux par de jeunes samuraï. Pourtant pour le vrai samuraï, le suicide est une lâcheté, car si la vie est plus terrible que la mort, le vrai courage est de continuer à vivre. L'adoption d'un Code pénal a mis fin au "seppuku" qui était une véritable institution. De nouveaux modes de suicides plus rapides et indolores se sont développés.

À l'origine, le "bushido" était un enseignement destiné au sexe masculin, mais il permettait aussi aux filles d'apprendre à retenir leurs sentiments, à les endurer et à apprendre à se défendre avec une sorte de fauche à manche long en cas d'attaque. Elle pouvait ainsi défendre son honneur et était apte à éduquer son fils. Les jeunes filles portaient une sorte poignard de poche contre un éventuel agresseur ou bien qu'elles retournent contre elles-mêmes en cas de viol. Pour la femme de samuraï, la chasteté était une vertu plus importante que la vie elle-même. Pour éviter que son époux pense à elle, et qu'ainsi, il n'ait pas suffisamment le courage de se battre au combat, la femme du samuraï était capable de se suicider pour se faire oublier. L'éducation des filles était fondée sur le renoncement à elle-même. La fille se sacrifiait à son père, la femme à son mari, la mère à son fils. Le samuraï se sacrifiait à son maître et à son pays. Au sommet, il y avait d'abord les nobles qui ne se battaient pas, puis les samuraï qui représentaient la classe militaire, et en bas, les paysans, puis les artisans, et à la dernière place, les commerçants. C'était les femmes de samuraï qui avaient le moins de liberté. Dans la basse classe, il y avait une certaine égalité entre hommes et femmes. Parmi les nobles, il n'y avait pas différence marquée entre hommes et femmes à cause de leur oisiveté et du caractère efféminé des hommes. Les samuraï ne considéraient pas leur femme comme leurs égales, et par politesse à l'égard des autres, ils pouvaient les dévaloriser.

L'esprit du "bushido" qui émanait de la classe sociale des guerriers s'est propagé dans toute la population pour leur fournir une morale au même rang qu'une religion. L'éthique du "bushido" aurait commencé à faire son apparition au 12e siècle, et ses lois non écrites auraient guidé le pays jusqu'à la restauration du pouvoir impérial en 1868 (ère Meiji). L'unité nationale a été établie et le Japon est passé brutalement de la féodalité à la modernité. À l'aube du 21e siècle, les Japonais restent imprégnés dans leur inconscient des vertus du "bushido". Mais la mauvaise conduite des dirigeants de la nation et des hommes d'affaires, la dégradation des mœurs et de l'éducation signent la disparition définitive des principes du "bushido" qui ont permis au Japon de devenir un grand pays industrialisé.

En 1905, le professeur de littérature anglaise Soseki NATSUME affirmait encore, dans son livre, *Wagahaï wa neko de aru* ("Je suis un chat"), que la civilisation japonaise ne cherchait pas la satisfaction en changeant autre chose que l'homme lui-même. Tandis que les Occidentaux passent leur vie dans l'insatisfaction en agissant toujours de façon positive. La manière occidentale d'adopter une attitude positive était déjà à la mode à la fin du 19e et au début du 20e siècle (sous l'ère Meiji) au Japon. À cette époque, beaucoup d'intellectuels japonais pensaient que le Japon devait adopter l'anglais comme langue nationale. Cette idée avait de nouveau émergé juste après la défaite de la Seconde Guerre mondiale.

Certains Japonais se sont eux-mêmes inquiétés de la complexité de leur écriture et de son inadaptation à la modernité. En effet, il n'existe pas de limite dans le nombre de kanji. Les kanji sont des idéogrammes dérivés du chinois traditionnel servant à l'écriture et dont l'ensemble porte le qualificatif de "langue Yamato". Il faut en connaître au moins deux à trois milles pour être capable de lire le journal, et connaître aussi les écritures syllabiques fondées sur la phonétique, telles que les 50 phonèmes "katakana" et les 50 phonèmes "hiragana". Les "katakana" permettant la traduction en japonais de mots et de noms étrangers impossibles à écrire sous la forme de kanji. En revanche, les "hiragana" constituaient une écriture utilisée à l'origine pour ses besoins personnels et qui aurait été élaborée progressivement par des femmes de la noblesse. C'est ainsi qu'un simple article de journal peut contenir jusqu'à trois types d'écritures différents dans un même contenu. Certains intellectuels voulaient donc introduire un nouveau système unique d'écriture basé seulement sur la phonétique comme le "romaji", en utilisant les vingt-quatre lettres de l'alphabet romain. Ou bien encore, en utilisant uniquement les deux écritures phonétiques japonaises, "hiragana" et "katakana", et en supprimant les kanji de l'écriture, lesquels dérivent des idéogrammes chinois.

Ainsi, Hisoka MAEJIMA, né en 1835, celui qui a créé le système postal japonais avait appris l'anglais en 1847 à Edo (ancien nom de Tokyo), et il avait proposé l'abolition des kanji dans l'écriture au dernier Shogun en 1866. Le journal *Yomiuri* avait également publié un éditorial le 12 novembre 1946 en faveur de l'abolition des kanji. D'autre part, certains étaient plutôt partisans d'un véritable changement de langue, comme Arinori MORI, le premier des ministres de l'Éducation, au sein du gouvernement Ito de 1885 à 1889. Il avait proposé de discuter sur l'adoption de l'anglais en tant que nouvelle langue nationale du Japon. Plus tard, en avril 1946, l'écrivain Naoya SHIGA, né en 1883, avait même publié un article pour promouvoir la langue française en tant que langue nationale. Mais ne serait-ce pas le suicide de toute une nation et de sa culture, que d'abandonner sa propre langue ?

De nos jours, on constate que les Japonais sont devenus des consommateurs insatiables, et que leur comportement a tellement changé que le gouvernement veut alors rétablir certaines valeurs qu'ils tendent à oublier. Ainsi, en 2008, 2.720,000 Japonais de tout âge ont choisi de passer l'examen de connaissance des kanji, un chiffre en constante augmentation. L'Association d'examen de connaissance des kanji a enregistré un bénéfice de 2,3 milliards de yens en trois ans, grâce aux droits d'inscription aux examens. Le ministère de l'Éducation a exigé en contrepartie une baisse des droits d'inscription, car une association n'a pas pour but de gagner de l'argent, et envisage de contrôler de plus près les comptes de l'association. Aujourd'hui, il y a beaucoup d'émissions à la télé, des jeux vidéo, des livres où le jeu consiste à apprendre et à reconnaître les kanji. Un grand marché s'est développé autour des kanji, alors que l'idée, au départ, n'était que d'améliorer les connaissances des Japonais de leur propre langue et écriture. Jamais les anciens intellectuels n'auraient imaginé un tel "business". Et parfois, ce qui est "giri" a perdu toute sa signification martiale pour se transformer totalement en une très bonne opération commerciale. Il en est ainsi, notamment, depuis que les soldats américains faisaient goûter aux Japonais du chocolat qu'ils avaient avec eux, lors de l'occupation du Japon en 1945.

LE "GIRI" OU LE DEVOIR MORAL

Le "bushido" a bien disparu dans la vie quotidienne des Japonais, qui sont de plus en plus pervertis et influencés par la civilisation occidentale. Depuis la défaite de la Seconde Guerre mondiale, les Japonais ont cherché à oublier le passé en retombant en enfance. Ils ont laissé tomber les armes pour rester de grands enfants et se construire un monde imaginaire où tout est beau et tout le monde est gentil. Ils ont aussi un peu perdu de leur rectitude, de leur caractère droit, et de leur capacité à décider, selon le "giri". Ce dernier représente encore une certaine ligne de conduite conforme à la morale et à la raison. Le "giri", c'est faire ce que l'autre attend de vous, supprimer le "moi" pour servir les autres, avoir l'esprit de sacrifice et de dévouement. La sanction au non-respect du "giri" consiste en un sentiment de honte qu'on éprouve vis-à-vis des autres. Le "giri" et le "ninjo" (affection naturelle) peuvent entrer en conflit. Il ne peut y avoir de conflit lorsqu'il y a simultanément le "giri" et le "ninjo", par exemple, si vous avez de l'affection pour celui à qui vous devez un "giri". Le pire est lorsqu'on doit exécuter un "giri" à l'égard de quelqu'un, alors que c'est incompatible avec l'affection que l'on porte à quelqu'un d'autre ou à sa famille. Par exemple, apprécier la femme de son supérieur hiérarchique, ou bien aider ce dernier à déménager un dimanche au lieu d'aller pique-niquer en famille. Mais plus on souffre pour satisfaire les exigences des autres, plus on a de chance d'être apprécié par les autres.

Les Japonais sont de moins en moins guidés par le sens du devoir, par ce que la raison leur dicte de faire à l'égard de leurs parents, de leur supérieur et de la société. Le "giri" est tombé dans l'hypocrisie, ce qui fait que celui qui exprime sa loyauté est aussitôt suspecté de cacher une mauvaise intention. Le "giri" obligeait les lâches à accomplir leur devoir, à faire preuve de courage, d'audace et de persévérance. Mais pour faire de leurs enfants des samuraï, les Japonais ont souvent été trop rigoureux, voire cruels avec leurs enfants.

La vraie politesse, c'est éprouver et manifester une certaine sensibilité à l'égard des autres. C'est être gentil, agréable, ne pas s'énerver ni se vanter. Si le Japon reste un des pays où les gens sont toujours très polis, cela dissimule une grande superficialité des rapports humains. Il est ainsi très difficile d'établir des liens d'amitié même entre Japonais. Et il arrive que de nos jours, certains Japonais soient aussi mal polis que des Occidentaux. La politesse est aujourd'hui menacée par l'influence du mode de vie et de l'éducation à l'occidentale. Mentir est un pêché en Occident, mais pour les Japonais, ce n'est qu'une faiblesse déshonorante. Mais on ne compte plus le nombre d'affaires dans lesquelles, des responsables politiques, des chefs d'entreprises, et des responsables d'institutions ont menti à l'opinion publique. Un Japonais n'avoue jamais se sentir personnellement responsable en cas de problème. Quand on est un étranger dans ce pays, dans la vie quotidienne, il est frappant de constater que personne n'est jamais responsable de tel ou tel problème. Pourtant dans une société qui s'individualise, chacun devrait se sentir de plus en plus responsable personnellement. Le Japon semble mystérieusement encore échapper à cette règle.

Selon les coutumes japonaises, il est encore courant d'offrir une somme d'argent pour féliciter (acte appelé "iwaï" mais qui n'est qu'une obligation morale) un mariage, une naissance, une nomination, un départ à la retraite, une mutation professionnelle, la construction d'une maison, et la réussite à un concours d'entrée à l'école ou à l'université. Également, lorsqu'on rend visite à une personne hospitalisée ou qui est victime d'un incendie ou d'une catastrophe naturelle ("mimaï"), et en cas de décès ("kuyami"). En contrepartie, celui qui reçoit a le devoir d'adresser des lettres ou des cartes de remerciement. Le montant moyen des sommes données varie selon les régions et les relations avec le ou les bénéficiaires. En cas de non-respect de ces coutumes "giri", on est ensuite mal considéré.

Le "giri" se manifeste aussi en offrant des cadeaux par politesse pour soigner les relations professionnelles ou privées : soit en milieu d'année, pendant deux premières semaines de juillet ("chugen") ; soit pendant les deux premières semaines de décembre ("seibo"). En général, on offre des produits alimentaires, ou de plus en plus des bons d'achat pour éviter d'offrir un cadeau qui ne plaît pas. Ces deux coutumes "giri" ont lieu lorsque les fonctionnaires et les employés du privé perçoivent leur prime tous les six mois. Mais de plus en plus, les cadeaux "giri" tendent à disparaître. En revanche, offrir des chocolats reste une coutume "giri" très populaire et suivie. À la page suivante, on peut découvrir un exemple typique d'une coutume "giri" à l'époque postmoderne.

"Sonoba ka giri choco"

Le "giri choco", c'est le "chocolat de politesse" ou "chocolat du devoir" que l'on offre par obligation à la Saint Valentin au Japon. Ce n'est que depuis les années 1950 que les Japonais ont commencé à consommer du chocolat. Mary's Chocolate la première chocolaterie japonaise a été créée à Tokyo en 1950 par des Japonais. Ce chocolatier a peu à peu commencé à imposer la fête de la Saint Valentin aux Japonais. Au Japon, offrir des chocolats plutôt que des fleurs à la Saint Valentin est une tradition récente. Mais à la différence de l'Occident, c'est toujours la fille qui doit offrir des chocolats au garçon qu'elle aime, et que l'on appelle le "honmei choco", ou "le chocolat venant du cœur". Mais il faut aussi offrir des chocolats à ses collègues de travail masculins, une coutume appelée le "giri choco" ou "le chocolat du devoir". Selon un sondage, 70 % des femmes et 50 % des hommes souhaitent supprimer le "giri choco" (*Mainichi Shimbun*, 15 février 2006). Par ailleurs, curieusement, chaque père japonais attend toujours de recevoir des chocolats de la part de sa fille plutôt que de son épouse.

1) Une employée d'une entreprise distribue à chacun de ses collègues masculins une boîte de chocolats, en disant : "*Voici le vale choco !*" Le terme "vale" étant l'abréviation de Valentin, mais le kanji utilisé vient du verbe "valeru" ou "bareru", qui veut dire, se dévoiler, révéler, ou être découvert... On dit d'ailleurs, "*bare, bare !*" Que l'on peut traduire par l'expression, "ça se voit !"

2) Son collègue lui répond : "*Merci !*" [9]

3) Il se dit : "*Ça me fait plaisir, même si c'est un giri choco !*"

---

[9] Dessins et commentaires inédits, réalisés spécialement pour Marc DELPLANQUE par le dessinateur et artiste, Sagoro, Kamakura, Japon, 28 janvier 2007.

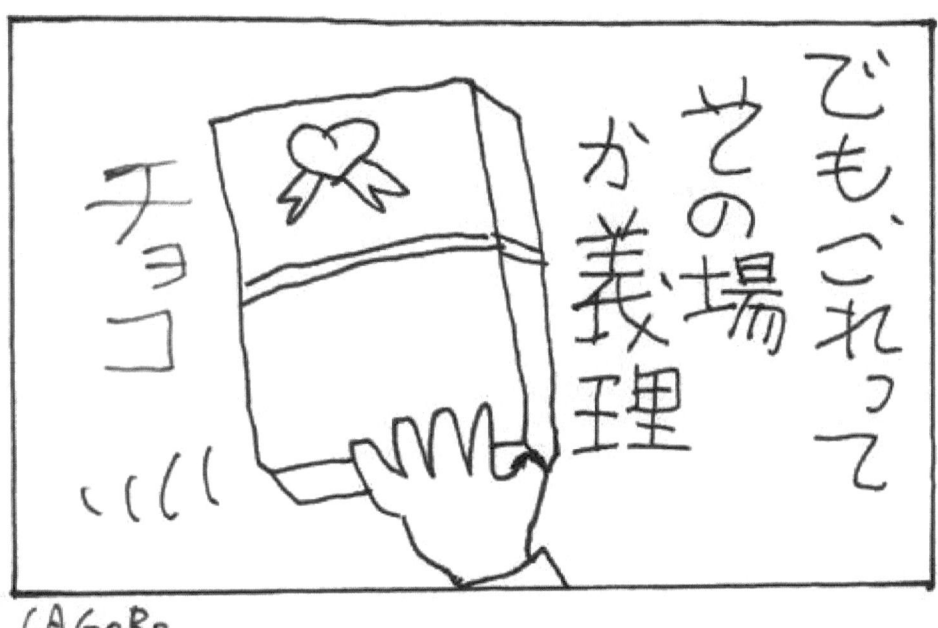

SAGORO

4) Mais il sait très bien que c'est un "sonoba ka giri", "sonoba" veut dire, "sur place" ; "ka giri" veut dire, "limité". Ce qui signifie qu'elle fait comme si elle avait des sentiments pour lui, mais qu'ils sont éphémères, c'est-à-dire, que ces sentiments ne durent que l'instant même où elle lui fait ce cadeau.

À la Saint Valentin, le 14 février 2009, la récession économique pousse les Japonais à trouver du réconfort en consommant ou en offrant de plus en plus de chocolat. On estime que les dépenses se montent à 3325 yens par personne pour le "honmei choco", c'est-à-dire 275 yens de plus qu'en 2008 ; 3167 yens, soit 469 yens de plus que l'année précédente, pour le chocolat pour sa propre consommation ; et 1172 yens de dépense par personne pour le "giri choco", soit 143 yens de plus que l'année dernière, c'est un record depuis 2002, selon le grand magasin Printemps Ginza.

Morinaga, un fabricant japonais de pâtisseries et de chocolats a fait un sondage auprès de 600 femmes et hommes de 20 à 40 ans sur la Saint Valentin. 69,7 % des femmes ont répondu qu'elles s'étaient déjà acheté des chocolats pour elles-mêmes (on dit : "My-choco") ; 89,6 % des femmes ont déjà gouté avec leur petit ami ou bien leur famille du chocolat qu'elles leur offraient ; 90,8 % des femmes avouent qu'elles aimeraient recevoir des chocolats de la part des hommes à la Saint Valentin. En revanche, 85,9 % des hommes interrogés considèrent positivement le fait de faire comme Occident que ce sont plutôt les hommes qui font un cadeau aux femmes. Ainsi, 91,3 % des hommes ont répondu qu'ils étaient disposés à offrir eux-mêmes des chocolats aux femmes. 69,2 % affirment qu'ils offriraient des chocolats de luxe. En conclusion, Morinaga, propose de lancer le "gyaku-choco" ("gyaku" se traduisant par "contraire" ou "à l'inverse"), c'est-à-dire que les hommes devraient aussi offrir du chocolat aux femmes à la Saint Valentin. L'avenir nous dira si les hommes japonais vont adopter cette nouvelle idée.

En retour au "giri choco", le 14 mars de chaque année, appelé le "White Day", les hommes s'obligent à offrir des biscuits ou cookies ou bien des bonbons, à celles qui leur ont offert des chocolats à la Saint Valentin. On connaît mal l'origine du "White Day" qui s'appelait auparavant le "Marshmallow Day". Un fabricant de Marshmallow avait réussi à convaincre les hommes d'en offrir aux femmes. Les fabricants de chocolat se sont ensuite emparés du 14 mars pour convaincre les hommes d'offrir du chocolat blanc aux femmes, d'où le nom de "White Day". Cette pratique est moins bien suivie que la Saint Valentin et les petits gâteaux et bonbons se vendent mieux que le chocolat blanc, ce jour-là.

L'ESPRIT "GANBARU"

Dans les relations avec les Japonais, il y a un mot qui revient sans cesse "ganbatte" ! Un peu comme si on disait à quelqu'un "bon courage" ! Tandis que "ganbaru" (verbe persévérer) signifie que ce qui est important, c'est en priorité la sincérité de l'effort déployé et le résultat venant au second plan. En d'autres termes, dans le "ganbaru", le processus de faire un effort est intentionnellement dissocié des résultats que l'effort apporte, de sorte que l'effort puisse être évalué et admiré sur son propre mérite. Littéralement, "ganbaru" est un verbe qui se traduit par : "persévérer, être courageux, faire de son mieux". Sous sa forme impérative, "ganbare", il est souvent employé parmi les membres d'un groupe pour s'encourager. Dans la compétition sportive, les perdants peuvent être l'objet d'une grande attention et reçoivent parfois l'admiration du public. Dans leur modeste satisfaction d'avoir fait de leur mieux tout ce qu'ils pouvaient, ils incarnent l'esprit "ganbaru", l'idée de l'effort sincère et le sentiment que l'on peut toujours mieux faire. Le "ganbaru" était une valeur dominante dans l'Après-guerre, parce que c'était un ajustement parfait pour la vision "byodo shakaï" (la société égalitaire), où chacun peut aspirer à faire partie de la classe moyenne. En particulier, entre les années 1950 et les années 1980, il était facile de croire en un tel rêve et de continuer à faire de son mieux grâce à la forte croissance économique. Chaque année, les Japonais ont été récompensés de leurs durs efforts.

Au milieu des années 1980, le Japon avait réalisé son idéal d'Après-guerre sur le plan économique et social et où plus de 90 % des citoyens se considéraient comme faisant partie de la classe moyenne. On peut vivre aussi bien que son voisin à condition que celui-ci continue de croire à l'esprit "ganbaru", c'est-à-dire de se consacrer entièrement à l'entreprise pour maintenir le taux de croissance économique du pays. À partir de 1985, l'émergence d'une Bulle spéculative a changé beaucoup de choses, et parmi elles, le déclin de l'idéal "byodo shakaï" de l'après-guerre... Les gens sont devenus de plus en plus mécontents. Les Japonais ont commencé à rechercher le moyen de se distinguer de la masse. Beaucoup ont été tentés de vivre au-dessus de leurs moyens et ont acquis un goût pour les biens de consommation de luxe et les services, pour lesquels ils semblaient dépenser sans compter.

Quand la Bulle économique a éclaté vers 1992, la classe moyenne a perdu son remarquable pouvoir d'achat. Après avoir gouté brièvement à la vie de luxe, beaucoup se sont retrouvés du côté perdant dans une société devenant "kakusa" (inégalitaire), où l'écart entre riches et pauvres se creuse, où la concurrence est encore plus rude et où le dur labeur n'est plus suffisamment récompensé. Quinze ans après, les Japonais ont perdu la foi et permettent à la résignation ("akirame") d'assombrir de nouveau leurs perspectives d'avenir. Enfin, l'expression "ganbatte" peut aussi parfois avoir un sens péjoratif, une arrière-pensée : "ce n'est pas mon problème !" Ce qui veut dire que dans le Japon d'aujourd'hui, l'emploi courant de cette expression peut signifier que l'on est désormais, dans une société où dominent le chacun-pour-soi et les inégalités sociales et économiques.

LE PAYS DES HOMMES "AÏMAÏ"

Comme le disait Kenzaburo OE, Prix Nobel de littérature en 1994, dans son discours prononcé pour l'occasion, *Aïmaï na Nippon no watashi*, qui signifie selon OE : "Moi, qui appartiens au Japon ambigu".[10] L'intitulé de son discours s'inspire directement celui du premier prix Nobel japonais, Yasunari KAWABATA, *Utsukushii Nippon no watashi* ("Moi, qui appartiens au beau Japon").

Pour OE, le Japon aïmaï, c'est-à-dire, "le Japon ambigu", se traduit par le fait que le Japon s'est modernisé en imitant l'Occident tout en préservant sa culture traditionnelle, d'où une certaine ambiguïté. Il considère que c'est la modernisation qui a poussé le Japon à envahir des pays d'Asie lors de la Seconde Guerre mondiale. Finalement, dès la fin de la guerre, le Japon s'est retrouvé isolé politiquement, mais aussi socialement et culturellement du reste de l'Asie. Plus proche de l'Occident que de l'Asie, le fait que la culture japonaise ne s'est pas entièrement ouverte à l'Occident maintient une certaine ambiguïté et

---

[10] Kenzaburo OE, *Moi, d'un Japon ambigu* (publié en japonais en 1995), Collection NRF, *Éditions Gallimard*, Paris, 2001, pour la traduction française.

donc une certaine incompréhension de la part des Occidentaux. D'autre part, ce sont les mêmes individus ayant participé ou soutenu la guerre, qui ont ensuite fait serment de la démocratie et de non-belligérance. Ainsi, selon OE, le Japon ambigu, c'est tout le contraire d'un Japon "digne" et "humain", même aujourd'hui, avec le développement monstrueux des technologies et de la communication.

Les Japonais donnent toujours le sentiment d'être ambigus pour les Occidentaux. Mais en réalité, au fond d'eux-mêmes, ils estiment que leurs pensées sont claires. Par exemple, si un Japonais dit "je vais réfléchir", il est évident que pour un autre Japonais, cela veut dire, le plus souvent, que la réponse est négative. Tandis que pour un Occidental, cela ne signifie pas généralement, "non". Ce qui donne lieu à des quiproquos entre étrangers et Japonais. Entre Japonais, cette manière indirecte d'exprimer ses opinions est normale, tandis que les Occidentaux préfèrent la franchise. Après la Seconde Guerre mondiale, un nouveau courant de pensée est partisan d'éliminer totalement cette manière "aïmaï" de s'exprimer dans tous les domaines. Les Japonais ne répondent jamais franchement, par politesse et dans le but de protéger les personnes auxquelles ils s'adressent et de ne pas les blesser, mais c'est aussi un moyen de défense pour ne pas être soit même blessé, mais également pour échapper à sa responsabilité.

Être "aïmaï", c'était penser à autrui, alors qu'aujourd'hui, la tendance est de ne plus être "aïmaï", on lui substitue donc scrupuleusement le "manuel" qui précise ce que l'on doit faire et comment se comporter dans chaque activité professionnelle. Il faut savoir qu'au Japon tout est "manualisé", et que sans le manuel, les Japonais se sentent perdus et incapables d'agir. Mais les Japonais ont tendance à appliquer à la lettre le manuel sans faire preuve de bon sens.

Par exemple, dans l'application stricte du manuel, un prisonnier avait été autorisé à se rendre sous escorte policière au chevet de son père mourant. Le policier responsable s'est conformé au manuel qui précisait le créneau horaire de la permission. Alors que le père du prisonnier n'en avait plus que pour quelques minutes à vivre, le policier a mis fin à la visite à l'heure prescrite par le manuel, et sans attendre, ils ont rejoint la prison. Alors que le bon sens aurait voulu qu'il assiste son père jusqu'à son dernier souffle, mais le policier en a décidé autrement en appliquant à la lettre le règlement. Le "manuel" apporte toujours une réponse claire et précise à chaque situation.

Les modes d'emploi, les manuels, les méthodes et les règlements intérieurs ont remplacé la culture "aïmaï" et leur application scrupuleuse provoque souvent des situations absurdes dans la vie quotidienne. Je me souviens moi-même d'une telle expérience lorsque je voulais m'offrir un cornet de crème glacée chez un petit commerçant de Tokyo. Je voulais un cornet avec deux boules de glace, comme sur la photo en façade du marchand de glace. Mais le vendeur a refusé de me donner un cornet avec deux boules de glace, parce qu'il ne vendait que des cornets comprenant une seule boule. J'ai remarqué que le cornet avait une taille identique à celui de la photo en façade du comptoir. Alors, j'ai insisté, mais il a encore refusé. Puis, je lui ai proposé de payer le double du prix pour un seul cornet avec deux boules de glace, mais il a encore refusé. Dans cette situation absurde, n'importe quel étranger pourrait subitement perdre son calme, mais au Japon il vaut mieux éviter de se fâcher, car c'est encore plus mal vu et on ne peut jamais rien obtenir ainsi. Énervé, j'ai finalement refusé d'acheter un cornet de glace. Ce n'est qu'avec le temps et l'expérience que j'ai compris que le vendeur appliquait strictement à la lettre une règle sans doute dictée par son employeur ou qu'il s'était dicté à lui-même, s'il était indépendant. Ce vendeur était incapable de prendre lui-même et immédiatement cette initiative, malgré la photo que je pointais du doigt, montrant un cornet identique contenant deux boules. C'était une seule boule par cornet et pas autrement, mais il a perdu un client.

Au Japon, il est encore plus vrai que dans n'importe quel autre pays que ce qui peut nous apparaître absurde et ridicule fait partie de la vie de tous les jours, et que tout cela ne semble pas aussi bizarre ou anormal pour les Japonais. Il appartient donc aux étrangers de s'y adapter et de comprendre qu'ils ne pourront jamais rien y changer. Même si en résumé, l'aïmaï, c'est ressentir de la compassion pour autrui, ou plus simplement, faire un effort pour comprendre l'autre, il faut que cet effort de compréhension soit réciproque, ce qui est devenu rare au Japon, et c'est bien là tout le problème.

Le Japon est passé d'une société "aïmaï" fondée essentiellement sur l'art et la morale (l'époque des "samuraï") à une société "moderne" basée sur la science et la raison (l'époque des "Businessmen") depuis l'ouverture du pays sur le reste du monde vers 1860. Mais la construction de la société japonaise de façon scientifique a pris toute son ampleur à partir de la fin de la Seconde Guerre mondiale. En effet, le Japon vaincu par la supériorité scientifique des étrangers (grâce à l'arme atomique) s'est résigné à faire de la science son nouveau maître. Le pire ennemi est ainsi devenu le meilleur disciple du développement industriel et commercial du monde auprès des États-Unis.

La culture "aïmaï" n'a pas disparu dans la société japonaise. Elle a seulement perdu sa place prédominante au profit de méthodes scientifiques et techniques. Dans un premier exemple, lors d'une consultation médicale, pour le patient qui vient régulièrement, l'hôpital possède déjà un dossier médical informatisé. Le médecin n'observe plus ce patient pour établir son diagnostic, et garde les yeux rivés sur son ordinateur et les résultats d'analyse. Sans aucun contact humain, il va lui prescrire les médicaments en rédigeant une ordonnance. Dans un second exemple, très souvent le chauffeur de taxi demande au client l'adresse exacte ou bien le numéro de téléphone fixe pour que le GPS le guide précisément à l'endroit indiqué. Le GPS ou *Global Positioning System*, est un système de géolocalisation par satellite. C'est très efficace, car on ne perd pas de temps, ni d'argent parce que le GPS va indiquer la meilleure route à suivre. Mais le contact humain est très réduit à cause du fait que le chauffeur doit se concentrer en observant et en écoutant constamment son GPS. Si le chauffeur se laisse distraire par le passager, il risque de ne pas respecter les indications du GPS, lequel réagit alors en se bloquant automatiquement.

Traditionnellement, l'idée d'"aïmaï" avait un sens poli et humain pour l'établissement de rapports harmonieux et pour éviter toute tension entre les gens. D'ailleurs, l'écrivain japonais, Kunio YANAGIDA, auteur d'œuvres documentaires, considère qu'il faut revenir à la culture "aïmaï" pour sauver le Japon, affirme-t-il dans son livre : *Kowareru Nipponjin* ("Les Japonais autodétruits", publié en 2004). Il estime que l'application stricte des règles a pour conséquence le rejet de certains individus dans la société. Tandis que l'"aïmaï" permet une certaine souplesse dans l'application des règles, une certaine tolérance sociale, car on ne peut pas tout rationaliser dans le comportement des humains. Le destin, l'imprévu ou le hasard jouent un rôle social important, dit encore l'auteur.

Masahiko FUJIWARA, professeur de mathématiques de l'"Université nationale des filles" d'Ochanomizu à Tokyo a écrit, *Kokka no hinkaku* (ou "La dignité de l'État"), livre le plus vendu en 2006 au Japon (2,650 millions exemplaires). Il est important de noter qu'à l'âge de 29 ans, l'auteur a travaillé comme enseignant-chercheur aux États-Unis pendant trois ans, et en Grande-Bretagne pendant un an à l'âge de 44 ans. Selon lui, "ce n'est pas la puissance économique ni militaire qui peut donner un sentiment de fierté du pays aux Japonais, c'est plutôt, sa culture et son histoire, il faut renforcer l'apprentissage de la langue japonaise dès l'école primaire pour que les enfants aiment lire. Dans la littérature, on y apprend l'amour de la famille, l'amour de sa patrie, etc. Notamment, la compassion ("sokuin") ne peut être enseignée que par l'étude de la littérature". La compassion, c'est le sentiment qui porte à plaindre et à partager les maux d'autrui. Le contraire de la compassion, c'est la cruauté, la dureté, l'indifférence, et l'insensibilité. En effet, a-t-il ajouté, "le cœur reste plus important que la raison, la langue japonaise est donc plus importante que l'anglais, et le "bushido" est bien plus important que la démocratie".

En outre, le sens poli et humain de l'"aïmaï" ne jouent que dans les relations individuelles et dans les relations de face à face avec ses interlocuteurs. En revanche, tenant les gens à distance, à travers leurs discours, les personnalités japonaises n'hésitent pas à être directes et maladroites en tenant de plus en plus souvent des propos vexatoires, notamment dans le domaine politique. Ainsi, Tetsushi SAKAMOTO, secrétaire parlementaire des Affaires intérieures et des Communications et député du Parti libéral démocratique, au sujet de l'apparition d'un camp de plus de 500 Sans-domiciles fixes, victimes de la récession économique, dans un parc de Tokyo, lors des fêtes du Nouvel An 2009, a déclaré : "*je me demande si ces gens ont vraiment la volonté de travailler ?*" Le secrétaire parlementaire a finalement présenté ses excuses, mais l'opposition, le Parti démocrate du Japon (PDJ) a dénoncé les "remarques incroyablement irrespectueuses à l'encontre de personnes qui ont perdu leur emploi et leur logement", et exigé sa démission, mais en vain. Mais "Travailler dur est une des valeurs du Japon", a ainsi déclaré le premier ministre Taro ASO devant la Chambre des députés, en décembre 2009. Il ne se passe pas un seul mois sans une affaire du même genre au Japon, où si vous perdez votre emploi, si vous êtes pauvres ou bien d'autres choses, on vous culpabilise, on est dur, insensible, indifférent, voire cruel parfois envers vous. C'est ce que l'on appelle le "jikosekinin" (venant de "jiko", qui veut dire "soi-même" et de "sekinin" signifiant "responsabilité"), qui peut se traduire par l'engagement de la responsabilité personnelle de chaque individu sur son propre destin.

Cependant, l'expression "jikosekinin" semble n'être entrée dans le langage courant que depuis les années 2000, lors du gouvernement Koizumi. Auparavant, cette expression était moins répandue, mais c'est un sentiment qui a toujours été enraciné dans la culture japonaise. Voici des exemples concrets de la mentalité "jikosekinin" :

- Dans le cas de la faillite de la ville de Yubari, à Hokkaido en 2006, on considère généralement que ce sont les habitants qui sont les seuls responsables parce qu'ils n'étaient pas suffisamment attentifs à la gestion communale.
- En 2005, on a découvert qu'un architecte de Chiba falsifiait les calculs de la résistance sismique de la structure des immeubles d'habitation. À cause du nombre insuffisant de fonctionnaires, depuis 1998, la déréglementation permet aussi à des entreprises privées de délivrer les permis de construire et de réaliser les contrôles du respect des normes sismiques. Les promoteurs immobiliers qui travaillaient avec cet architecte ont affirmé qu'ils ignoraient que les normes antisismiques n'étaient pas respectées. Les acheteurs se sont rendu compte que leurs logements avaient perdu toute leur valeur et étaient invendables. Mais on accuse les acheteurs d'être eux-mêmes responsables, qu'ils auraient dû se méfier dès le départ du prix trop bas de leur logement et ne pas acheter.
- Trois Japonais bénévoles dans une organisation humanitaire avaient été kidnappés en Irak en avril 2004. Le gouvernement a exigé au nom du "jikosekinin" (expression officiellement employée) le remboursement des frais de rapatriement à chaque victime, lors de leur libération. Les médias et l'opinion publique ont alors tous partagé le point de vue du gouvernement.
- En octobre 2004, un jeune touriste japonais a été enlevé et tué par décapitation en Irak. Il n'y a pas eu de critique "jikosekinin" comme précédemment par les médias. Car la famille a reconnu que leur fils était personnellement responsable, parce qu'il s'était aventuré de son plein gré dans un pays très dangereux. L'opinion publique et les médias n'ont alors manifesté aucune critique à l'égard de la famille de la victime.

L'absence de compassion émane du "jikosekinin", lequel est l'un des symptômes majeurs d'une société japonaise malade et qui caractérise l'esprit de résignation des Japonais.

CHAPITRE 3

LE JAPON EN PLEINE CRISE DE MATURITÉ

"Ce n'est pas une question d'égalité entre l'homme et la femme, mais elle ne pense qu'à son propre plaisir. J'ai envie de lui dire qu'au lieu d'essayer de rendre son visage plus jolie, elle devrait faire des efforts pour développer son caractère ; et qu'au lieu de suivre des régimes, elle devrait changer ses mauvaises habitudes," ajoute Mme A, *qui s'inquiète également pour son fils trop intimidé par son épouse pour lui faire des remarques sur son comportement. D'autres belles-mères sont aussi choquées par la jupe trop sexy et le langage outrancier de leurs belles-filles. "Ma belle-fille ose dire à son mari "usero" (fous le camp), et me parle comme si j'étais son égale au lieu d'employer les formes polies. Et quand je lui ai fait la remarque, elle m'a répondu, avec sa petite voix mutilée par la modernité : "pour être franche, c'est ma manière d'être directe !" J'ai vraiment senti qu'il n'y avait plus rien à faire et qu'on ne peut rien lui dire. Même un surnom serait correct, mais ça ?"* demande-t-elle. *"Ce qui est encore plus étrange, c'est que ma belle fille se fait appeler "maman" et mon fils "papa". Elle a essayé de m'appeler "daï-mama" au lieu d'"obaachan", mais heureusement, elle s'est arrêtée après que je me sois mise en colère. Me prend-elle pour une tenancière de bar ? Selon les traditions familiales, c'est la femme de mon fils qui doit prendre soin de la tombe et s'occuper d'en préserver la mémoire." "Vous devez aller brûler quelques bâtons d'encens sur la tombe familiale,"* dit Mme J., *une autre belle-mère de 59 ans, à sa belle-fille de 32 ans, après qu'elle ait refusé de retourner dans leur ville natale pendant les vacances d'O-bon en été, et que c'était le moment de l'année pour aller vénérer les ancêtres. Elle espère au moins que la jeune femme avait une bonne excuse pour ne pas y aller. "Mon fils me désespère,"* soupire-t-elle, *"il a organisé un groupe de rock avec ses vieux amis avec de l'argent que je lui ai donné. Il n'a aucun sens des responsabilités familiales. Et une fois que je serais morte, il deviendra probablement un vrai bon à rien !"* (Propos tenus en décembre 2006).

Le Japon est entré en crise de maturité, parce que c'est le pays qui a la population la plus âgée du monde ; parce qu'il est parvenu à un stade de développement économique avancé en étant la seconde puissance économique du monde, tout en maintenant certaines traditions ; et que le Japon est mûr, aujourd'hui, pour un grand changement de société.

La formule suivante est devenue célèbre au Japon : "Dankaï no sedaï no Jukunen rikon", qui signifie le divorce tardif des séniors japonais nés lors du Baby-boom de 1947 à 1949. Une série télévisée appelée, *Jukunen rikon*, a conduit les séniors japonais à réfléchir sur les conséquences de la réforme des pensions de retraite dont les négociations avaient déjà commencé en 2001. Ce téléfilm a été diffusé par *TV Asahi* en automne 2005 avec un taux d'audience record de 21,4 % parmi toutes les séries télévisées de la chaîne. Cela a soulevé beaucoup de discussions dans l'opinion publique. Ce téléfilm de neuf épisodes met en scène le divorce d'un homme de 60 ans et d'une femme de 57 ans, ainsi que les conséquences que cela entraîne sur toute la famille. C'est l'histoire d'un ingénieur qui prend sa retraite, sa femme va lui annoncer lors du dernier jour de son travail qu'elle veut divorcer. Alors qu'il s'imaginait passer le restant de sa vie à profiter de son temps libre pour voyager avec sa femme, et de célébrer tout d'abord ce départ par un voyage à l'étranger comme le veut la coutume au Japon. Finalement, le retraité s'est engagé dans une ONG humanitaire en Amérique du Sud et son ex-femme s'est lancée pour la première fois de sa vie sur le marché du travail.

LA GÉNÉRATION "DANKAÏ"

Un écrivain Taichi SAKAIYA a publié en 1976, un roman d'anticipation sur l'avenir du Japon après 29 ans de carrière en tant que fonctionnaire du MITI (Ministry of International Trade and Industry). Son roman est intitulé, *Dankaï no sedaï*, pour qualifier la génération née lors du Premier Baby-boom d'Après-guerre (1947-1949). Lorsque l'auteur a écrit ce roman, il travaillait dans le Service charbon, donc il a utilisé un thème dans le domaine de la mine, "Nodule Generation" pour qualifier la première génération de Baby-boomers d'Après-guerre. En 1998, Taichi SAKAIYA avait été également nommé, par le premier ministre Keizo OBUCHI, ministre de la Planification économique. Il avait fait un discours remarquable à Washington en avril 1999, qui s'intitulait "The Japan of Tomorrow, Different from Yesterday".

Les enfants issus de la génération "Dankaï", nés de 1973 à 1979, sont appelés la "génération sacrifiée" des années 1993 à 2005, parce qu'ils sont entrés dans le monde du travail en pleine crise économique et qu'ils n'ont pas pu obtenir un emploi stable. En conséquence, ils n'ont pas fait d'enfants, donc le troisième Baby-boom, attendu en 2001, n'a pas eu lieu. À peu près 50 % des filles issues de la génération "Dankaï" n'avait pas encore d'enfants à l'âge de 30 ans, selon les chiffres annoncés le 3 mars 2006 par le ministère de la Santé, du Travail et des Affaires sociales. La génération "Dankaï" a fortement contribué au développement économique du Japon, mais ils ont été les premiers licenciés de la restructuration des entreprises, suite à l'éclatement de la Bulle spéculative vers 1992. La génération "Dankaï" représente plus de 5 % de la population totale du pays, environ 6,8 millions de Japonais y compris les femmes, dont 5 millions d'actifs. De 2007 à 2009, plus de 2,8 millions de Japonais de la génération "Dankaï" auront le droit de décider ou non de partir à la retraite. D'où l'inquiétude du gouvernement japonais à cause de l'augmentation de la population non active et de l'aggravation de la baisse démographique et donc du manque d'actifs pour couvrir les dépenses liées aux retraites, à l'éducation, à la santé, etc. Et surtout, la grande peur des entreprises, de perdre du personnel compétent ayant un certain savoir-faire, si tous les salariés de la génération "Dankaï" décident effectivement de prendre leur retraite.

"JUKUNEN RIKON" OU LE DIVORCE TARDIF

"Jukunen rikon" signifie le divorce tardif, après 20 à plus de 30 ans de mariage. Le taux de divorce du Japon avait culminé en 2002, avec 289.838 divorces. Mais il y a eu au total, 23.355 demandes de divorces rien qu'en avril 2007, soit une augmentation de 6 % par rapport au mois d'avril 2006, constatait le ministère de la Santé. Pour bien comprendre cette notion, il faut savoir qu'au Japon, il arrive parfois qu'une épouse apprenne à vivre avec son mari lorsque celui-ci sera à la retraite. Car le plus souvent, il était absent de la maison, toujours au travail, rentrait tard le soir, et généralement le week-end, il ne s'occupait pas de sa famille. Il passait son temps libre à dormir ou bien avec des amis, des clients de l'entreprise, des collègues ou son supérieur. Ainsi, l'épouse veille à ce que son mari soit toujours en bonne santé et généralement, elle apprécie qu'il soit toujours absent de la maison, car elle supporte mal sa présence permanente, notamment le week-end.

En 2005, le fabricant de montres "Citizen" avait fait un sondage sur 200 couples mariés en leur demandant quelle était la meilleure heure de la semaine. La plupart des hommes ont répondu que c'était le samedi soir à 21 h ; tandis que les femmes ont répondu que c'était le lundi à 10 h du matin. Pour les époux, cela s'explique par le fait que la semaine de travail est terminée et qu'ils rentrent à la maison vers 21 h, heure à laquelle ils commencent à se reposer jusqu'au lundi. En ce qui concerne les épouses, elles ont hâte que leurs maris reprennent le travail le lundi matin, c'est donc à partir de 10 h le lundi, qu'elles commencent à apprécier l'absence du mari pour faire tout ce qu'elles veulent librement et sans contrainte.

Il faut souligner qu'à la différence des Françaises, pour lesquelles, le plus souvent, une femme libre est une femme qui travaille ; pour les Japonaises, en général, une femme libre, est une femme mariée qui reste au foyer et profite de son temps libre pour s'occuper comme bon lui semble. Souvent, les Japonaises qui ont des enfants restent à la maison, profitent de faire du shopping et de rencontrer ses amies, qui sont comme elle, dans un café et de prendre des cours dans un domaine qui leur plaît. Dans cette situation, l'époux se voit relégué au rang de celui qui apporte son salaire chaque mois à la maison. Si la femme ne supporte pas la présence de son mari, parce qu'elle a pris goût à une vie indépendante comme si elle était célibataire, il est certain qu'elle ne peut et n'exigera jamais de lui de participer à la vie familiale, faire le ménage, s'occuper des enfants, etc. Les époux peuvent aussi avoir des difficultés à communiquer, à partager des intérêts communs. Il est aussi fréquent que l'épouse s'occupe de la mère de son mari qui habite sous le même toit. La femme a une espérance de vie supérieure à celle de l'homme et vieillie souvent en meilleure santé. Arrivée à l'âge de la retraite, la femme japonaise est éprise de liberté et comme en France, c'est elle qui prend l'initiative de divorcer dans 75 % des cas. Sayoko NISHIDA, auteur d'un livre à succès : *Pourquoi les maris à la retraite sont-ils tellement embarrassants ?* Elle dit que son époux, arrivé à l'âge de la retraite, ne savait pas quoi faire, qu'il traînait à la maison... Selon le ministère de la Santé japonais, parmi les couples mariés pendant plus de 20 ans, le nombre de divorces a atteint 42.000 en 2004 (le double de 1985), et 40.353 divorces en 2007. Tandis que, le nombre de divorces, chez ceux mariés pendant plus de 30 ans est de 11.768 en 2007, est quatre fois supérieur à 1985. Au Japon, on se marie pour une durée moyenne de 10,6 ans, un chiffre qui est relativement stable depuis plusieurs années.

    Au Japon, comparé aux pays occidentaux, il n'y a pas moins de divorces, et les Japonaises ne seraient pas des femmes soumises contrairement aux idées reçues. Selon les statistiques japonaises, depuis plusieurs années, on divorce surtout après l'âge de 40 ans. Le divorce tardif représente aujourd'hui 16 % des divorces. De plus, au Japon, il est aussi simple de se marier que de divorcer. Dans les deux situations, il s'agit de remplir simplement un formulaire administratif à la mairie, dont un document comportant la signature (ou plutôt le tampon comme c'est l'usage) de deux témoins et d'y joindre quelques documents d'état-civil. Cela ne dure qu'une dizaine de minutes ! Il n'y a pas de procédure compliquée et longue. C'est ainsi aussi, lorsqu'une Japonaise se marie ou bien divorce avec un "gaïjin" (étranger). C'est peut-être une des raisons qui explique le nombre élevé de divorces au Japon. On estime qu'en 2008, il y a eu approximativement, d'une part, 731.000 mariages, 11.000 de plus que l'année précédente ; d'autre part, 251.000 divorces, ce chiffre est en baisse de 4000 par rapport à 2007 et pour la deuxième année consécutive.

    Prenons 2003 comme année de référence, dont nous avons des chiffres complets : En France avec une population deux fois inférieure à celle du Japon, il y a eu selon l'INSEE, 275.963 mariages et 125.175 divorces (dont 2358 divorces de couples mariés depuis plus de 35 ans contre 1843 en 1999) ; au Japon, 740.191 mariages et 283.854 divorces.

    En comparaison, pour divorcer en France, il est nécessaire de passer par un avocat et que les intéressés se présentent devant le juge. Il faut en principe un délai d'au moins quatre mois pour obtenir le divorce, sinon au moins deux mois par la nouvelle procédure du divorce expresse.

Il faut souligner d'autre part que le concubinage est fortement développé en France contrairement au Japon, ce qui peut expliquer le nombre plus élevé de mariages (en tenant compte du nombre d'habitants) dans ce dernier pays. Le nombre de divorces au Japon est plus élevé parce qu'il y a plus de mariages, mais aussi parce que le divorce au Japon n'est qu'une simple formalité administrative et gratuite.

DROIT AU PARTAGE DE LA RETRAITE DE SON ÉPOUX

L'idée du gouvernement en 1986 était de reconnaître la valeur du travail de la femme qui s'est consacrée à son foyer et de lui accorder une certaine indépendance financière, en lui attribuant directement la retraite de base prévue par la loi et sans jamais avoir elle-même cotisé. A priori, les Françaises peuvent envier cette autonomie financière.

Le projet Sakaguchi (ministre de la Santé) du 5 septembre 2003 et le rapport du 12 septembre 2003 du Conseil de sécurité sociale ont abouti sur une nouvelle réforme du régime des retraites. Elle prévoit une hausse annuelle du taux de cotisation jusqu'en 2017, une réduction progressive des prestations et un accroissement de la contribution de l'État. Tout cela est accompagné de mesures de réforme fiscale jusqu'en 2009.

Le régime de retraite japonais distingue trois grandes catégories : ① les travailleurs indépendants qui perçoivent un minimum de base ; ② ensuite les salariés des entreprises privées qui perçoivent une retraite de base et un complément en fonction du montant du salaire ; et les fonctionnaires, qui percevaient une retraite plus élevée (environ 20.000 yens) en cotisant moins que les salariés des entreprises. ③ Les conjointes de la catégorie ② restées au foyer. Le taux de cotisation sur le revenu mensuel est de 13,5 % pour les fonctionnaires nationaux, de 12,7 % pour les fonctionnaires des collectivités locales, et de 14,288 % pour les salariés du privé.

Ainsi, le gouvernement Koizumi a réagi en faisant adopter le 11 juin 2004 une loi qui est entrée en vigueur le 1er avril 2007 (l'année fiscale commence toujours le 1er avril tout comme l'année scolaire). La disposition la plus novatrice concerne le partage de la retraite de l'époux en cas de divorce au profit de l'épouse restée au foyer.

Depuis le 1er avril 2007, toutes les épouses ont le droit de réclamer le partage de la retraite complémentaire portant sur toutes les années de mariage cotisées. D'autre part, depuis le 1er avril 2008, le partage à parts égales du montant des cotisations ultérieures est automatique et uniquement pour la femme au foyer. Le montant de la retraite de base est identique pour tous les bénéficiaires et fixé par le ministère de la Santé, du Travail et des Affaires sociales.

Droits au partage de la retraite de l'époux des conjointes de la catégorie ③	Retraite de base	Retraite complémentaire
1er avril 1986	Droit à la retraite de base d'un montant de 66.008 yens au 1er avril 2008 pour 40 ans de cotisations	Non
1er avril 2007	À condition d'avoir 63 ans	Droit au partage jusqu'à la limite de la moitié et calculée en fonction du nombre d'années de mariage, pour l'épouse au foyer et aussi pour l'épouse active, accord amiable des deux époux ou procédure judiciaire
1er avril 2008		Droit automatique à la moitié de ce qui sera cotisé à compter de cette date, uniquement pour l'épouse au foyer
1er avril 2010	À condition d'avoir 64 ans	
1er avril 2013	À condition d'avoir 65 ans	

L'application de cette loi tend à briser un peu plus cette harmonie du couple, cette cohésion sociale de la société japonaise qui résiste encore face à un nouveau mode de vie. Des femmes au foyer affirment qu'elles attendent (on attend que cela,"tanoshimi") de pouvoir bénéficier de la moitié de la retraite de leur mari pour ensuite divorcer, alors qu'elles ne le feraient pas si cette loi ne leur en donnait pas les moyens (sans compter le partage des biens). Selon l'Agence nationale de la Sécurité sociale, le nombre de demandes de partage de la retraite en cas de divorce s'est élevé déjà à 293 cas pour le seul mois d'avril 2007.

Selon la Cour suprême, il y a eu seulement 8322 demandes de partage de la retraite accompagnant une procédure de divorce entre avril 2007 et la fin mars 2008. Ce qui représente entre 800 à 1000 demandes par mois. L'afflux de demandes qu'on attendait n'a pas eu lieu. 7479 demandes ont été faites au moment de la procédure préalable de conciliation ; 843 demandes ont été admises par le juge, car il n'y a pas eu d'accord amiable possible lors de la procédure administrative du divorce. Après la conciliation et le jugement, plus de 90 % des demandes judiciaires ont débouché sur le partage en deux de la retraite de l'ex-époux. La tranche d'âge des demandeurs de 60 ans n'est que de 15 %. Pourtant, on s'attendait à une forte augmentation des demandes de partage de la retraite. Le 30 mars 2009, l'Agence nationale de la Sécurité sociale a annoncé que 8634 couples ont divorcé en partageant la retraite, entre avril 2007 et mars 2008, soit 3,3 % des 266.300 cas de divorces. En cas de partage de la retraite, 91,9 % des cas se sont faits en deux parts égales. L'ex-mari touchera en moyenne 130.267 yens mensuels de retraite, soit 43.088 yens de moins que s'il n'était pas divorcé. En revanche, l'ex-épouse touchera 82.318 yens, soit 40.273 yens de plus que si elle était restée mariée.

L'ex-épouse au foyer du retraité français ne peut pas obtenir une retraite de base du même montant que celle de son mari dès lors qu'il peut la percevoir. Même en restant mariée, elle est totalement dépendante financièrement de celui-ci, contrairement à la femme japonaise au foyer. En revanche, si elle divorce, elle peut réclamer à son ex-époux retraité, devant le juge, une "prestation compensatoire" sous la forme d'une rente mensuelle ou bien d'un capital versé en une seule fois. Toutefois, si elle n'a pas de ressources suffisantes, elle peut obtenir le "Minimum vieillesse" qui comprend deux allocations dont le montant global annuel est de 7.455,30 euro par an pour une personne seule au 1er janvier 2007, soit **621 euro/mois**. À condition d'avoir 65 ans ou bien 60 ans en cas d'inaptitude au travail. On peut y ajouter le bénéfice d'une allocation logement et d'une couverture maladie et que les bénéficiaires sont totalement exonérés des prélèvements sociaux sur les pensions de retraite. Il faut noter que la nouvelle "Allocation de solidarité aux personnes âgées" (ASPA), en vigueur depuis le 1er juillet 2006, remplace en une allocation unique le Minimum vieillesse. Soulignons aussi que le Minimum vieillesse peut être attribué à un couple, que dans ce cas, un seul et unique montant est versé au foyer, 13.374,16 euro par an au 1er janvier 2007. Il n'y a donc pas deux bénéficiaires qui se voient attribués respectivement un Minimum vieillesse distinct lorsque l'on continue de vivre en couple.

L'ex-épouse au foyer du retraité japonais a droit, en plus de sa propre retraite de base, jusqu'à la moitié de la retraite complémentaire de son ex-époux en fonction du nombre d'années de mariage. Au 1er avril 2008, l'épouse japonaise au foyer a droit à une retraite mensuelle de base de 66.008 yens pour 40 ans de cotisations comme son mari (à deux, cela fait au total 132.016 yens) ; il faut ajouter la moitié de la retraite complémentaire du mari qui est de 100.600 yens par mois (pour un salaire moyen mensuel de 360.000 yens et 40 ans de cotisations). Au 1er avril 2008, on peut supposer que l'épouse pourrait donc obtenir au total : 66.008 + 50.300 = 116.308 yens par mois. Ce qui représentait **738,20 euro** mensuels, au taux du marché au 7 septembre 2007 (en comparaison avec l'ex-épouse française, à la même date, 621 euro font 97.836 yens). Il faut tenir compte qu'elle n'a pas droit à une allocation logement généralement donnée par l'entreprise aux employés, car l'État ne donne rien et qu'il n'y a pas de couverture maladie entièrement gratuite et que sa retraite est soumise à des prélèvements sociaux. Si elle n'est pas propriétaire de son logement, son revenu est largement insuffisant en prenant en considération que le montant d'un loyer modeste pour un studio se situe entre 80.000 et 100.000 yens par mois au cœur de Tokyo. Elle se trouverait dans l'obligation de travailler comme c'est le cas pour beaucoup de séniors japonais ayant dépassé l'âge de la retraite.

La différence semble importante entre la Japonaise et la Française, mais en tenant compte du coût de la vie, il n'en est rien. Dans les deux cas et dans des conditions similaires, la différence réside surtout dans l'**avantage d'une certaine reconnaissance** au profit de l'épouse japonaise restée au foyer toute sa vie. Celle-ci bénéficie d'une réelle indépendance financière lorsqu'elle reste mariée à l'âge de la retraite de son époux. Une situation enviable pour la Française au foyer qui ne dispose pas d'une pension distincte de celle de son époux, et qui ne bénéficie donc pas de la même reconnaissance que la femme japonaise pour s'être consacré uniquement à son foyer. Mais la femme japonaise et la femme française, en cas de divorce et de revenus insuffisants, peuvent être contraintes de travailler à l'âge de la retraite pour subvenir à tous leurs besoins. De même que chacun des ex-époux français ou japonais à la retraite doit vivre avec une pension de retraite réduite en cas de divorce et parfois insuffisante. D'où la nécessité de mettre en place une loi leur permettant aux séniors de continuer à travailler ou de travailler pour la première fois en ce qui concerne l'ex-épouse restée au foyer toute sa vie.

Actuellement au Japon, on supprime de plus en plus des avantages aux retraités actuels, ils n'ont donc aucun droit acquis durablement. Notamment en ce qui concerne les fonctionnaires, leur régime de retraite fait l'objet de discussions en vue de l'harmoniser avec celui des salariés du secteur privé, pour arriver progressivement à un taux de cotisation égal en 2018. Ainsi, tous les avantages supérieurs à ceux des salariés privés seront supprimés ou sont en cours de suppression.

LA LOI SUR LA SÉCURITÉ DE L'EMPLOI DES PERSONNES ÂGÉES

En même temps que la réforme du régime des retraites, le gouvernement japonais a modifié la loi sur la Sécurité de l'emploi des personnes âgées du 5 juin 2004 qui est en vigueur depuis le 1er décembre 2004. La loi précise simplement que cet âge ne peut être inférieur à 60 ans. En pratique, les règlements intérieurs d'entreprises fixent à 60 ans l'âge de la retraite. Mais la nouvelle modification de la loi dispose que les mesures d'incitation à l'emploi jusqu'à 65 ans, qui étaient facultatives, sont désormais obligatoires depuis le 1er avril 2006. Les entreprises doivent adopter une des trois mesures suivantes :

- L'âge de départ à la retraite est passé de 60 ans à 62 ans à partir d'avril 2006, puis relevé à 63 ans en avril 2007. Il a été déjà programmé qu'il passera progressivement à 64 ans à partir du 1er avril 2010 et 65 ans à partir du 1er avril 2013. Toutefois, le relèvement immédiat à 65 ans est possible par les entreprises qui le souhaitent.
- Mise en place d'un *système d'emploi continu* après l'âge obligatoire de la retraite permettant aux retraités de continuer à travailler dans l'entreprise. Soit en poursuivant le même contrat de travail en cours, soit par un nouveau contrat, stipulant des conditions de travail différentes, accompagné du paiement de l'indemnité de départ. La loi n'oblige pas à réemployer tous les employés, mais des grandes entreprises, comme Mazda, avaient déjà annoncé qu'elles reprendraient tous ceux qui le souhaitent, et Nissan proposait de rester jusqu'à l'âge de 65 ans. Mais dans la plupart des cas, le salaire serait réévalué et varierait entre 50 et 70 % de l'ancien. Mais en 2008, ces promesses des grandes entreprises ne peuvent pas être tenues à cause du retour de la crise économique.
- Élimination totale d'un âge de retraite obligatoire dans le règlement intérieur, chaque employé décidant pour lui même.

Les personnes salariées de 65 ans et plus ou à la recherche d'un emploi représentaient en 2005, 4,9 millions de personnes, soit 7,4 % de la main-d'œuvre nationale. Ce chiffre devrait atteindre 7,24 millions, soit 11 % de la force de travail nationale d'ici 2015, précise le ministère de la Santé et du Travail japonais.

Pour faire face aux conséquences économiques, financières et sociales, que le vieillissement de la population engendre, les pays de l'Union-Européenne ont commencé à reculer progressivement l'âge de départ à la retraite. L'Allemagne a repoussé l'âge de la retraite à 67 ans (mise en œuvre progressive entre 2012 et 2029). Et que la Grande-Bretagne, la Belgique et l'Autriche se préparent à passer de 60 à 65 ans l'âge de départ à la retraite pour les femmes, pour l'aligner sur celui des hommes (mise en œuvre avant 2020). Les États-Unis prévoient de porter l'âge de départ à la retraite à 67 ans (mise en œuvre avant 2027).

En France, pour encourager les séniors à continuer à travailler après 60 ans, un accord a été signé avec les syndicats le 10 mars 2006. Il a permis de créer le CDD sénior qui est un contrat à durée déterminée de 18 mois, contrat renouvelable une fois pour les plus de 57 ans, et on a étendu la possibilité de cumuler un emploi avec une retraite. De plus, un amendement, adopté par les députés le 1er novembre 2008, prévoit que les ayants droit à la retraite peuvent volontairement continuer à travailler jusqu'à l'âge de 70 ans, tout en cumulant leur pension de retraite avec leur salaire. Avant 2010, selon les objectifs européens fixés par le Conseil de Stockholm, 50 % des 55-64 ans devront être en activité, alors qu'ils n'étaient que 37,6 % en 2005. À partir de 2008 en France, l'âge de la retraite sera relevé à 61 ans puis à 62 ans et ainsi de suite jusqu'à 65 ans. D'autre part, le nombre d'années de cotisations passera progressivement à 41 ans et 9 mois en 2012 et à 42 ans en 2020 pour les secteurs privé et public. La loi Balladur de 1993 avait déjà fait passer de 37,5 à 40 ans le nombre d'années de cotisation. L'âge légal de la retraite avait été abaissé de 65 à 60 ans en 1983, et aucun gouvernement n'osait remettre en cause cet avantage acquis jusqu'à aujourd'hui. Désormais, on va vers l'adoption du principe que si quelqu'un veut et peut travailler au-delà de 65 ans, il doit en avoir le droit.

L'ABANDON DES PERSONNES ÂGÉES PAR LEUR FAMILLE

Au Japon, la famille prenait en charge les personnes âgées. C'est de moins en moins le cas aujourd'hui, seulement 30 % des foyers japonais accueillent trois générations sous le même toit. En général, ils vivent ensemble dans une petite maison dont ils sont propriétaires et qu'ils ont réaménagée afin que la famille de leur fils aîné puisse vivre aussi avec eux. Mais ce sont surtout 85 % des filles et belles-filles qui s'occupent des personnes âgées. Dans les sondages, les Japonais disent préférer donner naissance à une fille plutôt qu'à un garçon pour qu'elle s'occupe d'eux plus tard. Mais de plus en plus de personnes âgées se retrouvent seules : 12 % parmi les plus de 65 ans. Les plus âgés dépendants sont souvent pris en charge par leurs enfants eux-mêmes déjà à la retraite. Mais ils se déchargent de plus en plus de leur responsabilité temporairement vers l'hôpital. Le Japon détient le record de longévité des séjours hospitaliers qui est en moyenne de 37 jours. En 2025, les dépenses sociales de l'État passeront de 86.000 à 152.000 milliards de yens, tandis que, les charges sociales passeront de 78.000 à 155.000 milliards de yens.

L'un des facteurs de l'augmentation de la population des personnes âgées à Tokyo est l'importance du nombre de Baby-boomers (la génération dite "Dankaï" née entre 1947 et 1949) venant d'autres régions. Dans les quatre départements de Tokyo, Saitama, Chiba et Kanagawa, le nombre de personnes âgées de 75 ans et plus et vivant seules augmente rapidement.

Le nombre de séniors japonais âgés de 75 ans ou plus en 2025 sera en moyenne plus de trois fois supérieure à celui de l'an 2000. Toutefois, ce chiffre sera nettement plus élevé dans certains départements de la région du Kanto, comme à Saitama (5,61 fois plus élevé), à Chiba (4,78 fois plus élevé), et 3,68 fois plus élevé à Kanagawa. Rien que dans le département de Tokyo, ce chiffre sera 3,20 fois plus élevé en 2025.

En 2025, le nombre de séniors de 75 ans ou plus et vivant seuls à Tokyo sera de 5,00 à 5,99 fois supérieures à celui de l'an 2000. Dans le département de Chiba, ce chiffre sera supérieur de 8,50 fois. Les soins de santé augmenteront considérablement, au point que le gouvernement risque de ne pas pouvoir répondre aux besoins par manque de préparation.

Par ailleurs, la politique actuelle du gouvernement est de faire sortir les patients atteints de troubles mentaux des hôpitaux psychiatriques, dans le but de diminuer les charges de l'État. Il y a environ 70.000 malades concernées et qui n'ont pas d'autre maladie nécessitant le maintien de leur hospitalisation. Il existe un exemple de patient plus de 80 ans et hospitalisé depuis l'âge de 20 ans. Mais les loger en dehors des hôpitaux pose un grand problème. Notamment à cause des préjugés sur les maladies mentales qui touchent surtout les personnes âgées et que les jeunes générations ne veulent plus prendre en charge non plus.

INÉGALITÉ DEVANT L'IMPÔT

Inégalité devant l'impôt au Japon entre les couples où les deux époux travaillent et ceux où l'épouse reste au foyer. À revenu égal, le régime fiscal était plus avantageux lorsque l'épouse restait à la maison. Pour corriger cette inégalité, en 2004, on a supprimé l'avantage de déduire 380.000 yens du montant du revenu imposable de l'époux dans la situation où l'épouse ne travaille pas. Au lieu de rendre plus favorable la fiscalité des contribuables mariés travaillant tous les deux. Jusqu'en 2003, on ne payait presque pas d'impôts sur les retraites. Depuis, on les impose de plus en plus en supprimant des avantages, et il n'y a plus d'augmentation du montant des retraites. Au Japon, le principe d'égalité devant l'impôt est de toujours supprimer des avantages et des droits acquis plutôt que de favoriser les contribuables subissant des inégalités.

En contrepartie, le gouvernement japonais a décidé d'attribuer la moitié de la pension de retraite à l'épouse restée au foyer, afin que fiscalement, on considère qu'il y a désormais deux revenus distincts éventuellement non imposables, et non plus un seul revenu imposable. Il faut noter qu'au Japon, le compte-joint entre époux n'existe pas, ni la déclaration fiscale commune. Chacun possède son propre compte bancaire et effectue une déclaration fiscale distincte. Théoriquement, la femme japonaise au foyer n'a pas de ressources financières, mais elle met toujours un peu d'argent de côté à l'insu de son mari, cela s'appelle "hesokuri". Selon des statistiques résultant d'un sondage commandité par des compagnies d'assurances vie (début 2006), la femme japonaise au foyer économise l'équivalent de 2 millions de yens (15.000 euro) en plusieurs années, sans que personne ne le sache dans la famille, pour ses petites dépenses personnelles ou bien faire face à des évènements imprévus ou prévoir le divorce.

60 MILLIONS DE JAPONAIS EN 2100

La France a mis un siècle pour passer de la catégorie de pays vieillissant à celle de pays âgé, tandis qu'au Japon, le rythme de vieillissement de la population[11] est quatre fois plus rapide qu'en France. Le nombre de jeunes Japonais diminue fortement : en 2001, les 20-29 ans étaient 18 millions ; en 2015, ils ne seront plus que 12 millions, selon les projections des experts. Le nombre de Japonais de 20 ans à compter du 1er janvier 2009 s'élève à 1,33 million (680.000 hommes et 650.000 femmes), le plus bas chiffre jamais enregistré par les statistiques. Le nombre de personnes de 20 ans avait atteint le pic de 2,07 millions en 1994 suite au Second Baby-boom de 1971/1974. 2009 est la 14e année consécutive d'une baisse de la population âgée de 20 ans. Les jeunes de 20 ans ne représentent plus que 1,04 % de la population totale du Japon. Les personnes nées en 1949 (lors du Premier Baby-boom de 1947/1949) qui auront 60 ans en 2009 forment le groupe d'âge le plus important : 2,3 millions de personnes. Puis arrive en seconde place, les 2,01 millions de Japonais nés en 1973 (au cours du Second Baby-boom de 1971/1974), et qui auront 36 ans en 2009. L'indice de fécondité est de plus en plus bas : 1,26 enfant par femme japonaise contre 1,94 en France en 2005 ; puis 1,32 au Japon en 2006. En 2008, le taux de fécondité en France a dépassé le seuil de 2 enfants par femme (2,018).

---

[11] Toutes les statistiques données sur la population dans cet ouvrage proviennent de sources officielles au Japon. En ce qui concerne la population, le ministère des Affaires intérieures et des Communications est chargé d'établir les statistiques ; ensuite, le ministère de la Santé, du Travail et des Affaires sociales est chargé des chiffres concernant les mouvements de population, tels que les naissances, les décès, les mariages et les divorces ; enfin, l'Institut national de la Population et de la Recherche sur la Sécurité sociale a pour tâche d'établir des projections. Le plus souvent, les médias étrangers et japonais donnent des chiffres erronés et font la confusion entre la population totale, laquelle comprend le nombre d'habitants étrangers au Japon, et la population effectivement japonaise. Il est donc impossible de comprendre clairement l'évolution démographique du Japon si les informations ne sont pas suffisamment précises. Ce qui est généralement le cas. Vous comprendrez ainsi qu'il existe donc deux pics de population distincts en lisant la suite.

- Peu après le pic de population de 126. 253,000 atteint en janvier 2006, les autorités japonaises, ont constaté que la population japonaise avait diminué en octobre 2006. Ce qui est tout à fait inédit, depuis le premier recensement du 1er octobre 1920 (55.963,053 habitants), excepté la baisse de 0,7 % en 1945 à cause de la guerre. Cette diminution démographique a commencé avec deux ans d'avance sur les prévisions du gouvernement :
- Le nombre total d'habitants, au 1er octobre 2000, était de 126.925,843 habitants, y compris les étrangers. Mais il y avait 125.610,000 habitants japonais.
- Au 1er octobre 2004, le nombre total d'habitants est de 127.787,000 y compris les habitants de nationalité étrangère (estimation rectifiée après le recensement de 2005). Cependant, le nombre d'habitants exclusivement de nationalité japonaise est de 126.176,000. En décembre 2004, le Japon a atteint son **pic de population totale de 127.838,000 habitants**, y compris les habitants de nationalité étrangère.
- Le chiffre réel au 1er octobre 2005 était de 127.767,994 habitants (chiffre officiel du recensement effectué tous les 5 ans), on constate que la population totale a baissé pour la première fois dans l'histoire du Japon.
- Au 1er janvier 2006, **la population de nationalité japonaise a atteint le pic de 126.253,000 habitants**. Puis on a constaté qu'il y a eu 100.000 Japonais de moins sur deux mois, de janvier à mars 2006. Ainsi, on a compté 126.155,000 habitants japonais en mars 2006.
- Mais au 1er octobre 2006, il y a une légère hausse de la population totale : 127.770,000 habitants, à cause d'une hausse du nombre d'habitants étrangers. Toutefois, on constate, en même temps, une baisse de 0,04 % du nombre d'habitants sans prendre en compte le nombre d'étrangers : 126.154,000 habitants japonais.
- **Ainsi au 1er octobre 2007, la population totale était estimée à 127.771,000** (estimation réalisée par le ministère des Affaires intérieures et des Communications, selon le nombre de "juminhyo" pour les Japonais et selon le nombre d'inscriptions au registre des étrangers dans chaque commune).
- **Le nombre d'habitants japonais en 2007 est de 126.085,000, soit une baisse de 0,06 % par rapport à 2006.** Ce dernier chiffre n'est qu'une estimation réalisée en comptant le nombre de "juminhyo" au 1er octobre de chaque année.
- En 2007, les personnes âgées de plus de 65 ans ont atteint le chiffre record de 27.464,000 contre 26.604,000 personnes en 2006. Autrement dit, un Japonais sur cinq a plus de 65 ans dont la moitié a plus de 75 ans. Ce qui représentait 21,5 % du total de la population, tandis qu'en 2006, ils n'étaient que 20,8 %. Les plus de 75 ans représentaient 9,9 %, et les moins de 14 ans, 13,5 %, le taux le plus bas jamais enregistré pour la première fois.
- **Au 1er octobre 2008, la population totale était estimée à 127.692,000**.

- **Le nombre d'habitants japonais en 2008 est de 125.947,000, soit une baisse de 0,11 % par rapport à 2007.** Il faut attendre le prochain recensement officiel de 2010 (qui a lieu tous les cinq ans) pour que les chiffres soient confirmés.
- En 2008, les personnes âgées de plus de 65 ans ont atteint le chiffre record de 28.216,000 contre 27.464,000 personnes en 2007. Ce qui représentait 22,1 % du total de la population. Les plus de 75 ans représentaient 10,4 %, et les moins de 14 ans, 13,5 %, le taux est inchangé par rapport à 2007.

Selon le rapport de décembre 2006 de l'Institut national de la population, les plus de 65 ans représenteront 31,8 % de la population en 2030, 39,6 % en 2050, et 40,5 % en 2055. D'autre part, les enfants de moins de 14 ans représenteront moins de 9,7 % de la population du Japon en 2030, puis 8,6 % en 2050, et 8,4 % en 2055. Ces deux estimations précédentes sont réalisées en partant de l'hypothèse d'un taux de fécondité de 1,26 enfant par femme et d'une espérance de vie des hommes de 83,67 ans et 90,34 ans pour les femmes. L'Institut national de la population a également réalisé une autre projection en mai 2007 sur la population des personnes âgées de plus de 65 ans pour l'année 2035. Sur les 47 départements japonais, il y aura 44 départements avec une population de plus de 65 ans dépassant 30 % de la population totale. 41 % dans le département d'Akita et seulement 27,7 % pour le département d'Okinawa, alors que ce dernier compte beaucoup de centenaires.

L'espérance de vie la plus longue au monde, continue d'augmenter et a atteint 79,19 ans pour les hommes et 85,99 pour les femmes en 2007. Pour la même année, les Japonais de plus de 100 ans étaient 35.000 contre 18.000 en France. Le nombre de centenaires a été évalué à 36.276 en septembre 2008, soit une augmentation d'environ 4000 sur un an. Les femmes japonaises représentent 86 % des centenaires du pays. Mais si on calcule le nombre de centenaires par habitant, la France est devant le Japon avec 20.115 centenaires, soit un centenaire pour 3076 habitants, alors qu'au Japon, il n'y en a qu'un pour 3522 habitants.

Selon l'Agence de la Police nationale japonaise (APN ou "National Police Agency" (NPA) en anglais), les conducteurs âgés de plus de 65 ans sont devenus plus nombreux que ceux âgés de moins de 24 ans en 2003.

Et pour la première fois de son histoire, en 2005, le Japon a eu un nombre de décès supérieur de 10.000 à celui des naissances. En 2008 au Japon, selon le ministère de la Santé, il y a eu 51.000 décès de plus que de naissances (1,092 million). C'est à dire, qu'il y a eu environ 3000 naissances de plus qu'en 2007, mais le nombre de décès a augmenté de 35.000 pour atteindre le record de 1,143 million. Ce dernier chiffre est le plus élevé depuis la Seconde Guerre mondiale, et en même temps, il marque le plus grand déclin de la population japonaise (commencé en janvier 2006) jamais enregistré. L'ancien record du plus nombre de décès au cours d'une seule année était de 1.138,238 décès en 1947.

Le tableau suivant reprend les chiffres donnés par l'OCDE en 2005. Ces chiffres sont parfois différents de ceux émanant, ci-dessus, du "Statistics Bureau" qui dépend du ministère des Affaires intérieures et des Communications (japonais), ou bien des organismes français de statistiques.

+ DE 65 ANS	JAPON	FRANCE	
1990	12,1	14	POURCENTAGE DE LA POPULATION TOTALE
2005	19,9	16,5	
2010	22,5	16,9	
2015	26	18,7	
2020	27,8	20,6	
+ DE 65 ANS	JAPON	FRANCE	
1990	23,3	32,4	POURCENTAGE DE LA POPULATION ACTIVE
2005	37,7	37,6	
2010	43,6	39,2	
2015	51,3	44,5	
2020	55,9	50,5	

INQUIÉTUDES ET CERTITUDES ÉCONOMIQUES

Les inquiétudes des Japonais sont fondées sur des certitudes économiques, sociales, démographiques, qui ne sont pas seulement relevées par des statistiques, mais qui résultent aussi de la réalité quotidienne. Pour savoir si les Japonais sont heureux, une enquête a conclu que le sentiment d'être heureux est proportionnel au montant des revenus, jusqu'à 15 millions de yens par an, ensuite ce sentiment décroît à mesure que le revenu progresse au-delà de 17 millions de yens.

Dans l'entreprise, l'avancement à l'ancienneté est remplacé par l'avancement au mérite. L'allocation logement et l'allocation familiale sont de moins en moins attribuées par l'entreprise qui le faisait traditionnellement, mais l'État ne prend pas la relève.

De plus en plus, ce sont les collectivités locales qui prennent en charge les allocations familiales ou l'aide sociale, mais pas l'allocation logement. Car les collectivités locales ont une grande liberté de décision et d'action dans le domaine social et peuvent attribuer des logements publics à loyer modéré. Le système d'allocation familiale de l'État a été mis en place en 1972 ; à partir du 3e enfant et jusqu'à l'âge de 5 ans, on avait droit seulement à 3000 yens par mois. Depuis le 1er avril 2006 (6e ajustement des allocations familiales), 5000 yens par enfant et pour les deux premiers enfants, et 10.000 yens pour le troisième et suivant, jusqu'au 31 mars de la dernière année d'école primaire (l'année scolaire commence toujours le 1er avril). Si un enfant atteint l'âge de 18 ans, il n'est plus pris en compte dans le calcul du montant des allocations. Ces allocations sont limitées à un plafond de revenu annuel.

Exceptionnellement, dans l'arrondissement de Chyoda, un quartier des affaires de Tokyo, en ce qui concerne les femmes enceintes à partir du 5e mois de grossesse et jusqu'à l'âge de 18 ans de leur enfant, et non pas jusqu'à la dernière année d'école primaire, comme c'est le cas dans tout le Japon. Sans limitation par un plafond de revenus annuels, elles peuvent percevoir 5000 yens mensuels, auxquels s'ajoutent 5000 yens d'allocation mensuelle pour chacun des deux premiers enfants, ainsi que 10.000 yens pour le 3e enfant et suivant. Cette mesure s'applique depuis le 1er avril 2006. Il faut noter que Chyoda est l'un des 23 arrondissements à statut spécial de Tokyo possédant chacun un maire et donc une certaine autonomie. Ayant une grande indépendance, ces arrondissements peuvent avoir une politique familiale différente dans un pays où l'État est fortement décentralisé, ainsi l'arrondissement de Minato (où se trouve l'Ambassade de France), la prime d'accouchement est de 500.000 yens au lieu de 300.000 yens fixé par l'État. Cette dernière a été relevée à 350.000 yens à compter du 1er octobre 2006, puis à 380.000 yens à partir du 1er janvier 2009. Autre exemple, le petit village de Hinode-machi dans le département de Tokyo, la municipalité a adopté le 1er décembre 2008, la gratuité des frais médicaux pour les personnes âgées de plus de 75 ans, à l'opposé de la politique de l'État. Toutefois, ce système a pour inconvénient d'établir une certaine inégalité, qui n'est pas forcément justifiée entre les différentes municipalités.[12]

Les ménages ne peuvent plus économiser, l'épargne était à peine supérieure à 7 % en 2003 contre 25 % au milieu des années 1970 (en revanche, le taux d'épargne actuel des Français atteint 18 %). Avec le bas niveau des taux d'intérêt et le faible rendement des placements, les épargnants japonais sont découragés d'épargner pour financer leurs retraites.

Les mères restent à la maison pour s'occuper de leurs enfants, car il y a très peu de crèches et les enfants quittent l'école en début d'après-midi. 70 % des femmes actives abandonnent leur métier pour mettre au monde leur premier enfant. En général, la femme japonaise choisit un homme qui travaille beaucoup, sous une forme stable (CDI) et ayant un certain niveau de revenu. Elle désire avoir un deuxième enfant à condition que le père les aide à faire le ménage et à éduquer les enfants.

En 2007, 57,3 % des femmes ont eu leur premier enfant à 30 ans et plus contre 52 % en 2004. En 2007, l'âge moyen du mariage chez les femmes est de 28,3 ans et de 30,1 ans pour les hommes, tandis que l'âge moyen lors de

---

[12] **La ville de Tokyo n'existe pas !** La ville de Tokyo (l'équivalent des 23 arrondissements actuels) a pourtant existé de 1889 (Meiji 22) à 1943 (Showa 18). En 1920 (Taisho 9), Tokyo comptait une population de 3.700,000 habitants, puis de 6.778,804 habitants en 1940. Cependant, le 1er juillet 1943, Tokyo est devenu un département en fusionnant avec des communes voisines. Et aucune loi en vigueur ne précise que Tokyo est reconnu en tant que capitale du Japon. Bien qu'en fait, Tokyo soit la capitale administrative, politique et économique du pays. Tokyo est un département composé de 23 districts ou arrondissements avec chacun le statut d'une ville ayant son propre maire, ainsi que 26 villes et 13 petites communes. Tokyo n'est donc pas une ville au sens de chef-lieu de département, par exemple Osaka, qui est à la fois une ville et le chef-lieu du département d'Osaka du même nom. À la tête du département de Tokyo se trouve un Gouverneur actuellement, Shintaro ISHIHARA, comme pour chacun des 49 départements du Japon. Le cœur de Tokyo (les 23 arrondissements) couvre une superficie de plus de 621,81 km2 et comprend 8.743,375 millions d'habitants au 1er décembre 2008. Mais la totalité du département de Tokyo est de 2187,42 km2, comptant une population de 12.907,189 millions d'habitants au 1er décembre 2008, en augmentation chaque année. 38,1 % de la surface du département est forestière et 30,1 % sont des terrains à bâtir. 11 % sont des infrastructures routières et 4,7 % sont des terres agricoles. Tokyo voit sa population augmenter dans la journée de 2.561,794 personnes en 2005. Ainsi, 3.640,000 personnes transitent par la plus grande gare du monde de Shinjuku à Tokyo. 17,3 % des étrangers au Japon sont concentrés dans le département de Tokyo. La Région-capitale de Tokyo, qui constitue le plus grand tissu urbain du monde, comprend 4 départements : Tokyo, Saitama, Chiba et Kanagawa. Au total, 13.558 km2 de superficie avec 34.826,000 habitants au 1er octobre 2007, soit 27,2 % de la population totale du Japon. La Capitale-région de Tokyo s'insère dans une région plus vaste, le "Kanto", lequel comprend aussi trois autres départements, Ibaraki, Tochigi, et Gunma. Il n'existe pas de définition précise de la Capitale-région de Tokyo qui est unique en son genre. Finalement, Tokyo est ce qu'on appelle une Cité globale, parce que ses échanges avec l'étranger sont beaucoup plus importants qu'avec le reste du pays.

l'accouchement du premier enfant est de 29,4 ans. Par ailleurs, un enfant sur quatre est né d'une mère qui s'est mariée après avoir été enceinte.

Les Japonais ne croient plus à leur régime de retraite. En juin 2008, environ 4,53 millions de foyers (20,9 %) des travailleurs indépendants et professions libérales ne cotisent pas régulièrement. C'est la première fois que le seuil de 20 % est franchi, selon les statistiques du ministère de la Santé. Le nombre de fraudes risque d'augmenter encore à cause de la crise économique.

Dans un sondage réalisé par le quotidien *Yomiuri Shimbun* du 11 et 12 février 2006, 87 % des sondés considèrent que la diminution de la population est un problème très grave. 94 % manifestent leur inquiétude sur la survie du système de protection sociale. 52 % estiment qu'il faut augmenter le taux de TVA unique qui n'est que de 5 % actuellement pour sauver le système. 76 % pensent qu'il est très difficile de mettre au monde un enfant et de l'élever.

Le coût du départ massif à la retraite de la génération "Dankaï" est évalué à 50.000 milliards de yens en indemnités de départ pour l'ensemble des entreprises, selon le quotidien *Yomiuri Shimbum*. Donc, la conséquence sur l'augmentation de la consommation est estimée à 15.300 milliards de yens jusqu'à 2013 selon l'expertise de Dentsu, une grande société publicitaire.

En 2007, Toshiba et Sony ont doublé leur recrutement, respectivement à 1570 et 400 emplois ; Sharp a augmenté son recrutement de 37 % (615 emplois), et Fujitsu, de 17 % (585 emplois). Ces recrutements en masse s'expliquent par le départ massif à la retraite de la génération du Premier Baby-boom. D'autre part, NTT Ouest, avec le départ massif à la retraite en 2007 de ses salariés, avait décidé de créer une filiale pour embaucher en CDI à temps complet et partiel 25.000 salariés en CDD qui travaillaient notamment dans les "Call Centers", à cause du risque de perte de personnel compétent. Désormais en 2008, la crise financière et économique a touché de plein fouet le secteur de l'électronique et met un coup d'arrêt aux embauches.

Mise en place, depuis avril 2006, d'un plan de réduction de plus de 5 % du nombre de fonctionnaires sur cinq ans. Japan Post collecte 36 % des dépôts des ménages, 217.000 milliards de yens de dépôts au 31 mars 2004 (plus de 1500 milliards d'euro). 17.000 emplois ont été supprimés en 2003, et 380.000 emplois (1/3 des emplois de fonctionnaires) y compris CDD et emplois à temps partiel, passeront du statut d'agent public à celui de salarié du privé. La réforme de la Japan Post a commencé le 1er avril 2007 et se terminera en 2017. Mais dès le 1er octobre 2007, la Poste japonaise a changé de nom pour prendre celui de "Japan Post Holdings Co.", une entreprise commerciale de droit privé où l'État conserve encore 100 % du capital, qu'il vendra progressivement aux investisseurs privés entre 2010 et 2017. En attendant, elle gère plus de 350.000 milliards de yens, ce qui fait d'elle la plus importante institution financière du monde. Il s'agit d'une épargne essentiellement investie dans des bons du Trésor dont le rendement est faible, mais qui permet à l'État de financer son énorme dette publique qui atteint plus de 160 % du montant de son PIB (PIB de

561.356,2 milliards de yens en 2007), la deuxième plus importante dette de tous les pays industrialisés juste après les 10.000 milliards de dollars de la dette publique des États-Unis pour 2008 (soit 67,5 % du PIB et qui pourrait dépasser la barre des 70 % en 2009).

En revanche, la dette publique de la France atteint 1.321,1 milliards d'euro, c'est-à-dire 68 % de son PIB de plus de 1.780 milliards d'euro en 2008 (135 milliards d'euro de dettes prévues pour le budget 2009 de la France).

Enfin, selon une étude de l'OCDE publiée en 2003 et portant sur l'année 1999, le Japon avait le plus faible taux de dépendance vis-à-vis des prestations sociales de la population active, et alors que le pays était en pleine crise économique. En comparaison avec les plus grands pays industrialisés, il était de 11,4 % pour le Japon et de 24,2 % pour la France ; tandis que la moyenne pondérée de l'ensemble de ces pays de l'OCDE était de 19,9 % de la population active.

LE DIVORCE : N'ATTENDEZ-VOUS QUE CELA ?

Les deux questionnaires [13] ont été réalisés pour des hommes et des femmes japonais de plus de 50 ans. Les questions posées sont très révélatrices des rapports hommes/femmes au Japon. Ces tests ne sont donc nullement adaptés pour questionner les Occidentaux. Toutefois, vous pouvez vous amuser à les faire. Répondez par *oui* ou *non* aux questions pour évaluer votre risque de devenir "Jukunen rikon", c'est-à-dire de divorcer à l'âge de la retraite.

QUESTIONNAIRE POUR HOMMES DE PLUS DE 50 ANS

- Quand le mari est à la maison, il faut que la femme soit aussi à la maison ;
- Je peux faire moi-même la cuisine et ranger les vêtements ;
- Je ne lui demande pas où elle va ;
- Je suppose qu'elle possède des biens à son nom ;
- Je regarde de temps en temps des magazines pour les femmes ;
- Les femmes parlent de choses ridicules quand elles se rassemblent ;
- Je suis un bon mari ;
- Les hommes doivent travailler à l'extérieur et les femmes s'occuper de la maison ;
- La retraite, c'est une seconde de vie ;
- Je suis plutôt timide ;
- Je fais tout pour rester en bonne santé ;
- Quand je suis avec ma femme, je ne sais pas quoi lui dire ;

---

[13] Questionnaires de la *Foundation for Senior Renaissance*, dont la création a été autorisée par le Cabinet du premier ministre en 1992.

- Je n'ai pas ma place quand on est en famille ;
- Ma femme et moi, nous n'avons pas le même intérêt pour l'argent ;
- Ma femme prépare rarement ce que j'aime manger ;

Quel est votre taux de risque de divorce ? Vous avez répondu :
- À toutes les questions "oui" : 73 % de risque de divorcer.
- À toutes les questions "non" : 26 %
- 2 – "non" : 80 %
- 2, 3 – "non" : 86 %
- 2, 3, 5 – "non" : 93 %
- 2, 3, 5, 11 – "non" : 100 %
- 7 – "non" : 66 %
- 7, 9 – "non" : 60 %

QUESTIONNAIRE POUR FEMMES DE PLUS DE 50 ANS

- Quand je sors, mon mari se plaint ;
- Mon mari n'a pas de bonnes relations avec le voisinage ;
- Il ne sait même pas où sont rangés les sous-vêtements ;
- Je suppose qu'il ne s'est pas rendu compte que je lui cache de l'argent que je mets de côté ;
- J'ai quelque chose à lui dire, mais pour éviter une dispute, je me retiens ;
- Ça me fait plaisir de faire la cuisine pour mes enfants et petits-enfants, mais pas pour mon mari ;
- Je rêve que nous soyons un couple de bons amis (d'égal à égale) ;
- Je lui demande de faire quelque chose en le complimentant ;
- Je m'amuse surtout lorsqu'il s'agit de mon hobby ;
- Mon mari ne sait pas s'adapter à une nouvelle situation ;
- Mon mari n'a pas de hobby ;
- Ça me fait de la peine de le regarder en face ;
- J'aime voyager avec des amis, mais pas avec mon mari ;
- On ne discute que des enfants et des petits-enfants ;
- Il ne s'intéresse pas à moi même quand je me sens mal ;

Quel est votre taux de risque de divorce ? Vous avez répondu :
- À toutes les questions "oui" : 86 % de risque de divorcer
- À toutes les questions "non" : 13 %
- 2, 10 – "non" : 73 %
- 12 – "non" : 80 %
- 8 – "non" : 93 %
- 8, 9 – "non" : 100 %

- 1, 2, 3, 4, 5, 7, 8 – "non" : 46 %
- 1, 2, 3, 4, 5, 7, 8, 10, 11, 15 – "non" : 33 %

L'Institut national de la population a fait une estimation de la durée de vie d'un groupe de personnes de 50 ans. Le divorcé a une moyenne de 20,85 ans de vie en comparaison des 29,61 ans pour ceux qui ont une épouse. Après le divorce, les femmes ont tendance à se nourrir d'une façon plus équilibrée. Cependant, les hommes aiment davantage manger de plus grandes quantités et consommer plus d'alcool que les femmes pour combler leur solitude. Beaucoup d'hommes sombrent dans la dépression, ce qui peut les conduire au suicide. Pour les femmes, le divorce peut leur donner une nouvelle joie de vivre.

En 2006, l'Association japonaise des Maris affectueux a créé la "Journée des Maris affectueux" par peur du divorce et de la retraite, durant laquelle les maris doivent rentrer plus tôt chez eux et remercier chacun leur femme pour tout ce qu'elle fait. Le mouvement est pour l'instant peu suivi, mais à l'approche des départs massifs à la retraite, les futurs retraités doivent être prêts à passer beaucoup plus de temps avec leur femme. Mitsutoshi FUKATSU est marié depuis plus de 30 ans, mais ils ont beaucoup vécu chacun de leur côté. Chef de gare très occupé, il avait pris l'habitude de rentrer chez lui pour manger, se laver et dormir. Mais à 56 ans, il souhaite mieux connaître son épouse. Il a même appris à dire "Je t'aime" et depuis un an, il a commencé à faire sa part de ménage. De peur que son épouse divorce et obtienne une part de sa pension.

Le nombre des divorces ayant battu un nouveau record en 2006, 257.475 cas, les banques offrent la possibilité d'un prêt spécial pour le financer. Il est désormais possible pour ceux ayant un revenu annuel supérieur à 2 millions de yens d'emprunter jusqu'à 5 millions de yens pour financer leur divorce. Le taux d'emprunt du "Re Life Plan" n'est que de 5,8 % contre 18 à 20 % pour un prêt à la consommation.

Meiji Yasuda Insurance Company a effectué un sondage par Internet, dont le résultat a été publié le 21 novembre 2007 par le quotidien *Asahi Shimbun*. Le temps de conversation moyen par jour serait inférieur à 30 minutes pour 40 % des couples et de 30 minutes à 1 heure pour 30 %. D'autre part, 95 % des couples discutant "plus de 30 minutes" ressentent de l'amour entre eux, 33 % discutant "moins de 30 minutes" avouent ne pas ressentir de l'amour l'un pour l'autre. 40 % des personnes mariées ont déjà pensé au divorce, 49 % des femmes et 33 % des hommes n'y ont jamais pensé.

SANTAKU

Santaku, veut dire que parmi trois réponses, il faut en choisir une seule. Pour réfléchir sur la société japonaise d'aujourd'hui, le *Mainichi Shimbun* a réalisé un sondage pour ses 135 ans de publication (21 mars 2007). Environ 165.000 personnes ont répondu sur une période d'un an.

- Si le sachet en plastique devient payant ?
    - Même s'il est payant, je préfère le sac en plastique : 22 %
    - Je n'en veux plus : 48 %
    - Je vais amener le mien : 30 %

- Quelle est l'eau buvable ?
    - L'eau du robinet : 40 %
    - L'eau filtrée par un appareil : 33 %
    - L'eau minérale : 27 %

- Quel est le plus important pour bien manger ?
    - La région : 37 %
    - La couleur et la forme : 14 %
    - Le prix : 49 %

- À quoi faites-vous attention pour le repas ?
    - Les calories : 19 %
    - Si c'est équilibré : 48 %
    - Si c'est une alimentation saine, sans OGM, etc. : 33 %

- Où voulez-vous habiter ?
    - Le centre de la ville : 18 %
    - Pratique pour les transports publics : 55 %
    - À la campagne : 27 %

- Connaissez-vous les voisins ?
    - Oui : 55 %
    - Rapports amicaux : 25 %
    - Non : 20 %

- Jusqu'à quel âge voulez-vous travailler ?
    - De 50 ans à 60 ans : 28 %
    - De 60 ans à 70 ans : 48 %
    - Au-delà de 70 ans : 24 %

- En vieillissant, où voulez-vous habiter ?
  - Avec mes enfants : 32 %
  - Seul : 53 %
  - Maison de retraite : 15 %
- Quel mot vous fait plaisir ?
  - Je t'aime : 14 %
  - Super ! : 11 %
  - Merci : 75 %
- Qu'est-ce que les parents attendent en retour de la part de leurs enfants ?
  - Le remerciement : 59 %
  - Le respect : 5 %
  - La sincérité : 36 %
- Quelle est la meilleure éducation pour les enfants ?
  - Le "dos du père", son attitude ("senaka", terme impossible à traduire) : 36 %
  - L'amour de la mère : 61 %
  - L'école : 3 %
- Est-ce qu'on peut avoir confiance dans la parole donnée ?
  - Les enseignants : 61 %
  - Les décideurs politiques : 1 %
  - Les experts : 38 %
- Qu'est-ce que vous appréciez le plus ?
  - L'attention : 30 %
  - La gentillesse : 53 %
  - Le respect : 17 %
- Qu'est-ce qui représente pour vous le meilleur moyen de vous souvenir de votre voyage ?
  - Des photos : 30 %
  - Des cadeaux : 5 %
  - Un bon souvenir : 65 %

LA VIE DE RÊVE DES SÉNIORS

Masahiro SHIMIZU (59 ans et marié) pourrait continuer à travailler jusqu'à 65 ans, et le gouvernement serait satisfait si plus de Boomers de la génération "Dankaï" faisaient ce choix afin de diminuer la dette de la sécurité sociale. Mais Masahiro n'était pas du tout intéressé. "Jusqu'à présent, je me suis sacrifié pour la famille. Maintenant que mon fils et ma fille mènent leur propre vie…, je veux être indépendant et faire ce que je veux", a-t-il dit, lors de la visite de l'exposition du projet d'un village de retraité à Ito, au sud de Tokyo.

Masahiro a quitté son travail d'employé dans un grand magasin en 2008, étant devenu un des 5,4 millions d'employés japonais du Baby-boom qui atteindront l'âge de la retraite, 63 ans, avant avril 2010. La retraite des Boomers, qui a commencé en avril 2007, début de l'année fiscale, est un événement inédit pour le Japon, symbolisant une société en vieillissement rapide, entraînant une sorte de krach fiscal et l'apparition d'un "marché des séniors" qui ont davantage les moyens de consommer que les jeunes. On s'attend à ce que l'impact des départs massifs à la retraite soit limité dès le début. Les nouveaux retraités sont nés entre 1947 et 1949 avant l'adoption de la loi sur l'avortement pour limiter le surpeuplement. 7 millions de Boomers ont grandi pendant que le Japon se reconstruisait après la Seconde Guerre mondiale, et sont entrés sur le marché du travail pendant que l'économie était en plein essor. Maintenant, ils entrent dans leur âge d'or, alors que le Japon est confronté à d'importantes répercussions sociales et économiques dues au vieillissement, et il est en train de réformer le travail et le régime des retraites.

En 2006, le gouvernement a mené une campagne d'information pour inciter les entreprises à relever graduellement l'âge de retraite à 65 ans et d'embaucher des personnes âgées. Déjà, plus de 20 % de la population a plus de 65 ans, et on estime qu'ils seront plus de 35 % d'ici 2050. Les Boomers constituent environ 8,6 % de la main-d'œuvre active, et leur disparition soudaine des bureaux et des usines du Japon porterait un coup sévère à l'économie. Les planificateurs s'attendent à ce que la moitié de la génération "Dankaï" reste au travail bien après 60 ans, mais la Nippon Life Insurance estime qu'environ 1,12 million de Boomers quitteront le travail au cours des trois ans à venir. Bien que, moins d'un quart des travailleurs ont 60 ans et plus, la vague des retraités Boomers arrive plus brutalement et plus rapidement qu'aux États-Unis qui ont une population croissante soutenue par l'immigration. Toutes sortes de nouveaux produits et services dans les domaines des loisirs, de l'immobilier et des voyages, attendent l'afflux de cette génération de retraités, la plus riche que n'a jamais eue le Japon. En outre, même Nissan, le constructeur automobile, va créer des modèles de voitures spécialement adaptés aux séniors pour 2010. Les Boomers détiennent environ 10 % de la totalité des actifs financiers des particuliers japonais, et le groupe américain Hartford Financial Services estime détenir 80 % du montant total de ces capitaux des particuliers japonais. L'aubaine de ce nouveau marché des séniors attire aussi bien la convoitise des entreprises que celle des organismes de placement financier américains. Hartford Life Insurance gère des fonds communs de placement mutualistes, mais elle doit lutter contre la méfiance traditionnelle des Japonais en matière d'investissement. Les ventes de produits alimentaires naturels éclatent après des années de repas obligatoires avec des collègues et des clients. Des cours de toutes sortes pour adultes fleurissent, apprendre à écrire un livre, faire de la poterie, réparer des jouets, etc., et toutes sortes de produits pour une retraite heureuse apparaît dans les grands magasins.

Les lotisseurs se disputent les retraités pour leur proposer des endroits où ils peuvent dépenser leur argent et profiter de la vie. Les entreprises ont offert à des couples de retraités un séjour gratuit de trois mois dans les îles d'Okinawa, au sud du Japon, et de Hokkaido, au nord du Japon. Masahiro et environ 20 autres ont fait un voyage de deux jours pour voir le projet d'un village de retraités dans la presqu'île d'Izu, à environ deux heures de Tokyo. Un village de 3 milliards de yens sur une terre boisée donnant sur la baie de Sagami aura environ 1000 habitants, dont 60 % de retraités. On y projette d'attirer des jeunes ouvriers, des mères célibataires et d'autres jeunes pour que cela ne soit pas comme une maison de repos. On veut y reconstruire le Japon chaleureux d'autrefois, où les retraités se souviennent de leur jeunesse. "Quand nous étions des enfants, les enfants et les personnes les plus âgées ont vécu ensemble, et quand les enfants se conduisaient mal, leurs aînés les corrigeaient… maintenant, vous ne savez plus qui sont vos voisins", a-t-il dit. Beaucoup de Boomers indiquent qu'ils continueront à exercer une activité. Masahiro veut établir une petite entreprise et sa femme veut ouvrir une boutique de nouilles dans le village.

Mais cette retraite en or s'est transformée en cauchemar pour une grande part des futurs retraités. En effet, au début juin 2007, le gouvernement japonais a annoncé qu'il avait perdu plus de 50 millions de dossiers de retraite, y compris des dossiers concernant la retraite de fonctionnaires. Puis un nouveau lot de 14,3 millions fichiers de cotisations de retraite non identifiés s'est ajouté. Certaines personnes qui ont cotisé pendant des années se retrouvent dans l'incertitude totale. Les centres de sécurité sociale étaient assaillis par 500.000 appels par jour. L'informatisation des dossiers de retraite a permis la multiplication des erreurs depuis les années 1980, notamment parce que l'on recrutait des employés intérimaires insuffisamment formés pour l'enregistrement informatique des données. En effet, pour l'administration, il est moins couteux de recourir à des employés intérimaires plutôt que d'embaucher du personnel. Mais le plus étonnant, c'est que cela n'a provoqué aucune manifestation publique.

En raison de ce scandale, les employés de l'Agence de Sécurité sociale (Social Insurance Agency) ont été invités à rendre une partie de leurs primes d'été 2007 à l'État, mais ce n'était pas une obligation ! Autant dire que, s'ils ne le faisaient pas, ils seraient sanctionnés par leur mutation dès la privatisation. Les plus jeunes employés n'avaient rien à gagner en restant. Les employés de l'Agence de Sécurité sociale ont quitté leur emploi en masse, bon nombre d'entre eux, qui traitaient le suivi d'une série de scandales, étaient déprimés. Déjà en 2002, 593 employés sont partis, dont environ 20 % pour des raisons personnelles, et 80 % sont partis à la retraite ou en retraite anticipée. En 2004, des employés de l'Agence ont été découverts pour s'être intéressés aux paiements des cotisations de retraite de quelques célébrités. La même année, un autre scandale a mis fin aux caisses noires établies au sein de l'Agence. En conséquence, 193 personnes ont quitté l'agence pour des raisons personnelles. En 2005, 307 employés ont démissionné. En 2006, 391 employés (70 % des départs) sont partis pour motif personnel, le triple de 2002. Pour faire face à la multitude des réclamations des ayants-droits à la retraite, l'Agence a éprouvé de sérieuses difficultés pour recruter du personnel afin de répondre aux demandes des ayants droit dont on a perdu des données. Entre 300 et 400, experts, avocats, experts en assurance sociale, en fiscalité et en comptabilité ont formé des commissions chargées d'examiner la possibilité d'allouer une pension de retraite à des personnes n'ayant pas de documents prouvant leurs cotisations. En conséquence, l'Agence sera dissoute en janvier 2010, et toute son activité sera transférée à un établissement privé, le "Nihon Nenkin Kiko" (Japan Pension Institution). Actuellement, 16.800 personnes travaillent encore pour l'Agence, dont le personnel sera réduit à 13.000 avant le transfert de toute son activité.

L'Agence nationale de la Sécurité sociale a annoncé le 14 mars 2008 les résultats sur la recherche des 500 millions de données perdues. Ce sont des données de cotisations pour lesquelles on ignore qui a cotisé pour la retraite. Le gouvernement avait promis en juillet 2007 d'identifier toutes les pertes de données avant la fin mars 2008 et d'en informer tous les assurés concernés. Mais il n'y a que 117,2 millions de cas où les assurés lésés ont pu être identifiés.

Le 28 novembre 2008, le ministre de la Santé a reconnu que 69.000 dossiers (concernant 28.000 personnes) ont été falsifiés par des fonctionnaires avec la complicité d'entreprises pour diminuer les montants de revenus déclarés et les montants de cotisations qui en résultent. On ignore encore si les fonctionnaires ont perçu des dessous de table. Ces dossiers ont été falsifiés, notamment en pleine crise économique entre 1993 et 1995 (6.000 cas par an) et en 1998 (7315 cas), lorsque les employeurs ont éprouvé de grandes difficultés pour payer les cotisations sociales.

Par ailleurs, la retraite en or n'existe pas pour 36 % des vieux qui vivent avec moins de 100.000 yens par mois en 2007, selon l'Association des établissements médicaux de Tokyo. Presque 70 % des retraités ne vivent pas avec un de leurs enfants et se retrouvent ainsi isolés. Une personne âgée sur 20 n'a aucun revenu et 80 % n'ont que la pension de retraite comme revenu. 30 % des retraités sont célibataires et 29 % vivent en couple. Il faut également prendre en considération que les relations de quartier ont disparu, et le coût des soins a fortement augmenté. Enfin, les "Freeters" sont de plus en plus convaincus qu'ils sont dans la précarité, pour toute leur vie et qu'ils n'auront jamais de contrat de travail stable à durée indéterminée, afin de préserver les avantages acquis des séniors de la génération "Dankaï" et leur garantir une retraite en or.

VERS UNE NOUVELLE POLITIQUE SOCIALE JAPONAISE

La nouvelle loi sur les retraites risque d'aggraver ce phénomène social que représente le divorce tardif, inédit dans l'histoire du Japon. Qu'ainsi cette loi porte gravement atteinte à l'idéal traditionnel japonais de la famille unie et solidaire, dans laquelle le divorce a toujours été mal vu et considéré comme la dernière solution envisageable bien qu'il soit déjà répandu. La moitié d'une pension de retraite risque d'être insuffisante, bien qu'il soit plus facile au Japon qu'en France, pour un sénior de trouver un travail même s'il n'a jamais travaillé de toute sa vie. Cependant, l'absence d'une véritable politique familiale est une des principales raisons du déclin démographique.

Le Japon avait moins d'habitants que la France à la fin du 19e siècle : 34,8 millions contre 37,653 millions ! La loi prévoit la révision du régime des retraites tous les cinq ans et l'année 2009 sera la prochaine échéance. Alors le Japon, saura-t-il faire preuve de maturité, de sagesse, de jugement, pour trouver les meilleures solutions à ce grand bouleversement social ? Sera-t-il l'exemple à suivre pour les autres nations vieillissantes ? Le monde est en alerte, à moins qu'un événement global imprévu, causé par la nature ou bien par les activités des hommes, ne vienne perturber toutes ces prévisions, comme la crise économique et financière de 2008.

En raison des efforts de la France, le nombre moyen d'enfants est remonté à 2 en 2006, après une chute à 1,66 en 1993. Au Japon, avec un taux de fécondité tombé au niveau le plus bas de 1,26 enfant par femme en 2005, un certain nombre d'experts japonais invitent le gouvernement à prendre des mesures similaires à l'exemple français. Toutefois, le taux de fécondité japonais est remonté à 1,32 en 2006, c'est la première hausse depuis six ans. Cette remontée peut être attribuée principalement à une augmentation des mariages parmi la génération née entre 1971 et 1974. Soit 30.000 naissances japonaises de plus pour un total de 1,093 millions en 2006. Mais une véritable politique de relèvement de l'indice de fécondité coûterait cher au Japon. La stratégie à long terme de la France a permis d'inverser la tendance à la baisse de la natalité. Le gouvernement français est beaucoup plus généreux avec les familles que l'État japonais. Par exemple, l'allocation pour élever un enfant au Japon peut être de

120.000 yens par an, tout dépend de la municipalité où l'on a son domicile ! Ce qui est moins que la moitié du total des diverses allocations versées en France. Pour arrêter le déclin, le Japon ne dépense que 0,75 % de son produit intérieur brut, tandis que la France dépense 3 % de son PIB (y compris les subventions et les dépenses d'équipements d'aide à l'enfance).

Par ailleurs, le Japon, qui a pourtant le plus faible taux de mortalité au monde parmi les nouveau-nés de moins d'un an, possède un très fort taux de mortalité infantile entre 1 an et 4 ans. Il est à la 17e place mondiale et c'est le taux le plus élevé parmi les pays les plus développés, selon le ministère de la Santé japonais. La cause principale n'est pas la maladie, mais un accident domestique ou à l'extérieur. Parce que généralement, les parents japonais manquent trop souvent de vigilance à l'égard de leur enfant en bas âge. Et également, parce que les hôpitaux manquent d'équipements pour l'accueil en urgence dans 70 % des cas d'enfants accidentés. Globalement, 1 enfant sur 5 décède à cause des défaillances des hôpitaux.

Selon les calculs du ministère de la Santé japonais, réalisés en avril 2007, le Japon aurait besoin de 10,6 trillions de yens chaque année afin de mettre en application la stratégie réussie de la France. C'est presque le triple du montant investi actuellement par le Japon. Le Japon a dépensé 3,7 trillions de yens pour la famille en 2003, selon l'Organisation pour la Coopération et le Développement économiques (OCDE). Si on déduit cette somme du montant total de l'évaluation, le Japon aurait besoin de 6,9 trillions de yens, afin de suivre la même voie que la France. Au Japon, un comité gouvernemental a été formé pour trouver les moyens de stopper le déclin de la population, mais il n'a pas encore rendu publiques ses propositions. Mais la réforme fiscale pèse sur le débat attendu, notamment, en ce qui concerne l'impôt sur la consommation (TVA). Une proposition, pour augmenter l'impôt sur la consommation de 3 %, sera peut-être faite pour financer de nouvelles mesures d'aide à la famille. Cependant, puisque le gouvernement japonais essaye d'améliorer la santé financière du pays, les dépenses de plus de 10 trillions de yens semblent inenvisageables. Par conséquent, un éventail de mesures est nécessaire pour relever le taux de fécondité, telles que, faciliter le congé parental et l'aide des collectivités territoriales.

Il faut également souligner qu'à cause du vieillissement accéléré de la population japonaise, le pays manque de personnel de santé. En 2007, le Japon a passé un accord avec l'Indonésie et également avec les Philippines en décembre 2008 pour accueillir du personnel soignant. En août 2008, le Japon a accueilli 104 infirmiers(ères) et 104 aides-soignants(es) indonésiens(nes), et il se prépare à accueillir 200 infirmiers(ères) et 300 aides-soignants(es) de l'Indonésie en 2009. En 2009, le Japon va accueillir 200 infirmiers(ères) et 300 aides-soignants(es) des Philippines. Il n'y a pas de reconnaissance de diplôme entre les deux pays, mais après une formation de 6 mois en langue japonaise, les infirmiers(ères) (après 3 ans de travail) et les aides-soignants(es) (au bout de 4 ans d'expérience) devront obtenir le diplôme agréé par l'état japonais, sinon ceux qui échoueront devront repartir dans leur pays. On peut se demander pourquoi le Japon n'offre pas ces opportunités de formations débouchant sur des emplois stables à des jeunes japonais qui sont en difficultés et qui sont les premières victimes de la crise économique de 2008. Actuellement, le personnel de soin pour les personnes âgées dépendantes comprend 1.200,000 personnes, et en 2014, il en faudra 1.600,000. En 2025, il en faudra 2.500,000, soit 100.000 personnes de plus chaque année, selon le ministère de la Santé.

De plus en plus de Japonais restent célibataires plus longtemps, mais le nombre de mariages mixtes a atteint en 2004, le record de 48.414, ou 6,6 % de la totalité des mariages impliquant un Japonais. Les mariages entre Japonais et étrangers sont en hausse de 50 % depuis 10 ans, bien que le nombre total de mariages tende à se stabiliser. Cette augmentation des mariages mixtes est principalement attribuable à l'augmentation du nombre d'étrangers qui résident au Japon.

En 2006, il y avait déjà 2,08 millions d'étrangers au Japon, soit une hausse de 3,6 % par rapport à 2005. Puis, en 2007, le nombre total d'étrangers atteint 2.152,973 millions de personnes (en hausse de 3,3 % en un an), pour constituer 1,69 % de la population totale du pays au lieu de 1,6 % en 2006. Soit une hausse de 45,2 % du nombre d'étrangers par rapport à 1997. Ce dernier chiffre est plutôt faible en comparaison des 12 % d'étrangers aux États-Unis (35 millions) et des 10 % de l'Union-Européenne (32 millions). En 2007, les Chinois sont devenus les plus nombreux, 606.889, soit 28,2 % des étrangers (au lieu de 26,9 % en 2006) ; tandis que les Coréens des deux Corées passent en seconde place avec 593.489 ressortissants (27,6 % des étrangers) ; suivi de 316.967 Brésiliens (14,7 %) ; puis les Philippins, 202.592 (9,4 %), les Péruviens 59.696 (2,8 %), et les Américains des États-Unis, 51.851 (2,4 %). Enfin, la France compte environ 6000 ressortissants au Japon et 70 % de tous les étrangers se trouvent le long de la côte ouest de Tokyo à Osaka.

Le sondage a été réalisé par Setsuko RI, professeur de l'"Université médicale des filles de Tokyo". Il est basé sur les statistiques du ministère de la Santé et les rapports sur les demandes en mariage faites dans les ambassades et consulats japonais à l'étranger. Au total, 720.417 mariages ont été comptabilisés en 2004 à l'intérieur du Japon, dont 39.511 étaient entre un Japonais et un étranger. Presque 80 % d'entre eux étaient entre des hommes japonais et des femmes étrangères. Inversement, à l'extérieur du Japon, 10.842 mariages impliquant un japonais ont été enregistrés dans les ambassades et consulats, dont 8.903 étaient entre un Japonais et un étranger, et 85 % d'entre eux, entre une femme japonaise et un homme étranger. En 2004, le nombre total est de 48.414 mariages mixtes, dont 32.209 étaient entre des hommes japonais et des femmes étrangères. Les 38 % des épouses étaient chinoises, suivi de 26 % de Philippines et 18 % de Coréennes du Sud ou du Nord. Les 16.205 mariages restants étaient entre des femmes japonaises et des hommes étrangers. Dans ces mariages mixtes, les maris américains sont 24 %, suivis de 17 % de Coréens du Sud ou du Nord et de 10 % de Chinois.

En 2007, d'une part, il y a eu au total 40.272 mariages mixtes, dont 31.807 mariages mixtes avec une femme étrangère, et 8465 mariages mixtes avec un homme étranger. D'autre part, il y a eu 18.220 cas de divorces de couples mixtes. 14.784 divorces où l'épouse est de nationalité étrangère, et 3436 divorces où l'époux est de nationalité étrangère.

Les mariages mixtes sont de plus en plus fréquents, et le droit de la famille japonais devrait davantage prendre en compte cette réalité sociale, notamment, pour reconnaitre les droits des pères étrangers sur leurs enfants japonais lorsqu'il y a un divorce. En effet, en général, les tribunaux japonais sont exclusivement favorables aux mères japonaises, et répugnent à reconnaitre une certaine autorité parentale et l'exercice du droit de visite des pères étrangers. Il faudrait également pour cela, mettre en place une convention internationale entre le Japon et tous les autres pays intéressés, notamment avec les États-Unis, qui rassemblent le plus grand nombre d'affaires d'enlèvements d'enfants par leur mère japonaise. On ne dispose pas de statistiques sur ce problème, mais il s'agit de plusieurs centaines de cas dont certains sont répertoriés par des sites Web américains, voire, peut-être quelques milliers d'affaires. Ce grave sujet reste tabou au Japon et aucun média ne soulève ce problème d'actualité. Les enfants métis, de plus en plus nombreux, permettent au Japon d'améliorer son taux de fécondité et de freiner avec peine la chute du nombre d'habitants. Et si une partie des pères américains pouvaient obtenir le retour de leurs enfants parfois nés aux États-Unis, ce serait une perte pour le Japon. Ainsi, c'est peut-être la raison cachée ("honne") pour laquelle les autorités japonaises ne veulent pas modifier leur législation et coopérer avec les autorités étrangères ni même autoriser les médias japonais à en parler, car il existe une certaine censure malgré l'apparente liberté d'expression. Le contrôle des médias au Japon est d'ailleurs sans cesse dénoncé par des organisations internationales, telles que "Reporters sans Frontières".

Pour résoudre la crise relative au vieillissement de sa population, certains proposent une ouverture plus large du pays à l'immigration. Un rapport du "Keidanren" (patronat japonais) rédigé en 2008 suggérait une telle solution. Mais le contexte économique actuel ne permet plus d'adopter actuellement cette solution. Cependant, le temps semble venu pour le Japon d'en finir avec sa réticence à accueillir des réfugiés. À partir d'avril 2010, des réfugiés birmans vivant dans des camps en Thaïlande et n'ayant aucune perspective de rapatriement seront accueillis au Japon. Même si ce programme est mis en œuvre "à titre expérimental" pour une période de trois ans, c'est un grand pas, estime l'ONU. Cependant, qu'ils soient réfugiés politiques ou économiques, les Birmans au Japon qui perdent leur emploi à cause de la récession n'ont aucun droit à l'aide sociale comme les "Freeters" japonais au chômage. On estime qu'ils ont été suffisamment aidés par les autorités, lors de leur arrivée au Japon.

Toutefois, le vrai changement, pour faire face au vieillissement rapide de la population, ne peut venir que du retour à une croissance économique durable.

CHAPITRE 4

L'ÉDUCATION EN DÉRIVE

À l'aube du 21e siècle, tout apparaît, sombre dans le système scolaire japonais. L'enseignement est l'un des secteurs les plus touchés par la dislocation sociale de toutes les branches de la société. L'existence même d'un lycée japonais dépend du nombre de réussites à l'examen d'entrée à l'université de ses propres élèves. Sinon, les lycées ayant les plus mauvais taux de réussite sont condamnés à disparaitre faute d'avoir suffisamment d'inscriptions. Ainsi, les écoles publiques, en concurrence entre elles et aussi avec les établissements scolaires privés, pour leur survie, elles doivent manifester plus de rigueur et de sérieux pour attirer des inscriptions. Elles sont minées par le business, car l'éducation est payante et devenue très onéreuse.

Après 1947, la première réforme de l'éducation, connue sous le nom de "yutori kyoïku" (éducation non rigoureuse), a été prise pour soulager la pression sur les étudiants et élargir leurs perspectives et leurs capacités créatives, mais sans modifier les grands principes fondamentaux de l'éducation. Cette réforme de l'éducation avait, dans un premier temps, été mise en œuvre progressivement depuis 1992, pour être ensuite appliquée définitivement à tous les établissements scolaires du pays en 2002. Le système comprenait la semaine d'école de cinq jours et non plus six, la simplification du programme, et plus de temps pour "les études générales". Mais qu'en pensaient les enfants ?

Un écrivain et chercheur, Hidemine TAKAHASHI, a raconté qu'il avait voyagé dans la banlieue de Tokyo de Kunitachi, en juillet 2002, pour demander aux enfants de l'école primaire leur point de vue sur le nouveau programme. Takahashi a trouvé que les enfants étaient de très bons observateurs. Il a tout d'abord parlé avec un enfant de 6e qui prenait aussi des cours supplémentaires dans un "juku" (que l'on appelle aussi "Cram School", école privée fournissant des cours de rattrapage) pour ensuite réussir l'examen d'entrée dans un collège privé.

Il faut noter qu'il n'y a pas d'examen pour entrer dans un collège public, sauf s'il s'agit d'un collège dans le même établissement qu'un lycée public. Ainsi, le concours d'entrée dans l'enseignement public, ayant lieu normalement à l'entrée au lycée, se déroule à l'entrée au collège, depuis une loi de 1998. Pour les autres lycées n'appartenant à aucun établissement comprenant un collège, le concours au niveau de l'entrée du lycée est maintenu. Dès lors, 83 grands établissements scolaires publics ont été créés dans tout le pays, et face à ce succès, le ministère de l'Éducation envisage d'en créer 500 au total. Ce nouveau système va généraliser le concours d'entrée pour tous les enfants des écoles publiques primaires et les obliger ainsi à suivre une préparation dans les "juku" pour l'entrée au collège. Il faut noter qu'un "juku" peut être une véritable petite entreprise structurée, comme cela peut être également des cours privés que l'enseignant fait à son domicile. D'autre part, cette situation est plus lucrative pour un enseignant que d'enseigner dans une école publique. Par ailleurs, il n'existe aucun contrôle des compétences et du niveau de formation des enseignants de "juku". Toutefois pour réussir le concours d'entrée, l'important est de connaître la méthodologie pour répondre le mieux possible aux questions qui seront posées, le plus souvent sous la forme de questionnaires à choix multiple (QCM) plutôt que d'acquérir de véritables connaissances ou une bonne culture générale, que l'on contrôle par une dissertation ou un cas pratique.

Il y a eu 200 inscriptions d'enfants de l'école primaire et du collège, au printemps 2002, dans le seul "juku" de Kunitachi. Hayato, un petit garçon, rêvait de devenir le président d'une chaîne de grands magasins. "Ce n'est pas une question de savoir si l'éducation "yutori" est bonne ou mauvaise, mais elle a changé nos conditions de travail à l'école", répondait-il. Shintaro, un autre collégien de 6e, se plaignait que l'école est "darui" (c'est fatiguant et on n'a envie de rien faire) et pensait que la réforme de l'école n'était pas bonne, et il savait qu'il parlait comme un vieux, en disant cela. Le petit Shintaro ne rentrait pas à la maison avant 21 heures. Il disait que les enseignants lui enseignaient des choses qu'il connaissait déjà. Avec le nouveau programme, les camarades de Shintaro se plaignaient aussi d'apprendre des choses en mathématiques qu'on leur avait déjà enseignées dans l'ancien programme de 5e, et que l'enseignant était le même qu'en cinquième. Le ministère de l'Éducation partait de l'idée que si les cours étaient sans intérêt, on ne pouvait pas les comprendre. Mais les enfants prétendaient tous les comprendre, sauf un ou deux dans la classe. Le petit Shintaro semblait répondre comme un professeur lorsqu'il a ajouté : "ce n'est pas que les professeurs ne sont pas capables, c'est qu'ils ne font pas d'efforts". Un autre enfant de la classe, Yuki, qui prenait des cours par correspondance, avait sa petite idée sur l'éducation "yutori" : "Le gouvernement veut qu'on apprenne à s'instruire soi-même". Pour quelques-uns, l'école était juste un endroit pour apprendre à vivre en groupe. Avec ce système d'éducation souple, l'écrivain Takahashi pense qu'ils sont beaucoup plus sous pression que dans le passé avec au moins trois journées de 6 heures de cours par jour. Certains enfants d'école primaire, qui ont un cours du soir, se plaignent qu'ils n'ont plus le temps de dormir un peu en fin d'après-midi.

Le quotidien *Asahi* d'Osaka a relevé que depuis 7 ans, en pleine journée, des écoliers de 6e année fréquentent un des 20 "juku" du quartier de la gare de

Hankyu Nishinomiya d'Osaka, surnommé ainsi, "Juku Ginza", au lieu de se rendre à l'école. Dans certaines écoles primaires, 1/3 des écoliers de 6e année sont absents et la plupart des parents signalent que leur enfant sera absent sans donner de motif. Un père de 43 ans a témoigné qu'il emmenait sa fille au "juku" au lieu de l'école pendant tout le mois de janvier pour la préparation au concours d'entrée au collège privé. Il a ajouté que sa fille prenait des cours supplémentaires dans un "juku" depuis la 4e année de l'école primaire. Et que depuis la 5e année, elle y va 4 fois par semaine, jusqu'à 21 h en semaine, et toute la journée jusqu'à 18 h pendant le week-end. Il considère que l'école, c'est bien pour se faire des amis, mais que pour étudier, le "juku" c'est mieux. Les collèges privés n'exigent qu'une attestation justifiant de la présence à l'école jusqu'à la fin décembre, toutefois, à cause de la diminution du nombre d'enfants et de la forte concurrence entre collèges privés, ils exigent de moins en moins cette attestation pour l'admissibilité. Ceci n'est qu'un exemple parmi tant d'autres à travers tout le pays. On remarque que le recours abusif aux "juku" marque le développement de la privatisation de l'éducation au Japon. Une privatisation qui se trouve également renforcée par l'absence de confiance des parents à l'égard de l'enseignement public.

Que faut-il penser des devoirs de vacances imposés par les enseignants, tout en sachant que très souvent, ce sont les parents qui les font ? En dehors des devoirs intellectuels, on demande aux enfants de réaliser, par exemple, un objet de leur propre main et à leur propre initiative, qu'ils doivent remettre à la rentrée des classes. Parfois, la meilleure réalisation fait l'objet de la remise d'un prix par l'école. Cependant, il est trop fréquent que ce soit un parent qui soit le véritable auteur de la réalisation.

Les parents japonais sont disposés à tout faire pour que leur enfant réussisse leur entrée dans la vie professionnelle. Ainsi, en janvier 2009, un père de 54 ans s'est présenté à un examen à la place de son fils de 20 ans. Il voulait absolument que son fils obtienne ce certificat lui permettant de travailler comme représentant médical avec lui. Cependant, un examinateur a remarqué qu'il paraissait beaucoup plus vieux que l'âge indiqué. Le père avait réussi le même examen 2007, mais il avait alors des lunettes et les cheveux raides. Cette fois, il ne portait pas de lunettes, et ses cheveux étaient frisés. Il paraît qu'il n'en avait même pas parlé à son fils.

LES RAISONS DU MALAISE DE LA JEUNESSE ET DE L'ÉDUCATION

La première raison du mal-être des jeunes Japonais, c'est évidemment l'absence de communication avec les parents. En effet, selon le *Livre blanc sur la Jeunesse* du 21 novembre 2008 (publié par le Cabinet Office), pendant les cinq jours de travail d'une semaine, 23,3 % des pères japonais ne communiquent absolument pas avec leurs enfants. C'est un sondage des pères d'enfants portant sur une tranche d'âge entre 9 ans et 14 ans. Il y a une hausse de 9,2 % par rapport au même sondage mené en 2000. D'autres pères ont répondu communiquer pendant environ 15 minutes pour 14,7 % d'entre eux ; 30 minutes pour 21,9 % ; et enfin 1 heure pour 24,1 %.

D'autre part, les enseignants voient leur rôle social de plus en plus contesté par les jeunes, comme partout dans les pays développés et le Japon n'y échappe pas. Que penser de ces enseignants, eux-mêmes fils ou filles d'enseignants le plus souvent, et qui n'ont aucune expérience de la vie professionnelle en dehors de l'école ? Le décalage entre le monde de l'enseignement et la vie active est évident dans la dégradation du comportement des élèves. Notamment, face à des enseignants qui se sentent confortablement assis dans leurs positions sociales et intouchables malgré les grands bouleversements de nos sociétés.

Par exemple en avril 2002, le département de Hiroshima avait pour la première fois décidé d'embaucher, en dehors du système de l'éducation, le nouveau directeur de l'école primaire du quartier de Takasu, dans la ville d'Onomichi. Kazuhiro KEITOKU (56 ans) qui a été recruté pour ce poste n'avait aucune expérience dans le monde de l'éducation, mais il était riche d'une expérience en tant qu'ancien vice-directeur à la Hiroshima Bank pendant 32 ans. Traditionnellement, la fonction de directeur est exercée par un ancien professeur qui a acquis une certaine compétence en tant qu'enseignant, mais qui est souvent incapable de gérer un établissement scolaire. Ce qui implique que les directeurs qui sont d'anciens enseignants font n'importe quoi "au nom de l'éducation" selon les autorités. Ce qui constitue un grave problème dans la gestion des établissements scolaires japonais.

Revenons à notre petite histoire, où le nouveau directeur en question a eu beaucoup de problèmes pour s'imposer face à des enseignants peu coopératifs. D'autre part, ses deux assistants étaient en congé maladie dont l'un hospitalisé. Au point que finalement, il s'est suicidé le 9 mars 2003, se sentant incapable de gérer l'école. Le même jour, un superintendant de la Commission d'Éducation municipale a pris la relève. Mais il s'est suicidé à son tour, trois mois après le suicide de Keitoku. On l'avait entendu se plaindre de n'avoir pas apporté son aide à l'ancien directeur, lorsqu'il était encore vivant et qu'il était venu demander l'aide de la Commission d'Éducation municipale. Le silence est retombé sur les vraies raisons de ces deux suicides, car les autorités n'ont plus osé enquêter sur ces deux affaires. Cependant, il semble que les deux ont été victimes d'intimidations et de brimades suffisamment graves de la part d'un groupe de professeurs, qui voulaient s'opposer à l'application de la levée du drapeau et de l'obligation de chanter l'hymne national, lors des cérémonies d'entrée et de clôture de l'année scolaire. Malgré de fréquents suicides, aujourd'hui, beaucoup de directeurs viennent du secteur privé, mais ils bénéficient désormais du soutien des autorités locales de l'éducation. En 2002, il y avait 23 directeurs dans tout le pays qui n'avaient aucune expérience de l'enseignement. Puis en 2003, leur nombre est passé à 51. Il en résulte, que les brimades puissent aussi émaner d'un ou plusieurs professeurs vis-à-vis d'un ou plusieurs autres professeurs ou bien d'un supérieur hiérarchique. Quand ce n'est pas ce dernier qui terrorise les enseignants.

Près de 7200 lycéens ont été questionnés au Japon, aux États-Unis, en Chine et en Corée du Sud par un organisme du ministère japonais de l'Éducation à la fin 2005. Cette enquête révèle que les lycéens japonais ne sont pas intéressés par leurs études ou l'amélioration de leurs résultats scolaires par rapport à leurs camarades étrangers ; qu'ils s'intéressent surtout à la culture populaire, manga, mode, shopping et téléphone portable. Interrogés sur quel type d'élève ils veulent devenir, près de la moitié des lycéens japonais ont répondu qu'ils voulaient devenir "populaires" dans la classe, mais ils se sont montrés peu enclin à être des élèves studieux, ou exemplaires. On peut noter qu'ils ne répondent pas qu'ils s'intéressent aux filles. D'autre part, les lycéens japonais éprouvent de la sympathie pour les États-Unis à hauteur de 39 %, mais seulement 16 % pour la Corée du Sud et 10 % pour la Chine. 45 % des lycéens américains éprouvent de la sympathie envers le Japon, mais seulement 24 % chez les lycéens chinois et sud-coréens.

Selon Kiyoshi KUROKAWA, conseiller scientifique du premier ministre Abe, afin de permettre au Japon de rester la deuxième puissance économique du monde, 20 ou 30 % des cours devraient être faits en anglais. Cependant, la plupart des professeurs d'anglais sont incapables de mener une conversation en anglais et d'exclure le recours à la langue japonaise pendant le cours. Il souligne que cela n'est pas en contradiction avec le retour au patriotisme, car c'est en envoyant les jeunes à l'étranger qu'ils prendront conscience de leur identité et qu'ils seront fiers de leur pays. En 2005, parmi les langues étrangères enseignées au lycée, l'anglais est toujours en première place et bien que le niveau reste médiocre, le coréen a pris la seconde place au français, puis le chinois est en troisième position. Mais de plus en plus, la jeunesse utilise des expressions idiomatiques déformées et accepte les pléonasmes fautifs. Par ailleurs, ils estiment que les formules de politesse sont très difficiles à respecter, bien qu'ils continuent de les respecter.

Le malaise social provoque aussi une hausse des cas de dépression non seulement chez les professeurs, mais aussi chez les jeunes. Le ministère de la Santé, du Travail et des Affaires sociales a publié, en mai 2007, une enquête menée en fin 2006 auprès de 566 collégiens de la région de Shizuoka. Un quart des élèves souffriraient de dépression, et 78 des 137 élèves qui ont reconnu avoir des problèmes de dépression, étaient des filles. Il faut rappeler que, dans tout le pays en 2005, 215 jeunes scolarisés se sont suicidés dont 66 collégiens et 7 élèves du primaire.

Environ 1,5 % des enfants scolarisés souffrent de dépression, selon une autre enquête, réalisée en 2007, d'un groupe d'étude dirigé par Kenzo DENDA, maître de conférence en pédopsychiatrie à l'Université de Hokkaido. Ils ont examiné 616 étudiants de quatrième et sixième de huit écoles primaires à

Chitose, Hokkaido, et 122 étudiants en première année de lycée. Les résultats de l'enquête ont été basés sur des contrôles médicaux dans les écoles et des examens par des psychiatres. Bien que des sondages ont révélé qu'environ 10 % des écoliers ont des symptômes de dépression. Le résultat des évaluations individuelles est basé sur les diagnostics des médecins, et tend à être plus élevé, mais il donne une vision plus réaliste. Les résultats ont prouvé que 11 étudiants, ou 1,5 % ont une dépression clinique, d'après les critères de l'Association Psychiatrique américaine. La dépression est plus répandue parmi les enfants les plus âgés. Cinq étudiants de première année de lycée ont été diagnostiqués dépressifs. Quant à la dépression douce, 31 étudiants ou 4,2 % sont touchés, selon les diagnostics. Le taux pour les étudiants de première année de lycée était de 4,1 % (13 lycéens), légèrement moins que 5 % chez les adultes. Environ 25 % des dépressifs souffrent d'hyperactivité et de déficit d'attention.

Enfin, le malaise vient aussi du fait que l'âge moyen des enseignants japonais dans les écoles primaires et secondaires s'élève rapidement, selon une étude de 2008 du ministère de l'Éducation, et qui concerne l'ensemble des établissements publics et privés. À l'école primaire, où l'âge moyen du corps enseignant dépasse 44 ans, un tiers des professeurs a plus de 50 ans, un autre tiers a plus de 40 ans, et seulement 11 % ont moins de 30 ans. Au collège, l'âge moyen des professeurs est à peu près au même niveau, cependant le nombre d'enseignants approchant les 50 ans est plus important, 38 % contre 10 % pour les moins de 30 ans. Ainsi, le vieillissement des enseignants renforce l'inadaptation du système éducatif face aux nouvelles réalités sociales auxquelles les jeunes élèves doivent être préparés.

LAXISME DES ÉTABLISSEMENTS D'ENSEIGNEMENT

Les autorités japonaises ne veulent pas reconnaître que le niveau de la formation et de la recherche scientifique est en baisse. Selon le classement 2006 de THES, un magazine américain spécialisé dans l'éducation, l'Université de Tokyo, la plus prestigieuse du Japon, se situe seulement au 19e rang, alors que l'Université de Pékin se situe au 14e rang. L'Université d'Osaka est 70e, celle de Keio, 120e, et Waseda est 158e. Même si les jeunes diplômés n'ont pas de soucis à se faire pour trouver un emploi dès la fin des études, car en période de retour de la croissance économique, ce sont les entreprises qui viennent vers eux en leur proposant un relèvement du salaire d'embauche. En effet, dans les universités, il y a toujours un service destiné au recrutement par les entreprises.

D'après une enquête du journal *Mainichi* au début 2007, 1270 instituteurs sur 3620 de l'école primaire et professeurs du secondaire se sont plaints de la méfiance des parents d'élèves à l'égard de l'école. 62 % des parents critiquent l'éducation "yutori" (l'éducation non rigoureuse) qui avait pour objectif d'atténuer la concurrence aux examens d'entrée, et 70 % font davantage confiance au "juku" (cours privé supplémentaire) qu'à l'école.

Selon le ministère de l'Éducation, il y a eu 506 enseignants "manquant de leadership" en 2005 dans les écoles primaires, collèges et lycées publics. C'est-à-dire, des enseignants qui n'ont plus suffisamment la capacité d'enseigner, dont 80 % avaient plus de 40 ans et 60 % étaient des enseignants ayant plus de vingt ans de carrière. Parmi ceux-ci, 103 ont présenté leur démission après avoir été mis au courant de leur appréciation par les Commissions d'éducation départementales.

Les lycées n'enseignent plus les matières déterminées par les programmes officiels, comme l'histoire du monde, pour que les élèves aient davantage de temps pour étudier uniquement les matières sur lesquelles portent les examens d'entrée à l'université. En conséquence, les lycées ne font aucun effort pour lutter contre l'absentéisme dans les cours obligatoires. Ainsi, le gouvernement et la majorité parlementaire se sont mis d'accord en novembre 2006 sur les programmes de secours apportés aux lycéens (plus de 30.000 étaient concernés) ayant fait l'impasse sur l'enseignement des matières obligatoires. Pour les élèves manquant moins de 70 heures de cours (70 % des élèves étaient concernés), un rattrapage de 50 heures leur a suffi pour terminer leurs études. Pour les élèves ayant manqué plus de 70 heures de cours, les rattrapages ont été plafonnés à 70 heures, le reste étant remplacé par un devoir.

ABANDON DE L'ÉTAT DANS LE FINANCEMENT DE L'ÉDUCATION

On estime qu'une université sur quinze fera faillite avant 2010. Ainsi, on assiste à des opérations de fusion/acquisition comme pour les entreprises privées. Par exemple, l'Université de Keio et l'Université de pharmacie de Kyoritsu ont décidé de fusionner par une absorption de la seconde par la première dès la rentrée du mois d'avril 2008. D'autre part, 47,1 % des universités privées n'ont pas atteint chacune leur propre quota du nombre d'étudiants qu'elles voulaient intégrer lors de la rentrée d'avril 2008. Cela vient du fait que le nombre de jeunes diminue et que ces jeunes préfèrent s'inscrire dans les universités les plus prestigieuses.

Le mouvement de décentralisation, qui s'inscrit dans la réforme de l'État en cours depuis quelques années au Japon, touche également le domaine de l'éducation. Par exemple, l'arrondissement d'Adachi, à Tokyo a mis en place une répartition du budget pour l'éducation en fonction du classement des écoles basée sur les résultats scolaires. Les parents peuvent choisir l'école de leur enfant et décider de l'inscrire dans celle qui affiche les meilleurs résultats. Le fossé entre les meilleures écoles qui ont de plus en plus de budgets et les moins bonnes se creuse encore plus. À la mi-juillet 2007, on a appris que les enseignants d'une école primaire d'Adachi avaient conseillé les enfants lors du passage de l'examen en leur précisant si leurs réponses étaient correctes. Ils ont affirmé l'avoir fait sous l'ordre du directeur de l'école. Ainsi que d'une année à l'autre les épreuves d'examen se ressemblaient étrangement. C'est à cause de la compétition entre les différentes écoles que ces actes frauduleux ont été commis.

Les universités ("daïgaku") nationales sont devenues des personnes morales de droit public en 2003, tandis qu'auparavant, elles étaient sous la tutelle directe du ministère de l'Éducation. Ce qui leur permet d'être autonomes financièrement. Les enseignants universitaires conservent le statut de fonctionnaire, mais chaque université est libre de fixer le montant de leur salaire selon une moyenne établie par le ministère de l'Éducation. Les frais de scolarité universitaires sont également librement fixés par chaque établissement, selon une marge de plus ou moins 10 %, en fonction d'un seuil de référence ministériel. Enfin, elles peuvent librement décider de l'attribution de bourses pour les étudiants. Par exemple, pour la première fois au Japon, l'Université de Tokyo a décidé d'attribuer la gratuité des études pour les étudiants dont la famille a un revenu annuel inférieur à 4 millions de yens. Pour une question de rentabilité, la recherche fondamentale, qui ne rapporte rien à priori, semble de plus être négligée dans le budget des universités.

Ensuite, elles ont la capacité de créer des instituts de 3e cycle ("daïgakuin") tels que des : Business Schools, Law Schools, Administration Schools, Nuclear Schools, etc. La formation de ces instituts est professionnelle, la plupart des enseignants ne sont pas des fonctionnaires de l'éducation et ne mènent pas au doctorat. Ces formations lucratives, qui portent sur deux ans après quatre ans dans une faculté universitaire, permettent aux universités d'avoir des revenus supplémentaires importants. Pour une seule année de scolarité dans un institut de 3e cycle, il faut compter entre 1 à 2 millions de yens (1,8 million à l'Université de Keio, 1,5 million à l'Université de Waseda, 0,8 million à l'Université de Tokyo). Enfin, les universités privées ont créé des formations pour adultes, alors que le marché était pratiquement inexistant ces dernières années. Dans les années 1980, les universités déménageaient vers la périphérie des villes pour avoir davantage d'espace. Aujourd'hui, elles reviennent s'installer au centre des villes, et surtout dans les quartiers d'affaires.

Le coût des études universitaires est tellement élevé que cela donne le sentiment qu'au Japon, on achète un diplôme, car les universités se sentent obligées en contrepartie de justifier d'un taux de réussite suffisant pour attirer les étudiants. Ainsi, le taux de réussite en droit, depuis la création de Law Schools, était de 48 % en 2006. Après deux ans de formation, 1009 candidats sur 2091 ont réussi les examens qui permettent ensuite de devenir avocat ou magistrat. Tandis qu'en 2005, le taux de réussite n'était que de 3,7 %. On prévoit que le taux de réussite devrait descendre entre 20 et 30 % à partir de 2007. En effet, il semble que le taux de réussite dans les universités peut varier en fonction des besoins du marché, quelle que soit la formation.

Une fois tous les cinq ans, les Law Schools sont contrôlées par un organisme affilié au barreau des avocats. Il résulte des derniers contrôles, au cours du premier trimestre 2009, sur la formation dans 37 Law Schools (sur un total de 74) que 1/3 de celles-ci ne remplissent pas toutes les conditions imposées par l'État. Notamment, certains établissements n'ont pas atteint le quota minimum d'étudiants inscrits ; parfois aucun étudiant n'a réussi le concours de magistrat ou d'avocat ; des étudiants obtiennent leur diplôme malgré l'insuffisance de leurs résultats ; enfin, il n'y a pas suffisamment d'enseignants spécialisés. Des discussions sont en cours avec le ministère de l'Éducation pour leur restructuration (fusions ou suppression d'établissement, et diminution du quota des étudiants admis). C'est un retour en arrière, vu le nombre trop important de Law Schools et le taux de réussite trop élevé.

L'Association des universités nationales a décidé de relever le plafond du quota des admissions sans examen de 30 % à 50 %, à partir de l'année scolaire 2008. Non seulement, pour obtenir un nombre suffisant d'étudiants à cause de la dénatalité, mais surtout parce que les lycéens ne sont plus motivés pour poursuivre des études universitaires. Il existe deux types d'entrées sans examen : d'une part, l'entrée sur recommandation des lycées, la sélection se faisant par le livret scolaire et un entretien ; d'autre part, l'entrée dite AO ("Admission Office", inspiré du système américain), fondée sur un dossier, un entretien, et une discussion collective.

Entre parenthèses, chaque année, des centaines d'étudiants réclament en justice le remboursement de l'avance des frais de scolarité à des universités après leur désistement. Depuis 2002, les universités ont l'obligation de rembourser seulement les frais de scolarité au cas où le candidat déclarerait son désistement avant le 31 mars (la rentrée des classes commence normalement toujours au 1er avril). Mais la Cour suprême ne reconnaît toujours pas cette obligation de rembourser les droits d'entrée.

En 2004, le montant des dépenses annuelles des familles pour l'éducation a battu des records. Les familles ayant un enfant à l'école primaire publique ont dépensé en moyenne 58.000 yens, soit une hausse de 14,4 % en deux ans, et ceux ayant un enfant fréquentant un collège public ont dépensé 175.000 yens, en hausse de 8,5 % pour un enfant qui entre dans un collège public, entre 2002 et 2004. En ce qui concerne les enfants de l'école primaire, les dépenses pour rémunérer les professeurs à domicile (y compris l'enseignement à distance) ont augmenté de 47,9 %, à cause de l'inquiétude des parents sur la baisse du niveau scolaire due au relâchement dans l'éducation et à la nécessité de préparer les examens d'entrée dans les collèges privés. 2,2 milliards de yens de frais de cantine étaient restés impayés en 2005, dans les écoles primaires et les collèges, soit 0,5 % du montant total frais de cantine. Les mauvais payeurs ne représentent que 1 % des élèves.

Les parents sont également inquiets de la baisse du niveau scolaire qui résulte selon eux d'une éducation laxiste. Les frais scolaires et d'inscription pour

4 ans d'études dans une université publique sont de 2,88 millions, de 5,33 millions de yens dans une université privée et davantage dans les filières scientifiques et en médecine. Pour l'année scolaire 2005, 22 % des foyers ont fait un crédit pour financer l'entrée dans une université privée de Tokyo, en moyenne 1,664 million yens selon une enquête de l'Union des syndicats d'enseignants et du personnel des universités privées.

En 2006, 27,7 % parents ont demandé un crédit pour financer les études de leur enfant auprès d'une banque. C'est une augmentation de 5,8 % de plus que l'année précédente. Le montant moyen des crédits s'élève à 1,743 million de yens. Ce qui représente une augmentation de 79.000 yens de plus qu'en 2005. C'est un record historique ! Enfin, si l'étudiant n'habite pas avec les parents, les parents empruntent en moyenne 2,07 millions de yens et ils envoient moins de 100.000 yens par mois à leur enfant, selon l'Union.

L'Union a également effectué une enquête de mai à juin 2008, juste avant la crise financière, auprès de 4800 étudiants de première année. Le revenu moyen annuel des parents est de 9.229,000 yens. Cela représente 238.000 yens de moins que l'année précédente. Les parents envoient en moyenne 95.700 yens chaque mois par étudiant. C'est le plus bas chiffre enregistré depuis 22 ans. À part le loyer, le budget journalier d'un étudiant est de 1200 yens. Ce qui oblige parfois des étudiants à faire un petit travail pour pouvoir subvenir à tous ses besoins.

L'AFFAIRE DES UNIVERSITÉS CRÉÉES PAR DES SOCIÉTÉS PRIVÉES

Actuellement, seulement permise dans des zones spéciales autorisées par le gouvernement (zones de réforme structurelle), en raison de divers problèmes de gestion et de statut académique constatés dans les écoles déjà existantes. Le gouvernement a décidé de maintenir l'interdiction de création d'universités par les sociétés anonymes par actions en dehors des zones spéciales.

Alors que les autorités japonaises s'apprêtaient à lever cette interdiction, un certain nombre de violations à la loi ont été rapportées sur un établissement universitaire qui était la première université fondée par une entreprise privée. Il s'agit de la "LEC Tokyo Legal Mind University", dans l'arrondissement de Chiyoda à Tokyo, créée par la société privée anonyme, Tokyo Legal Mind K.K.

Le ministère de l'Éducation a ordonné, par une directive du 25 janvier 2007, cette université de prendre toutes les mesures d'amélioration nécessaires. Cette directive reprend les termes de la loi sur l'éducation, en exigeant que cet établissement universitaire privé lui soumette, dans les 30 jours, un rapport détaillé sur les mesures d'amélioration des procédures de gestion et des cours.

En vertu de la loi sur l'éducation, on permet seulement aux établissements privés universitaires et scolaires de fonder et de gérer des écoles privées. Cependant, en tirant profit du régime des zones spéciales de la réforme structurelle, qui est entré en vigueur en 2003, les sociétés privées ont aussi obtenu le droit de créer des écoles privées dans ces zones. En 2008, il y avait six universités, 21 lycées et un établissement comprenant un lycée et collège fondés par des sociétés anonymes privées sous le régime de zone spéciale. Les mesures de déréglementation ont eu un tel succès qu'elles ont été étendues à une plus grande échelle dans tout le pays.

Dans le cadre de la réforme structurelle, les autorités gouvernementales, chargées de la promotion des zones spéciales, avaient étudié la possibilité de lever totalement l'interdiction pour les entreprises privées d'ouvrir des écoles privées en 2006, en dehors des zones spéciales et sur la totalité du territoire. Cependant, une enquête du ministère a permis de révéler plusieurs problèmes :

- Les écoles qui sont en déficit.
- Les établissements où le nombre d'étudiants est inférieur à celui exigé.
- Les professeurs qui continuent à travailler à l'extérieur de l'école et qui n'ont pas toutes les capacités nécessaires.
- Les bibliothèques qui ont très peu de livres disponibles.

Autrement dit, dans sa directive pour l'amélioration, le ministère a cité deux violations claires des normes de création d'un établissement universitaire, lesquelles exigent l'emploi à temps plein des enseignants et le respect des méthodes de travail. Sur 173 professeurs à temps plein, 106 n'ont fait aucun cours. Il n'y avait aucun professeur présent aux cours diffusés par vidéo avec des questions et des réponses. Ce type de cours par vidéo n'étant autorisé que pour 1 % du montant total des cours. Or, 67 professeurs à temps plein menaient des cours par vidéos. En outre, 40 enseignants travaillaient également dans le Centre de préparation aux examens de qualification dirigé par la société privée, laquelle a fondé elle-même l'université. Ce Centre de préparation a des succursales dans tout le pays. Le ministère a également exigé de cette université de remédier au problème concernant l'intégration de l'université et du centre de préparation. Si l'université ne peut pas se conformer aux directives, le ministère ordonnera la fermeture de l'université dans le pire des cas.

Un consultant en gestion, qui a obtenu un poste de professeur dans cette université, a avoué : "Je n'ai pas été appelé une seule fois par l'université". Il a été recruté en 2004, mais il n'a jamais enseigné à l'école en raison de l'insuffisance du nombre d'étudiants voulant suivre son cours. Un autre enseignant, qui avait déjà été professeur auxiliaire dans une autre université, a arrêté en 2005, parce qu'il s'est rendu compte que l'université ne lui fournissait aucun soutien nécessaire pour effectuer des recherches. Un autre professeur a avoué que "le titre de professeur peut suffire à vous donner l'air important et certains professeurs y sont, tout simplement, pour le prestige du titre".

Le campus comprend 14 bâtiments différents, répartis dans le pays. Les équipements étant partagés avec un centre de préparation aux examens qui appartient à la même entreprise qui dirige cette université. Le centre de préparation aux examens vise ceux qui étudient pour préparer différentes qualifications professionnelles, mais le ministère de l'Éducation a découvert que dans certaines situations, les étudiants de l'université employaient les mêmes manuels. D'autre part, les étudiants de l'université et ceux du centre de préparation étaient invités à suivre des cours identiques dans la même salle, mais le cours avait une dénomination différente, selon que l'on appartenait à l'université ou au centre de préparation. Par exemple, le cours "Fondements de la loi" s'appelait "Préparation pour le certificat de 3e classe des procédures de gestion" pour les étudiants du centre de préparation aux examens. Le niveau de 3e classe constitue le plus bas des trois niveaux de formation. En étant dans les mêmes salles de classe, on demandait aux étudiants de l'université de s'asseoir dans la rangée des sièges de devant. Un étudiant de l'université a précisé que beaucoup de cours commençaient à 7 heures du matin. Il semble que c'était pour permettre aux étudiants qui ont un travail de suivre les cours. C'est comme si l'université voulait donner la priorité aux étudiants du centre de préparation. Un autre étudiant du centre de préparation, qui espérait devenir un consultant en matière de gestion d'entreprise, a dit que c'était un avantage à pouvoir suivre le même cours que les autres étudiants de l'université. Les professeurs se contentaient d'enseigner le strict nécessaire pour réussir les examens professionnels, et ils ne donnaient pas les bases universitaires nécessaires pour apprendre à tirer soi-même des conclusions correctes.

Sur les 14 établissements, seul l'établissement principal a été maintenu à Tokyo et 3 autres à Osaka, suite à la recommandation du ministère de l'Éducation de 2007. Les 10 autres établissements de la même université, situés en province, ont déjà supprimé leurs inscriptions pour les années à venir.

LE HARCÈLEMENT MORAL DOMINE LA SOCIÉTÉ

Les brimades sont d'abord une forme de violences psychologiques qui peuvent rapidement dégénérer en violences physiques. La violence à l'école même chez les très jeunes est aussi en hausse. Selon les statistiques de l'Agence de la Police nationale ("Keisatsucho") publiées en octobre 2006, il y a eu 165 affaires de violences physiques liées exclusivement à des cas de brimades de la part d'écoliers, de collégiens et de lycéens, chiffre en hausse pour la troisième année consécutive.

D'autre part, vu sous un angle plus large, selon le ministère de l'Éducation, en 2007, il y a eu 52.756 cas de violence de toutes natures, soit une hausse totale de 18,2 % par rapport à l'année précédente. Dans les écoles primaires, la hausse est de 37,1 %, dans les collèges, 20,4 %, et dans les lycées, 4,7 %. La violence entre les élèves représente 28.396 cas ; il y a eu 15.718 cas d'actes de violences matérielles ; 6959 cas de violence contre les enseignants ; et enfin

1683 cas d'actes de violence contre des tiers. Sans oublier une augmentation des cas d'intimidation par Internet de 20,8 % (5899 cas).

Grâce à une fuite d'informations, une liste de 719 cas de harcèlement a été publiée sur Internet sans préciser le nom de l'Université concernée. En fait, cette liste avait été établie par un employé de l'Université de Waseda à Tokyo, travaillant à temps partiel en tant que conseiller psychologique et qui avait été chargé de traiter les données en juillet 2008. Ces faits se sont produits entre avril 1999 et mai 2007, comprenant les noms des étudiants victimes et des professeurs accusés par les victimes. Ce document décrit également les pratiques de harcèlement, telles que les brimades ou le harcèlement sexuel, et il précise aussi les dates des incidents.

PORTRAIT TYPE D'UN INTIMIDATEUR

Généralement, les auteurs de brimades, qui cherchent à contrôler leurs victimes en les humiliant dans les écoles, sont destinés à devenir des adultes dominateurs, si leurs camarades les ont encouragés et que des enseignants peureux ont fermé les yeux. Lorsqu'ils vont entrer dans la vie active, ils risquent de continuer à tourmenter les autres. Les simples brimades constituent la forme de violence psychologique plus courante que le harcèlement sexuel et la discrimination raciale, ces derniers sont plus sévèrement punis par la loi dans les grands pays développés. En revanche, les brimades ordinaires ne sont pas, le plus souvent, sanctionnées par les autorités, surtout au Japon.

Pour l'Organisation internationale du Travail, il n'y a pas de différences fondamentales dans les brimades à l'école et dans les brimades au travail. Dans un rapport de 1999, traitant de la violence en milieu de travail, l'OIT a souligné que cette violence physique et émotionnelle était l'un des plus graves problèmes du nouveau millénaire. Les brimades appelées également intimidations ou harcèlement peuvent se manifester par l'exercice de la force physique, par des menaces avec ou sans armes, par des agressions verbales sérieuses (humiliations, taquineries, paroles blessantes) et par le harcèlement sexuel et racial persistant dans le but de nuire à autrui. Elles peuvent produire des effets destructifs sur la personnalité de celui qui les subit et donner un sentiment de supériorité au dominateur. Une nouvelle forme de harcèlement est apparue avec le développement des nouvelles technologies, telles qu'Internet et le téléphone portable. Ainsi, au Japon, de plus en plus de victimes sont l'objet de brimades par leurs camarades qui leur envoient des messages diffusés sur un blog ou bien leur répondeur.

Que ce soit à l'école ou dans la société active, les auteurs mineurs ou bien adultes compensent leur manque de confiance en eux-mêmes, par le besoin de contrôler une personne plus faible, excentrique ou solitaire. Intimider, c'est effrayer, terroriser quelqu'un en imposant sa force et son autorité ; on dit aussi, soumettre quelqu'un à des brimades (le soumettre à une épreuve vexatoire) ; ou bien encore, harceler moralement, c'est-à-dire, soumettre quelqu'un à des attaques verbales répétées. Les intimidations peuvent être le fait d'un seul individu ou d'un groupe d'individus, lesquels prennent plaisir à s'attaquer aux personnes les plus compétentes et à les abaisser. L'intimidateur critique systématiquement de façon injuste sa victime et va toujours l'humilier devant les autres, l'ignorer et la contredire.

Dans une entreprise, l'intimidateur est le plus souvent le supérieur de la victime. Il ou elle cherche à faire échouer sa victime, en lui fixant des objectifs et des échéanciers irréalistes ; en lui refusant de communiquer des informations nécessaires ; en lui donnant une surcharge de travail ou bien en la privant de travail ; et parfois en remplaçant le travail valorisant par du travail dégradant ; mais encore, en augmentant ses responsabilités tout en lui retirant son autorité. Le chef va tyranniser un employé compétent, dévoué et apprécié par ses collègues. Les employés intimidés dans les entreprises peuvent perdre jusqu'à la moitié de leur temps au travail pour se défendre et solliciter le soutien de leurs collègues. Ils sont démotivés, stressés et souvent en congé de maladie pour cause de dépression. Ce qui se traduit pour les entreprises par une perte de productivité, et les amis et la famille de la victime en subissent aussi les conséquences. Parfois dans l'entreprise, l'intimidation peut venir d'un subordonné, tout comme à l'école, un ou plusieurs enfants peuvent être les tyrans d'un enseignant.

LES INTIMIDATIONS À L'ÉGARD DES ENSEIGNANTS

Beaucoup de professeurs se sont plaints qu'ils ne savent pas comment traiter les brimades et les actes violents à leur égard ou les interruptions pour empêcher la poursuite du cours ("gakkyu hokaï"). Il devient de plus en plus difficile d'assurer les cours lorsque les élèves refusent de faire ce qui est demandé. Un professeur d'une école primaire de Hiroshima avoue qu'elle n'a jamais oublié les problèmes qu'elle a éprouvés avec un de ses étudiants de sixième année. Un jour, cet élève lui a lancé : "Qu'est-ce que vous voulez, vieille batte ?" lorsqu'elle a tenté de l'empêcher de se battre avec un autre. Une autre fois, quand elle a fait remarquer à un étudiant son mauvais comportement, l'étudiant lui a répondu "Fous le camp !" Elle a dit qu'elle en avait assez du comportement agressif des étudiants et après 30 ans d'enseignement, elle a décidé de démissionner.

Une autre professeure de 41 ans a dit qu'elle avait pensé quitter définitivement l'enseignement, il y a trois ans, lorsqu'une des collégiennes frappait tout le temps sur un autre étudiant. Lorsqu'elle intervenait, l'étudiante lui répondait d'une façon grossière et refusait de faire ce qu'elle lui demandait. Après avoir obtenu son transfert dans une autre école, la professeure ne se sentait pas proche de ses nouveaux collègues qui l'ont à peine réconforté. Puis elle a décidé de donner sa démission, car elle se sentait trop seule et n'avait personne à qui parler : "J'avais la tête ailleurs pendant les cours". "Quelques enfants essayent d'avoir le dessus sur les professeurs", dit une autre professeure de 59 ans d'une école primaire qui ajoute : "Une de mes collègues, qui se sentait désarmée, a été hospitalisée. Nous ne pouvons pas être sévères avec des étudiants, car nous savons que ni l'école ni les autorités de l'éducation ne nous protégeront, si nous sommes réprimandés par des parents".

Dans les écoles, les enseignants se plaignent de plus en plus des enfants qui sentent mauvais. Ce sont des enfants qui habitent dans de mauvaises conditions et qui ne sont pas éduqués par les parents. Il suffit d'observer leur comportement pour constater qu'ils sont différents des autres enfants et qu'ils n'hésitent pas à intimider leurs camarades. Les enseignants pensent que l'élargissement de l'écart entre riches et pauvres est une des raisons de ce phénomène. Et que d'autre part, le nombre grandissant d'étrangers, en particulier asiatiques, a aussi une influence dans les écoles japonaises. Leurs parents sont toujours absents de la maison, et ils s'endorment souvent en classe. Les autres élèves n'osent pas se plaindre de leur mauvaise odeur. L'éducation est en déclin, on voit même des parents qui n'insistent plus auprès de leur enfant pour qu'il aille régulièrement à l'école. Cependant, un professeur de Hiroshima reste prudent au sujet des mesures proposées dans la réforme de l'éducation. "Les enfants deviennent agressifs parce qu'ils n'ont pas leur place dans la famille… Ils pourraient se sentir abandonnés, non seulement par leur famille, mais aussi par l'école, s'ils sont suspendus de l'école". Le directeur d'une école primaire doute également de l'efficacité des sanctions : "Nous ne savons pas comment communiquer correctement avec les élèves et leurs familles… Si nous prenons des sanctions, le fossé entre eux et nous va s'élargir encore plus. Si ces nouvelles mesures permettent de suspendre les professeurs tyranniques, il y aura déjà moins d'agressions par les élèves. Cependant, ce qui est important dans les brimades adressées aux professeurs par des élèves, c'est de savoir comment y faire face, et ce n'est pas en les punissant qu'on va résoudre ce problème. Les punitions ne doivent être attribuées qu'en cas d'urgence".

Un nombre record de 4675 enseignants des écoles publiques, primaires et secondaires, ont pris des congés maladie pendant l'année scolaire d'avril 2006 à mars 2007 à cause de problèmes mentaux et de dépressions. Ce qui représente 60 % des congés maladies des enseignants. Ce chiffre a triplé en dix ans, au regard d'une étude conduite en 1996, qui estimait qu'il y avait seulement 1385 enseignants en arrêt maladie pour les mêmes raisons.

Durant l'année scolaire 2007/2008, il y a eu au total 8069 congés maladie dont 4995 pour troubles mentaux et dépression (pratiquement le double par rapport à 2001). 37,5 % des enseignants du secteur public ont entre 40 et 50 ans, et 35,2 % ont plus de 50 ans. Il faut noter que les enseignants du secteur privé ne sont pas du tout pris en compte dans ces statistiques du ministère de l'Éducation. Cela résulte du fait qu'ils ont généralement perdu confiance en eux parce que les anciennes méthodes d'éducation ne marchent plus et qu'ils n'arrivent pas à s'adapter au changement de méthode. De plus, les relations entre les enseignants et les parents se sont fortement dégradées. Les enseignants subissent une pression croissante de la part des parents d'élèves qui exigent des résultats pour leurs enfants. Tandis que pour le ministère de l'Éducation, les professeurs feraient trop d'heures supplémentaires.

LE SUICIDE OU L'ABSENCE DES ENFANTS "IJIME"

Plus de 10 % des élèves de sixième se sentent déprimés selon les résultats d'un sondage mené en juillet 2005 auprès de 669 élèves. La plus grande cause de dépression provient des relations avec les amis, puis les relations avec les enseignants et la réussite scolaire. Mais il y a également de plus en plus de suicides qui sont dus à des brimades ou menaces envoyées par email vers l'ordinateur de la victime et même par téléphone portable. Il faut savoir qu'une brimade ou une simple critique émise par email peut avoir un effet néfaste d'une plus grande ampleur sur la victime, plutôt que dans la situation où le harceleur s'exprime oralement et face à face.

Selon l'Agence de la Police nationale, le nombre de jeunes élèves et d'étudiants universitaires qui ont mis fin à leurs jours était de 886 en 2006 et de 873 en 2007, mais ce n'est pas une baisse significative.

L'enfant qui subit des brimades est appelé "ijime". Jusqu'en 2005, un "ijime" était défini, par le ministère de l'Éducation, comme étant celui qui subit sans répondre et qui est constamment harcelé. Le nombre d'écoliers qui se suicident à cause des brimades est encore important, mais ils se suicident de moins en moins à cause des mauvais résultats scolaires. Toutefois, à l'Université d'économie de Takasaki, un professeur a été licencié après le suicide d'une étudiante en janvier 2007, à cause d'un travail particulièrement difficile à faire et que l'étudiante n'avait pas pu rendre. L'administration, après enquête, a estimé que le travail en question était effectivement trop difficile pour les étudiants de deuxième année, et que le professeur avait également harcelé sexuellement une autre étudiante. Mais dans ce cas, il semble évident que l'on ne peut accuser ce professeur d'être pleinement responsable du suicide de cette jeune fille de 20 ans, même s'il l'avait menacé de lui faire redoubler sa deuxième année. En général, des lettres expliquent que ces enfants n'ont personne à qui se confier, notamment, que les enseignants ne répondent pas à leurs appels au secours. Un père sur quatre ne voit pas son enfant durant toute la semaine, et trois sur dix seulement connaissent les soucis de leur enfant. Seulement 3,6 % des pères et 10,4 % des mères affirment connaître les préoccupations de leur enfant. Pourtant, les mères sont celles à qui les enfants se confient le plus.

La victime de brimades est toujours isolée et désespérée, les autres enfants l'évitent et le professeur a toujours l'œil sur lui. Dans le département de Fukuoka, un garçon de 13 ans, qui s'est suicidé en octobre 2006, avait trop honte d'aller chercher de l'aide, quand quelques heures avant sa mort, un groupe de collégiens a essayé de lui enlever son pantalon dans les toilettes ; alors, il s'est pendu dans une remise attenante à la maison en laissant une note où il disait qu'il subissait des brimades qu'il ne pouvait plus supporter. Malheureusement, ce cas n'est qu'un cas parmi tant d'autres. Malgré la réforme de l'éducation, le Japon doit encore combattre ce mal endémique que sont les brimades à l'école. Le phénomène n'est pas nouveau, mais beaucoup trop de suicides en sont la conséquence. Les jeunes sont sous pression et en compétition, ceux qui ont des difficultés à s'adapter sont vite repérés. Depuis les années 1990, les victimes peuvent aller dans des écoles alternatives, pour bénéficier d'un programme allégé et réduire la pression.

On ne faisait pas le lien entre les enfants "ijime" et les cas de suicides chez les enfants. Des révélations depuis la fin de 2006 ont jeté le doute. Les autorités ont alors multiplié les rapports dont les résultats ont provoqué une vague de critiques contre les fonctionnaires de l'éducation. Ils sont accusés de dissimuler les liens entre les suicides et les brimades. Après la publication d'un rapport, en janvier 2007, le ministre de l'Éducation a enfin admis que les brimades étaient à l'origine du suicide dans seulement 14 des 40 cas de suicides d'enfants entre 1999 et 2005. Le problème des brimades est revenu à l'ordre du jour politique en faisant chuter l'indice de popularité de Shinzo ABE, faute d'une réaction rapide de la part du gouvernement. Il n'y aurait pas autant d'enfants qui se suicideraient si on intervenait rapidement pour les séparer de leur despote, selon la presse qui conteste les chiffres officiels.

Les statistiques du ministère de l'Éducation prétendaient que les cas de brimades avaient baissé pour passer de 60.096 en 1995 à 20.143 en 2005. Cependant, le ministère ne prenait jamais en considération, dans ses statistiques, le nombre de "ijime" dans les établissements privés d'enseignement, ni dans les établissements publics nationaux. Les "ijime" n'étaient comptés que dans les établissements publics d'enseignement communaux et départementaux. Le nombre de "ijime" en 2006 est en réalité de 124.898, c'est-à-dire 20.000 cas de plus que les chiffres officiels de 2005 (plus de 6,2 %), dont 60.000 cas dans les écoles primaires (12 fois plus que le chiffre officiel de 2005) ; 51.000 cas dans les collèges (4 fois plus que le chiffre officiel 2005) ; et 12.000 cas dans les lycées (6 fois plus que le chiffre officiel 2005).

Depuis 2006, le ministère de l'Éducation prend désormais en compte tous les enfants "ijime" de tous les établissements d'enseignement publics et privés. Ainsi, en 2007, le nombre d'enfants "ijime" est officiellement de 101.127 cas, ce qui représente une diminution de 19 % par rapport à 2006, mais cela dépasse encore la barre de 100.000 cas.

Les professeurs sont soupçonnés de fermer les yeux sur les abus, c'est pourquoi ils ne rapportent que très peu de cas. C'est un problème profondément enraciné dans la société japonaise qui se caractérise par la vie de groupe et rejette les solitaires. Beaucoup de gens tendent à blâmer les victimes, les invitant à faire comme tout le monde. Ce qui implique que les enfants brimés sont peu disposés à dénoncer les abus ou à demander de l'aide. Et chaque jour, ils sont sur leurs gardes, et parfois ils refusent de continuer d'aller à l'école, ils deviennent alors "futoko". Officiellement, le "futoko" est défini comme un élève absent pendant 30 jours ou plus pour des raisons autres que la maladie ou les difficultés économiques. C'est-à-dire, que ce sont des enfants refusant d'aller à l'école pour des raisons psychiques ou psychologiques.

Pour l'année scolaire 2005/2006, le nombre d'absents à long terme ou de "futoko" dans tous les établissements scolaires, excepté les universités, s'est élevé à 126.764 cas. Soit une hausse de 3,7 % par rapport à l'année précédente et la première augmentation depuis cinq ans, selon le ministère de l'Éducation. Au total, 102.940 des absents étaient des lycéens, ce qui fait 1 lycéen sur 35, ou 2,9 %, des lycéens. Le nombre d'enfants absents dans les écoles primaires est de 23.824, ce qui représente 0,3 % de plus que l'année précédente et 4,4 % de tous les enfants en école primaire.

À la rentrée d'avril 2006, le nombre d'écoliers et collégiens "futoko", a diminué de 1100 cas. Ce qui s'explique par la baisse générale du nombre d'enfants au Japon. Ils sont 122.255, mais ils continuent de représenter 1,13 % de l'ensemble des écoliers, collégiens et lycéens, pour dépasser 120.000 enfants pour la huitième année consécutive.

En revanche en 2007, on a dénombré 23.926 "futoko" en école primaire, 0,4 % de plus que l'année précédente. Dans les collèges, il y a 105.328 "futoko" (1/34 collégiens ou pratiquement 1 "futoko" par classe), ce qui fait une hausse de 2,2 % par rapport à 2006. La raison principale de la hausse du nombre de "futoko" vient de la montée de l'absence de communication avec ces jeunes et entre eux. D'autre part, ils sont également de plus en plus nombreux parce que les parents ont peur de les forcer à retourner à l'école et qu'ensuite ils tentent de se suicider.

Le ministère de l'Éducation effectue régulièrement un sondage annuel dans toutes les écoles au Japon, du jardin d'enfants à l'université, pour rassembler au 1er mai de chaque année des données de base sur l'éducation. Dans le questionnaire à choix multiple, sur les raisons des absences à l'école, 4688 jeunes (ou 3,2 % du total) ont répondu que c'était à cause des brimades qu'ils subissaient. C'est la première fois qu'on a introduit dans le sondage annuel, le harcèlement comme un motif d'absence. De la situation de "futoko" à celle de "hikikomori", il n'y a qu'un pas. Les "hikikomori" sont des adolescents et des adultes qui ont décidé volontairement de se retirer de la société en restant chez eux. Ils ne veulent plus aller à l'école, ni dans la vie active, ni avoir de relations sociales. En 2003, on estimait qu'ils étaient environ trois millions. Ce sujet est traité dans un autre chapitre.

LES INTIMIDATIONS DU GOUVERNEMENT

Le gouvernement s'est décidé à agir rapidement pour remettre l'éducation sur le droit chemin. La Loi fondamentale sur l'Éducation de 1947 a fait l'objet d'une révision de ses grands principes fondamentaux pour la première fois depuis sa création. Beaucoup de Japonais l'ont réclamé en vain depuis son établissement. Mais à chaque fois, ces exigences ont été éludées par les forces progressistes, lesquelles ont dénoncé que, les conservateurs, qui sont au pouvoir aujourd'hui, voulaient rétablir l'ancien "Édit impérial sur l'Éducation et la formation militaire". Pendant tout ce temps, l'idée de réviser la loi était considérée comme un tabou. Un des facteurs, qui a changé ceci, est la détérioration récente de l'éducation. La violence s'est développée dans les écoles et les étudiants ont perdu le désir d'apprendre. L'influence des parents et de la collectivité dans le processus d'éducation s'est affaiblie.

Un rapport, rendu fin 2000 par la "Commission nationale sur la réforme éducative", créée sous le gouvernement Obuchi, a ouvert pour la première fois le débat sur la révision, et elle a proposé la réforme de la Loi fondamentale sur l'Éducation pour la première fois. Les autorités ont commencé à discuter sérieusement de la révision. Sous l'ancien gouvernement Koizumi, des consultations de la population appelées "Town Meetings" avaient déjà été organisées dans tout le pays pour connaître les avis sur la réforme de l'enseignement. Seulement, les débats ont été faussés, les autorités locales envoyaient des partisans parmi le public, afin d'orienter le débat en faveur du gouvernement.

Le premier ministre Abe, au pouvoir en septembre 2006, affirmait que ce malaise social justifiait un retour de la discipline dans l'école. Ainsi en 2007, le gouvernement a proposé et obtenu une révision radicale de la loi de 1947, laquelle a fait l'objet de multiples discussions au cours des six dernières années. Parmi les orientations de la nouvelle politique d'éducation, il y a les dispositions suivantes :

- Mise en œuvre d'examens annuels finaux pour améliorer les cours.
- Diviser par deux les cas de brimades et de violence dans les écoles en cinq ans.
- Améliorer l'éducation civique pour éduquer les enfants comme des futurs citoyens responsables d'une société libre et juste.
- Augmenter de 10 % les heures de cours.
- Enseignement obligatoire de l'anglais dans les écoles primaires.
- Réduction d'une semaine des vacances d'été et de printemps.
- Division de l'année scolaire en deux semestres.

- Création d'un cours de 10 minutes, qui sera le premier de chaque matinée.
- Cours complémentaires le samedi.
- Passage de 55 à 50 min pour la durée des cours en vue de faire sept cours par jour au lieu de six.
- Rétablissement de la punition physique sous une forme légère.
- Suspension des enseignants tyranniques.

QUESTION DÉLICATE DU PATRIOTISME

Cette nouvelle politique comprend le débat sur la question délicate du patriotisme. Les forces progressistes se sont opposées à l'inclusion du terme "patriotisme" dans le texte de loi, parce que cela forcerait le peuple à être patriotique et donnerait aux citoyens le sentiment de soutenir un pays qui aurait l'intention de mener une guerre. Un argument rejeté par les nationalistes qui estiment qu'aimer et chérir sa patrie ne signifie pas que le pays veut entrer en guerre. Ce problème semble avoir été surmonté après que le Parti démocrate japonais (dans l'opposition à la Chambre des députés) ait suggéré l'expression "cultiver l'esprit d'amour du Japon" dans le préambule du projet de révision de la loi. Le projet gouvernemental prévoit dans le texte relatif aux "Objectifs de l'Éducation", l'expression suivante : "le respect de la culture et des traditions de la Nation, et encourager l'amour du Peuple et de la Patrie qui les ont élevés". Pour le premier ministre Abe, qui a dirigé directement le "Conseil pour la Renaissance de l'Éducation" (lequel a disparu après sa démission), l'éducation doit être fondée sur le respect de l'Histoire, de la Nation, de ses traditions, de sa culture, et sur le développement du sentiment d'amour pour la patrie. En plus, il était aussi prévu que l'influence des collectivités locales et des parents devait être renforcée pour former les générations futures et ranimer le sentiment de fierté chez les Japonais.

RESPECT DES CÉRÉMONIES DANS LES ÉTABLISSEMENTS SCOLAIRES

C'est une tradition japonaise qui est toujours appliquée, mais elle est de plus en plus contestée par certains enseignants japonais qui cherchent à perturber le bon déroulement des cérémonies. C'est la raison pour laquelle, en octobre 2003, Ishihara, Gouverneur de Tokyo, avait rappelé par une circulaire la nécessité de respecter la levée du drapeau et l'interprétation de l'hymne national, lors des cérémonies de rentrée des classes et de remise des diplômes dans les écoles publiques. Le "Kimigayo" (le règne de notre Majesté) est un hymne en hommage à l'empereur, et le drapeau national, appelé "Hinomaru", représente un soleil rouge sur fond blanc.

En revanche, en septembre 2006, le Tribunal de Tokyo a jugé que, sont anticonstitutionnelles les circulaires de la Commission d'Éducation départementale de Tokyo imposant aux enseignants et employés des lycées départementaux de se tenir debout devant le drapeau national et de chanter l'hymne national, lors des cérémonies de début et de fin de scolarité. Le juge a donné raison aux 401 enseignants et employés de lycées qui avaient intenté un procès contre la Préfecture et la Commission d'Éducation départementale de Tokyo. Le juge a précisé que le Hinomaru et le Kimigayo avaient été utilisés par l'idéologie impérialiste et militariste de l'ère Meiji jusqu'à la Seconde Guerre mondiale, et que leur neutralité politique et religieuse n'a toujours pas été reconnue officiellement par les institutions actuelles. Le tribunal a ajouté que la liberté des mœurs et de conscience est protégée par la Constitution. Mais il a aussi souligné l'importance d'enseigner aux élèves le respect du drapeau et de l'hymne.

La Cour suprême du Japon a confirmé que le droit du proviseur, d'ordonner à des professeurs de chanter l'hymne national, lors de cérémonies officielles, est conforme à la Constitution dans une décision du 27 février 2007. Malgré les critiques des pacifistes et de la gauche qui le considèrent comme un symbole dépassé, et que les deux tiers des directeurs d'écoles primaires publiques y sont opposés. D'autre part, le nombre des Japonais favorables à une réforme de la Constitution est de 46 %, selon une enquête du quotidien *Yomiuri* en avril 2007, soit une baisse de neuf points par rapport à l'année précédente. Le 14 mai 2007, le Parlement a adopté un projet de loi, permettant d'organiser un référendum national sur la révision constitutionnelle. Mais cette loi entrera en vigueur le 18 mai 2010. Toutefois, 80 % sont contre la révision de l'article 9 et seulement 14 % y sont favorables. En effet, l'article 9 interdit au Japon de recourir à la force militaire, y compris en tant qu'allié, sauf en cas de légitime défense. Cette disposition est un obstacle à la participation des Forces d'Auto-défense dans les opérations de maintien de la paix, car les FAD n'ont ainsi pas le droit d'user de leurs armes, sauf en cas de légitime défense. Ils ont donc eux-mêmes été protégés par une autre armée alliée dans leurs missions humanitaires et de ravitaillement aux autres forces alliées en Irak, ce qui paraît absurde.

Le premier ministre conservateur Shinzo ABE a fait adopter, le 15 décembre 2006, une loi réinstaurant les cours de patriotisme à l'école, un sujet banni de l'enseignement depuis la fin de la Seconde Guerre mondiale. L'opinion publique pense que l'esprit civique, le respect des traditions et le patriotisme sont importants, mais qu'il est souhaitable qu'on les acquière naturellement. Or, s'ils sont imposés par l'État, on risque de retourner au temps où tout était régi par les édits impériaux. L'opinion publique estime que cette ingérence dans l'éducation risque de violer la liberté de conscience garantie par la Constitution. 78 % des Japonais se disent patriotes et 88 % estiment qu'il est nécessaire de se repentir sur le passé de la Seconde Guerre mondiale. 67 % acceptent l'insertion du patriotisme dans la loi-cadre sur l'Éducation. Il est certain que ceux qui agitent le Hinomaru et chantent le Kimigayo, lors des matchs de football ou des Jeux olympiques, ne sont nullement obligés.

RAPPEL À L'ORDRE DE L'ÉTAT DANS L'ÉDUCATION

L'objectif du gouvernement conservateur Abe était de renforcer le contrôle éthique de l'État dans l'organisation, le fonctionnement des établissements d'enseignement et le contenu des enseignements. Le ministère de l'Éducation contrôle, depuis toujours, le contenu des manuels scolaires grâce à des inspections annuelles. Par exemple, il n'a pas été admis de mentionner que les États-Unis ont effectué une attaque préventive dans la guerre d'Irak, et que la participation des FAD aux forces multinationales ne pouvait être mentionnée, que si l'on précise que c'est pour aider à la reconstruction. Juste avant la rentrée d'avril 2007, le ministère de l'Éducation avait ordonné des rectifications dans les manuels d'histoire au sujet des suicides collectifs pendant la sanglante bataille d'Okinawa au printemps 1945. Il a été mentionné dans un manuel d'histoire pour lycéens que "des gens ont été contraints à des suicides collectifs par des militaires japonais". Le ministère a ordonné la suppression de la mention "par des militaires japonais". Cette modification et d'autres sont très critiquées par l'écrivain Kenzaburo OE (Prix Nobel de littérature en 1994) qui a dénoncé l'influence d'intellectuels et d'historiens nationalistes cherchant à dissimuler certains faits historiques. Ami de Mishima, il prit ensuite ses distances avec celui-ci à cause de son ultranationalisme. Par ailleurs, en ce qui concerne le contenu de manuels d'histoire du Japon, il y a un conflit permanent, toujours d'actualité, portant notamment, sur l'incitation au suicide par l'armée japonaise à l'égard de la population civile d'Okinawa, sur le massacre de Nankin en Chine et l'organisation de la prostitution de plusieurs centaines de Chinoises et de Coréennes contraintes par l'armée nippone durant la Seconde Guerre mondiale.

Sans toutefois, remettre en cause la décentralisation financière. La structure à plusieurs niveaux du système de l'Éducation, issue de la décentralisation, est fortement contestée : l'État, les Commissions d'Éducation départementales, les Commissions d'Éducation municipales et enfin les écoles. Tout cela ne permet pas d'avoir une vision claire des responsabilités et de la gestion, et les nationalistes au pouvoir tiennent y remédier. Le ministère de l'Éducation est toujours chargé de fixer les grandes orientations de l'enseignement, mais il a perdu le pouvoir de diriger effectivement les écoles, lesquelles sont soumises aux Commissions d'Éducation départementales. Ainsi, chaque directeur général de l'Éducation, chargé de diriger chaque Commission d'Éducation départementale, est nommé par chaque gouverneur (sorte de préfet du département, mais avec des pouvoirs plus larges). Auparavant, leur nomination était soumise à l'approbation de l'État, mais cela a été supprimé en 1999 lors de la décentralisation. Grâce à la décentralisation, de nombreuses

Commissions d'Éducation départementales négligent les directives de l'État. Le gouvernement Abe avait donc créé le "Conseil pour la Renaissance de l'Éducation" dans le but d'établir un rapport sur la situation de l'Éducation au Japon et de proposer des solutions. Le Conseil, qui voulait donner des conseils aux parents dans son rapport, a finalement renoncé (allaiter en chantant des berceuses et en regardant le bébé dans les yeux, éteindre la télé pendant les repas, etc.). Les Japonais ne voulaient pas que le Conseil se mêle de ce que font les parents. C'est le premier rapport du Conseil qui a été remis au premier ministre fin janvier 2007. Il proposait trois projets de loi concernant la réforme de l'Éducation : la révision de la loi sur la licence d'enseignant en vue de créer un mécanisme de renouvellement périodique ; la révision de la loi sur l'Administration régionale de l'Éducation, redonnant à l'État le pouvoir de nommer les directeurs généraux de l'Éducation, ce projet a finalement été abandonné ; et enfin, la révision de la loi sur l'Éducation scolaire, pour renforcer la responsabilité et le pouvoir des écoles. Un renforcement de l'État marqué tout d'abord, par la volonté de continuer à lever le drapeau et chanter l'hymne national ; d'autre part, par un retour à la discipline dans les établissements publics scolaires. Les trois nouvelles lois-cadres sur l'Éducation ont finalement été adoptées en juillet 2007 par le Parlement.

Le gouvernement réfléchi également à l'idée de transférer le pouvoir de gérer le personnel enseignant des écoles publiques primaires et des collèges publics, des Commissions d'Éducation départementales vers les Commissions d'Éducation municipales. Très peu d'enseignants acceptent une mutation dans des petites communes isolées et défavorisées, malgré le versement d'indemnités compensatoires. Ce problème va s'aggraver si les communes ont le pouvoir de décider de la rémunération des enseignants. Alors qu'en général, 20 % à 30 % du budget du département est destiné à l'Éducation y compris les lycées publics ; donc, 90 % des 20 % à 30 % portent uniquement sur les rémunérations. Tandis que la construction et la maintenance des écoles publiques primaires et des collèges publics relèvent déjà du financement par les municipalités. Les petites communes isolées souffrent déjà d'un manque de médecins, et à l'avenir, elles risquent aussi d'être désertées par les enseignants.

RETOUR À LA DISCIPLINE ET AUX EXAMENS ANNUELS

Le premier ministre Abe avait fait de la réforme de l'Éducation l'une de ses priorités. C'est la raison pour laquelle, il a fait passer une loi-cadre sur l'Éducation qui rétablit l'enseignement du patriotisme à l'école. Le patriotisme est défini par cette loi comme étant "une attitude de respect de la tradition et de la culture, d'amour pour la Nation et la terre qui nous ont élevé, et qui contribue à la Paix et au Développement international". Malgré les vives critiques contre le retour du patriotisme, le principal syndicat d'enseignants, de gauche, s'est prononcé en faveur de légères punitions corporelles. Ainsi que de rétablir des formes légères de punitions corporelles dans les écoles, remettant en cause le concept d'éducation souple, "yutori", introduit dans les années 1990. Afin de lutter contre l'indiscipline et la violence entre élèves, mais aussi pour protéger les enseignants contre la montée de l'insubordination. Les punitions corporelles à l'école, souvent violentes avant la Seconde Guerre mondiale sont interdites au Japon depuis 1945. Un rapport demandé par le premier ministre Abe préconise le rétablissement de la punition dans les établissements. Toutefois, Il ne s'agit pas de rétablir l'usage des châtiments corporels sévères qui appartiennent au passé. Selon le Bureau du premier ministre, frapper ou battre les élèves ne sera pas autorisé, il s'agira simplement de mettre les élèves turbulents dans un coin, debout dans le couloir ou de leur administrer une légère tape sur la tête.

Le ministre de l'Éducation, Bunmei IBUKI (né en 1938), a exalté le caractère "extrêmement homogène" du Japon, le 25 février 2007, en affirmant qu'"il n'existe aucun doute que le peuple Yamato (ancien nom du Japon) a historiquement gouverné le Japon". Ces propos rappellent ceux du ministre des Affaires intérieures, Taro ASO, le 15 octobre 2005, qualifiant le Japon comme étant unique, "un seul État, une seule civilisation, une seule langue, une seule culture et un seul Peuple". Selon lui, aucune autre nation ne regrouperait, aujourd'hui, toutes ces caractéristiques. De même que Nakasone, premier ministre de droite parlait déjà de nation homogène en 1986. Effectivement, au Japon les étrangers ne représentent que 1,6 % du total de la population en 2006, dont les plus nombreux sont, soit des Coréens, parfois nés au Japon, mais qui ne bénéficient pas de la nationalité japonaise, soit des Chinois. Le Japon n'a jamais été un pays ouvert à l'immigration et la naturalisation est toujours très difficile à obtenir.

En février 2007, dans un discours prononcé devant le Parti libéral démocratique au pouvoir, Ibuki considère que le Japon accorde trop d'importance à l'expression individuelle en rappelant que le système éducatif actuel avait été imposé par l'occupant américain après la défaite de 1945. Il estime aussi que l'on donne beaucoup trop d'importance aux droits de l'Homme et que, s'ils sont trop respectés, la société japonaise finira par subir des transformations incontrôlées. Ces propos du ministre de l'Éducation reflètent la position de la droite conservatrice au pouvoir, et ils sont partagés par beaucoup de Japonais, surtout parmi les générations les plus âgées. Ainsi, 71 % des Japonais sont favorables à une révision de l'Éducation qu'ils estiment trop laxiste. Tandis que d'autres soulèvent que cela risque de paralyser tout esprit créatif et de créer des blocages dans le développement de la personnalité. En conclusion, pour faire face à la montée de l'indiscipline, au laxisme de l'éducation et au développement des intimidations, il semble que la réponse du gouvernement japonais est d'autoriser légalement les enseignants à intimider les élèves.

Après 42 ans d'interruption, à cause de l'inquiétude croissante de la baisse générale du niveau des élèves, le gouvernement a décidé de rétablir les examens écrits annuels pour les élèves de 6e année d'école primaire et de 3e année de collège. À la fin des années 1950 et jusqu'en 1965, des examens nationaux similaires avaient lieu, mais ils avaient été supprimés, car on considérait qu'ils aggravaient la compétition scolaire. Cet examen concerne 2,33 millions élèves et permettra d'établir des données nationales sur les performances académiques par l'école et par région. Afin de déceler les problèmes et de faire des propositions pour améliorer les programmes scolaires. L'évaluation internationale de 2004 réalisée par l'Organisation pour la Coopération et le Développement économiques (OCDE) a mis en évidence la baisse de niveau des étudiants japonais, en particulier en mathématiques.

Les examens qui ont eu lieu le 24 avril 2007 portaient sur les connaissances de base en mathématiques et en japonais, mais aussi sur l'environnement et le savoir-vivre. Bien que, les écoles primaires et collèges secondaires devaient prendre part à l'examen, la Commission d'Éducation municipale d'Inuyama, dans le département d'Aichi, et à peu près 40 % des écoles privées n'ont pas pris de décisions. De plus, environ 200 écoles avaient prévu de faire passer cet examen à une autre date à cause des excursions scolaires ou d'autres événements qui étaient déjà prévus. Les résultats ont été affichés en septembre 2007 et transmis à chaque étudiant par leur école. Désormais, ils sont uniquement publiés par chaque préfecture et non plus par la municipalité ou l'établissement scolaire pour éviter leur classement et de les inciter à la compétition. Mais il est probable que l'on ne pourra pas éviter les fuites d'informations, selon le syndicat des enseignants opposé à ce retour des examens annuels. En effet, des enseignants s'inquiètent du risque de divulgation des résultats et de toute autre information privée, bien que pour éviter cela, le gouvernement a confié à une entreprise privée le soin de collecter les résultats et d'établir une base de données informatisée. Cependant, le Gouverneur d'Osaka, Toru HASHIMOTO, refuse d'appliquer la directive du ministère de l'Éducation en vertu de l'arrêté départementale sur la transparence de l'information. Suite à cette décision, toutes les éditions locales d'Osaka des journaux ont publié par municipalité les résultats des examens nationaux 2008. Ce qui provoque des polémiques dans tout le pays.

L'Éducation "yutori" avait pour objectif de mettre l'accent sur l'enseignement général en imposant cinq jours de classes par semaine au lieu de six. Suite à la modification de la loi-cadre sur l'Éducation de 1947 par le gouvernement Abe, le ministère de l'Éducation a publié, le 28 mars 2008, la nouvelle réforme de l'enseignement public ayant comme slogan, "Cultiver l'énergie de vivre", concernant d'une part, les écoles primaires et les collèges, et visant à abandonner l'Éducation "souple" ("yutori") pour un enseignement plus rigoureux :

- Ainsi, 150 heures d'enseignement général ont été supprimées. En contrepartie, à l'école primaire, 142 heures de cours de mathématiques supplémentaires et 55 heures supplémentaires de cours de sciences naturelles.
- Au collège, 70 heures supplémentaires de cours de mathématiques et 95 heures de cours de sciences naturelles en plus.
- Introduction d'un cours obligatoire d'anglais une fois par semaine en 5e et 6e année d'école primaire.
- Au collège, le nombre de mots anglais à apprendre passe de 900 à 1200.
- L'idée d'introduire un cours de morale proposé par le rapport du "Conseil pour la Renaissance de l'Éducation" sous le gouvernement Abe, a été abandonnée. Mais dans chaque école primaire et collège, un enseignant sera chargé de faire la promotion de la morale.
- En 5e et 6e année d'école primaire, d'une part, introduction d'un cours de lecture de célèbres textes écrits en ancien japonais et en chinois ; d'autre part, l'apprentissage obligatoire du calcul à l'aide du boulier traditionnel.

Ces deux nouveaux programmes seront totalement appliqués à partir de la rentrée 2011 dans l'enseignement primaire, à la rentrée 2012 dans l'enseignement secondaire.

D'autre part, le 23 décembre 2008, le ministère a annoncé le nouveau projet concernant les lycées et applicable à la rentrée 2013 :

- Actuellement, il y a 30 cours par semaine de 50 minutes chacun. Le nouveau programme ne prévoit plus le nombre de cours maximum, et prévoit la possibilité de faire des cours pendant les vacances d'été et d'hiver.
- Il n'y aura plus un nombre de sujets imposé dans les programmes de mathématiques et de sciences naturelles, comme c'était le cas.
- La création d'un cours de communication en anglais excluant toute utilisation du japonais, pendant tout le cours ; d'autre part, le nombre de mots à connaître passe de 1300 à 1800 (ce qui était déjà le cas jusqu'en 1978). Au total, du collège au lycée, les élèves devront connaître 3000 mots d'anglais.
- Le cours d'histoire du Japon reste une matière à option au lycée, pourtant beaucoup de départements demandent à ce que cette matière devienne obligatoire.

"Augmenter la capacité d'expression" devient le nouveau slogan de l'Éducation au Japon. Le retour à la discipline se manifeste également par des sanctions très sévères contre les étudiants qui partent en voyage organisé par leur université, et se laissent aller à taguer un monument historique à Florence ou bien à voler dans des commerces de produits de luxe de l'aéroport de Bangkok. En effet, si ces jeunes Japonais auraient hontes de faire cela chez eux et se retiendraient donc de commettre de tels délits, ils se disent qu'en partant en voyage à l'étranger, qu'ils peuvent laisser tomber leur "honte".

L'ÉDUCATION MARCHANDISE

Encore un scandale qui démontre que l'éducation au Japon est un véritable business où règne une dure compétition entre les établissements scolaires ou universitaires, sous peine de faillite et de fermer définitivement. En effet, ces établissements sont soumis aux règles du marché, leur chiffre d'affaires est essentiellement réalisé à partir des frais d'inscription et de formation. Cependant, dans les années 1970, les écoles privées avaient des problèmes à cause de leur mauvaise gestion qui ne faisait plus l'objet d'aucun contrôle de la part des autorités publiques depuis 1945. En conséquence, le gouvernement a commencé à subventionner les établissements d'enseignement privés depuis 1970. Puis en 1975, une loi est venue régulariser ce type de subvention. Ainsi que la capacité d'accueil des établissements publics était devenue insuffisante pour répondre à la rentrée en masse des enfants du Second Baby-boom (nés entre 1971 et 1974). Pour résoudre ce problème, le gouvernement a demandé à chaque département de passer un accord de coexistence avec l'ensemble des établissements privés dans leur circonscription pour instaurer un quota du nombre d'élèves que le secteur privé peut recevoir. Le quota varie donc selon les départements. Par exemple, dans le département de Kanagawa, le secteur privé ne peut dépasser le seuil de 40 % des élèves du département. Mais depuis ces dernières années en raison de la diminution du nombre d'enfants à cause de la baisse de la natalité, le secteur privé exige du département de Kanagawa l'accueil d'un nombre d'élèves supplémentaires pour des raisons de rentabilité et éviter la faillite. Par contre, le département de Kanagawa veut plutôt augmenter le quota du secteur public, pour répondre à la demande en hausse des parents qui trouvent l'enseignement privé trop cher. Ces accords de coexistence entre le secteur public et le secteur privé de l'enseignement ont pour but d'éviter un trop grand déséquilibre entre le secteur public et le secteur privé. Dans les années 1970, le gouvernement avait opté pour financer le secteur privé plutôt de créer de nouveaux établissements publics. Récemment, le Gouverneur d'Osaka envisage de développer le secteur de l'enseignement public et son quota, tout en diminuant les subventions au secteur privé. Le secteur privé devra augmenter les frais scolaires et des établissements seront menacés par la faillite faute d'un nombre suffisant d'élèves. En revanche, les écoles privées créées par des entreprises ne perçoivent pas de subventions et sont régies par une autre loi. L'article 89 de la Constitution japonaise établit le principe de l'interdiction de verser des fonds publics à des organismes privés dont la gestion échappe au contrôle budgétaire de l'État. La question de la conformité à la Constitution, de telles subventions attribuées aux établissements privés, reste en débat.

Par ailleurs, pour entrer à l'université, il y a tout d'abord un premier concours national organisé en commun par le "National Center Test for University Examinations" auquel les universités privées et publiques participent. Ce concours national se résume à cocher les bonnes réponses dans un Questionnaire à Choix multiple (QCM). Puis un second type d'épreuves qui consiste à passer autant d'examens que de demandes d'inscription au sein de chacune des facultés auxquelles le candidat postule. Mais dans certaines facultés universitaires, il suffit de présenter le résultat au concours national, et la sélection se fait alors uniquement à partir de l'examen du dossier et d'un simple entretien. Pour attirer les étudiants, les facultés organisent donc une procédure simplifiée où le concours n'est plus une véritable mise à l'épreuve des connaissances et des capacités de l'étudiant. Les lycées affichent le taux de réussite de leurs propres élèves aux concours d'entrée dans les universités pour attirer de nouvelles inscriptions à la sortie du collège.

Par exemple, un lycée privé avait inscrit l'un de ses étudiants à 73 concours d'entrée de facultés de quatre universités privées dans la région du Kansai. Le coût total de 1,3 million de yens des frais d'inscription a été pris en charge par son lycée, alors que normalement le lycéen doit payer lui-même les frais d'inscription à chaque concours d'entrée (ou plutôt à chaque demande d'admission) de chaque faculté après l'examen national. Tout en sachant que, les frais d'inscription à un seul concours peuvent varier de 35.000 à 60.000 yens dans une université privée, et entre 10.000 et 17.000 dans une université nationale. En remerciement, également, le lycée lui a offert 50.000 yens en liquide et une montre de luxe. Le lycée a donc annoncé 144 réussites pour les quatre universités de la région du Kansai, toutefois, plus de la moitié de ces résultats correspondent aux réussites du même lycéen. D'autres cas similaires ont été découverts.

Dans une telle situation, si l'on est d'une famille modeste, les chances de poursuivre des études sont minces ou inexistantes, bien que l'on soit un bon élève. En revanche, un élève médiocre d'une famille aisée a toutes les chances de poursuivre des études universitaires et d'obtenir ainsi un diplôme qu'il ne mérite pas vraiment. Tout le système d'éducation japonais est faussé et ne permet donc pas véritablement de fournir un haut niveau de formation. Ni de former les meilleurs parce qu'il faut acheter une formation ou un diplôme, bien plus que de fournir tous les efforts intellectuels nécessaires. Il faut savoir que le plus important dans les études est de réussir le concours d'entrée à l'université, qu'ensuite, l'étudiant japonais n'a pratiquement plus d'effort comparable à fournir pour obtenir un diplôme universitaire. C'est une période où les étudiants japonais affirment profiter d'une vie facile pendant laquelle ils voyagent à l'étranger et s'amusent avant d'intégrer le monde du travail. Il faut savoir également que le plus souvent, peu importe qu'on obtienne un diplôme universitaire. Ce qui compte, c'est de terminer l'année. Ainsi, sur le Curriculum Vitae, les Japonais ont pour habitude de préciser seulement le nombre d'années d'études effectuées sans affirmer expressément s'ils sont effectivement titulaires d'un diplôme. En quelque sorte, on dit que l'on a réellement terminé (on dit, "sotsugyo" ou "shuryo") tel ou tel cursus universitaire, mais cela ne donne aucune indication claire pour savoir si l'intéressé a effectivement réussi ou non ses examens, en particulier en troisième cycle d'études universitaire. Ceux qui échouent se retrouvent donc à égalité avec ceux qui sont effectivement titulaires du diplôme lors du recrutement par les entreprises. Par exemple, il est courant que les enseignants dans les universités soient seulement titulaires d'une simple licence ou d'une maîtrise sans n'avoir jamais obtenu un doctorat. Ce qui importe pour les entreprises lors du recrutement, c'est de savoir si le postulant a voyagé à l'étranger, s'il a participé à des compétitions sportives, s'il a été le leader dans la conduite d'une activité culturelle ou autre, etc.

Enfin, malgré le mauvais niveau de formation, en général, c'est l'entreprise qui va véritablement former ses nouvelles recrues sortant même des universités les plus prestigieuses. C'est pourquoi, il est fréquent qu'un étudiant, par exemple, en ornithologie, soit déjà recruté un an avant la fin de ses études par une entreprise d'investissement qui va le former pour apprendre le métier de conseiller en gestion. Trop souvent, peu importe finalement, la formation universitaire suivie par les étudiants japonais qui arrivent sur le marché du travail. Parce que les employeurs recherchent surtout des jeunes inexpérimentés, incompétents et malléables pour leur inculquer l'esprit maison et leurs méthodes particulières de travail.

La marchandisation de l'éducation au Japon se caractérise aussi par le constat que l'élite japonaise est essentiellement constituée de spécialistes, de techniciens. Il n'y a pas de véritable élite intellectuelle, au sens où une partie de la population posséderait une grande culture générale. À la différence des Occidentaux, en particulier des Européens, lesquels ont, en comparaison des Japonais, une très bonne culture générale, un esprit de synthèse développé, une perception globale et savent faire preuve d'initiative, les Japonais qui appartiennent à l'élite grâce à leur haut niveau de "hensachi", et apparaissent comme des citoyens ordinaires. Il existe donc une élite technicienne ou "hensachi" (ou "Standard Deviation" en anglais). Le "hensachi" est une méthode utilisée en statistiques, lorsqu'on passe un examen blanc organisé à l'échelle nationale par les "yobiko" (écoles privées de préparation aux concours d'entrée des universités), telles que "Yoyogi-semi", "Sundai" et "Kawai-juku". Pour connaître son propre niveau de "hensachi", les étudiants doivent payer des droits d'inscription, qui varie de 3500 yens à 6500 yens (à Yoyogi-semi) même pour ceux qui désirent passer un des examens blancs (tout dépend de la formation envisagée) organisés dans le cadre de leur propre établissement scolaire.

La "déviation standard" ou l'"écart type" est l'un des outils d'analyse utilisés en statistiques, notamment en théorie des sondages, en mathématiques, en biologie, en météorologie et en finances. Ici, il s'agit de déterminer les chances de réussite d'un candidat aux différents concours d'entrée des universités qui l'intéresse. Ainsi, à l'issue de cet examen blanc (comprenant différentes épreuves dont des QCM), on obtient un "hensachi", c'est-à-dire, un certain nombre de points qui permettent d'être évalués par rapport au "hensachi" fixé par le "yobiko" pour chaque concours d'entrée à l'université. Par exemple, un "yobiko" fixe un "hensachi" de 70 points, en 2009, pour l'entrée à l'Université de Tokyo. Si l'on n'a pas atteint cet "hensachi" de 70 points, lors de l'examen blanc, le "yobiko" considère alors que l'on a peu de chance de réussir le concours en question. Mais cela n'empêche pas le candidat de se présenter tout de même à ce concours. Le concours d'entrée à l'université organisé par le "National Center Test for University Examinations", c'est un QCM, facile à corriger, même au moyen seulement d'un ordinateur. Les universités sont alors classées en fonction du niveau de "hensachi" fixé par les "yobiko" et calculé grâce à l'informatique. Ainsi, d'un "yobiko" à l'autre, le "hensachi" établi pour calculer les chances de réussite au concours d'une université précise peut différer.

En dehors des établissements scolaires, les étudiants peuvent suivre des cours de préparation pour améliorer leur niveau de "hensachi" afin de réussir un des concours auxquels ils se présentent. Ceux qui ont déjà échoué peuvent suivre une formation dans un "yobiko", qui dure un an (il y a des cours de 9 h à 19 h du lundi au samedi inclus jusqu'à 15 h), dont le coût peut atteindre celui d'une année dans une université privée.

La marchandisation de l'Éducation se manifeste aussi par l'ouverture de la première cyberuniversité à Fukuoka en avril 2007. Les étudiants n'ont plus besoin de se déplacer à l'université et suivent les cours chez eux par Internet et en vidéoconférence. Le ministère de l'Éducation a exigé des mesures strictes de vérification de l'identité de ces cyberétudiants. Mais il résulte d'une enquête du ministère que sur 620 étudiants, 200 n'ont fait l'objet d'aucunes vérifications d'identité. Qu'ainsi, n'importe qui pouvait suivre les cours en tapant simplement un identifiant et un mot de passe lors de la connexion au site. Le ministère de l'Éducation s'est engagé à donner des suites à cette affaire, pour violation des critères de création d'une université.

La marchandisation de l'Éducation se caractérise encore par la création de cours supplémentaires payants dans les écoles publiques. En janvier 2008, le collège de Wada, dans l'arrondissement de Suginami à Tokyo, a commencé à organiser des cours du soir supplémentaires et payants, pendant la semaine et le samedi. Ces cours sont donnés par des professeurs privés de "juku" spécialisés dans les cours du soir pour le concours d'entrée au lycée. C'est le directeur de ce collège public qui en a pris l'initiative. En fait, le directeur lui-même vient du privé. Les cours sont à moitié prix par rapport aux "juku", mais c'est quand même 18.000 yens par mois pour 2 matières, le japonais et les mathématiques, et 24.000 yens par mois pour 3 matières, le japonais, les mathématiques et l'anglais. La Commission d'Éducation départementale de Tokyo a donné son accord en considérant qu'il s'agissait de cours organisés en dehors du système scolaire public.

Certaines universités japonaises sont touchées par la crise financière de l'été 2008, parce qu'elles ont trop investi leur argent dans des produits dérivés en spéculant sur les marchés financiers. Notamment, l'Université de Komazawa a perdu 15,4 milliards de yens, et l'Université de Rissho a perdu 14,8 milliards de yens en fin septembre 2008. Autre effet de la crise financière, fin décembre 2008, 24.490 lycéens de l'enseignement privé ne peuvent plus payer les frais scolaires en raison des difficultés financières des parents, selon l'Association des établissements scolaires privés. C'est-à-dire, trois fois plus qu'en mars 2008 où ils n'étaient que 7827. Sans doute que ce chiffre sera à la hausse en 2009.

La fin de l'éducation "yutori", par l'application d'un enseignement plus rigoureux, marque un grand changement dans le système éducatif japonais. Attendu que les parents trouvaient l'école trop laxiste, bien qu'elle ne fait pas l'objet d'une véritable contestation (manifestation ou grève) parmi les enseignants qui se plaignent tout de même de devoir faire de sérieux efforts pour s'améliorer.

Le système éducatif japonais est très contestable, mais il a au moins le mérite de garantir un emploi à tout étudiant sortant de l'université. Ce qui n'est absolument pas le cas de la France, ni de tous les pays d'Europe en général. Et pour les Japonais, c'est ce qui est essentiel tant que cela permet au pays de rester la seconde puissance économique du monde. En conclusion sur ce point, il n'est donc pas nécessaire d'avoir un système éducatif égalitaire et de très haut niveau comme en France, pour faire partie des meilleurs dans la compétition économique mondiale. Il suffirait que les entreprises qui embauchent prennent en charge directement la formation de leur propre personnel sans attacher trop d'importance au Curriculum-Vitae des postulants. Le Japon qui s'inspire du système éducatif américain en est un très bon exemple. Tandis que pour des pays comme la France, ce système est immoral parce qu'on considère que l'Éducation n'est pas une marchandise, qu'elle a une valeur supérieure qui vise à l'épanouissement de l'individu. Si la France devait tirer une leçon du système d'éducation japonais : les entreprises devraient être beaucoup plus souples dans le recrutement et s'engager directement dans la formation des nouveaux arrivés sans exiger de ces derniers qu'ils soient aussitôt opérationnels et productifs. Les capacités comptent plus que les connaissances pour les employeurs japonais. Enfin, il faut décloisonner les métiers et les professions en acceptant et en permettant l'accès à des personnes motivées de formations et d'expériences différentes. Voilà un bon conseil pour le Président français Nicolas SARKOZY, toujours à la recherche de bonnes idées qui marchent dans les autres pays.

Cependant, la marchandisation de l'Éducation n'est pas la voie à suivre, car elle crée une forte inégalité des citoyens dans l'accès à l'éducation, et en conséquence dans l'accès aux emplois bien rémunérés. Et, surtout parce que l'éducation et la formation relèvent plutôt des qualités personnelles d'un individu et ne se mesurent pas à l'importance du compte en banque de la famille. On constate ainsi que les Français ont une culture générale nettement plus élevée que les Japonais, qui en contrepartie sont plutôt une nation de techniciens, ne connaissant que le domaine dans lequel ils sont spécialisés et pour lequel ils ont été formés par les entreprises.

Ainsi, l'ancien Président Jacques CHIRAC, qui porte un grand intérêt à la culture et à l'histoire du Japon, en particulier, sur les origines du Japon et le sumo, avait l'habitude de poser des questions à ses partenaires japonais lorsqu'il les rencontrait. Mais il semblait ignorer que ses questions d'ordre intellectuel étaient très gênantes pour les Japonais parce qu'ils n'en connaissent pas les réponses eux-mêmes et que cela ne les intéresse pas vraiment. Donc à chaque visite de Chirac, les Japonais craignant ses questions avaient droit à une série de petites fiches, comprenant des questions avec des réponses toutes préparées et fournies à l'avance par les services du protocole japonais. Ces fiches, régulièrement actualisées, étaient rédigées à partir des intérêts et des questions précédentes du Président, que les représentants japonais s'empressaient de réviser activement avant toute rencontre.

En conclusion, tout ce qui relève de la technique serait négociable et considéré comme une marchandise selon les règles du marché, tandis que tout ce qui relève de la culture (comme l'éducation) par essence ne pourrait l'être en principe. Sauf si l'on considère que tout ce qui est culturel finit par devenir technique et donc marchandable comme aujourd'hui. Car même les grands temples bouddhistes ou bien shinto au Japon, pour survivre sans doute, sont devenus de véritables entreprises. Le plus souvent, ces temples, grands propriétaires terriens, créent un ou plusieurs établissements scolaires sur des terrains qui leur appartiennent et vivent chichement des profits qu'ils en tirent. Au Japon, il n'y a pas de marchands dans le temple, c'est le temple qui est devenu marchand et investisseur ne laissant qu'une place dérisoire à la foi, à la méditation et à la prière. La moindre cérémonie, pour célébrer une naissance, un décès, l'ouverture du chantier de construction d'une maison, ou bien d'autres évènements, coûte cher et constitue une activité rentable pour les temples. Mais le secret de l'organisation et du fonctionnement de ces temples et de leurs activités lucratives reste bien gardé et ils échappent à tout contrôle de l'État et à l'impôt.

LES CAPRICES DES "SHINSOTSU"

Traditionnellement, les Japonais occupaient le même emploi toute leur vie. Aujourd'hui, changer de travail est devenu ordinaire et constitue un véritable business pour les entreprises spécialisées dans le recrutement, lesquelles se sont fortement développées grâce à l'augmentation de la demande. En effet, face à la raréfaction de la main-d'œuvre, les entreprises japonaises se livrent à une concurrence acharnée pour recruter.

Mais les jeunes diplômés ("Shinsotsu") que les entreprises vont chercher directement dans les universités se sont comportés comme des enfants de plus en plus gâtés et capricieux avec la montée du nombre d'offres d'emploi qu'on leur proposait. Lors des entretiens d'embauche, qui ont lieu parfois deux ans avant la sortie de l'université, les postulants exigeaient de meilleures conditions de la formation offerte par l'entreprise dès le début du contrat. Ils exigeaient également des précisions sur les tâches qu'ils devaient exécuter. Ils refusaient tout décalage entre l'emploi proposé et leur ambition et étaient disposés à changer de poste ou d'entreprise s'ils n'étaient pas satisfaits.

Selon le *Livre blanc sur la Jeunesse 2007* publié par le Cabinet Office, le taux de départ parmi les jeunes, embauchés en mars 2003, et ayant déjà quitté leur premier emploi en 2006, est de 35,7 % des diplômés d'université ; 49,3 % des ex-lycéens ; et 70,4 % des ex-collégiens. Alors qu'ils avaient été recrutés en 2003, une année record de la baisse du nombre d'embauches des nouveaux diplômés.

La hiérarchie essaye toujours de convaincre les jeunes recrues de faire preuve de modestie et de patience. Mais il arrivait souvent qu'un nouveau jeune salarié déçu s'absente, et que les parents se rendent à l'entreprise pour présenter un certificat médical pour justifier une telle absence. Les entreprises se sentaient impuissantes face à ce nouveau type de comportement. Dans le passé, le salarié qui recherchait un emploi plus valorisant pouvait attendre dix ans avant d'en prendre effectivement l'initiative. Les jeunes recrues tentaient leur chance de trouver un nouvel emploi au bout d'un an seulement d'expérience. On voyait donc les entreprises de recrutement se multiplier rapidement.

La famille et la société sont devenues incapables de transmettre les valeurs essentielles de la vie aux jeunes de telle manière qu'ils subissent de plus en plus un grand sentiment d'insatisfaction. L'insatisfaction, c'est la seule chose que nous leur transmettons, car nous avons élevé l'insatisfaction au rang de valeur suprême. Le développement du sentiment de l'insatisfaction dans la jeunesse est à l'opposé de la vieille culture japonaise qui enseignait qu'il fallait d'abord se contenter de ce que l'on avait sans rechercher le superflu.

D'ailleurs, les entreprises japonaises ont toujours joué un rôle de gardien des traditions et d'éducateur à travers une formation qu'elles offraient dès le départ aux nouveaux salariés. Car c'était une façon pour l'entreprise d'investir rentablement parce que le salarié y restait toute sa vie. Si les jeunes salariés étaient instables, il n'était alors plus du tout rentable pour les entreprises de continuer à leur fournir une formation dès l'embauche. Ce rôle de l'entreprise est menacé de disparaître, et les employeurs risquent de se mettre à recruter de plus en plus d'employés déjà formés et expérimentés aux dépens des jeunes diplômés comme dans les autres grands pays industrialisés.

D'autre part, si les entreprises japonaises abandonnaient la formation directe de leurs jeunes salariés, cela se ferait au profit d'un renforcement du secteur privé spécialisé dans la formation. Comme dans les pays occidentaux, les jeunes ne seraient plus embauchés directement dans l'entreprise, ils devront effectuer d'abord des stages en entreprise, mal rémunérés ou pas du tout, et suivre une formation spéciale pour un emploi précis dans un établissement privé. En plus, cette formation sera payante et elle ne sera plus automatiquement prise en charge par l'entreprise. Telle évoluerait la situation du marché de l'emploi dans les années à venir au Japon.

Depuis la reprise économique de 2002, rien n'a vraiment changé dans l'attitude de l'employeur japonais, bien qu'il se demande s'il va continuer à former de jeunes loups aux dents longues à cause de leur instabilité et de leur susceptibilité. Rien ne change vraiment malgré les départs massifs à la retraite, de salariés de la génération "Dankaï", qui aggravent le manque de main-d'œuvre qualifiée. En conséquence, dans les entreprises, un déséquilibre apparaît entre d'une part, des employés très jeunes et d'autre part, des employés très âgés. L'équilibre des générations a été rompu en partie du fait que les entreprises ont très peu embauché de personnel à durée indéterminée pendant toute la "Période glacière de l'emploi" ou bien de "Génération perdue" ou "sacrifiée" pour qualifier la crise économique de 1993 à 2005. Le plus mauvais chiffre d'embauche des jeunes diplômés était de 55,1 % en 2003, le pire chiffre depuis le pic de 81,3 % en 1991. Et que cela fait courir aux entreprises touchées le risque d'une perte de savoir-faire que les anciens salariés n'ont pas pu transmettre à ceux de la "Génération perdue" qui ne faisaient que passer temporairement d'une entreprise à l'autre.

Pour contrecarrer ce problème de la transmission des connaissances, les entreprises prétendent être disposées à combler le fossé, mais en recrutant seulement ceux qui ont déjà un emploi stable en demandant l'aide des chasseurs de têtes ("Head-Hunting") pour les débaucher en leur faisant des propositions alléchantes. Ce qui importe pour les entreprises japonaises, c'est qu'ils n'aient pas un curriculum vitae en dents de scie, même si cela peut plutôt focaliser toute l'attention d'un employeur occidental. En outre, pour faire partie de ceux qui obtiendront un emploi stable, il vaut mieux que la formation et le parcours professionnel s'intègrent parfaitement dans le curriculum vitae type, élaboré par l'entreprise elle-même selon ses propres critères, ou bien celui du JIS (Japan Industrial Standard, ou "Norme industrielle japonaise"). Ce dernier est le formulaire type de CV élaboré avec l'aide du gouvernement et que l'on trouve en vente dans toutes les librairies du Japon.

LA FIN DES AVANTAGES ACQUIS

Le retour de la crise économique, en été 2008, implique que les jeunes diplômés, ou "Shinsotsu", voient leur recrutement, au 1er avril 2009, remis en cause par les entreprises. D'autre part, les jeunes "Salarymen", ou "Daïni-Shinsotsu", embauchés depuis le retour au plein emploi en 2004 pour des postes stables, et qui prévoyaient de changer rapidement d'entreprises devront finalement renoncer à rechercher une meilleure situation et abaisser leurs prétentions.

Malgré les effets négatifs de la crise financière sur l'économie, le 1er octobre 2008, des entreprises avaient déjà organisé leur propre "cérémonie de recrutement" et promis aux candidats de les recruter dès la fin de leur formation universitaire en mars 2009. En effet, chaque entreprise organise, chaque année, ce qu'elle appelle une "cérémonie" destinée aux étudiants en fin de formation, et qu'elle convoque pour confirmer leur prochaine embauche au 1er avril suivant. Par cette cérémonie, l'entreprise s'engage véritablement à embaucher les intéressés, même s'il n'y a pas de promesse écrite et signée par les parties. Le contrat sera signé lorsque le nouveau diplômé entrera en fonction.

Mais le 26 décembre 2008, déjà 632 étudiants de l'université et 137 lycéens ont été informés de l'annulation de leur embauche. Le pire chiffre depuis 10 ans. Puis le 20 mars 2009, 1845 étudiants des universités ont appris que leur promesse d'embauche était annulée par les entreprises. Les annulations de promesses d'embauche sont en principe interdites par la loi sur le travail. Ce qui pousse les étudiants à prévoir de faire une nouvelle année d'étude pour éviter de se retrouver sans travail dès la sortie de leur formation. L'Université privée de Konan d'Osaka a annoncé, le 26 janvier 2009, des mesures exceptionnelles pour les étudiants dont la promesse de recrutement a été annulée, et qui désirent effectuer une nouvelle année d'étude, de ne payer que 100.000 yens (au lieu de 706.000 yens dans les matières sociales et littéraires, et au lieu de 1.037,000 yens dans le domaine scientifique) de frais d'inscription pour 2009, et à condition de ne pas venir suivre les cours. À Tokyo, les universités de Hosei et d'Aoyama ont pris des mesures similaires. Afin que les étudiants en fin d'études conservent ainsi leur statut de "Shinsotsu". Ces mesures sont également un moyen d'attirer de nouvelles inscriptions de jeunes étudiants. En effet, si un nouveau diplômé n'entre pas dans une entreprise dès la sortie de sa formation, il n'a plus aucune chance d'obtenir un contrat à durée indéterminée, parce que les entreprises ne le considéreront plus comme un nouveau diplômé "Shinsotsu". Et il ne lui resterait plus qu'à devenir "Freeter" pour toute sa vie professionnelle.

Les entreprises procèdent au recrutement un an à l'avance, et la loi leur interdit de renoncer à leurs promesses d'embauche. Ainsi confrontées à la récession, certaines entreprises ont envoyé, en mars 2009, une lettre aux étudiants les informant qu'elles organiseraient comme prévu la cérémonie d'embauche au 1er avril, mais qu'à partir du 2 avril, ils seront priés de rester chez eux et percevrons une indemnité mensuelle correspondant à 60 % de leur salaire. Et que ceux qui voudraient renoncer à leur recrutement sont priés d'informer leur entreprise. Cependant, Toyota a tout de même embauché 2733 jeunes diplômés en contrat à durée indéterminée, 316 de plus qu'en avril 2008, malgré le licenciement massif de "Freeters" et une perte énorme de chiffre d'affaires de 450 milliards de yens sur un an du 1er avril 2008 au 31 mars 2009. Alors que Toyota avait enregistré un bénéfice de 2270 milliards de yens en mars 2008.

Les employeurs font déjà des prévisions pour les recrutements en 2010. Les experts japonais sont partagés et certains affirment qu'il n'y aura pas de seconde "Période glacière de l'emploi" ou une nouvelle génération de jeunes diplômés sacrifiés, malgré le retour de la crise économique. Parce qu'il existe un fossé des générations entre jeunes et vieux travailleurs au sein des entreprises, qui n'a pas été comblé à cause de l'absence de recrutement pendant les dix ans de la "Période glacière de l'emploi". Et que l'émergence d'un nouveau fossé de générations parmi les travailleurs stables mettrait en danger la santé économique des entreprises, mais abaisserait aussi le moral des employés sur lesquels pèserait une pression encore plus forte. Il y aurait donc une insuffisance du transfert de savoir-faire des anciennes générations vers les plus jeunes et une aggravation du manque de communication, qui pose déjà de sérieux problèmes, au sein des entreprises.

Le classement des entreprises par ordre de préférence des jeunes diplômés est très différent selon les sondages réalisés par les différents médias ou organismes. Celui qui suit est le plus fiable, car il correspond davantage à la situation actuelle économique des entreprises japonaises. Ainsi, selon la grande maison d'édition RECRUIT, spécialisée dans les publications relatives aux offres d'emplois, voici le classement des jeunes diplômés des grandes entreprises japonaises pour leur recrutement en avril 2010 :

1) JR Tokai (transport ferroviaire) ;
2) JR EAST (transport ferroviaire) ;
3) ANA (All Nippon Airways) ;
4) Mizuho Financial Group ;
5) Mitsubishi UFJ Trust and Banking ;
6) Bank of Tokyo-Mitsubishi UFJ ;
7) Tokio Marine & Nichido Fire Insurance Co., Ltd. ;
8) Sumitomo Mitsui Bank ;

9) NTT DOCOMO (téléphonie cellulaire) ;
10) Benesse Corporation (éditions, formation, et soins à domicile) ;
11) Bandai (jouets et jeux) ;
12) Mitsui & Co., Ltd. (société de commerce) ;
13) Mitsui Sumitomo Insurance ;
14) Japan Airline International ;
15) Panasonic ;
16) NHK (Japan Broadcasting Corp.) ;
17) Meiji Seika Kaisha (pâtisseries et confiseries) ;
18) Oriental Land (Disneyland) ;
19) Suntory (fabricant et distributeur de boissons) ;
20) Sumitomo Corporation (société de commerce) ;
21) Sompo Japan Insurance, etc.

Toyota était en 6e place dans le classement 2009 de RECRUIT, et se retrouve 96e dans le classement 2010, ainsi que Panasonic en 15e place, et Hitachi 26e, Sony 29e, Sharp 55e, Canon 77e. Ici, en dehors des banques qui conservent la confiance des jeunes diplômés, ce sont les entreprises les moins touchées par la récession qui ont leur préférence pour la recherche en priorité d'une situation professionnelle stable. L'exemple le plus significatif est la Japan Post, laquelle est en cours de privatisation totale pour 2017, et est passée de la 387e place pour le recrutement d'avril 2009 à la 30e place pour le recrutement d'avril 2010. Les entreprises préférées sont également des entreprises dont les activités sont concentrées essentiellement à l'intérieur du pays. Celles dont les activités sont orientées principalement vers les exportations sont délaissées, telles que les grandes entreprises du secteur de l'électronique et du secteur automobile. La société RECRUIT souligne que les jeunes sont à la recherche d'un certain équilibre entre le travail et la vie privée, de plus de communication entre collègues et d'un plus grand esprit d'équipe.

Voici le classement des 10 premières entreprises, selon le nombre de recrutements de "Shinsotsu" qui commenceront à travailler en avril 2010. Cette liste a été établie le 3 mars 2009 et publiée le 16 mars suivant par *Nikkei Shimbun* :

1) Mizuho Financial Group, 1750, soit (-25 %) qu'en 2009 ;
2) Mitsubishi Heavy Industries LTD, 1500 ;
3) JR EAST, 1300 ;
4) Nippon Life Insurance Company, 1150 ;
5) Sumitomo Mitsui Bank, 1100, soit (-50 %) qu'en 2009 ;
6) Tokyo Electric (TEPCO), 1070 ;

7) JR Tokai (transport ferroviaire), 1030 ;
8) JR West, 1030 ;
9) Mitsubishi Electric, 1000 ;
10) Honda, 890, etc.

Beaucoup d'autres entreprises n'ont pas encore annoncé leur chiffre définitif d'embauche. L'entreprise en tête dans le classement des entreprises préférées par les "Shinsotsu", JR Tokai, a annoncé le 20 février 2009 :
- l'embauche de 1030 jeunes diplômés en avril 2010, dont 465 étudiants de l'université ;
- 70 étudiants ayant suivi cinq ans de formation dans les grandes écoles nationales ou privées de technologie ;
- 50 étudiants, le plus souvent des filles ayant acquis une formation universitaire de deux ans ;
- 70 étudiants dans des formations professionnelles diverses pendant deux ans après le lycée, et 375 lycéens.

C'est le plus important chiffre de recrutement de la société JR Tokai depuis la privatisation des chemins de fer en 1987. Elle a pour objectif de construire le train à grande vitesse, *Linear Motor Car*, lequel sera mis en chantier en 2013 et mis en service dès 2025 entre Tokyo et Osaka. Ce train fera le trajet en 1 h au lieu de 3 h. Actuellement, le train "Shinkansen" le plus rapide effectue la liaison en 2 h 30.

Désormais, les nouveaux diplômés ou "Shinsotsu" ont changé de comportement en laissant tomber leurs caprices auprès des employeurs et recherchent avant tout la sécurité d'un emploi stable. Les jeunes diplômés n'ont pas perdu l'essentiel avec la récession, car ils conservent l'assurance d'être automatiquement recrutés par une entreprise dès la fin de leur formation et parfois bien avant. C'est un système de recrutement unique au monde qui permet d'obtenir un emploi encore parfois garanti à vie dans les plus grandes entreprises, à condition de s'engager directement sur la voie du travail sans jamais dérailler. Si les crises économiques précédentes ont fait disparaître l'emploi garanti à vie, et que l'avancement dans l'entreprise se fait de plus en plus au mérite et non plus à l'ancienneté, la récession actuelle ne remet pas en cause le système annuel de recrutement massif des "Shinsotsu". Au regard des chiffres, on constate même qu'il s'en trouve renforcé, alors que certaines de ces entreprises ont parfois licencié en masse des travailleurs temporaires expérimentés, tandis que les jeunes diplômés n'ont encore aucune expérience et qu'elles doivent encore les former. Les "Shinsotsu" sont toujours recrutés en contrat à durée indéterminée et leur embauche ne vise pas à remplacer les "Freeters" dont le contrat précaire n'a pas été renouvelé. Mais l'importance de leur recrutement en pleine période d'incertitude s'explique par le fait des départs massifs à la retraite des employés de la génération "Dankaï".

CHAPITRE 5

LES JAPONAIS SANS ÉTAT-CIVIL

Un individu sans état-civil, c'est un sans-papier et sans-nationalité. Malgré tout, paradoxalement, un japonais sans état-civil peut obtenir un "juminhyo" (certificat de domiciliation) à la mairie même s'il ne peut pas prouver sa nationalité japonaise par un extrait d'acte de naissance du "koseki" (registre d'état-civil).

En principe, la filiation des enfants légitimes se prouve par les actes de naissance inscrits sur les registres de l'état-civil. L'"état-civil" d'une personne, c'est l'ensemble des éléments relatifs à la personne qui identifient un individu. Par extension, c'est l'appellation donnée aux services administratifs d'une Commune qui reçoivent les déclarations et qui conservent les registres concernant les naissances, les reconnaissances d'enfants naturels, les mariages et les décès. Dans la vie quotidienne au Japon, il suffit de présenter le certificat de domicile ("juminhyo") fourni par la mairie à chaque fois qu'une attestation de domicile est exigée, car la carte d'identité nationale n'existe pas. L'extrait d'acte de naissance (faisant partie intégrante du "koseki") est rarement nécessaire, mais il est toujours exigé pour une demande de passeport et en cas de mariage. En revanche, en France, le livret de famille peut être considéré comme l'équivalent du "koseki". Il comporte notamment, un extrait de l'acte de mariage ; un extrait de l'acte de naissance du ou des parents à l'égard desquels la filiation est établie ; ainsi qu'un extrait de l'acte de naissance de l'enfant. Bien qu'en particulier, le livret de famille ne suffise pas pour une demande de passeport ; il faut fournir une copie de l'acte original de naissance dont l'unique dépositaire est l'officier d'état-civil du lieu de naissance.

LE "KOSEKI"

Le "koseki" ("ko", le foyer familial et "seki" le registre) serait à la fois, l'équivalent du livret de famille français et une copie de l'acte original de naissance comprenant l'énumération de tous les évènements de la vie familiale de l'intéressé (mariage, divorce, etc.). Chaque famille ou maison n'en possède qu'un seul, et on dit qu'une personne entre ou sort d'un "koseki", comme l'on entre ou l'on sort d'une maison.

Le nouveau Code d'état-civil adopté par la loi du 22 décembre 1947 est applicable dès le 1er janvier 1948. Mais ce n'est qu'à partir de 1957 qu'il est possible d'obtenir une copie conforme au nouveau type de "koseki". Le "koseki" était fondé sur l'"ie" (incluant, grands-parents, enfants, petits enfants, tantes et oncles). Désormais, il se limite au couple marié et leurs enfants, sinon uniquement à l'individu célibataire. Ce qui constitue un réel progrès dans la société japonaise, sauf que les mentalités sont restées arriérées. Ce qui veut dire que, dans la mentalité japonaise, le mariage est toujours un acte d'union entre deux familles et non pas uniquement entre deux individus.

Dans l'ancien système du "koseki", le "koshu" exerçait seul l'autorité sur tous les autres membres de la maison. On appelait ainsi le titulaire du "koseki", "koshu", qui avait l'autorité et le statut de "chef de la maison" (chef de l'"ie" ou chef du foyer). La mention écrite "koshu" figurait dans l'ancien "koseki". Dans le système d'état-civil moderne, la mention écrite "époux" a remplacé celle de "koshu". Ainsi, l'époux et l'épouse se retrouvent formellement à égalité. Seulement dans la pratique, il est d'usage courant d'utiliser le terme "hittosha" pour désigner oralement l'époux ou l'épouse en tant que titulaire du "koseki", lors de l'exécution de formalités administratives. Le "koseki" comporte la mention écrite nom et prénom ou "shimeï" du titulaire principal ou "hittosha".

Le "hittosha" (qui est l'époux ou bien l'épouse) n'a plus d'autorité supérieure reconnue et ne possède plus que le titre symbolique de chef de famille. En effet, dans le nouveau système, l'ancien "chef de la maison" devient "hittosha" et il n'est plus que le titulaire principal, celui qui doit être mentionné en premier dans le "koseki". Le "hittosha" peut donc être une femme, mais dans la pratique, c'est généralement l'homme. Dans le passé, avec une administration et un pouvoir très centralisés, l'État japonais jouait un rôle paternaliste. Cependant, les règles traditionnelles relatives à l'"ie" ont disparu le 3 mai 1947, le jour de l'entrée en vigueur de la nouvelle Constitution, laquelle reconnaît le principe d'égalité entre hommes et femmes.

Ainsi, on peut choisir librement d'adopter le nom de famille de l'un ou de l'autre comme nom marital, et seulement depuis 1984, lorsqu'on se marie avec un étranger. Cependant, le choix du nom de famille de l'épouse, comme nom marital, est rare. Au moment du mariage, si on choisit le nom du mari, c'est lui qui devient le "hittosha", et si on choisit le nom de l'épouse, c'est elle qui sera le "hittosha" dans le "koseki" du couple conjugale.

Dans l'ancien système, au moment du mariage, l'homme pouvait choisir d'entrer dans le "koseki" de la famille de son épouse, parce qu'il n'y avait pas d'héritier mâle dans la famille de son épouse pour hériter de l'"ie". Il fallait qu'il soit adopté par les parents de son épouse, pour ensuite porter le même nom de famille et devenir l'héritier légitime de l'"ie".

Aujourd'hui, grâce au principe d'égalité entre l'homme et la femme reconnu par la Constitution, dans tous les cas, on peut librement choisir le nom de famille de l'un ou de l'autre. Ainsi, le mari qui aurait choisi de porter le nom de famille de son épouse (par exemple, parce que ce nom pourrait disparaître définitivement faute de descendants) ne peut pas devenir le "hittosha" du "koseki" conjugal, sauf s'il a été adopté légalement avant le mariage par les parents de sa future épouse, dont il portera le nom de famille. Le principe de l'adoption est identique à celui de l'ancien système d'état-civil alors qu'il n'est plus justifié, parce que le concept d'"ie" a disparu du droit japonais et qu'il ne s'agit plus de régler un problème d'héritage.

Le choix du "hittosha" n'est donc pas libre par le couple concerné. Ce choix dépend d'abord du nom marital choisi librement par le couple. Alors que le "hittosha", dont le nom figure principalement dans le "koseki", n'a plus qu'un rôle symbolique et moral, dépourvu en droit de toute autorité sur la famille. On pourrait donc penser que la possibilité du choix du nom lors du mariage donne un caractère plus libéral du droit de l'état-civil au Japon qu'en France, mais il n'en est rien.

En revanche, d'une part, le "juminhyo" comporte toujours en-tête, le nom et prénom de celui ou celle que l'on appelle "chef du foyer" ou "setaïnushi" ("setaï" signifiant foyer, et "nushi", chef). D'autre part, dans la rédaction d'un "juminhyo", quelle que soit la situation établie par le "koseki", le couple conjugal reste libre de choisir qui sera le "setaïnushi". En outre, les deux conjoints en concubinage sont considérés comme des célibataires, sauf que les concubins peuvent obtenir un "juminhyo" unique comprenant leurs deux noms. Dans le concubinage, l'un ou l'autre est désigné "setaïnushi", tandis que l'autre sera considéré comme étant le "cohabitant", selon la terminologie du droit japonais.

Quand on parle d'un "koseki", il s'agit de celui qui est en cours, alors que l'ancien, on l'appelle le "joseki", celui dont on est sorti et qui sera conservé pendant 80 ans. Même si le "hittosha" est décédé, le "koseki" reste à son nom.

En cas de divorce, c'est celui qui n'est pas le "hittosha" qui doit sortir du "koseki", et dont la mention du prénom sera barrée dans le "koseki" tout en restant lisible. On mentionne, également, dans le "koseki", la date du divorce, le nom et l'adresse du nouveau "koseki" dans lequel vient d'entrer la personne sortie. Pour effacer toutes les mentions relatant les évènements familiaux précédents, tel qu'un divorce, le "hittosha" peut demander le transfert de son "koseki dans une autre municipalité, c'est un acte appelé "tenseki". La copie conservée par l'ancienne municipalité devient un "joseki" dans lequel toutes les anciennes mentions, qui ont disparu du "koseki", continueront de figurer pendant 80 ans.

Le "koseki" est indépendant de l'adresse de son titulaire. On peut ainsi librement choisir n'importe quelle municipalité dépositaire de son "koseki", même si on n'y a aucune attache. En cas de transfert, le "tenseki" concerne tous les membres du "koseki" y compris les enfants. À partir de 20 ans (âge de la majorité au Japon), on peut créer son propre "koseki", acte appelé "bunseki" ("bun" signifiant séparation). Lorsque l'on sort d'un "koseki", il faut obtenir l'accord écrit et la signature (qui se manifeste par le tampon personnel de l'intéressé) du "hittosha", (le titulaire du "koseki") et du conjoint de ce dernier. Dès que l'on a le titre de "hittosha" en créant son propre "koseki", il est impossible de revenir en arrière en réintégrant le "koseki" des parents, même après un divorce. En revanche, l'ex-conjoint, qui n'a pas le titre de "hittosha" pourra réintégrer le "koseki" de ses parents. Depuis une loi de 1976, celui qui ne possède pas le titre de "hittosha", peut, en cas de divorce, conserver le nom marital.

Il existe plus de trente procédures différentes concernant le "koseki", par exemple, les actes de naissance, de mariage, de divorce, de décès, d'adoption, etc. Autre procédure, en cas de divorce, on peut demander l'autorisation de changement de nom des enfants au tribunal des affaires familiales, puis on dépose le dossier à la mairie. En cas de naturalisation, il faut une autorisation du ministre de la Justice. Jusqu'à 1976, n'importe qui avait accès, sans aucune condition, à n'importe quel "koseki" et obtenir une copie par une simple demande motivée au service d'état-civil. C'était une disposition d'intérêt public, depuis la création du premier Code civil et du premier Code d'état-civil japonais. Jusqu'en 1984, en cas de mariage avec un étranger, le conjoint japonais restait dans le "koseki" de ses parents, portant seulement la mention du mariage, s'il ou elle ne disposait pas de son propre "koseki". L'époux étranger ne peut jamais être enregistré en tant que véritable membre de la famille dans le "koseki", en ayant son prénom inscrit dans la rubrique adéquate, bien que l'on trouve son nom mentionné dans la rubrique concernant les entrées et les sorties dans le "koseki". Même si l'époux est un étranger, l'épouse japonaise sera obligatoirement l'unique titulaire du "koseki", soit en portant le nom de famille de son mari, soit celui de sa propre famille. Dans l'acte de mariage, il suffit de cocher la case correspondante au nom de famille, soit de l'épouse, soit de l'époux. Quel que soit le nom choisi, en cas de mariage mixte au Japon, le "hittosha" du "koseki" sera toujours l'épouse japonaise ou bien l'époux japonais.

Lorsque les parents divorcent, les enfants conservent le nom du "hittosha", mais un seul parent sera le détenteur de l'autorité parentale, affirme l'article 819, alinéa 1, du Code civil japonais. Alors qu'en droit français, chaque parent reste entièrement titulaire de l'autorité parentale même si un seul des parents en a la garde, et que d'autre part, la garde peut aussi être partagée, ce qui est impossible au Japon. En effet, en cas de divorce, on choisit un seul des deux parents pour l'exercice de l'autorité parentale, mais exceptionnellement, le parent qui n'a pas l'exercice de l'autorité parentale peut avoir la garde de l'enfant selon l'article 766 du Code civil japonais. Par exemple, la famille MASUDA (faisant partie des fondateurs du groupe multinational Mitsui) a divorcé, le père a conservé seul l'autorité parentale ("shinken") alors que la mère, chanteuse célèbre, assurait la garde des enfants ("kangoken") sans posséder l'autorité parentale. Les enfants portent ainsi le nom de leur père, unique détenteur de l'autorité parentale même si effectivement, il ne les avait pas sous sa garde et ne résidait donc pas avec eux. Plus tard, le père s'est remarié et a récupéré la garde de ses enfants, que sa nouvelle épouse a finalement adoptés officiellement. En conséquence, les enfants sont restés uniquement enregistrés dans le "koseki" du parent dans lequel ils ont toujours été enregistrés depuis leur naissance ; celui du père en principe, dont ils continuent de porter le nom. Dans le nouveau "koseki" de la mère divorcée, les enfants ne sont pas mentionnés même si elle était la seule titulaire de l'autorité parentale.

    Le transfert du "koseki", dans une autre municipalité, efface les mentions, telles que, le nom de l'ex-époux, le divorce, et toutes autres mentions d'évènements familiaux qui ont pu être ajouté depuis la naissance du titulaire du "koseki" en question. Malgré son transfert, un original du "koseki" est toujours conservé par l'officier d'état-civil précédent, et un double de l'original est également conservé par le Bureau régional du ministère de la Justice concerné. Ce qui est certain, c'est qu'on n'efface jamais une inscription dans un "koseki". Ainsi, cela pose de graves problèmes, lorsque la loi oblige d'inscrire le nom d'un enfant dans le "koseki" de l'ancien mari alors qu'il n'est pas le père. À l'avenir, ce nom pourra être barré après une procédure judiciaire débouchant sur la reconnaissance de la paternité du nouveau mari, mais jamais effacé définitivement, sauf au bout de 80 ans. En comparaison avec le système français, en cas de recomposition familiale, un nouveau livret de famille est créé sans supprimer le premier qui conserve toute sa valeur. Ce qui a pour avantage de ne pas faire figurer sur un livret unique, le nom d'un ex-époux ou bien d'un enfant que l'on a eu au cours d'une autre vie maritale. Tout cela peut paraître bien étrange pour les Occidentaux, mais au Japon, c'est la réalité.

FORME ET CONTENU DU KOSEKI

Sur le plan social, on appartient à une communauté de vie et de travail appelée l'"ie" (ou "uchi", maison). Le registre de l'état-civil n'est pas dressé par individu, mais par maison ("ko"), correspondant à la cellule familiale limitée aux parents et leurs enfants. Il résulte des dispositions relatives au "koseki-bo" (registre de l'état-civil) toujours en vigueur ; que le "koseki" est devenu un acte d'état-civil individuel, mais dans l'esprit des citoyens, il est toujours considéré comme un acte communautaire. Cette forme de communauté (l'"ie") a pratiquement disparu au profit de la "kaïsha", de l'entreprise qui joue un grand rôle social et qui sait tout ce qui se passe au sein de la famille. Par exemple, l'employeur prélève le montant des impôts sur le revenu pour ensuite le reverser à l'État. L'entreprise collecte également les cotisations pour la protection maladie et la retraite de ses employés au profit de l'État. Ainsi, l'employeur a connaissance de tout ce qui se passe au sein de la famille.

Le "koseki" fait office à la fois d'acte de naissance et de livret de famille comparé au système français d'état-civil. Le "koseki" (régi par une loi de 1948) peut être tapé à la machine à écrire, et se lire à la verticale. Excepté ceux qui sont rédigés à l'aide de l'informatique, depuis 1994, qui se lisent de manière horizontale. Le "koseki" classique est en format papier B4 (257/364 mm), réduit à B5 (182/257 mm) lorsqu'on plie la feuille de papier, en son centre, en deux parties égales. On obtient ainsi un format un peu plus petit que le format A4 (210/297 mm), mais qui est beaucoup plus encombrant que le livret de famille français. Il peut comprendre plusieurs pages, autant que cela soit nécessaire, lesquelles s'ajoutent au fur et à mesure en fonction de l'évolution de la famille. Chaque page est tamponnée et comprend un numéro identique poinçonné dans le papier, pour éviter la contrefaçon. Il est imprimé sur du papier blanc ordinaire et ne possède ni reliure ni couverture, les différentes pages sont tout simplement agrafées. Voir l'exemple type du "koseki" à la page suivante.

I		C		本籍 A
出生	夫	母 父		氏名
E	D	H	G	B
		F		

A. Honseki", l'adresse où la personne est enregistrée, où elle détient son "koseki". Le nom du département est parfois cité, le nom de la municipalité et l'adresse indiqués par le titulaire du "koseki". N'importe quelle adresse, peu importe.

B. "Shimeï", "shi" comme le nom et "meï" comme le prénom, de l'unique et seul titulaire du "koseki", on l'appelle le "koseki hittosha". C'est-à-dire que l'on inscrit le nom et prénom du représentant principal de la famille, celui avec qui le "koseki commence. C'est la seule rubrique où l'on note le nom de famille. Le terme "hittosha" n'est jamais écrit dans le "koseki", il est uniquement employé de façon oral et figure parfois par écrit dans certaines formalités administratives relatives à l'état-civil, comme une demande de "juminhyo".

C. La date où le "koseki" a été établi, et la date de transfert de l'original d'une mairie à l'autre en cas de changement d'adresse. Mais la municipalité, qui transfère le "koseki", conserve toujours une copie dans ses archives pendant 80 ans.

D. Il y a autant de rubriques (D) (où l'on inscrit que le prénom) à remplir que de membres de la famille enregistrés dans le "koseki". Ainsi, le "koseki" peut avoir plusieurs pages en fonction des informations à transcrire. Selon les utilisations, parfois un "koseki tohon" ("koseki" complet, comprenant toutes les informations sur chaque membre de la famille) est exigé, mais en général un "koseki shohon" (où ne figure que le nom du demandeur) suffit. Le titre de cette rubrique comporte la mention "époux" ou "épouse", sinon rien ne figure si par exemple la rubrique (D) en question concerne un enfant.

E. On y inscrit la date de naissance ("shusseïbi") du membre de la famille nommé dans la section D correspondante. Les années apparaissant dans cette section sont basées sur le système du calendrier impérial japonais ("nengo").

F. L'ordre de naissance dans lequel se situe le membre de la famille nommé dans la section D correspondante. Le garçon aîné d'une famille japonaise désigné "chonan". Le deuxième fils désigné "jinan". Le troisième fils désigné "sannan". La première fille désignée "chojo". La deuxième fille désignée "jijo". La troisième fille désignée "sanjo". Il y a un nombre infini d'appellations par ordre de naissance selon le genre.

G. "Chichi", le père du membre de la famille désigné dans la rubrique (D) correspondante.

H. "Haha", la mère du membre de la famille désigné dans la rubrique (D) correspondante.

I. Cette rubrique comporte des mentions sur ceux qui entrent ("nyuseki") ou sortent ("joseki") du "koseki", pour cause de mariage, divorce, adoption, naissance et de décès. Depuis une loi de 2005, on ne peut plus avoir accès librement au "koseki" de n'importe quel citoyen, sauf si on est membre de la même famille (ou bien avocat ou fonctionnaire), en présentant sa carte de sécurité sociale (qui ne comporte pas de photo) ou le permis de conduire.

Ci-dessous, l'exemple concret de la forme d'un "koseki" classique comprenant une double page imprimée. Voici un exemple fictif provenant de la mairie de Koganei dans le département de Tokyo.

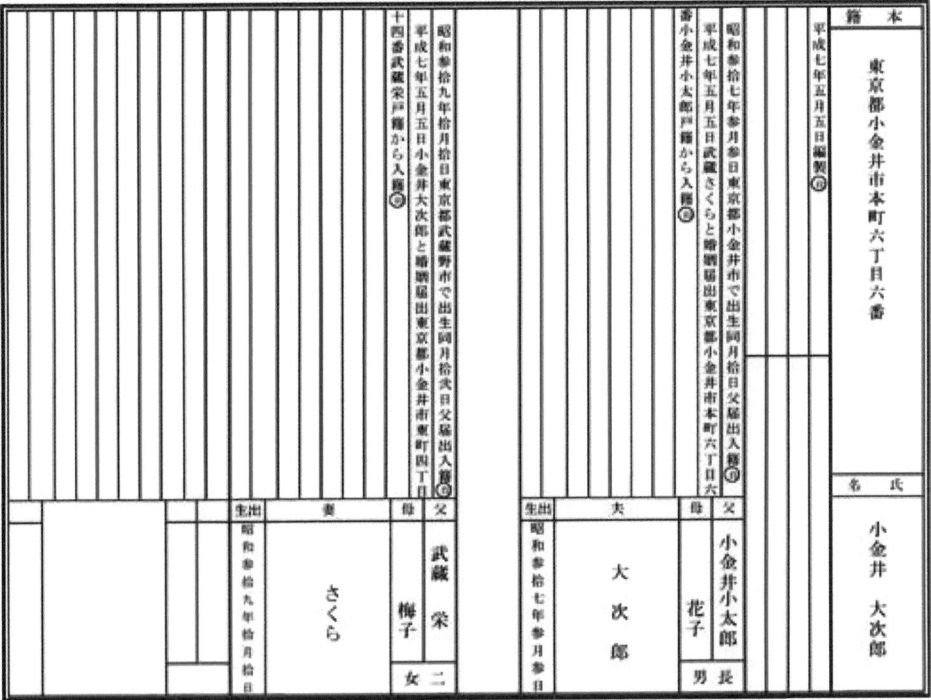

Dans cet exemple concret, il s'agit d'un "koseki" dont les renseignements sont fictifs et qui représente un couple marié sans enfant. À la page de droite, il s'agit de l'état-civil de l'époux, à la page de gauche de celui de l'épouse et éventuellement celui du premier enfant. Ensuite, une page sera éventuellement ajoutée à partir du second enfant.

Le "koseki" identique enregistré sous la forme numérique, telle qu'il apparait imprimé sur papier, ci-dessous, voici un exemple fictif provenant de la mairie de Koganei dans le département de Tokyo.

		(1の1) 全部事項証明
本　籍	東京都小金井市本町六丁目6番	
氏　名	小金井　大次郎	
戸籍事項 　戸籍改製	【改製日】　　平成18年2月25日 【改製事由】　平成6年法務省令第51号附則第2条第1項による改製	
戸籍に記録されている者	【名】　大次郎　　　　　　　　【配偶者区分】　夫 【生年月日】　昭和37年3月3日 【父】　小金井小太郎 【母】　小金井花子 【続柄】　長男	
身分事項 　出　　生	【出生日】　昭和37年3月3日 【出生地】　東京都小金井市 【届出日】　昭和37年3月10日 【届出人】　父	
婚　　姻	【婚姻日】　　平成7年5月5日 【配偶者氏名】武蔵さくら 【従前戸籍】　東京都小金井市本町六丁目6番　　小金井小太郎	
戸籍に記録されている者	【名】　さくら　　　　　　　　【配偶者区分】　妻 【生年月日】　昭和39年10月10日 【父】　武蔵栄 【母】　武蔵梅子 【続柄】　二女	
身分事項 　出　　生	【出生日】　昭和39年10月10日 【出生地】　東京都武蔵野市 【届出日】　昭和39年10月12日 【届出人】　父	
婚　　姻	【婚姻日】　　平成7年5月5日 【配偶者氏名】小金井大次郎 【従前戸籍】　東京都小金井市東町四丁目14番　　武蔵栄	
	以下余白	

発行番号　00000001
これは，戸籍に記録されている事項の全部を証明した書面である。
平成18年2月27日
　　　　　　東京都小金井市長　　稲葉　孝彦　　【職印】

Par ailleurs, est-ce acceptable, pour un pays qui prétend faire partie des démocraties les plus avancées, de considérer que l'époux ou l'épouse de nationalité étrangère d'un citoyen ou d'une citoyenne japonaise n'a pas à figurer dans le "juminhyo" du foyer (certificat du lieu de domicile fournit par la mairie et nécessaire en toute occasion, par exemple : pour louer un logement, obtenir un prêt, inscrire un enfant à l'école, etc.) ? Ainsi, le couple mixte n'a aucun droit d'obtenir un "juminhyo" comportant les deux noms et prénoms des mariés. Comme si le droit de l'état-civil japonais considérait l'époux ou l'épouse de nationalité japonaise comme étant célibataire. L'époux étranger se voit inscrit uniquement dans le registre des étrangers habitant la municipalité et peut en demander un extrait pour justifier de sa domiciliation. Tout cela n'est pas sans conséquence juridique et contribue pour la Justice japonaise à privilégier sur le conjoint étranger, l'époux ou l'épouse japonaise, surtout en cas de divorce et de litige.

L'INTOLÉRABLE ARTICLE 772

L'étude approfondie de l'article 772 du Code civil japonais peut rendre fou tout occidental, car il dissimule tous les secrets et donc toutes les clés pour mieux connaître la société japonaise comme bien d'autres articles. C'est ainsi que j'ai commencé cette étude qui m'a emmené beaucoup plus loin que je le pensais au départ et bien plus loin, encore, que je ne le voulais. Je ne m'y attendais pas, un jour ma compagne, rentrant à la maison me parle de Japonais qui n'ont pas d'existence légale... Comment est-ce possible ? Je dois mal comprendre ! me suis-je dit. Ce qui arrive parfois à cause de nos différences culturelles. Le lendemain matin, lors du petit déjeuner, j'interrogeai de nouveau ma compagne sur ce point, désireux d'éclaircir mon incompréhension... Puis je voulais en savoir davantage, c'est ainsi qu'a commencé cette difficile recherche qui dépasse le cadre d'une analyse purement juridique. Voici ce que je voudrais partager avec vous, mais n'allez pas plus loin si vous ne voulez pas devenir fou, vous aussi !

Depuis 1898, la notion de la famille a beaucoup évolué en Occident, mais aussi au Japon où pourtant un enfant peut se retrouver sans état-civil, lorsque la mère s'est remariée et l'a mis au monde dans moins de 300 jours à compter de la date de son divorce. En effet, dans ce cas, la loi (article 772 du Code civil japonais) considère toujours l'ex-époux comme étant le père légitime. Pour que le nouveau mari, véritable père de l'enfant, soit reconnu par l'état-civil, il faut agir en justice, sinon l'enfant ne pourra jamais obtenir un extrait d'acte de naissance et pour la loi, il n'aura jamais d'existence légale, si sa mère a refusé l'inscription du nom de l'ex-mari lors des formalités de déclaration de la naissance. De plus, les mentions contenues dans le carnet de maternité, fourni bien avant l'accouchement, ne peuvent jamais être prises en considération pour la déclaration de naissance à la mairie.

En outre, l'article 53 du Code de l'état-civil ("koseki-ho") précise que la mère a l'obligation de déclarer la naissance à la mairie. L'officier d'état-civil inscrit obligatoirement dans la déclaration de naissance le nom de l'ex-mari en tant que père légitime. Ainsi, dans le cas où la mère refuse cette mention, l'enfant se trouvera sans état-civil ("sans-koseki"). La carte d'identité n'existe pas au Japon, c'est l'assurance maladie ou bien le permis de conduire qui permet de justifier de son identité. Mais aucun passeport ne peut être délivré sans être déclaré dans un "koseki", et cela pose des problèmes tout au long de la vie. Il faut noter qu'à l'époque de la rédaction de cet article, le divorce et le remariage étaient rares, la mortalité infantile était très forte et les prématurés n'avaient aucune chance de survivre. L'application stricte de cet article n'est donc plus adaptée au monde d'aujourd'hui.

Tout le problème vient de l'application des dispositions de l'article 772 du Code civil de 1898 (Meiji 31) encore en vigueur, posant le principe de la "présomption d'enfant légitime" et qui stipule dans chacun de ses deux alinéas que :

- Le mari est présumé comme étant le père de l'enfant lorsque ce dernier a été conçu pendant le mariage.
- Dans les 200 jours à compter de la date du mariage, ou bien moins de 300 jours à compter de la date de dissolution du mariage, décès ou divorce, l'enfant est présumé conçu pendant le mariage.

Les deux règles stipulées dans le second alinéa nous intéressent, et tout particulièrement l'inacceptable règle des 300 jours, qu'il paraît nécessaire de distinguer de celle des 200 jours.

LA PRÉSOMPTION DE LÉGITIMITÉ EN CAS DE NAISSANCE AVANT LE 200^E JOUR DU MARIAGE

En 1940, le directeur général des Affaires civiles du ministère de la Justice avait déjà décrété par le "tsutatsu" n° 432 du 8 avril 1940 (Showa 15), suite à une décision de la Cour suprême du 23 janvier 1940 ; que les mairies devaient "accepter l'enregistrement de la déclaration de naissance d'un enfant né durant le mariage, sans faire d'enquête sur les relations prénuptiales" ! C'est-à-dire, indépendamment de la "règle des 200 jours" qui restait inscrite dans le Code. Ce qui permettait de reconnaître comme étant l'enfant du mari, l'enfant né d'une mère déjà enceinte avant son premier mariage. Après la Seconde Guerre mondiale, le Code civil japonais a fait l'objet d'une refonte et le nouveau Code civil japonais, applicable depuis le 1er janvier 1948, est celui en vigueur aujourd'hui. La règle des 200 jours du vieil article 772 de 1898, nullement modifiée lors de l'élaboration du nouveau Code, s'est de nouveau imposée. Mais la fameuse circulaire de 1940, qui aurait pu ne plus être appliquée, continue à produire tous ses effets.

Selon la règle des 200 jours, "l'enfant né 200 jours après la conclusion du mariage est considéré comme l'enfant de l'époux". Autrement dit, un enfant est présumé avoir été conçu pendant le mariage lorsqu'il naît à partir du 200ᵉ jour du mariage. S'il vient à naître avant, il sera considéré comme un enfant naturel. Mais le "tsutatsu" (ou directive) du ministère de la Justice du 8 avril 1940 permet de reconnaître l'époux comme étant le père légitime de l'enfant, lorsque le mariage survient peu après sa conception. Dans cette situation, le mariage est appelé dans la pratique, "dekichatta-kon". Cette directive ou ce "tsutatsu" a donc en pratique mis fin à l'application de la règle des 200 jours. Mais il faut noter que, ce "tsutatsu" ne s'applique que dans la situation d'un premier mariage, ce qui exclut tous les cas les enfants nés après un divorce ou un remariage, et c'est alors la règle des 300 jours qui entrera en jeu. En revanche, en France, tout enfant né au cours d'une période de 180 jours, qu'il s'agisse d'un mariage ou bien d'un remariage après un divorce, l'enfant est considéré comme étant l'enfant légitime du nouveau mari.

DÉFINITION DU "TSUTATSU"

Mais on peut se demander, pourquoi l'article en question n'a pas alors été modifié directement dans le Code civil ? On peut seulement répondre qu'il s'agit d'une pratique courante au Japon, que le gouvernement apporte une modification substantielle à la loi, par la voie de "tsutatsu", une sorte de directive ou de circulaire, et sans que la disposition visée du Code subisse une nouvelle rédaction. En réalité, la plupart des "tsutatsu" ont le caractère de simples notes administratives, "oshirase", dit-on, simplement en vue d'informer. Par exemple, accepter ou refuser une déclaration de naissance relève de l'autorité souveraine des municipalités en vertu du principe de la décentralisation administrative. En général, les collectivités locales concernées appliquent les "tsutatsu", mais cela pose des problèmes lorsque certaines ne l'appliquent pas. Pour les médias, le terme de "tsutatsu", qu'elles emploient souvent, a une connotation obligatoire parce que les journalistes veulent donner au texte une certaine importance. Un fonctionnaire départemental a avoué qu'en tant que "tatemae" (en apparence, sur le plan de la forme), le "tsutatsu" possède un caractère obligatoire, bien qu'il ne soit qu'une simple information ; alors que d'autre part, en tant que "honne" (ce qui est caché, sur le plan du contenu, sur le fond), le "tsutatsu" n'implique aucune obligation. Les collectivités locales sont libres de l'appliquer ou non, et que si elles n'en suivent pas les directives, elles ne peuvent pas être sanctionnées. Dans la pratique, les collectivités territoriales se posent toujours la question de savoir si elles ont l'obligation d'appliquer un "tsutatsu", car il ne résulte pas d'une loi adoptée par le Parlement ni d'un décret ("seirei") pris par le pouvoir exécutif. Le "tsutatsu" reste un acte flou qui touche parfois aux droits des individus et sans jamais faire l'objet d'un débat démocratique. Il met en évidence le fait que, le Japon est dirigé par la bureaucratie et les technocrates plutôt que par les institutions représentatives du peuple et les représentants du gouvernement démocratiquement nommés.

LA PRÉSOMPTION DE LÉGITIMITÉ EN CAS DE NAISSANCE DANS LES 300 JOURS SUIVANT LE DIVORCE

Présomption selon laquelle : *Dans les 200 jours à compter de la date du mariage, ou bien moins de 300 jours à compter de la date dissolution du mariage, décès ou divorce, l'enfant est considéré comme étant conçu pendant le mariage*. En partant du principe qu'une grossesse dure généralement 300 jours,[14] il en résulte que durant toute cette période, le mari effectif ne peut-être considéré comme étant le père légitime.

Par contre, l'article 733 du Code civil japonais interdit de se remarier pendant une période de 180 jours sauf, d'une part, si la mère met un enfant au monde pendant cette période. Ce met fin au délai prescrit (alinéa 2) ; d'autre part, si la mère divorcée présente un certificat médical de non-conception confirmant le fait qu'elle n'est effectivement pas enceinte. Mais un nouveau "tsutatsu" de mai 2007 (émanant du directeur général du ministère de la Justice) permet à l'enfant, conçu après le divorce, d'être reconnu par le "koseki" du nouvel époux et à condition de fournir un certificat médical de conception à l'appui. Et sous réserve du nouveau mari de contester sa légitimité devant le juge, grâce à une "procédure de vérification de l'inexistence de relations parentales". Par contre en France, le délai d'interdiction de se remarier après un divorce est de dix mois.

En partant du principe généralement admis, qu'une femme peut donner naissance à un enfant à partir de 180 jours de grossesse, l'article 772 permet d'éviter à l'enfant, autant que possible, de naître pendant la période de célibat de la mère et d'être ainsi un enfant illégitime. En effet, les Japonais considèrent encore qu'un enfant né hors mariage est une des plus grandes hontes que l'on peut subir, même si, de toute façon, l'ex-époux est légalement présumé comme étant le père. Ainsi dans la mentalité japonaise traditionnelle, peu importe de connaitre le véritable père. Ce qui importe le plus, c'est que l'enfant naisse pendant la période de mariage ou bien de remariage. En revanche, pour les

---

[14] En France, on dit généralement que la grossesse dure environ 9 mois, parce que l'on se base sur le calendrier chrétien (appelé calendrier grégorien) qui est un calendrier solaire. (1 année solaire = 1 année lunaire + 10,89 jours). Tandis qu'au Japon, on se réfère au calendrier lunaire, et on dit qu'une grossesse dure 10 mois (lunaires) et 10 jours. Mais si l'on compare les deux situations, il n'existe pas de différence significative dans la durée réelle de la grossesse entre les Japonaises et les Occidentales, tout dépend du mode de calcul choisi.

Occidentaux, la recherche et l'établissement de la véritable paternité de l'enfant est plus importante que le fait qu'il soit un enfant naturel ou légitime. C'est également la raison pour laquelle, le Code civil japonais emploie, de préférence et exclusivement, le terme de "présomption de légitimité" plutôt que celui de "présomption de paternité" comme dans le Code civil français, par exemple.

LA RÈGLE DES 300 JOURS POSE CINQ PROBLÈMES MAJEURS

- L'enfant ne possède pas d'état-civil, parce que la mère refuse, lors de l'acte de déclaration de la naissance à la mairie, l'inscription du nom de son ex-époux comme étant le père.
- Pour que le mari actuel soit reconnu comme le père, il est nécessaire de faire une demande en justice et en présence de l'ex-mari.
- Dans le meilleur des cas où la procédure judiciaire aboutit à la reconnaissance du mari actuel comme étant le véritable père, le nom de l'ex-mari sera toujours inscrit dans le "koseki" détenu par la mère, sur lequel sera aussi mentionné tout recours en justice concernant la filiation.
- Même si l'enfant a été conçu après le divorce, il peut naître prématurément avant le 300e jour à compter de la date du divorce.
- La règle des 300 jours est méconnue par la plus grande partie des Japonais par manque d'information.

LE PROCESSUS EN RÉSUMÉ

- En cas de mariage :
    - La règle des 200 jours n'est plus applicable. Tout enfant né pendant le mariage est présumé légitime.
- En cas de divorce :
    - Application de l'article 733.
    - Jour du divorce, point de départ des délais de prescription.
- En cas de remariage :
    - À partir du 180e jour, sauf en cas de naissance, ou de certificat de non-conception.
- Dès le 300e jour :
    - Présomption de paternité en faveur de l'ex-époux jusqu'au 300e jour, sauf si certificat prouvant que la conception est postérieure au divorce.

Pour que le mari actuel soit considéré comme étant le père, il y a deux actions possibles sur le plan judiciaire, selon l'article 777 du Code civil japonais :

- L'ex-mari dépose le dossier de désaveu de paternité de l'enfant au tribunal, cette demande doit être faite dans le délai d'un an à compter de la date où il a connaissance de la naissance de l'enfant.
- Si le délai est dépassé, l'enfant, la mère ou bien l'ex-mari peuvent demander à la Justice de reconnaitre l'inexistence d'une filiation entre l'enfant et l'ex-mari, notamment, grâce à un certificat d'analyse d'ADN.

En octobre 2002, il y a eu une réunion d'environ 500 responsables des services d'état-civil de 300 communes pour demander la modification de l'article 772 ou de son application. Le ministère de la Justice a répondu qu'il ne pouvait pas satisfaire cette demande.

Selon un sondage du *Mainichi Shimbun* du 19 janvier 2007, auprès de 205 communes, 171 communes, soit 83,4 % d'entre-elles ont répondu affirmativement qu'elles avaient déjà refusé d'accepter le dépôt de dossiers de déclarations de naissance. 112 communes ont répondu qu'elles devaient se contenter d'appliquer strictement la loi. Mais 62 communes ont répondu qu'il était nécessaire d'envisager une modification approfondie de la loi ou de son application. Le 26 janvier 2007, le ministre de la Justice, Jinen NAGASE, lors d'une conférence de presse, a annoncé qu'il mettait en place pour la première fois une enquête nationale pour évaluer l'ampleur de ce phénomène social.

AUGMENTATION DES CAS

En 2005, le nombre de recours en justice mettant en jeu l'article 772 du Code civil était de 2372, et 1/4 des mariages étaient des remariages. Aujourd'hui, par manque de volonté politique, on ignore encore le nombre exact d'enfants japonais sans état-civil dont le nombre croissant suit l'augmentation du nombre de remariages. Selon les évaluations du ministère de la Justice réalisées au début 2007, environ 2800 enfants naissent chaque année dans les 300 jours suivant le divorce, dont seulement 1700 cas d'enfants reconnus par la justice comme n'étant pas ceux des anciens maris. Les évaluations ont été faites à partir des enregistrements de naissance et des procédures judiciaires et portent sur l'année fiscale 2005. Sur 6493 enregistrements de naissance sélectionnés au hasard, 17 cas (ou 0,26 %) sont nés dans les 300 jours suivant le divorce, signifiant qu'il y avait probablement environ 2800 cas de ce type pour 1,09 million d'enregistrements de naissance en 2005. Sur 331 cas soumis en justice en 2005, 234 cas de naissance ont été considérés avoir eu lieu dans les 300 jours suivants le divorce. Selon les tribunaux qui ont traité les 234 cas en question, seulement 10 % de mères sont effectivement devenues enceintes après le divorce. Il résulte des procédures de médiation qu'environ 80 % ont reçu la confirmation des ex-maris et approximativement 30 % ont apporté des résultats de tests d'ADN. Mais selon le gouvernement, le nombre réel d'enfants "sans-koseki" ne peut pas être évalué exactement, car il n'existe aucune statistique officielle. Mais d'après une enquête, publiée fin juin 2007, du ministère de la Santé auprès des toutes les collectivités locales, il y a au moins 227 enfants "sans-koseki". En réalité, le nombre d'enfants n'ayant pas de "koseki" est largement sous-estimé, car ils ont examiné les dossiers d'attribution d'allocations aux enfants, lesquelles demandes sont limitées par l'âge et le revenu des parents. L'administration a évalué le nombre de "sans-koseki" à environ 3000 dont 475 (15 %) seraient concernés par la nouvelle directive ("tsutatsu") d'avril 2007 permettant uniquement la reconnaissance d'un enfant conçu après le divorce de sa mère en tant qu'enfant légitime du nouveau conjoint de la mère.

L'augmentation des remariages a attiré toute l'attention sur le problème des 300 jours, un fait qui a été mis en lumière par le Rapport spécial sur les changements dans la population du ministère de la Santé, du Travail et des Affaires sociales. Sur 714.265 mariages en 2005, soit un seul, soit les deux partenaires de 180.767 couples (ou 25,3 %) se sont remariés, ce qui représente le double des 12,7 % de 1975. Parmi eux, les femmes remariées étaient 7,1 %, les hommes remariés étaient 9,3 %, et les mariages dans lesquels les partenaires étaient tous les deux mariés précédemment atteignaient 9 %.

Exemples :

- Une lycéenne de 16 ans dans le département de Shiga a déposé une requête, le 1er février 2007 au ministère de la Justice et au ministère des Affaires étrangères, pour la modification de l'article 772 du Code civil et de la procédure de délivrance des passeports. Car le voyage de l'école était prévu à l'étranger. Elle a demandé son passeport à la préfecture et comme elle ne peut pas présenter de "koseki" dans lequel son nom est enregistré, on lui a refusé. Sa mère avait divorcé à cause des violences du mari, elle s'était enfuie et elle avait demandé le divorce par voie judiciaire. Puis, elle s'est remariée et elle a mis au monde un enfant. La mairie a refusé l'enregistrement de la naissance, parce qu'elle se trouvait dans la période de moins de 300 jours. Elle n'a jamais recontacté son ex-mari pour résoudre ce problème. Ainsi, sa fille se trouve toujours sans état-civil ("sans-koseki"). Lors de son inscription au lycée, elle avait obtenu à titre exceptionnel un certificat de résidence ("juminhyo").
- Une mère de 38 ans de l'arrondissement de Sumida à Tokyo est allée à la mairie le 11 janvier 2007 pour déclarer la naissance de son enfant, son bébé est un prématuré né deux mois avant terme. Elle a déclaré son mari actuel comme étant le père, la mairie a refusé en raison de l'application de l'article 772. Mariée en juillet 2001, elle vivait séparément à partir de septembre 2002. Le 13 mars 2006, ils ont divorcé, puis elle s'est remariée le 21 septembre 2006. Un examen médical a reconnu qu'elle était enceinte en juin 2006. La date prévue de l'accouchement était le 19 février 2007, donc 343 jours après le divorce. Mais elle a accouché prématurément, deux mois

avant la date prévue, le 30 décembre 2006. C'est-à-dire 292 jours après le divorce.
- Une mère japonaise, résidant en Nouvelle-Zélande, était mariée avec un Néo-zélandais avec lequel elle a ensuite divorcé, puis elle a donné naissance à un enfant, dans les moins de 300 jours après le divorce, qu'elle avait conçu avec un hongrois. L'Ambassade du Japon de Nouvelle-Zélande a refusé d'accepter de reconnaitre l'enfant comme étant celui de son nouveau mari pour son inscription dans le "koseki" de la mère.
- Une Japonaise de 37 ans s'est remariée avec un anglais de 35 ans. Auparavant, elle était mariée avec un Japonais avec lequel elle s'était installée en Grande-Bretagne en 2000 pour des raisons professionnelles. Au printemps 2002, ils se sont séparés, puis ils ont divorcé en décembre de la même année, alors qu'ils étaient encore en Grande-Bretagne. En avril 2003, l'ex-épouse s'est remariée avec un anglais, puis elle a accouché d'une fille 250 jours plus tard à compter de la date du divorce. Selon la loi anglaise, l'époux anglais est considéré comme le père. Mais la mère s'est rendue au Consulat japonais de Londres, afin de faire inscrire sa fille dans son "koseki". On lui a répondu qu'elle devait inscrire le nom de son ex-époux japonais en tant que père, ce qu'elle a refusé. Alors, la mère a demandé au ministère de la Justice au Japon qu'elle était la loi applicable dans sa situation, lorsqu'il y a un conflit de lois de deux pays différents ? Un "tsutatsu" du ministère de la Justice japonais datant de 1989 envisage deux solutions possibles en cas de conflit entre deux lois dans le domaine de la présomption de paternité. Dans la première solution, on suppose que si l'enfant est effectivement celui de l'ex-mari, la loi applicable est celle de la nationalité de la mère ou de l'ex-époux. La seconde solution est d'appliquer la loi du pays du mari actuel, mais dans ce cas, le droit japonais considère qu'il est possible d'inscrire le nom de l'enfant dans le "koseki" de la mère accompagné de la mention "père indéfini". Le Consulat du Japon à Londres a souligné qu'il y a un à deux cas similaires chaque année.

Dans toutes les procédures en justice, les frais d'analyse d'ADN, le transport, etc., sont élevés et peuvent dépasser au total un million de yens. Les laboratoires d'analyse d'ADN estiment que la révision de l'article 772 pourrait avoir un impact financier important sur leurs entreprises. Ils suggèrent que les analyses d'ADN permettraient de remédier, dans la plupart des situations, aux problèmes des "sans-koseki". Si l'analyse d'ADN devenait une preuve suffisante, il y aurait encore plus de demandes d'analyses, et on pourrait éviter toute procédure judiciaire si l'administration les prenait en compte, dit le président de DNA Testing Firm Solution Inc. Celui-ci affirme aussi que son entreprise réalise déjà environ 700 tests par an, dont au moins la moitié est liée à l'article 772 du Code civil. Mais les avocats sont généralement opposés à cette solution, car ils pourraient à leur tour subir une baisse de leur chiffre d'affaires.

Le coût d'une analyse d'ADN s'étend de 100.000 à 150.000 yens par test. Si les tribunaux n'ont plus besoin de tels tests, les laboratoires pourraient voir une partie de leurs bénéfices disparaître. Un autre point à considérer porte sur la crédibilité des tests. Les techniques diffèrent d'une entreprise à l'autre, et c'est pour cette raison que le Tribunal de la famille de Tokyo limite ses demandes de tests à quelques laboratoires qu'il considère fiables. Il y a des entreprises qui ne peuvent pas être considérées comme ayant atteint un certain niveau dont leurs tests peuvent être employés comme preuves répondant aux critères des autorités gouvernementales, ces dernières étant en train d'élaborer des normes dans ce domaine.

LE REJET DÉFINITIF DE TOUTE MODIFICATION DE L'ARTICLE 772

On pourrait résoudre le problème de l'application de la règle des 300 jours de l'article 772 (qui date de 1898) par un simple "tsutatsu" ministériel, comme cela a déjà été fait en 1940 en ce qui concerne la règle des 200 jours qui ne s'impose plus aux enfants ayant pour conséquence un mariage "dekichatta-kon".

En fait, le "Gaimusho" (ministère des Affaires étrangères ou bien MOFA - The Ministry of Foreign Affairs of Japan) considère que le "koseki" est impératif pour obtenir un passeport. D'autre part, aujourd'hui, l'analyse d'ADN peut facilement être employée pour déterminer si deux personnes sont biologiquement apparentées. Les progrès technologiques doivent ainsi être pris en compte par le système juridique. C'est dans cette ligne de pensée que l'article 772 du Code civil japonais aurait dû être modifié. On s'attendait à ce que le projet de loi soit soumis au Parlement au printemps 2007. L'article 772 fait partie du Code civil depuis 1898, mais il demeure inchangé, bien qu'il ait été établi à un moment où il n'était pas scientifiquement possible de prouver si le nouveau-né d'une femme remariée avait pour père le nouveau mari ou l'ancien.

Le 15 février 2007, des députés de tous les partis politiques ont donc formé un groupe de travail commun sur ce problème pour réfléchir à de nouvelles solutions. Le 7 mars 2007, le "Komeito" (Parti bouddhiste) a créé son propre groupe de travail sur ce sujet, puis le Parti libéral démocratique (PLD) a créé à son tour son propre groupe de travail.

Finalement, le 10 avril 2007, faute de pouvoir s'accorder, la coalition des deux partis au pouvoir (le PLD et le "Komeito") a abandonné l'idée de soumettre au Parlement un projet de loi commun portant création d'une exception à l'article 772, ainsi que toutes les autres mesures prévues qui devaient l'accompagner, au nom du respect de la fidélité dans le mariage, de la morale et des bonnes mœurs. Car cette révision aurait pour conséquence de protéger la femme adultère et de remettre en cause l'institution du mariage, ont affirmé les autorités.

Sous le régime juridique actuel, une femme doit mettre en œuvre des procédures compliquées, si elle veut prouver légalement que son enfant n'a pas été engendré par son ancien mari. Par exemple, elle doit demander à son ancien mari son entière collaboration, soit pour qu'il reconnaisse qu'il n'est pas le père de son enfant (ce qui est, par exemple, quasiment impossible si son mari l'a maltraité physiquement) ; ou bien prouver que c'était impossible qu'il ait été conçu par lui, parce qu'il serait impuissant ou bien stérile. Toute procédure exige du temps, de la patience et constitue dans ce cas un poids psychologique important, lorsque la mère vient juste de mettre au monde son enfant et commence une nouvelle vie de famille. Aujourd'hui, il n'est plus du tout rare qu'une femme donne naissance à un bébé dans les 300 jours après la date de divorce. En outre, un nombre croissant de femmes donnent la naissance prématurément grâce aux progrès de la technologie médicale.

De telles procédures effectuées par la mère, y compris l'inscription du nom de son ancien mari, sont encore notifiées dans le "koseki" où se trouve inscrit l'enfant concerné. Le nouveau projet de loi aurait permis aux femmes remariées d'enregistrer leurs bébés en tant que filles ou fils de leurs nouveaux maris à condition de fournir certains documents :

- Si la conception avait eu lieu après le divorce, il aurait suffi de présenter un certificat de conception dans lequel le médecin certifie la date de conception ;
- Si la conception avait eu lieu avant le divorce, le désaveu de paternité de l'ex-mari aurait été nécessaire. En cas d'impossibilité, la mère aurait alors eu la possibilité de rédiger une attestation sur l'honneur, accompagnée d'un certificat d'analyse d'ADN prouvant la paternité de son nouveau mari.

Cette simplification nécessaire des procédures aurait été accompagnée de mesures pour s'assurer qu'aucune donnée d'ADN n'ait été falsifiée.

Pour compléter le projet de loi, le Parti libéral démocratique espérait également raccourcir le délai empêchant les femmes de se remarier, en le portant de 180 jours à 100 jours, afin de permettre aux femmes divorcées ayant un enfant de se remarier plus rapidement. En 1996, une proposition semblable avait déjà été suggérée dans un rapport du Conseil législatif du ministère de la Justice, mais l'idée a été abandonnée. Cette proposition était alliée à une autre proposition, elle aussi abandonnée, permettant à des couples mariés l'usage pour chacun de son propre nom de famille.

Toutefois, des correctifs visant à établir une certaine égalité ont été adoptés au sein des ministères concernés, malgré l'absence d'une volonté politique commune pour modifier la loi :

- Une circulaire (qu'on appelle, "tsuchi") du **ministère de la Santé, du Travail et des Affaires sociales** du 22 mars 2007 concernant les allocations familiales, l'entrée en crèche, le suivi médical des nouveau-nés, rappelle que les enfants, qui ne sont pas enregistrés dans un "koseki", ont les mêmes droits sociaux que ceux qui sont enregistrés, à partir du moment où il est possible de justifier de leur lieu de résidence. Il faut noter qu'une mairie peut délivrer un certificat de résidence (appelé, "juminhyo") pour un nouveau-né, même si ce dernier n'a jamais été déclaré dans un "koseki".

- Le 5 avril 2007, le directeur général du **ministère de la Justice** a décidé de rédiger une directive ("tsutatsu") permettant uniquement la reconnaissance des enfants conçus après le divorce de leur mère en tant qu'enfants légitimes du nouveau conjoint de la mère. À condition que les parents aient un certificat médical précisant la date de la conception, afin de prouver que la mère est effectivement devenue enceinte après son divorce, et de permettre l'enregistrement de l'enfant dans le "koseki" du nouveau mari. Ce "tsutatsu" prévoie également que l'enfant, venant au monde après le divorce de sa mère, sera considéré né hors mariage, si la mère est restée célibataire et inscrite comme telle dans son propre "koseki". Aujourd'hui, les femmes enceintes avant le divorce ne sont donc pas concernées par cette directive et doivent en conséquence ouvrir une procédure judiciaire pour contester la paternité de leur ancien époux.
- À travers le pays, les **mairies** ont donc commencé, depuis le 21 mai 2007, à accepter d'enregistrer des enfants mis au monde dans les 300 jours qui suivent le divorce comme étant les enfants de leurs nouveaux maris, aussi longtemps que les mères puissent prouver, grâce à un certificat médical de conception, qu'elles sont devenues enceintes après avoir obtenu le divorce, conformément à la directive de ministère de la Justice. Toute demande acceptée par les services de l'état-civil est ensuite soumise à l'approbation du Bureau local du ministère de la Justice compétent. Ainsi, une mère qui accouche prématurément peut faire reconnaitre son mari comme étant le père légitime. Cette mère a dépensé plus de 800.000 yens (l'équivalent de 4900 euro en mai 2007) pour la naissance prématurée de son enfant, qui aurait pu être pris en charge par la municipalité, si cette dernière avait accepté le dépôt du dossier de déclaration de naissance. Au 3 août 2007, 163 dépôts de dossiers de déclaration de naissance ne respectant pas la règle des 300 jours ont été acceptés par des mairies japonaises.
- Le 20 avril 2007, Taro ASO, **ministre des Affaires étrangères**, a ordonné par arrêté aux fonctionnaires chargés des passeports de délivrer à titre exceptionnel un passeport aux enfants "sans-koseki", sous trois conditions cumulatives : la preuve d'un lien de parentalité entre l'enfant et la mère de nationalité japonaise ; les parents concernés doivent être engagés dans des poursuites judiciaires portant sur la légitimité de l'enfant ; et un motif réel et sérieux, par exemple, un voyage scolaire organisé à l'étranger. Mais dans cette situation, le passeport de l'enfant sera délivré au nom de l'ex-époux ! Le ministère des Affaires étrangères a modifié l'ordonnance ministérielle relative à la délivrance des passeports qui est applicable depuis le 1er juin

2007. Durant les deux premières semaines de juin 2007, sur les 13 demandes de passeport de personnes "sans-koseki", aucun passeport n'a finalement été délivré à cause du refus de tous ces demandeurs de voir apposer le nom et la signature obligatoires, sur leur propre passeport, de l'ex-mari de leur propre mère.
- Au 17 décembre 2007, il n'y a eu aucun passeport délivré à un enfant "sans-koseki". Cela 6 mois après la modification de l'arrêté ministériel rendant obligatoire l'indication, sur le passeport de l'enfant, du nom de l'ex-mari de la mère avec qui l'enfant n'a cependant aucun lien de filiation.
- Et pour la première fois, le ministère de la Justice a eu connaissance d'une situation où deux générations consécutives, dans une famille japonaise, n'ont pas de "koseki". Le mariage avec une femme ne possédant pas de "koseki" a été reconnu par une décision arbitraire du ministre de la Justice, Kunio HATOYAMA. Leur enfant, né en mai 2008, a été intégré dans le "koseki" du père, toutefois, la mère reste "sans-koseki". Soudainement le 2 septembre 2008, le "Gaimusho" a décidé de délivrer un passeport à cette mère restant toutefois "sans-koseki". En considérant que le nom du mari est le nom légitime de la mère et donc de celui inscrit dans son passeport. C'est une décision exceptionnelle, même si d'autres peuvent bénéficier du même droit. Cela reste incompréhensible.
- Une circulaire "tsuchi" du **ministère des Affaires intérieures et des Communications** ("Soumusho") précise que les maires peuvent décider qu'un enfant "sans-koseki" peut obtenir un "juminhyo" sous trois conditions cumulatives : à cause de l'application de l'article 772, l'enfant ne peut avoir de "koseki" ; il paraît évident à l'examen de certains documents, tel que le certificat médical de naissance, que la mère de l'enfant est japonaise ; et qu'une procédure soit en cours pour demander une reconnaissance de paternité. En effet, les mairies établissent la liste des enfants en âge d'être scolarisés à partir de leurs propres fichiers de "juminhyo".
- Depuis juin 2008, **la Cour suprême** du Japon, sur son site Internet, recommande à la mère (représentant son enfant mineur) ou à l'enfant devenu majeur, ou au descendant de celui-ci, se retrouvant également "sans-koseki" de poursuivre le père biologique pour être légalement reconnu. À condition, qu'il soit évident qu'il n'y a pas eu de possibilité de conception avec l'ex-époux. Ensuite, dans 27 cas mettant en œuvre cette procédure dès juillet 2008, 22 cas ont abouti sur la délivrance d'un "koseki", dont 18 cas confirmés par des analyses ADN, et 4 autres cas reconnus où les juges ont admis qu'il n'existait plus de communauté de vie avec l'ex-époux.

Une chaine de télévision sud-coréenne, le MBC a consacré, à partir de la fin mai 2007, un programme sur la controverse de l'article 772 du Code civil japonais et les enfants qui se retrouvent ainsi sans état-civil. En effet, le Code civil coréen, hérité de l'occupation japonaise, est une esquisse du Code civil japonais de l'ère Meiji et contient une disposition similaire. Il serait donc possible que des Coréens aient le même problème, c'est ce que la chaine cherche à savoir en éveillant l'intérêt du public.

Cependant, la meilleure des solutions et la plus simple serait d'accepter pour les services d'état-civil d'inscrire l'enfant sous le nom de jeune fille de la mère. Ainsi, le législateur rejette sur la mère l'entière responsabilité de l'absence d'état-civil de son enfant, par son refus d'accepter le nom de son ex-époux comme étant le père légitime. Ce qui constitue une violation indirecte, mais flagrante, des droits fondamentaux de l'Homme par le Japon.

VIOLATION DES DROITS DE L'HOMME PAR LE JAPON

On peut considérer que le Japon viole les dispositions suivantes de la Déclaration universelle des droits de l'Homme du 10 décembre 1948, reconnue par les États membres de l'Assemblée générale des Nations-Unies :
- Article 6. Chacun a le droit à la reconnaissance en tous lieux de sa personnalité juridique.
- Article 7. Tous sont égaux devant la loi et ont droit sans distinction à une égale protection de la loi. Tous ont droit à une protection égale contre toute discrimination qui violerait la présente Déclaration et contre toute provocation à une telle discrimination.
- Article 13-2. Toute personne a le droit de quitter tout pays, y compris le sien, et de revenir dans son pays.
- Article 15-1. Tout individu a droit à une nationalité.

On peut donc en déduire les violations suivantes :
- Violation de l'article 6, parce que la personnalité juridique est la capacité, pour une personne, d'exercer ses droits et ses obligations et qu'ainsi les Japonais ne pouvant fournir de "koseki" se trouvent dépossédés de certains droits.
- Violation de l'article 7, car les "Sans-koseki" sont victimes de discrimination et ne sont pas égaux devant la loi avec les titulaires de "koseki".
- Violation de l'article 13, car les "Sans-koseki" ne peuvent quitter librement le territoire japonais parce qu'ils ne peuvent pas obtenir un passeport dont l'obtention exige la fourniture d'une copie du "koseki".
- Enfin, violation de l'article 15, parce que tout individu possède effectivement une nationalité qui doit être reconnue dans un acte écrit par son pays de rattachement, en principe le pays du lieu de naissance, ce qui n'est pas le cas des Japonais "sans-koseki".
- On peut enfin considérer que l'État japonais viole l'article 14 de la Constitution du Japon, relatif à l'égalité des citoyens devant la loi. Ainsi,

pour la première fois, le 26 janvier 2009, des parents d'un enfant qui a finalement obtenu un "koseki", grâce à la reconnaissance du père biologique par la Justice, ont décidé de faire un recours en dommages et intérêts contre la ville de Soja dans le département d'Okayama et contre l'État en se fondant sur une violation de l'article 14. Mais ce recours sera sans doute rejeté, sinon cela signifierait que l'État devra réformer le droit de l'État-civil.

En conséquence, tous les intéressés qui sont sans état-civil peuvent faire un recours devant les juridictions japonaises contre l'État japonais, au motif que celui-ci ne respecte pas les droits de l'Homme, règles de droit impératives auxquelles tous les États membres de la Communauté internationale ne peuvent se soustraire. En cas d'échec et après avoir épuisé les voies de recours internes, il est possible d'engager une action devant une juridiction internationale.

Le problème de l'article 772 devrait donc conduire le Japon à réformer entièrement son système d'état-civil, car il est la source de nombreuses injustices, encore plus, lorsqu'il s'agit de mariages mixtes. Notamment, comme on l'a vu, l'époux étranger n'est pas considéré comme un membre à part entière de la famille. Il n'est pas sur un pied d'égalité, en droit de l'état-civil, avec l'époux japonais. Ainsi, il existe aussi plusieurs centaines de cas d'enlèvement d'enfants par leur mère japonaise qui décident de rompre avec leur époux de nationalité étrangère et de rentrer au Japon. Dès leur retour au Japon, alors qu'elles résidaient à l'étranger, la Justice japonaise les protège de tous les recours des pères qui exigent le retour de leurs enfants, et rejette constamment toute demande de droit de visite. Alors que, ces enfants sont nés à l'étranger et possèdent effectivement une autre nationalité. Le Japon y voit peut-être là, un moyen de combler le déficit de sa population, et tout propos, sur cette réalité par les médias, est sévèrement censuré. Toutefois grâce à Internet, il est possible d'être informé et de constater que la plupart des enfants concernés sont américains, car les couples japono-américains constituent un nombre important de mariages mixtes. L'idée d'une Convention internationale entre le Japon, les États-Unis et tout autre pays concerné n'est même pas envisageable par les Japonais, et pourtant, il s'agit d'un contentieux réel, sérieux et grave qui mérite toute notre attention.

Malgré tous les problèmes, les Japonais adorent ce que la technologie peut apporter de nouveau dans leur mode de vie, mais ils ne veulent pas le changement des règles qui régissent la société et la famille, ils préfèrent se résigner. Même s'ils ont connaissance qu'une règle crée de l'injustice, ils consentent d'en subir les conséquences, c'est là un aspect fondamental du consensus social japonais.

LES "NIKKEIJIN"

Les "Nikkeijin" sont, au départ, des Japonais émigrés à l'étranger, viennent ensuite leurs descendants qui constituent toute une diaspora aux origines japonaises à travers le monde et qu'on estime à environ 2,6 à 3 millions de descendants japonais. Très souvent, les "Nikkeijin" sont des métis qui ne parlent pas le japonais et ignore la culture japonaise. Ils sont le plus souvent employés en intérim ou en contrat à durée déterminée. Ils font aujourd'hui partie des principales victimes de la crise économique et financière de 2008. En décembre 2008, 26 municipalités japonaises, comprenant une part importante de travailleurs "Nikkeijin" se retrouvant subitement sans emplois, ont lancé un appel au secours au gouvernement pour les aider, car la situation est très grave.

On retrouve les traces des premiers "Nikkeijin", vers le 12e siècle et suivant, aux Philippines. Il s'agissait de Japonais convertis au christianisme qui fuyaient les persécutions religieuses. Cependant, l'émigration importante de Japonais a commencé lorsque le pays s'est ouvert au reste du monde en 1868. Le Japon avait besoin d'argent pour moderniser le pays, il avait donc commencé à envoyer des travailleurs japonais à l'étranger pour qu'ils envoient ou reviennent avec des devises et contribuer ainsi au développement économique de leur pays. Le premier mouvement de migration comprenait environ 500 Japonais à Hawaii, une quarantaine sur l'île de Guam et une quarantaine en Californie. En 1885, un accord a été conclu entre le gouvernement japonais et les autorités d'Hawaii pour organiser l'émigration de 943 Japonais. Puis le gouvernement japonais a permis à des entreprises privées de recrutement de se charger des émigrants en 1894 à destination des pays du continent américain, des Philippines, de l'Australie, de la Nouvelle-Calédonie, et des Îles Fidji. L'établissement de nouvelles relations diplomatiques à partir de 1895 a permis d'envoyer des travailleurs au Brésil, notamment dans les plantations de café, au Pérou et aux Philippines où plus de 3000 Japonais se sont installés en 1903. Mais dès 1907, devant l'afflux massif de Japonais aux États-Unis, le gouvernement américain a signé un accord avec le Japon pour limiter l'immigration sur son territoire. L'immigration massive a commencé en juin 1908 vers le Brésil, en particulier le navire "Kasado-maru" est arrivé avec 791 immigrants japonais pour travailler dans les plantations de café. Tous rêvaient de devenir rapidement riches après avoir été attirés par la publicité alléchante et mensongère de la Société Impériale de Migration, laquelle a été sanctionnée par les autorités japonaises par la suite. Puis quelques-uns ont réussi à devenir de grands propriétaires terriens et certains ont commencé à cultiver le coton. On estime que plus de 10.000 Japonais sont partis s'installer au Brésil en 1914. Ainsi la même année, l'État de Sao Paulo a mis fin aux contrats qui le liaient aux entreprises d'immigration japonaise. Alors, l'émigration vers l'Argentine a commencé avec la création de la plus fameuse plantation japonaise ("Hirano Colony Plantation") du pays en 1915. C'est aussi en 1915 que l'on a ouvert la première école japonaise à Sao Paulo, puis la création du premier journal de langue japonaise du Brésil en 1915. À cette époque, les "Nikkeijin" vivaient en communauté sans se mélanger avec les Brésiliens. Ils ne faisaient pas l'effort d'apprendre le portugais et les mariages mixtes étaient rares, car ils pensaient s'enrichir puis revenir au Japon. Mais ce n'était pas aussi facile et seulement 7 % des 200.000 "Nikkeijin" brésiliens sont revenus au Japon.

Avec la montée des tensions internationales, en 1924, les États-Unis ont interdit l'accès à leur territoire aux émigrants japonais qui se sont ainsi dirigés massivement vers le Brésil, grâce à la possibilité offerte par le gouvernement japonais d'un prêt à chaque candidat qui voudrait s'installer comme planteur de café. En 1928, le Canada a restreint strictement l'immigration japonaise sur son territoire. Pour renforcer sa politique de l'émigration vers l'étranger, en 1929, le Japon a créé un ministère de l'Immigration. Cette même année, le prix du café s'est effondré à cause du Krach boursier mondial. Lorsque le Japon est entré en guerre contre la Chine et qu'il a créé artificiellement l'État indépendant du Mandchoukouo en 1932, un vaste mouvement d'émigration de Japonais a commencé pour se terminer en 1945.

Pendant ce temps, beaucoup d'immigrés japonais sont devenus propriétaires de grandes plantations de coton. Mais en 1937, le gouvernement brésilien a interdit l'apprentissage du japonais aux enfants des immigrants de moins de 14 ans pour qu'ils soient mieux intégrés dans la société brésilienne. Puis en 1939, des mesures encore plus sévères ont été mises en place par le Brésil pour limiter encore l'arrivée d'immigrants japonais. Leurs écoles ont été fermées, ainsi que les écoles allemandes et italiennes. Puis la publication de journaux en japonais a été interdite en 1941, et les relations diplomatiques entre le Brésil, le Japon, l'Italie et l'Allemagne ont été interrompues en 1942. Lors du commencement de la Seconde Guerre mondiale, beaucoup d'immigrants japonais sont retournés dans leur pays dès 1939. Le Brésil a déclaré la guerre au Japon en juin 1945, deux mois avant les bombardements atomiques de Hiroshima et de Nagasaki, qui ont marqué la fin de la guerre. Les émigrants, revenus au Japon pendant la guerre et touchés par la pauvreté et le chômage, sont repartis au Brésil.

Dans le cas des Philippines, de nombreux Japonais y ont également émigré de la fin du 19e siècle jusqu'en 1945. L'armée japonaise obligeait les "Nikkeijin" à les aider dans leurs opérations militaires, notamment pour la reconnaissance des lieux. Quand le Japon a commencé à perdre la guerre, beaucoup d'enfants des familles de "Nikkeijin" sont devenus orphelins ou bien ont été laissés aux Philippines avec leurs mères philippines. Après la guerre, les "Nikkeijin" philippins ont caché leur véritable identité afin d'éviter les persécutions et la vengeance.

Dans les années 1950, l'émigration a de nouveau été organisée par le ministère des Affaires étrangères japonais, essentiellement vers les pays du continent américain et vers l'Australie. Surtout au Brésil, où les investissements directs des entreprises japonaises augmentaient massivement. Mais en 1961, environ 600 émigrants japonais de la République de la Dominique sont revenus au Japon. Ils se sont plaints de leurs mauvaises conditions de vie et des promesses non tenues par le gouvernement japonais qui les avait incités à s'y installer. En l'an 2000, l'État japonais a finalement été condamné par la Justice japonaise à les indemniser.

Mais à partir de la fin des années 1980, le mouvement migratoire s'est inversé avec le retour en masse de "Nikkeijin" au Japon, dont ils ne possèdent qu'une origine japonaise lointaine. Incité à revenir dans le pays d'origine d'un de leurs parents pour combler le manque de travailleurs, grâce à une nouvelle politique économique du Japon à la recherche d'une main-d'œuvre bon marché, et afin de répondre au vieillissement de la population. Ils constituent la troisième communauté étrangère en importance du Japon après les Chinois puis les Coréens. En effet, le Japon, à la recherche d'une main-d'œuvre bon marché et corvéable à merci, a décidé de mettre en place une politique en faveur du retour des Japonais émigrés et de leurs descendants de deuxième et de troisième génération par une loi adoptée en 1990. Cette loi permet à tous les travailleurs "Nikkeijin" sans qualifications de venir travailler au Japon, et d'obtenir le statut de résident à long terme ("teijusha") grâce à un visa valable trois ans et renouvelable, ce qui reste impossible pour les autres immigrants. En général, les travailleurs "Nikkeijin" occupent des emplois d'intérimaires ou en contrat à durée déterminée dans les grandes usines (pour 86 % d'entre eux) du pays.

Ils sont regroupés avec toute leur famille dans des logements publics de certaines villes japonaises comme Toyota, Hamamatsu (ville comprenant le plus grand nombre de "Nikkeijin" brésiliens : 16.000), Oizumi, Toyohashi, Iwata, etc. En 2004, il ressort des estimations que le nombre de résidents permanents brésiliens excède 50.000 personnes, et que le total de la part de leurs revenus envoyés au Brésil dépasse 2 milliards d'euro annuels. Ce montant était équivalent au montant des importations au Japon venant du Brésil. Leur intégration pose souvent des problèmes aux municipalités.

Par exemple, à Oizumi dans le département de Gunma, sur environ 42.113 habitants (mars 2008), il y a 16,3 % d'étrangers (6878), dont 11,4 % de "Nikkeijin" d'origine brésilienne (environ 5000). Avec l'amplification de la récession économique, ces derniers chiffres tendent à baisser. En effet, de plus en plus de travailleurs "Nikkeijin" perdent leur travail et tentent de retourner dans leur pays d'origine. Selon une agence de travail temporaire d'Oizumi fournissant du travail à 700 "Nikkeijin", 300 travailleurs ont perdu leur emploi en novembre et décembre 2008, et 50 autres n'auront plus de travail en mars 2009. Ainsi, certains "Nikkeijin", qui n'ont plus les moyens de vivre normalement, tentent de commettre des délits pour avoir de l'argent et retourner au Brésil. Ceux qui en ont les moyens quittent le Japon en masse. En janvier 2009, une agence de voyages d'Oizumi a vendu environ 900 billets de retour au Brésil, c'est trois fois plus qu'habituellement.

De 1992 à 2002, le nombre de "Nikkeijin" brésiliens est passé d'environ 148.000 à 332.000 sur le territoire japonais. Dans le même temps, le nombre de crimes et délits, commis par eux, est passé de 222 à 4967, le plus souvent commis par des adolescents. Les enfants des "Nikkeijin" manquent souvent l'école, et ils ont généralement un mauvais niveau en langue japonaise.

En revanche, les "Nikkeijin" venant sans leur famille, et qui ont un contrat de travail temporaire ou à durée déterminée, espèrent repartir définitivement dans leur pays d'adoption avec une certaine somme d'argent au bout de quelques années. Dans ce cas, on les appelle "Dekasegi Nikkeijin", mais ils restent en moyenne une dizaine d'années au Japon, ils ont le plus souvent moins de trente ans et représentent les deux tiers de la totalité des "Nikkeijin". Les "Dekasegi" sont disposés à faire ce que l'on appelle les emplois "3K", "kitsui" (pénible), "kitanaï" (sale), et "kiken" (dangereux). Ils travaillent principalement dans le secteur de la production industrielle, alors que les travailleurs illégaux étrangers travaillent plutôt dans le secteur des services et de la construction, ou bien comme hôtesse de bar en ce qui concerne les femmes et les travestis. Le ministère de la Justice japonais estimait que les étrangers clandestins étaient entre 200.000 et 300.000. Au 1er janvier 2008, on estime qu'ils ne sont plus que 149.785, selon des statistiques sur les entrées et les sorties du territoire, grâce au renforcement des contrôles contre les clandestins. Ce qui représente 69.633 étrangers clandestins de moins qu'en janvier 2004, première année du renforcement du contrôle des entrées des étrangers au Japon.

Les travailleurs "Nikkeijin", dont le nombre est évalué à 300.000 au Japon, ont généralement un salaire plus bas que ceux des Japonais, et ne bénéficient pas toujours de primes en supplément du salaire. Les autres travailleurs immigrés qualifiés et légaux, dont ne font pas partie les "Nikkeijin", ne représentaient que 0,62 % (moins d'un demi-million) en 2002, de la totalité des travailleurs au Japon. Leur intégration dans la société japonaise n'est pas facile, et le gouvernement et les autorités départementales ne fournissent pas suffisamment de subventions et veulent également ignorer les problèmes sur le plan administratif, malgré les demandes répétées des municipalités concernées lors des réunions annuelles du Congrès des Nikkeijin.

De nos jours, les "Nikkeijin" sont environ 1,5 million au Brésil et la plupart vivent dans la ville de Sao Paulo. Puis aux États-Unis, où ils sont environ 1,2 million de personnes, et ils sont plus de 150.000 aux Philippines. Les "Nikkeijin" britanniques sont les plus nombreux en Europe, ils représentent environ 100.000 personnes qui vivent surtout à Londres. En Allemagne, on les trouve essentiellement dans la région de Düsseldorf. Il y a également un petit nombre de "Nikkeijin", 835 personnes en Russie, selon un recensement réalisé en 2002, qui sont les descendants de Japonais communistes ayant choisi de partir vivre en Union Soviétique. Il y a aussi une petite communauté de "Nikkeijin" à Hong-Kong, qui était au départ des hommes d'affaires japonais expatriés. Actuellement, il existe une émigration japonaise vers l'Australie.

Toutefois, il existe un problème juridique réel et sérieux qui fait obstacle à une véritable intégration des "Nikkeijin" désireux de rester au Japon. L'enfant né sur le territoire japonais et dont le père et la mère sont "Nikkeijin" ne peut pas obtenir la nationalité japonaise, car ses deux parents n'ont pas eux-mêmes la nationalité japonaise. L'obtention de la nationalité au Japon n'est pas fondée sur le droit du sol. Il faut au moins avoir un des deux parents de nationalité effectivement japonaise. Aux yeux de la loi japonaise, les "Nikkeijin" restent des étrangers, ils n'ont donc pas droit à un véritable "koseki", et si leurs enfants nés au Japon ne peuvent pas prouver qu'ils ont la nationalité japonaise, ils ne pourront jamais obtenir un passeport japonais pour partir au Brésil ou ailleurs. Cependant, si certains sont reconnus comme ayant automatiquement la même nationalité que leurs parents, Coréens ou Chinois, grâce à une législation fondée sur le droit du sang de chacun de ces pays, ils peuvent obtenir un passeport du pays d'origine de leurs parents. Sinon, l'absence d'état-civil constituerait une violation de l'article 15 de la Déclaration universelle des Droits de l'Homme de 1948, selon lequel, tout individu a droit à une nationalité, nul ne peut en être privé, ni du droit d'en changer.

Jusqu'en 1994, le droit du sang était applicable au Brésil. Depuis, le droit du sol prévaut tout comme en Australie, au Canada et aux États-Unis. Donc les enfants de "Nikkeijin" nés au Japon après 1994 restent sans aucune nationalité. Désormais, depuis 2007, une nouvelle loi brésilienne vient corriger les effets pervers du droit du sol en permettant à tous ceux, nés à l'étranger et de parents brésiliens de demander la nationalité brésilienne en se rendant au Consulat du pays de leur résidence avec un acte de naissance. De plus en plus, les pays les plus développés adoptent généralement une législation mixte, comprenant à la fois des règles relevant du droit du sang et du droit du sol.

Pour obtenir la nationalité japonaise, il faut au moins que l'un des deux parents soit Japonais même si l'on est né à l'étranger. Alors que jusqu'en 1985, le principe était que le père devait être japonais. Par contre, un enfant, né sur le territoire japonais et dont ni le père ni la mère ne possèdent la nationalité japonaise, a peu de possibilités de l'obtenir un jour. L'article 10 de la Constitution japonaise prévoit que les conditions requises pour avoir la nationalité japonaise sont fixées par la loi (Loi sur la Nationalité, n° 147, de 1950). Il n'existe pas de dispositions écrites explicitement discriminatoires dans le droit japonais. Mais la discrimination notamment à l'égard des étrangers s'opère dans l'interprétation et l'application des lois par l'administration et la justice japonaises. La nationalité, fondée exclusivement sur le "droit du sang" sans d'autres options possibles pour l'acquérir, ne permet pas à un pays moderne qui accueille des étrangers d'intégrer véritablement ceux qui le désirent. La législation japonaise et son application sont très rigides et ne font preuve d'aucune souplesse en la matière. D'où une certaine dérive vers la discrimination et l'inégalité des droits entre Japonais et non Japonais. C'est oublier que d'être le ressortissant d'un État, ce n'est pas appartenir à une race, ni à une ethnie particulière, ni à une culture exclusive, ni parler une langue unique au monde qui n'appartiendrait qu'aux citoyens de ce pays. Demander le bénéfice d'une nationalité, c'est aussi exprimer sa volonté de vivre ensemble, de partager des sentiments communs et d'exercer les mêmes droits et devoirs que tous les autres citoyens de ce pays. C'est le barrage de la nationalité qui permet au Japon la grande homogénéité de sa population.

D'ailleurs, le Prince héritier Naruhito, avant de se rendre à Sao Paulo, en juin 2008, pour fêter le centenaire de l'arrivée des premiers Japonais, a reconnu qu'il existait des difficultés d'intégration des étrangers dans la société japonaise. En particulier, en ce qui concerne les descendants des "Nikkeijin" brésiliens venus travailler au Japon.

Le Japon, un pays "hikikomori", c'est-à-dire, qui est resté trop longtemps coupé volontairement du reste du monde qu'il considérait comme barbare. Et pourtant, à l'origine de sa création, ce sont des populations, venant de Chine, de la Péninsule coréenne, de Mongolie, et autres lieux d'Asie du sud-est, lesquelles en se mélangeant avec les aborigènes de l'archipel nippon, les Aïnous, ont créé une nation spécifique. La communauté Aïnou a seulement été reconnue officiellement et récemment en juin 2008 par une résolution du Parlement japonais. Il résulte d'un sondage officiel, que 25.000 Japonais seulement ont reconnu être d'origine aïnou. Le peuple japonais est aujourd'hui condamné à disparaitre faute de pouvoir se renouveler, et l'intégration d'étrangers constitue pour lui-même une menace bien plus grave pour sa survie et le maintien de ses spécificités. Mais c'est oublier que le monde est ainsi fait, de civilisations qui disparaissent en ne laissant que quelques traces qui nous indiquent qu'elles ont existé. Mais elles se sont tôt ou tard condamnées elles-mêmes à disparaître à cause de leur incapacité à prendre en compte la nécessité du changement et l'insatisfaction permanente de toute société humaine.

CHAPITRE 6

DU SEXLESS AU SLOWSEX

L'expression "Slowsex" a pour origine le livre d'un écrivain japonais, Hiroyuki ITSUKI, *Aï ni kansuru 12 sho* ("Les douze chapitres sur l'amour"), publié en 2002. Il y décrit comment faire l'amour à la façon polynésienne, selon laquelle, il faut dormir nu et se coller contre l'autre pour avoir une certaine satisfaction morale. Au lieu de faire l'amour sans préliminaires, c'est-à-dire, l'amour "Fast-food".

En juin 2006, une grande société pharmaceutique allemande a effectué un sondage sur la vie sexuelle des Japonais. De 30 à 69 ans, 800 personnes mariées ont été interrogées par Internet. Il en résulte que le nombre moyen de rapports sexuels est de 17 fois en une seule année. Ainsi, 33,9 % des couples mariés n'ont pas eu de rapports depuis plus d'un an ; 60 % répondent que le rapport sexuel dans le mariage est important ; 48,8 % reconnaissent qu'ils sont abstinents. Car 33,1 % considèrent que c'est ennuyant. Le changement de structure familiale tel que la naissance d'un enfant en serait la cause pour 26,9 %. Pour 19,2 %, ils n'ont pas suffisamment le temps ; 18,7 % considèrent l'acte sexuel comme étant trop répétitif ; 10,9 % des hommes avouent être impuissants. Enfin, 41,9 % répondent qu'ils ne sont pas satisfaits de leur conjoint en cas de rapports sexuels, mais seulement 26,2 % en discutent ensemble.

Généralement, c'est encore l'homme qui prend l'initiative de faire l'amour. Même si les femmes ressentent de l'insatisfaction, elles se taisent, car elles le considèrent comme un devoir. Depuis les années 1990, les Japonaises commencent à dire "non" lorsque les hommes leur demandent de faire des choses qui leur déplaisent, et à manifester de plus en plus ce qu'elles désirent. Mais les hommes refusent encore d'être à leur écoute et finissent par s'abstenir de tout rapport sexuel en cas d'incompréhension. 70 % des personnes qui vont consulter pour des motifs sexuels sont des femmes.

Par exemple, voici le cas très courant d'un homme de 38 ans, marié à 24 ans et père d'un enfant, il considère que c'est à l'homme qu'il revient de travailler pour faire vivre la famille, il faisait des heures supplémentaires le soir et travaillait même pendant les fins de semaine. Il considérait son travail comme prioritaire, et 4 ans après le mariage, sa femme l'a quitté emmenant avec elle son fils. Il a souffert de la séparation avec son fils et il se sentait responsable. Puis il a rencontré une autre femme, mais un tiers de ses rapports sexuels ont échoué. Il se demandait toujours pourquoi il n'arrivait pas à l'érection. Presque en même temps, au travail ses responsabilités ont augmenté, il devait notamment choisir, lesquels de ses collègues seraient licenciés. Il craint aussi d'être licencié à son tour et continue de se sentir coupable de son impuissance sexuelle.

Une jeune étudiante de 23 ans, qui adore regarder des vidéos de dessins animés, a un petit ami depuis un an et demi, et elle s'entend très bien avec lui, mais elle refuse tout rapport intime avec lui. Elle préfère continuer de vivre dans le monde imaginaire des vidéos pour satisfaire ses émotions et éprouver du plaisir.

Une société japonaise de publicité spécialisée dans le domaine pharmaceutique, a mené une enquête sur le style de vie des jeunes Japonais à Tokyo (*Mainichi*, 23 octobre 2006). 500 personnes de 20 à 40 ans ont été sondés et se plaignent d'être trop stressés par le travail et du manque de satisfaction dans leur vie quotidienne. 16 % des jeunes de 20 ans et 38 % de 40 ans avouent leur abstinence sexuelle. Aux questions suivantes, ils ont répondu :

- Avez-vous une érection en vous réveillant le matin ? Chez ceux de 20 ans, 25 % ont répondu négativement ou bien une fois tous les 5 jours en moyenne ; 28 % ont avoué qu'ils ont une érection une fois tous les 3 ou 4 jours ; 10 % de la totalité des sondés ont répondu qu'ils étaient impuissants. En moyenne, ils ont répondu qu'ils étaient impuissants depuis l'âge de 32 ans. Par contre, 29 % des jeunes de 20 ans et 35 % de ceux qui avaient 40 ans n'étaient pas du tout intéressés par l'acte sexuel.
- Êtes-vous stressé dans la vie quotidienne ? Trop pour 20 % ; un peu pour 65 %. La cause principale est le travail et les rapports avec le supérieur hiérarchique dans 86 % des cas ; 26 % à cause de la famille.
- Que ressentez-vous le plus souvent ? Fatigués pour 84 % ; énervé pour 83 % ; envie de pleurer pour 43 % ; 27 % pensaient que s'ils étaient morts, les autres seraient satisfaits.
- Que ne ressentez-vous jamais ? 29 % ont répondu qu'ils ne se sentaient jamais bien en se levant le matin ; pour 23 %, qu'ils ne voyaient jamais rien de positif pour l'avenir ; et 12 % affirmaient qu'ils avaient le sentiment d'être inutiles dans la vie.

Dès que l'on ne pratique plus l'acte sexuel, il est très difficile de redevenir actif dans ce domaine, à cause du manque de volonté des intéressés.

EN FINIR AVEC LE SYNDROME DE SEXLESS

En 2001, le journal *Asahi* a interrogé 1000 couples dont 28 % ont avoué leur abstinence. Puis en 2004, 32 % des couples déclarent ne pas avoir de rapports sexuels. En décembre 2006, selon un sondage d'une revue pour hommes, 40 % de couples japonais n'ont pas de relations sexuelles. La progression du "Sexless" n'est pas limitée aux couples mariés. Le principal problème est le déclin de la capacité à communiquer entre hommes et femmes. Selon un sondage mondial organisé par le fabricant de préservatifs Durex, la fréquence moyenne annuelle du nombre de rapports sexuels des Japonais est de 45 fois pour l'année 2005, c'est la plus basse fréquence du monde.

En même temps, le nombre moyen d'enfants qu'une femme japonaise met au monde est tombé à son niveau le plus bas, 1,26 enfant par femme en 2005, et il devrait atteindre 1,21 en 2013, selon une étude gouvernementale. Le gouvernement est conscient de la nécessité de créer un environnement plus favorable pour élever des enfants, mais en fait, il ne fait rien de concret. Le ministère de la Santé estime que lutter contre l'abstinence n'est pas une politique appropriée pour relever le taux de natalité. Mais le ministre de la Santé, Hakuo YANAGISAWA a déclaré en janvier 2007 : "Le nombre de femmes entre 15 et 50 ans est relativement stable. Étant donné que le nombre de machines à faire des enfants est stable, tout ce que nous demandons est qu'elles fassent de leur mieux". Yanagisawa (né en 1935) a dû ensuite s'excuser pour avoir qualifié les femmes de *machines à faire des enfants*. Il devrait plutôt se pencher sur les véritables raisons qui empêchent les Japonais de faire des enfants.

Le "Sexless" est un syndrome, c'est-à-dire, un ensemble de troubles qui ne permettent pas à eux seuls de déterminer la nature et la cause du phénomène, et qui est vécu d'une manière volontaire ou bien supporté par une personne ou un couple. On ignore comment définir exactement le "Sexless", l'abstinence sexuelle, mais on peut dire qu'elle se caractérise comme un manque, ou bien une absence d'intérêt ou d'activité sexuelle (embrasser, caresser ou tout simplement, dormir tout nu), moins d'une fois par mois, et sans avoir de motif particulier. Le syndrome de "Sexless" se manifeste essentiellement par une complète indifférence et une certaine inexistence de la sexualité chez les individus, qu'ils vivent en couple ou bien qu'ils soient célibataires. Le "Sexless" peut aussi se manifester de deux manières : soit par une grande aversion de toute relation tactile avec l'autre et de l'accouplement, dans ce cas, l'envie n'existe pas ; soit par une absence de relations sexuelles mal vécue et subie par un individu dont la libido est intacte.

En français, on utilise le terme d'"asexualité" pour définir ce syndrome. Mais à la différence du Japon, en Occident, les "asexuels" ou "abstinents" revendiquent leur asexualité pour se regrouper en communauté comme les homosexuels. Ils affichent clairement leur désintérêt pour tout ce qui touche à la sexualité, et sont à la recherche d'une identité qui leur permettrait d'être reconnus dans la société. C'est là, une grande différence avec les Japonais touchés par le syndrome de "Sexless". Il est fréquent que le Japonais ou la Japonaise "Sexless" évite toute relation sexuelle avec son partenaire. Mais cela ne signifie pas pour autant qu'il ou elle ne soit pas obsédée par le sexe. Mais que cette répugnance n'est vécue qu'à l'égard de celui ou de celle avec qui on partage la vie commune. Ce qui ne veut donc pas dire que le "Sexless" japonais ou japonaise ne lit pas de mangas pornographiques, ne regarde jamais de vidéos pornographiques, ne se masturbe jamais, et ne commettra jamais d'acte de harcèlement sexuel. Il peut avoir une forte libido et des pulsions qu'il ne maîtrise pas et qui le poussent à commettre un délit. Par exemple, le pelotage est un des délits les plus courants dans les transports en commun au Japon. À tel point, qu'à certaines heures de pointe, certains wagons du métro sont réservés uniquement aux femmes pour leur éviter des contacts physiques mal intentionnés. C'est pourquoi il vaut mieux employer de préférence le terme de "Sexless" que d'asexualité chez les Japonais.

    L'absence totale de libido est un symptôme majeur chez les Japonais, non seulement chez les hommes, mais aussi chez les femmes. Parfois les jeunes filles japonaises rejettent toute idée d'avoir des rapports sexuels avec leur petit ami. Elles adorent leur petit ami qu'elle ne voudrait pas perdre, mais elles repoussent toutes leurs avances. En août 2006, sur 250 jeunes filles interrogées par le magazine *SPA*, 175 ont répondu que leur compagnon les harcelait. Certaines ont ajouté qu'elles éprouvent un certain dégoût pour le sexe et détestent tout contact corporel.

    Le Dr. Kunio KITAMURA, né en 1951, il est devenu la voix de la sexualité japonaise. Selon lui, mettre fin à la honte du "Sexless" n'est pas simplement une question de parole, "Alors, allez-y et courez jusqu'au lit le plus proche !" conseille-t-il aux Japonais ! "Même si vous vous plaignez que la masturbation est plutôt ridicule et que vous n'avez personne à serrer dans vos bras, ça ne ramènera jamais votre épouse dans votre lit", ajoute-t-il. Au Japon, on constate que c'est presque toujours un problème de communication qui se cache derrière le fléau national du "Sexless". Mais il est plus facile d'en parler que d'agir. Le Dr. Kitamura s'est inspiré des analyses du zoologiste britannique Desmond MORRIS, selon lequel, il y a 12 étapes pour mettre fin au "Sexless". D'après ses observations notamment chez les animaux en captivité, il ne faut surtout pas être pressé. Tout ce que vous avez à faire est de suivre les 12 petites étapes qui mènent au but, faire l'amour avec votre compagne.

DOUZE ÉTAPES POUR EN FINIR AVEC LE SEXLESS

- *Eyes to the Body* : bien observer le corps de votre partenaire de la tête aux pieds jusqu'à ce que vous commencez à penser : "qu'est-ce qu'elle m'excite !" ;
- *Eyes to the Eyes* : saisir l'occasion lorsque votre regard croise celui de votre partenaire. Alors les yeux dans les yeux, chacun dévisage l'autre. Si vous vous sentez gêné, détournez votre regard ;
- *Voice to Voice* : exprimez-vous ! Parler à sa partenaire, par exemple, de l'ouverture d'un restaurant et l'y inviter à dîner. Si elle accepte, passez à l'étape suivante ;
- *Hands to Hands* : prenez-lui la main ;
- *Arms to Shoulders* : placez votre bras autour de ses épaules ;
- *Shoulders to Waists* : puis descendez le long du bras en la touchant et placez votre bras autour de sa taille. Comme le toucher devient plus intime, le contact de la peau se fait de plus en plus sentir ;
- *Mouth to Mouth* : vous êtes sur le point de l'embrasser puis ;
- *Hand to Head* : de lui caresser le visage ;
- *Hand to Body* : et le corps ;
- *Mouth to Breasts* : de lui embrasser les seins ;
- *Hands to Genitals* : enfin, de lui toucher le sexe ;
- *Genitals to Genitals* : pour finir, sexe contre sexe.

Le Dr. Kitamura souligne qu'à la lecture de ce processus, certains lecteurs pourraient se moquer et penser que ce n'est pas la peine de suivre toutes ces étapes et donc de pratiquer des préliminaires. Il demande aux Japonais de se rappeler comment ils se sont comportés lors de leur première rencontre avec leur épouse. La honte, le choc, la prise de conscience, les rires et les pleurs, toutes ces émotions différentes vous sont arrivées au moins une fois dans la vie avec votre compagne. "Vous ne pouvez pas être romantique comme cet acteur sud-coréen Bae Young-joon, dont toutes les Japonaises raffolent, mais vous êtes son mari, alors pourquoi ne pas essayer de recommencer à partir de la première étape ?" dit-il. Le Dr. Kitamura est certain que les Japonais qui vont suivre cette autothérapie y arriveront, et que l'année suivante sera une année merveilleuse pour tous les couples qui veulent définitivement rompre avec le "Sexless".

LE SYNDROME DE SEXLESS DANS LE MARIAGE

En cas de mutation professionnelle, le mari part souvent seul dans autre région, parfois à l'étranger, pour aller travailler. Traditionnellement, lorsque l'on devient vieux, il est très mal vu de continuer à avoir des rapports sexuels au Japon, même encore aujourd'hui.

"Ce n'est pas marrant, nos personnalités sont trop différentes" ; "Son corps ne m'attire pas, c'est comme si c'était quelqu'un d'autre" ; "Je ne veux pas faire quelque chose qui m'empêcherait de dormir" ; "Nous l'avons fait assez quand nous nous sommes rencontrés, et depuis qu'on a atteint notre but, faire un enfant, ça m'a suffi !" Toutes ces excuses pour fuir l'acte conjugal. Pauvre Tomoko, à 43 ans, elle a réalisé à quel point son mari ne lui montre aucune attention. "Peut-être est-il gay ?" se demandait-elle. Son mari travaille dans une autre ville et revient à la maison chaque week-end, et aide même à faire la cuisine et la vaisselle. Mais il l'ignore lorsqu'ils sont seuls sans leurs deux enfants. Tomoko continue de penser à l'idée d'avoir une liaison avec quelqu'un d'autre. Car beaucoup de femmes espèrent trouver l'extase dans les bras de quelqu'un d'autre que leur mari. Le mari qui désire retrouver sa femme doit partager ses sentiments avec elle et la traiter comme une femme, et non pas comme une "obachan" ou bien maman. La situation de Tomoko est courante au Japon.

Ainsi, l'Association du Planning Familial dirigée par le fameux Dr. Kitamura, en collaboration avec le ministère de la Santé, du Travail et des Affaires sociales a rendu public, en mai 2007, leur nouveau rapport sur la sexualité des Japonais. Plus de 34 % des couples mariés n'ont pas de relations sexuelles. Ce chiffre est en progression de 3 % par rapport à la dernière enquête effectuée en 2004. Les principales causes invoquées pour justifier cette absence prolongée de rapport sont l'ennui pour 19 % ; le désintérêt pour l'autre après la venue au monde du premier enfant pour 14 % ; et 13 % des personnes interrogées estiment qu'elles ont d'autres choses plus intéressantes à faire… Ce qui permet de les qualifier comme étant atteintes du syndrome de "Sexless", d'après la définition de la "Japan Society of Sexual Science" dans son rapport de 1994 : "Le mariage "Sexless" est un mariage dans lequel, sans raison particulière, un couple renonce aux rapports sexuels et à tout contact intime pendant plus d'un mois et sans envisager de changement dans un avenir proche".

En effet, si le délai d'un mois est dépassé, il est fort probable que la période d'abstinence se prolongera. Le nombre de mariages touchés par le syndrome de "Sexless" est de plus en plus élevé. Le psychiatre Teruo ABE, rapporte que 165 patients "Sexless" sont venus le consulter cette année dans sa clinique de Tokyo, presque neuf fois plus que les 19 qu'il a vus en 1993. Ces mariages ne le sont pas vraiment, il n'y a pas de véritable union entre l'homme et la femme. Un sondage réalisé en 2004 auprès de 1600 femmes mariées à travers tout le Japon, à l'initiative de Mayumi FUTAMATSU, l'auteur de, *Tonari no Shinshitsu* ("La chambre du voisin") a constaté que 45,1 % des mariages étaient touchés par le "Sexless".

Le syndrome de "Sexless" peut avoir des origines physiques ou psychologiques, mais le plus souvent, les deux à la fois. Car l'un ne va pas sans l'autre en cas d'impuissance du mari, de frigidité de la femme ou de développement d'un certain dégoût pour l'acte sexuel. Parmi les maris "Sexless", beaucoup n'éprouvent aucune attirance vers leur propre épouse, mais plutôt pour d'autres femmes. Les Japonais fantasment sur les jeunes filles, en particulier en uniforme d'écolière, d'infirmière ou d'hôtesse. C'est une des caractéristiques particulières du Japon qui le distingue nettement des autres pays. Selon une enquête du journal *Yomiuri* menée par Internet, sur 200 maris abstinents, 88,5 % ont répondu qu'ils aimaient leurs épouses. Et 91,6 % se sont plaints de leur manque de rapports sexuels. Tandis que les 2/3 ont indiqué qu'ils voudraient remédier à cette situation, mais seulement 31,3 % d'entre eux en ont discuté avec leur partenaire.

Dans une autre enquête du magazine japonais *Asahi Geino* en avril 2007, 24 % des maris ont indiqué qu'ils ne cherchaient aucune solution, mais 48 % ont reconnu qu'ils se satisfaisaient en se masturbant. 13 % ont indiqué qu'ils payaient leur épouse pour le faire ; 10 % ont indiqué qu'ils ont eu des aventures ; et 3 % ont indiqué qu'ils ont eu une aventure pour une nuit entière. "Ma belle-mère dort du côté le plus éloigné dans la chambre à coucher, et les enfants de l'autre côté. C'est impossible !" explique un mari de 51 ans, et c'est pourquoi lui et son épouse n'ont pas fait l'amour depuis 3 ans. Mais même en dehors de cette situation, le mariage au Japon ne veut pas dire que l'on fait souvent l'amour. Toujours selon cette enquête, sur 500 individus mariés, plus de la moitié n'ont pas fait l'amour depuis plus d'un an et 39 % depuis plus de deux ans. Les causes des mariages "Sexless" sont variées et 18 % des sondés n'ont aucune raison particulière. Les facteurs principaux sont la grossesse, l'accouchement et élever l'enfant, pour 21 % ; la fatigue et les soucis liés au travail, 13 % ; des problèmes physiques, 11 % ; lassé de leur épouse, 7 % ; l'épouse qui se plaint de douleurs physiques, 7 % ; l'épouse qui refuse, 6 % ; la mésentente conjugale, 5 % ; le déclin du désir sexuel, 5 % ; et le risque d'infidélité, 4 %.

La solution n'est pas compliquée d'après la thérapeute Futamatsu, auteur de, *Motto, fufu wa koï dekiru* ("Les couples peuvent s'aimer davantage") où elle suggère cinq étapes pour rétablir le contact :

- Se toucher et se sourire (par exemple, en regardant une vidéo pornographique ensemble) ;

- L'épouse doit se débarrasser de son aura de maman ("okasan") et se comporter en femme ("onna"), par exemple, en portant des dessous sexy ;
- Redécorer la chambre à coucher, notamment, enlever la télé ;
- Pimenter leur relation, par exemple, en allant au restaurant ensemble ;
- Discuter ensemble de ce qui pourrait améliorer la relation. Avoir des idées pour attirer l'attention de l'autre ("kaizen kaïgi").

Toshiki NISHIZAWA, conseiller à la clinique du cœur à Tokyo, ne voit rien de positif dans un mariage "Sexless" où l'on se comporte comme si on n'était que des bons amis. Selon lui, il y a toujours un certain malaise dans la communication avec l'autre en essayant d'entretenir uniquement des rapports amicaux entre mari et femme. Dans cette situation, les émotions sont étouffées, les sentiments de colère et d'inquiétude sont dissimulés, et le "Sexless" peut devenir une manière d'exprimer son mécontentement à l'égard de l'autre comme pour le sanctionner, en refusant tout contact intime. Dans ce pays, on ne se prend pas dans les bras, on ne s'embrasse pas, on ne se touche pas, et on ne doit jamais manifester ses émotions, surtout en public, car c'est très mal vu. En conséquence, les Japonais sont généralement incapables d'exprimer l'amour d'une façon affectueuse même dans l'intimité. Et pourtant, très souvent la télévision montre des gens émus en train de pleurer, plus que dans n'importe quel autre pays du monde ? Que ce soit dans les reportages ou dans des fictions.

Évidemment, au Japon, il y a toujours un "Love-Hotel" pas très loin, dans les zones urbaines, mais on s'y rend rarement avec sa femme, mais généralement avec une collègue de travail pour une, deux ou trois heures. Les jeunes garçons et filles qui restent longtemps chez les parents peuvent s'y rendre pour y faire l'amour. Car il n'y a pas d'autre solution lorsqu'on reste chez les parents jusqu'au mariage. En effet, même si un jeune travaille, le plus souvent, il continue d'habiter chez ses parents. Cela est dû au fait du coût élevé de la vie et c'est aussi une tradition familiale.

Le "Sexless" pousse parfois les Japonaises à rechercher le compagnon idéal parmi les étrangers. Il est aussi très fréquent que le premier rapport sexuel ait lieu après le mariage et uniquement dans le but de faire un enfant. Ensuite, de nombreux couples n'ont plus du tout de rapports amoureux. Généralement, les Japonais dorment séparément, chacun son lit ou bien séparément sur des futons posés sur le sol en tatami. Dès sa naissance, l'enfant dort entre ses deux parents jusqu'à la puberté parfois, ce qui évite tout contact intime entre les parents. Les Japonais ont encore pour habitude de dormir dans la même pièce et sur des futons séparés plutôt que dans un véritable lit pour deux.

Ce qui ne veut pas dire que les Japonais ne s'intéressent absolument pas à la pornographie. On trouve souvent des dessins pornographiques dans les mangas, et les images érotiques sont fortement diffusées par la presse écrite. En revanche, sur ces images, le sexe masculin ou féminin est toujours caché ou bien gommé, car montrer les organes génitaux reste un tabou au Japon. Et pourtant, sur les sites Web pornographiques japonais, bien que les organes génitaux soient gommés, on peut y trouver le pire de toute la pornographie mondiale et certains Japonais peuvent se comporter comme les êtres les plus pervers au monde. Ainsi, ils ont laissé de mauvais souvenirs derrière eux durant la Seconde Guerre mondiale, dans les pays ayant subi leur occupation.

De nos jours, par exemple, la pornographie infantile a augmenté de 17,2 % en une seule année au 1er avril 2008. Car la détention à titre individuel de vidéos et de photos mettant en scène des enfants n'est pas réellement punie par la loi de 1999, laquelle n'interdit que leur commercialisation et leur distribution.

Le comble est qu'une bonne partie, des amateurs de pornographie, fait partie de la catégorie "Sexless" de la population japonaise.

LE TEMPS DES "KONKATSU"

La peur des relations sexuelles peut également constituer un frein au mariage chez les jeunes. Si les Japonais et Japonaises ont beaucoup d'efforts à faire pour changer de comportement avec leur partenaire et s'épanouir sexuellement, ils doivent s'y préparer avant même qu'ils mettent à la recherche d'une épouse ou d'un époux. Car les Japonais conservent, malgré tout, toujours le même idéal. Selon les statistiques du ministère de la Santé, du Travail et des Affaires sociales, 90 % des jeunes célibataires souhaitent se marier et avoir, en moyenne, 2,1 enfants ; si ces souhaits sont exaucés, le taux de fécondité pourrait remonter de 1,4 à 1,75 en 2040. Les jeunes filles aspirent toujours à devenir des femmes au foyer, parce qu'elles y voient une vie plus libre que celle de salariée dans une entreprise. Et pourtant, les Japonais et Japonaises qui ont plus de trente ans, ayant pris goût à la vie libre des célibataires, estiment généralement que le mariage est plus un inconvénient qu'un avantage. Par exemple pour les filles célibataires, cela est souvent le cas lorsque le petit ami n'a pas de revenu suffisant et qu'il est plus confortable de rester vivre chez ses parents.

Le fameux sociologue Masahiro YAMADA, auteur de, *Kibo kakusa shakaï*, a écrit un autre livre en collaboration avec la journaliste Momoko SHIRAKAWA, publié en mars 2008, dont le titre est, *Konkatsu jidaï*, qui peut se traduire par, "le temps où il faut tout faire pour arriver au mariage". Le terme "konkatsu" est un néologisme créé par Yamada reflétant une réalité sociale actuelle. Ce nouveau mot vient de la contraction de "kekkon katsudo" (recherche mariage) signifiant qu'il faut tout faire pour arriver au mariage de nos jours. Jusqu'à la publication de ce livre, les Japonais cherchant à se marier par tous les moyens ressentaient une certaine honte à l'avouer. Depuis, ils ont moins honte de dire qu'ils font "konkatsu". Tout comme lorsqu'on fait tout pour rechercher un emploi, au Japon, on n'hésite pas à dire que l'on fait "shukatsu" ou bien "shushoku katsudo".

Pourquoi il est si difficile de se marier chez les Japonais ? En ce qui concerne les filles, les trois principales raisons sont les suivantes selon Yamada :

- Les filles considèrent qu'il n'y a pas de garçon charmant autour d'elles ;
- Le garçon qui plaît a déjà une partenaire ;
- Ou bien, elles ont déjà un petit ami ("koïbito"), mais elles sont incapables de décider de se marier.

En ce qui concerne les garçons, les trois principales raisons sont les suivantes :

- Dès le départ, ils ont des prétentions trop élevées ;
- Ils éprouvent des difficultés pour les aborder et engager la conversation ;
- Ils ont déjà une petite amie, mais ils sont incapables de prendre la décision de se marier.

Selon Yamada, l'adoption du principe d'égalité entre hommes et femmes appliqué dans le monde du travail a brisé l'harmonie du mariage traditionnel. Parce qu'auparavant, il y avait une grande différence de salaire entre hommes et femmes, le mariage constituait le plus souvent la meilleure solution pour les femmes, et il n'était alors pas nécessaire que les épouses travaillent. La femme restait au foyer pour s'occuper de la maison et de son enfant, et il revenait au mari de subvenir aux besoins de sa famille. Il y avait donc un certain équilibre dans le mariage où chacun trouvait sa place. Aujourd'hui, certains hommes n'ont plus un salaire suffisant pour assurer les besoins d'une famille, alors ils recherchent plutôt une épouse qui continuera de travailler. En revanche, certaines femmes préfèrent rester au foyer et donc épouser un homme pouvant entretenir aisément toute une famille. À cause de cette grande contradiction entre les femmes et les hommes, la difficulté de se marier s'est considérablement aggravée. Il faudrait donc que les femmes soient moins exigeantes et acceptent davantage de continuer à travailler. Les hommes doivent en contrepartie avoir une bonne situation financière et faire un effort de communication pour arriver au mariage.

Mais il est vrai qu'au Japon, qu'à partir de l'âge de trente ans, il est extrêmement difficile de trouver un conjoint, malgré le nombre important de célibataires. Alors s'ils ont de plus en plus d'hésitations sur le mariage, on peut toutefois leur conseiller le "furansukon", pour en finir avec le célibat, c'est-à-dire, de tenter de vivre maritalement, sans se marier officiellement. C'est ce qu'on appelle plus vulgairement, le concubinage. Bizarrement, le terme "furansukon" vient de "furansu" qui veut dire "France" et de "kon" comme "kekkon", c'est-à-dire mariage. Le concubinage au Japon serait donc une sorte de mariage à la française ? Dans lequel il ne serait pas question d'abstinence sexuelle, je suppose !

Les Japonais restent résignés à la conception traditionnelle du mariage. Ils ne sont absolument pas disposés à accepter le mariage entre homosexuels, et le concubinage reste marginal même s'il tend à se développer. De toute façon, le concubinage ne donne pas les mêmes avantages sociaux et administratifs que le mariage. Beaucoup de jeunes japonaises, même si elles occupent déjà un emploi, ne rêvent que de devenir des femmes mariées au foyer, plutôt que d'être indépendantes financièrement. En revanche, le changement vient plutôt dans une prise de conscience générale de la nécessité de faire des efforts pour communiquer avec l'autre.

CHAPITRE 7

LA SOCIÉTÉ "KOWAÏ"

Shoichi YOKOI, un combattant japonais de la Seconde Guerre mondiale retrouvé en 1974 caché dans la forêt de l'île de Guam, a déclaré lors de son retour dans le monde civilisé : *"Les Japonaises modernes sont des monstres que la vertu a quitté pour toujours, et qui crient comme des orangs-outans. Lorsque nous sommes partis combattre pour l'empire, elles étaient vertueuses et obéissantes, belles à regarder, aimables et discrètes. Aujourd'hui, elles ne sont plus que des caricatures d'hommes et n'appartiennent plus à la nature."*

"Kowaï !" Une expression courante chez les Japonais, et que l'on peut traduire par : "ça fait peur" ou bien, "j'ai peur", mais encore, "c'est horrible". C'est une société qui cultive la peur, notamment la peur des étrangers qui rend encore trop souvent xénophobes les Japonais, mais ils vivent aussi dans la peur du voisin, la peur d'être touché par un inconnu dans la rue, ils ont toujours peur des autres. Cela peut aller parfois jusqu'à la paranoïa et à la schizophrénie. C'est la maladie mentale chronique la plus répandue, qui se manifeste par une désintégration de la personnalité, et par une perte du contact avec la réalité. Elle touche 1 % de la population des pays développés, mais certainement davantage au Japon. Cependant, contrairement à ce que l'on peut penser, les Japonais doivent surtout se méfier des membres de leur propre famille et des amis proches, car la majeure partie des crimes et délits sont commis par une connaissance ou un membre de la famille des victimes.

ÊTRE OU NE PAS ÊTRE "FUTSU"

Si on n'est pas quelqu'un d'ordinaire, de "futsu", on vit dans la peur d'être découvert, de la honte et de l'exclusion. On dit alors que celui qui n'est pas "futsu" est "hen", c'est-à-dire, qu'il est bizarre. Par exemple, un adolescent commet un crime horrible, l'opinion publique s'interroge en se demandant pourquoi il a fait cela, car c'était un garçon "futsu" (ordinaire) issu d'une famille "futsu" ("futsu no katei"). Ce garçon était d'une famille typiquement ordinaire d'aujourd'hui.

Une famille "futsu", c'est une famille ordinaire dont le père a entre 30 et 40 ans et travaille au sein de la direction commerciale d'une entreprise. Son épouse travaille à temps partiel comme vendeuse, et ils ont un enfant unique, une fille en dernière année d'école maternelle. Cette famille est locataire d'un appartement. Le père rentre très tard et travaille dans une entreprise en pleine restructuration. Il est assidu au travail et ne perd jamais son temps à bavarder avec ses collègues. Il est particulièrement stressé, et dort tout le temps pendant le week-end. Parfois le couple se dispute, parce que seule la femme s'occupe des tâches ménagères. La femme gère le budget du ménage et rêve d'avoir un jour une maison en épargnant une partie de son propre salaire. Elle a son propre argent de poche pour s'habiller et se faire plaisir. De temps en temps, elle achète un livre de contes pour enfants pour sa fille, mais elle ne lui raconte jamais une des histoires du livre. Elle ne réalise jamais à quel point cela est important. Pendant le week-end, la mère est souvent absente et sa fille reste seule devant la télé ou un jeu vidéo. En cas de problème, la petite fille, qui a seulement 5 ou 6 ans, peut appeler sa mère à tout instant. Dès que la mère rentre à la maison, elle crie sur sa fille parce qu'elle a mis du désordre. Dans son attitude à la crèche, sa fille a des difficultés de communication avec les autres et tape parfois sur ses camarades.

Les Japonais disent qu'au feu rouge, si tout le monde traverse en même temps, on n'a pas peur, dès lors, si tout le monde vit dans un contexte de grande insécurité, on n'a plus conscience non plus du danger. Le crime que le garçon a commis n'est pas normal ("seijo"), pourtant, il est d'une famille "futsu", alors pourquoi a-t-il fait cela ? Les Japonais ne se posent jamais la question de savoir si ce qui est "futsu" est normal ou non, car tout le monde doit faire la même chose. Faire la même chose, c'est être "futsu", même si en réalité c'est "ijo", c'est-à-dire que c'est un acte anormal par rapport au bon sens commun. Il est courant de dire, "tu n'es pas futsu" ("futsu janaï"). Ce qui blesse profondément la personne visée.

Dans la réalité quotidienne, il est "futsu" d'aller dîner et boire beaucoup d'alcool avec son supérieur hiérarchique et les collègues dès la fin de la journée de travail, lesquels ont parfois de mauvaises intentions. L'alcool permet à chacun de se libérer de ses inhibitions et de révéler parfois son vrai visage. Ce qui peut ensuite nuire à l'intéressé, si les autres membres du groupe découvrent qu'il y a un "non-futsu" (un mouton noir) parmi eux. Il est "futsu" aussi, qu'un collègue ou un supérieur hiérarchique raccompagne ou emmène une collègue dans un hôtel pour des rapports sexuels parfois moralement forcés. Mais c'est à ce moment-là que, ce qui est "futsu" dépasse les limites et peut constituer un délit aux yeux de la loi.

Dans la société japonaise, il faut être "futsu", il faut se conformer aux règles sociales et de la vie en groupe. Celui qui est en marge de la collectivité sociale, se voit critiqué systématiquement par les personnes du groupe qui vont lui reprocher de ne pas être "futsu". Celui qui n'est pas "futsu" va alors subir des brimades, il est "ijime", se suicide ou bien devient "hikikomori". Mais celui qui va commettre un crime a toujours été considéré comme un "futsu" et non pas un marginal exclu par le groupe social. Il en résulte que le "futsu" transformé en criminel n'est en réalité qu'un marginal et un individualiste, lequel était arrivé à dissimuler sa propre personnalité pour paraître semblable aux autres maillons de la chaîne collective. La société japonaise est naturellement collectiviste et ne tolère pas les différences. Tandis que le faux "futsu" est calculateur, il organise son intégration dans le groupe et lorsqu'il se transforme en criminel, il planifie son crime à l'avance. Il signe ainsi son inadaptation et son rejet du conformisme en commettant un acte remarquable et intolérable qui va le propulser hors du groupe. Car il ne pouvait plus supporter la pression sociale et continuer de faire croire qu'il est comme les autres. D'autre part, parce que la collectivité n'a de l'admiration et du respect pour un "non-futsu" que s'il est personnalité célèbre. Ce qui pousse parfois certains "faux futsu" à sortir du lot en commettant un acte criminel particulièrement horrible pour obtenir la notoriété. La société japonaise est donc composée de "faux futsu" en mal de reconnaissance et à la recherche chacun de leur propre identité. La société japonaise produit ainsi des monstres, en sommeil dans la société, des éléments potentiellement dangereux pour ellemême et mettant en jeu l'avenir du pays.

LA RUMEUR DE LA MONTÉE DE L'INSÉCURITÉ

L'étranger qui débarque pour la première fois au Japon est envahi par un sentiment de grande sécurité qui semble régner dans tout le pays. Nulle part ailleurs, dans le monde, il ne pourrait laisser son sac sur la table d'un café et se rendre sans inquiétude aux toilettes. On ne craint pas non plus de se faire voler à l'arraché, ou bien agresser en se promenant dans les rues même très tard dans la nuit. Et pourtant, on est toujours surpris lorsque des Japonais nous font part de leurs inquiétudes à propos de la montée de l'insécurité. Il faut y vivre pendant un certain temps pour mieux comprendre ce sentiment répandu dans la population, mais qui n'est pas fondé en réalité. Selon un sondage sur la sécurité effectué en décembre 2006 par le Cabinet Office, les Japonais ont répondu aux questions suivantes :

- Est-ce que le Japon est un pays où l'on vit en sécurité ?

    Oui, pour 46,1 % ; Non, pour 52,5 %.

- Au cours des dix dernières années, est-ce que la sécurité s'est améliorée au Japon ?

    Oui, pour 11,3 % ; Non, pour 84,3 %.

- Pour ceux qui ont répondu, non, quelle est alors la cause de la dégradation de la sécurité ?

    D'une part, à cause de l'augmentation des crimes commis par des étrangers, pour 55,1 % (dont la plupart, des sondés de la tranche d'âge de 50 à 70 ans). D'autre part, à cause de la disparition de la solidarité dans les quartiers, pour 49 %. Troisièmement, à cause de la mauvaise éducation des jeunes pour 48,1 %. Quatrièmement, à cause du développement des informations sur les crimes et délits, pour 43,8 %.

- Quel est l'endroit le plus probable pour une agression ou un délit ?

    Dans la rue, pour 62,2 %, dans les quartiers animés, pour 44,7 %, en naviguant sur Internet, pour 44,1 %, dans les parcs pour 37,4 %.

- Que pensez-vous des actes criminels commis de nos jours ?

    Les criminels sont de plus en plus jeunes, pour 77,2 % ; les crimes sont de plus en plus cruels, pour 66,5 % ; les victimes sont de plus en plus des enfants et des personnes âgées, pour 61,3 % ; le motif de l'acte criminel est de plus souvent dérisoire, pour 58,4 %.

Mais il résulte des statistiques de l'Agence de la Police nationale, que le nombre d'affaires traité par la police a diminué de 4,7 % en 2008, par rapport à l'année précédente et pour la sixième année consécutive.

Ainsi, si on examine de plus près la situation, il semble que généralement, les Japonais ont bien plus à craindre de leur entourage et de leur propre famille que d'une mauvaise rencontre avec un inconnu ou un "gaïjin" (étranger). Car trop souvent, on accuse l'augmentation du nombre d'étrangers d'être la principale source de la montée de la délinquance et des crimes, alors qu'ils ne représentent que 1,69 % de la population totale en 2007. Mais il ne faut pas négliger le fait que les bonnes mœurs sont en décadence dans ce pays qui est encore gouverné depuis ses origines par la politesse. Mais au Japon, les crimes semblent bien plus horribles que dans n'importe quel autre pays du monde. Il arrive trop souvent que le meurtrier ne se limite pas à tuer sa victime, il la découpe en morceaux, ou bien seulement la tête, pour aller ensuite l'exposer à l'entrée d'une école, ou tout autre acte du même genre.

En 2006, la police japonaise a enregistré 1,38 million dépôts de plaintes, mais c'est 3,8 % de moins qu'en 2005. Cette diminution correspond à une diminution du nombre d'escroqueries. En revanche, il y a eu une hausse de 13,2 % des plaintes relatives à la famille, au travail et au voisinage, pour la troisième année consécutive. Les troubles du voisinage représentent 1/3 des plaintes et portent sur des problèmes liés au ramassage des ordures ménagères, au bruit, aux problèmes de délimitation de propriété, et également, de harcèlement moral. La police demande plus d'effectifs pour s'occuper de ces nouveaux types de litiges, et n'est pas du tout préparée à gérer ces nouveaux types de conflits auxquels elle n'est vraiment pas habituée.

Le nombre de harcèlements sexuels dans les écoles, selon le ministère de l'Éducation en 2005, 124 enseignants publics ont été sanctionnés pour harcèlement sexuel ou bien viol sur mineurs, dont 86 ont été licenciés. En 2006, le département de Kanagawa a lancé une enquête dans l'enseignement public, à laquelle seulement 362 lycéens ont répondu. Parmi eux, 148 ont répondu, "oui", qu'ils avaient effectivement subi une forme de harcèlement sexuel, de façon verbale dans 58 cas, par des attouchements dans 51 cas, et dans 16 cas par l'accomplissement d'un acte sexuel. Dans 64 cas, ce sont des camarades qui harcèlent d'autres camarades, et dans 62 cas, le harcèlement vient des enseignants. Dans la plupart des cas où l'écolier va se plaindre à d'autres enseignants ou bien à ses parents, il n'est pas écouté et personne ne les prend au sérieux. À cause de cette attitude négative, ils subissent encore plus le harcèlement, et cela peut parfois mener la victime jusqu'au suicide. Il y a eu 34.000 consultations, en 2005, pour abus sur enfants mineurs dans l'ensemble des Services départementaux pour la protection de l'enfance. Chiffre record depuis la publication du premier *Livre blanc sur la Jeunesse* en 1990.

En ce qui concerne les violences familiales, le Japon a atteint le chiffre record de son histoire, 34.472 cas en 2005. La Cour suprême a répertorié 169 cas de séparations d'enfants de leurs parents pour les protéger de la violence qui émane le plus souvent de la mère. En 2006, il y a eu quatre fois plus de cas de violences qu'il y a dix ans. Il s'agit d'actes de violences physiques, de négligence, de violence psychologique et d'actes sexuels. Le nombre de cas de maltraitance sur des enfants, dans lesquels la police est effectivement intervenue, s'est élevé à 149 de janvier à la fin juin 2007, soit 24,2 % de plus en un an et le chiffre le plus élevé depuis l'an 2000, selon l'Agence de la Police nationale. Dans les cas impliquant des victimes de moins de 18 ans, 113 cas d'abus physiques, 27 cas d'abus sexuels et 10 sont morts faute de soins. Parmi les 164 tyrans, 48 étaient les mères des victimes et 45 leurs pères. Sur 157 enfants maltraités, 22 avaient un âge inférieur à un an et 10 avaient seulement un an. 18 enfants sont morts des suites de maltraitance pendant le premier semestre 2007, tandis qu'il y en avait eu 28 au premier semestre 2006. La police tente d'empêcher la maltraitance des enfants en rendant visite aux parents suspectés. Le nombre de délinquants juvéniles, confirmés au premier semestre 2007, est de 46.901, en baisse de 6,2 % par rapport à il y a un an et c'est le chiffre le plus bas depuis 1979. Le nombre de vols à la tire et d'attaques à main armée commis par des jeunes entre 14 et 19 ans a été divisé par deux depuis 10 ans. Pendant que 266 cas de pédophilie avec des enfants ont été rapportés par la police au premier semestre 2007. 162 pédophiles ont été arrêtés, soit une hausse de 87,7 % par rapport à l'année précédente. Dans 129 cas, les enfants ont seulement été photographiés nus. Il y a eu aussi 718 cas de prostitutions avec des enfants et 651 enfants en ont été les victimes dont 2 enfants étaient à l'école primaire, 210 collégiens et 265 lycéens.

En décembre 2008, la police de Tokyo a démantelé un réseau de pornographie infantile et arrêté sept hommes qui produisaient des DVD mettant en scène des enfants. Ils avaient créé un véritable studio de production avec 26 ordinateurs et 19 copieurs de DVD. Depuis juillet 2007, cela leur a rapporté un chiffre d'affaires de 110 millions de yens (920.000 euro) en vendant environ 300.000 DVD sur des sites Internet. Six employés recevaient un salaire de 250.000 yens (2100 euro) par mois pour télécharger des images sur Internet. Au Japon, la possession à titre individuel de vidéos et de photos pornographiques mettant en scène des enfants n'est pas punie par la loi. Seules la distribution et la commercialisation sont illégales. Mais curieusement, il est interdit de passer la douane japonaise avec une simple revue érotique étrangère, sans caractère pornographique, contenant des photos laissant paraître les parties sexuelles même ceux d'une femme. Alors que le libre accès à ce genre d'images sur Internet est impossible à interdire. Ainsi, les revues érotiques et pornographiques japonaises masquent toujours les parties intimes.

Toute société doit traiter rapidement le problème des abus sur enfants, soulignait encore *le Livre blanc 2007 sur la Jeunesse* publié par le Cabinet Office. Le nombre d'incidents pour atteintes physiques était de 14.712 en 2006, à peu près 42,7 % du total des abus, pendant que le nombre de cas de négligences par les parents était de 12.911. Le nombre d'incidents pour abus psychologiques atteignait 5797 cas, suivi par 1052 cas d'agressions sexuelles. Le nombre d'enfants victimes d'abus en école primaire était de 13.024. Le nombre d'enfants en maternelle concernés était de 8781. Le rapport officiel a établi aussi que le nombre de délits, dont les victimes étaient des adolescents et des jeunes enfants, atteignait 309.104 en 2006, une baisse de 16.938 cas par rapport à l'année précédente, dont 85 actes criminels incluant le meurtre et impliquant des victimes en âge d'aller à l'école primaire.

LES HORREURS QUOTIDIENNES

Les crimes particulièrement horribles commis le plus souvent par un membre de la famille, un parent ou un enfant, sont devenus une réalité quotidienne au Japon. En voici d'autres exemples relatés par la presse de mai à juillet 2007 :

- Un lycéen de 17 ans a été arrêté, au mois de mai 2007, pour avoir tué sa mère. Il a dit à la police qu'il avait tué sa mère vers 1 h 30 du matin. Puis, il est allé dans un établissement de karaoké et de cybercafé en laissant le sac contenant la tête de sa mère dans le panier de la bicyclette. Il a d'abord laissé un message sur Internet au sujet de son crime avant de regarder un clip vidéo. Abandonnant son vélo devant l'établissement, il a récupéré son sac dans le panier et il a pris un taxi à 7 heures du matin pour se rendre au bureau de police sans changer ses habits tachés de sang. Cela peut sembler impossible en dehors du Japon, mais il faut savoir qu'il est tout à fait possible et normal au Japon que personne ne s'inquiète de votre tenue. En emmenant la tête de sa mère à la police, il voulait attirer l'attention des médias, a-t-il avoué. Ensuite, la police a trouvé le corps sans tête au domicile et constaté qu'il lui avait aussi coupé le bras droit. Ils ont trouvé un couteau et une scie dans la chambre qu'il avait achetés lui-même dans un magasin de bricolage. La police pense qu'il voulait couper le corps en plusieurs morceaux, mais qu'il a abandonné cette idée, et elle a également trouvé des mangas avec des images d'actes de cruauté. "Je l'ai tué moi-même pendant qu'elle dormait. Je voulais tuer quelqu'un, n'importe qui ! J'espérai une guerre ou une attaque terroriste", tout en insistant qu'il détestait la société. Il a tué sa mère, qui allait avoir 47 ans, le jour de son anniversaire. Depuis le Golden-Week (semaine officielle de vacances au mois de mai), il était absent du lycée. Il vivait avec son jeune frère dans un appartement proche de l'école, car le domicile familial était à 60 km. C'est une pratique courante au Japon de louer un logement proche de l'établissement scolaire pour ses enfants lorsque le domicile est trop éloigné. La mère venait parfois leur rendre visite et y passer la nuit. C'est là qu'il a tué sa mère parce que c'était la première à se présenter lorsqu'il prit la décision de tuer quelqu'un. Il avait d'abord envisagé de tuer son frère, mais lorsque sa mère est arrivée, il avait décidé de les tuer tous les deux. Finalement, il n'a pas tué son frère, parce qu'il dormait profondément, a-t-il dit. Le garçon se rendait, déjà et régulièrement, à l'hôpital pour être suivi au sujet de troubles du comportement et de la personnalité. Au lycée, on dit qu'il parlait rarement aux gens, qu'il n'avait pas d'amis, ne s'intéressait pas aux études et ne participait à aucune des activités extrascolaires.

- Le 24 juillet 2007, un inspecteur de police de 41 ans a été arrêté pour avoir seulement dit à une fille de 23 ans qu'elle était sexy et qu'elle avait de belles jambes, lorsqu'il se trouvait dans le métro.
- Un homme a tué son père de 69 ans en lui perçant un trou sur la face à l'aide d'une perceuse électrique après avoir pris une dose massive de médicaments contre le stress. En juillet 2007, le tribunal a conclu qu'il l'avait fait dans un moment de folie.
- Une mère s'est suicidée en sautant sur la voie ferrée avec ses deux enfants, de trois ans et d'un an, à l'arrivée du train. Le mari a dit qu'il n'avait aucune idée sur ses motivations.
- Un lycéen de 17 ans a été arrêté, début juillet 2007, pour avoir forcé trois lycéennes à se prostituer.
- Un homme et une mère ont tué un enfant de quatre ans qui les dérangeait en criant lorsqu'ils étaient en train de faire l'amour dans la voiture.
- Un lieutenant de police a été arrêté pour avoir peloté les fesses d'une étudiante de 20 ans dans le métro à Tokyo, début juillet 2007.
- Un ancien instituteur a été condamné à deux ans et demi de prison, en juillet 2007, pour avoir posté sur sa page Web des photos d'enfants morts au cours d'accidents de la route, sans la permission des familles, et pour la diffusion de photos pornographiques d'enfants. La police a saisi son ordinateur qui contenait environ 800.000 photos d'enfants nus ou bien victimes d'accidents.
- Un père a tué ses trois enfants en tentant de déguiser les meurtres en suicides et en tentant de se suicider à son tour. Il était sans travail, mais il faisait croire le contraire à sa femme en lui donnant 300.000 yens par mois que sa propre mère de 74 ans lui donnait depuis un an. Il a tué ses enfants en disant qu'il ne pourrait jamais leur payer des études à l'université.
- Le 26 juin 2007, un étudiant de 20 ans a tué son père et ce même jour, dans le département d'Ishikawa, le fils d'un haut fonctionnaire de police de 27 ans a tué sa propre mère.
- Une mère, qui a tué son fils de 4 ans en l'étouffant après l'avoir frappé à la tête, a été condamnée à 15 ans de prison.
- Une autre femme a été arrêtée pour avoir abandonné son mari à la maison et le laisser mourir de froid en novembre 2006. Son mari était paralysé et restait allongé sur un lit dans une chambre dont les vitres étaient cassées. Elle a refusé de lui donner de la nourriture ou de changer ses sous-vêtements sales. Il ne pesait plus que 35,6 kilos lors de sa mort.
- Une femme de 32 ans de Tokyo a abandonné le corps mutilé de son mari (30 ans) en décembre 2006 dans les quartiers de Shinjuku et de Shibuya. Elle l'a frappé à la tête avec une bouteille de vin, tandis qu'il dormait, puis elle lui a coupé la tête avec une scie. Le mari travaillait pour une société d'investissement. "Je voulais le tuer parce qu'il faisait comme si je n'existais pas et il était violent avec moi", a affirmé Kaori. Elle a indiqué qu'elle avait

coupé la tête parce que le corps était trop lourd à porter. Quant au bras gauche et au poignet droit, qui n'ont pas été retrouvés, elle s'en est débarrassée en les jetant aux ordures.

- Un jeune de 21 ans a été arrêté pour le meurtre de sa sœur cadette dont le corps, découpé en morceaux et découvert par sa mère, était emballé dans trois sacs plastiques dissimulés dans un placard. La victime vivait au domicile familial avec son père, un dentiste de 62 ans, sa mère de 57 ans et ses deux frères. Yuki MUTO a expliqué qu'il a été contrarié par une remarque de sa sœur qui lui aurait reproché de "ne pas avoir de rêves". Le frère et la sœur étaient seuls au moment des faits, le reste de la famille était parti rendre visite à des proches dans le nord du Japon.
- Un tribunal a condamné à mort un homme pour avoir assassiné deux jeunes femmes et un adolescent contactés via un site Internet de rencontres pour candidats au suicide collectif. Il avait étouffé ses trois victimes en 2005 et filmé les meurtres. Il les avait attirés dans une région montagneuse déserte en leur proposant de mourir avec eux, une femme de 25 ans, un homme de 21 ans et un lycéen de 14 ans. Il les avait attachés puis étranglés à mains nues. Les affaires de suicides collectifs, généralement organisés sur Internet, sont un phénomène de société au Japon. En 2005, 91 personnes se sont donné ainsi la mort, contre 55 en 2004 et 34 en 2003. Le plus souvent, les victimes ne se connaissent pas et se donnent rendez-vous dans un endroit désert avant de s'asphyxier en allumant des réchauds au charbon dans des voitures closes.

D'autre part, le harcèlement sexuel, moins grave que les crimes, est particulièrement fréquent, dont voici deux exemples :

- Il y a eu six arrestations d'employés de la chaine NHK en 9 jours, en 2007, pour propos obscènes. La chaîne de télévision publique a décidé d'organiser un entretien personnel avec chacun de ses 11.000 employés.
- Un professeur a dû donner sa démission pour avoir harcelé sexuellement des lycéennes en leur posant des questions écrites du genre : quel est votre tour de poitrine ? comment s'appelle votre petit ami ? avez-vous des relations sexuelles ?

Ce n'est pas une liste limitative, mais ce ne sont que quelques un des faits qui se sont produits dans un court laps de temps, en quelques mois de l'an 2007. Mais le pire semble encore à venir, parmi les faits divers durant l'année 2008 :

- Un homme de 34 ans a découpé une jeune voisine de 23 ans en petits morceaux pour s'en débarrasser en les jetant dans la cuvette des toilettes et en tirant la chasse d'eau ; finalement, il a été condamné à la prison à perpétuité le 18 février 2009 par le Tribunal de Tokyo, pourtant la famille de la victime, laquelle a participé activement au jugement, avait réclamé la peine de mort. Il y a échappé parce qu'il n'a commis qu'un seul meurtre sans

préméditation et n'avait jamais commis de délit auparavant. Le dépeçage du cadavre en petits morceaux ne constituant pas un élément suffisant pour le condamner à mort. Finalement, la famille de la victime a fait appel de la décision du Tribunal de Tokyo.
- Une femme de 58 ans avait élu domicile dans le placard d'une maison à l'insu de son occupant, elle y vivait depuis plusieurs années ;
- Une lycéenne s'est pendue après avoir lu un message sur son blog Internet lui disant qu'elle ferait mieux de mourir ;
- Soulignons aussi le cas typique d'une Japonaise de 29 ans qui a été retrouvée pendue avec une écharpe dans les toilettes d'un avion de la compagnie Korean Air en provenance de Honolulu, alors que l'appareil s'apprêtait à atterrir à l'aéroport de Séoul. La passagère japonaise devait ensuite prendre un autre avion pour le Japon. Elle n'a laissé aucun message, mais il est fréquent chez les Japonais, surtout ceux ayant fait un long séjour à l'étranger, de ne pas supporter le choc du retour dans leur pays. Il n'est pas rare que le suicide ait lieu pendant le retour, juste avant ou après un long séjour à l'étranger.
- Un homme de 46 ans, Tsuyoshi KOIZUMI a tué à coups de couteau, le 18 novembre 2008, l'ancien vice-ministre administratif de la Santé (1996-1999) Takehiko YAMAGUCHI et son épouse. Il les a tués à leur domicile en se faisant passer pour un livreur. Dès le lendemain, il a poignardé l'épouse de Kenji YOSHIHARA, également ancien vice-ministre administratif (1988-1990). Ces deux anciens hauts fonctionnaires avaient participé à l'élaboration du droit à la retraite de base pour tous en 1985. Yoshihara était absent de son domicile, mais sa femme a été gravement blessée. Le tueur s'est finalement rendu lui-même à la police le 22 novembre. Le mobile reste encore mystérieux. Toutefois, il a affirmé à la police qu'il avait compris que ce ne sont pas les politiciens qui gouvernent le pays, mais les fonctionnaires. Et il a avoué qu'il envisageait de tuer environ une dizaine de personnes, dont d'autres vice-ministres administratifs (le rang le plus élevé dans la fonction publique) avec des membres de leur famille. Il faut souligner l'attitude inacceptable des médias japonais qui avaient aussitôt qualifié ces faits criminels d'actes commis par un terroriste, alors qu'il n'existait aucun indice en ce sens.

TOMOHIRO, UN GARÇON TOUT À FAIT ORDINAIRE

Tout a commencé à la maison pour Tomohiro KATO, un jeune homme de 25 ans originaire d'Aomori, une ville du nord du Japon, a attiré tous les regards après avoir foncé dans la foule et tué trois personnes avec sa camionnette, alors que l'avenue était entièrement piétonnière et interdite aux véhicules ce jour-là. Puis, il est descendu avec un couteau et il a poignardé à mort quatre personnes et blessé dix autres, le jour même de l'anniversaire de sa mère. Dans un déchaînement qui n'a duré que quelques minutes sur l'avenue principale d'Akihabara, appelé la "cité électronique" de Tokyo, au début de juin 2008. Tout le monde se demande encore comment il a pu en arriver là. Ce déchaînement meurtrier trouve sans aucun doute ses origines au sein de ses relations avec sa famille, dans son éducation et son parcours professionnel.

Tomohiro a grandi dans une famille ordinaire japonaise, qui fait partie de la classe moyenne. Ses deux parents seulement diplômés de l'enseignement secondaire avaient un complexe d'infériorité. Son père (49 ans) travaille dans une banque régionale et sa mère (53 ans) est femme au foyer, ce qui n'est pas dégradant pour une femme mariée au Japon. Ils voulaient que leur fils aille à l'université et qu'il devienne médecin.

Tomohiro était un enfant tellement remarquable, qu'il était cité en exemple parmi les autres enfants. C'était un enfant brillant et joyeux dont les parents tenaient à ce qu'il reçoive la meilleure éducation. Ses parents étaient trop sévères, ainsi une voisine se souvient avoir vu Tomohiro, encore enfant et habillé légèrement, puni par ses parents à rester dehors pendant plusieurs heures dans la neige d'une hauteur de plus d'un mètre. La voisine était intervenue en vain auprès de ses parents pour que cesse ce genre de punition. Le petit frère a également avoué qu'il arrivait que Tomohiro soit puni en étant obligé de manger de la nourriture étendue sur une feuille de journal posée sur le sol.

Tomohiro a réussi à rentrer au Lycée d'Aomori, réputé pour être le meilleur du département. Cependant, meilleur élève au collège, il ne l'était plus au lycée. À partir de là, tout a pris un chemin différent de ce que ses parents avaient prévu, et les rapports familiaux se sont de plus en plus dégradés au fil du temps. Même si pour satisfaire ses parents, Tomohiro a continué à réprimer ses propres désirs et à faire tout ce qu'ils attendaient de lui pour son avenir au lieu d'être tout simplement lui-même. Dans les meilleurs lycées du pays, dont le Lycée départemental d'Aomori, les rapports humains entre professeurs et élèves sont très limités, peu importe les problèmes personnels, seuls les résultats de réussite au concours d'entrée dans les meilleures universités comptent.

Puis, Tomohiro a décidé d'aller à l'Université de Hokkaido faire des études d'ingénieur, mais il a échoué au concours d'entrée. Il a dû se contenter d'une formation de mécanicien automobile en deux ans au Nakanihon Automotive

College, car il était passionné d'automobiles. Ses parents étaient très déçus par leur fils, lequel n'avait pas réalisé tous leurs espoirs. Pourtant, il espérait ensuite poursuivre des études à l'Université nationale de Hirosaki dans sa région natale pour devenir enseignant. La moitié de ses camarades de lycée avaient déjà intégré cette université. Mais il n'a pu réaliser son rêve, sans doute qu'il ne pouvait pas lui-même financer cette formation et qu'il n'avait plus le soutien de ses parents. Finalement, il n'a pas obtenu le certificat de mécanicien, et il a ensuite travaillé comme ouvrier sous contrats à durée déterminée et en intérim dans des villes différentes. Quand il a déménagé à Sendai, son jeune frère était également étudiant dans cette ville et son père y avait été temporairement muté. Mais les trois hommes de la famille vivaient séparément, tandis que, la mère était restée dans la maison familiale d'Aomori. Ses parents vivent séparément depuis l'été 2007 et envisageaient de divorcer depuis quelques années. Puis son frère a ensuite trouvé un travail dans une banque comme son père.

Il a eu un sentiment d'infériorité par rapport à ses camarades de lycée qui ont mieux réussi professionnellement. Sans doute qu'il ne voulait jamais se rendre aux réunions annuelles des anciens élèves de lycée de la même promotion. En effet, dans ces réunions, courantes au Japon, chacun se vante de sa situation professionnelle et on se moque parfois ouvertement de celui qui a échoué. Abandonné à lui-même, il souffre d'être rejeté par sa famille, et de la solitude, d'autant plus qu'il n'a pas de petite amie. Tomohiro a tenté de se suicider en 2006 en projetant sa voiture contre un mur. Cet accident l'a précipité dans l'endettement pour rembourser tous les frais. Il était complètement désespéré pour l'avenir, parce qu'il ne pouvait pas fonder une famille sans un emploi stable et suffisamment rémunérateur.

Tomohiro n'était pas du tout l'"otaku" meurtrier (fanatique de mangas et de vidéos violents), tel qu'il a été décrit au début par les médias. Il cherchait plutôt à communiquer avec les autres en envoyant des messages par téléphone cellulaire, mais en vain, et en relatant son projet criminel sur un forum de son fournisseur d'accès au téléphone. Personne ne lui a jamais prêté attention, il a donc décidé de faire quelque chose d'important pour attirer le regard des autres, mais cette fois dans le monde réel et non plus virtuel. Le plus important à retenir, c'est que chaque parent et chaque enfant peuvent se sentir visés à travers l'histoire de Tomohiro. Les parents peuvent se sentir coupables de se comporter de la même façon à l'égard de leurs enfants, et ces derniers se sentir brimés et rejetés également comme Tomohiro. Ainsi, tous les jeunes "Freeters" qui vivent dans la précarité comprennent la souffrance de Tomohiro. D'où une autre question également : est-ce que les institutions et les chefs d'entreprises se sentent aussi responsables ? Car, peu de temps avant de commettre son action criminelle, le bruit courait qu'il allait perdre son emploi d'intérimaire et le logement attribué par la société d'intérim. Ce qui a précipité l'évènement qui a suivi. D'ailleurs, à la suite de ces faits, les syndicats des travailleurs intérimaires envisagent d'exiger la garantie pour l'intérimaire ayant perdu son travail d'être maintenu dans son logement, le temps de retrouver un nouvel emploi. Car les jeunes travailleurs précaires sans logement finissent par se retrouver dans des cybercafés pour y dormir si ce n'est pas dans la rue.

Une bonne part des Japonais ont l'impression que tous les sacrifices qu'ils font, et qu'on leur demande aussi ne leur apportent plus rien. Parce que, depuis les années 1990, ils n'espèrent non pas réussir leur vie, mais surtout de ne pas tomber dans la précarité. C'est aussi le sentiment qui domine aujourd'hui dans tous les pays du monde. Mais au Japon, cela est plus fort qu'ailleurs, car il faut maintenir la compétitivité économique du pays.

Le plus triste, c'est que Tomohiro est un pur produit de la société japonaise, une victime du système plutôt qu'un véritable criminel. Mais il sera condamné à mort par la société elle-même, laquelle a fait de lui un monstre en le privant de tout espoir d'une vie meilleure. Les experts en criminologie reconnaissent qu'il n'était pas sous l'emprise de la folie au moment des faits, ce qui l'aurait épargné à être condamné à la pendaison. La Justice japonaise se comportera donc elle-même en criminel à l'égard d'un Japonais tout à fait ordinaire et d'une famille ordinaire, lequel a commis un crime plutôt banal au Japon, sauf par l'importance du nombre de victimes. Mais que lui reprochait-on finalement, de ne pas être remarquable ("medatsu"), extraordinaire ? Tomohiro après avoir été un brillant élève est redevenu "futsu" (ordinaire) lorsqu'il était lycéen, et même dans le travail, selon ses supérieurs. Ce qui entraine un sentiment de honte et des intimidations de la part de son entourage. Son action criminelle signifiait qu'il ne supportait plus d'être "futsu" et qu'il voulait faire quelque chose de "medatsu".

Les tribunaux japonais ont tendance à imposer des sentences plus lourdes, tandis que l'opinion publique reste passive à cause de la montée du sentiment d'insécurité. Selon un sondage réalisé en 2004, plus de 80 % des Japonais étaient partisans de la peine de mort en cas de crimes cruels et seuls 6 % étaient contre. Ainsi, quatre condamnés à mort pour meurtre, dont deux septuagénaires ont été pendus le jour de Noël 2006, et depuis cette date, 19 autres exécutions ont suivi. Avant chaque exécution, les autorités ne divulguaient jamais les identités des condamnés ni les lieux d'exécution. Les organisations de défense des droits de l'Homme dénoncent régulièrement l'absence d'informations. Le Japon est le second grand pays industrialisé, avec les États-Unis, à ne pas avoir aboli la peine de mort. Le nombre des condamnés à mort ne cesse d'augmenter, il était de 24 en 1980 et de 46 en 1990. Puis, la barre des 50 a été franchie en 1991 pour atteindre 66 en 2004 et 77 en 2005. La Justice japonaise a prononcé 44 condamnations à mort en 2006, ce qui fait un record de 94 condamnés qui attendent leur exécution. Au 28 octobre 2008, il y a 101 condamnés à mort qui attendent. Parmi ceux en attente d'être exécutés, il y a Shoko ASAHARA (né en 1955), gourou de la secte "Aum" ("Vérité suprême"), responsable de l'attentat au gaz sarin dans le métro de Tokyo en 1995. Par ailleurs, Amnesty International dénonce le fait que la famille du condamné ne soit pas informée à l'avance de l'exécution, et d'autre part, que les exécutions se déroulent souvent pendant les vacances parlementaires en décembre et en juin. Enfin, ce n'est que depuis 1998 que le gouvernement annonce officiellement à l'avance que des pendaisons auront eu lieu.

Cependant, le 7 décembre 2007, pour la première fois dans l'histoire du pays, le ministre de la Justice, Kunio HATOYAMA, a décidé de rendre publics, le nom, le fait du crime commis et le lieu d'exécution (mais toujours après l'exécution) en tenant compte de la nécessité de transparence de l'information. Pendant la seule année où il était en fonction, il a ordonné 13 fois l'ordre d'exécuter un condamné. Il a ainsi battu un record historique qui a été très critiqué en juin 2008 par le journal *Asahi*, qui le surnommait "la Mort" dans son éditorial. Enfin, à partir du 21 mai 2009, le jury a été institué, il est composé de simples citoyens tirés au sort à partir des listes électorales, dans la procédure pénale concernant les délits et les crimes, comme cela se fait déjà depuis longtemps dans les grands pays démocratiques. Déjà, depuis le 1er décembre 2008, il est possible, dans toute procédure pénale, pour la victime ou sa famille de participer directement au jugement en posant des questions à l'accusé et en donnant son avis sur la peine à appliquer.

La montée progressive du sentiment d'insécurité chez les Japonais, lesquels sont largement pour l'application de la peine de mort, ne fera sans doute pas diminuer le nombre de condamnés à mort. Bien au contraire, ce seront les citoyens qui porteront cette lourde responsabilité et non plus un groupe restreint de juges professionnels et les autorités du pays.

Toutefois, il reste de la responsabilité de l'État et de la volonté politique de tout gouvernement et de ses élus d'abolir la peine de mort en la considérant comme un acte barbare, indigne et trop souvent injuste, lorsque malgré l'absence de preuves, un individu est condamné à mort par la seule conviction des juges et d'un jury populaire. Donc, avec l'apparition d'un jury dans la procédure criminelle japonaise et la participation directe au jugement de la famille de la victime, il y aura plus de condamnations à mort, et davantage de condamnations insuffisamment justifiées. C'est surtout le risque d'une montée de cette injustice-là (lorsque la conviction l'emporte sur la preuve dans une sentence de peine de mort) qu'il faut stopper, et qui suffit déjà comme seul argument pour supprimer définitivement la peine de mort.

LES "BOSO-ROJIN" EN PRISON

Le romancier Tomomi FUJIWARA est à l'origine de l'expression *Boso rojin* qui constituait le titre de l'un de ses ouvrages documentaires. Selon lui, la cause principale de ce phénomène résulte de l'isolement, de la paupérisation, des insuffisances du système de soin pour les personnes âgées. Les "Boso-rojin" sont des personnes âgées ("rojin") qui se retrouvent en prison pour avoir commis un crime ou pour récidive d'un simple délit de vol à l'étalage. Mais le plus souvent, ces séniors emprisonnés ne sont pas vraiment "boso" ; c'est-à-dire, qu'ils auraient commis un acte délictuel ou un crime sans réfléchir. En effet, la plupart le font volontairement pour être emprisonnés parce qu'ils seront nourris, logés et soignés gratuitement. C'est la misère, le désespoir et leur abandon par la famille et l'État qui poussent ces séniors à devenir des délinquants.

Ainsi, le 22 août 2008, une femme sans domicile fixe, Hatsuko KITAGAWA, âgée de 79 ans, a poignardé deux jeunes femmes dans la foule de la gare de Shibuya à Tokyo. Elle a vécu dans un foyer de SDF jusqu'au 18 août, puis elle s'est retrouvée dans la rue complètement désemparée. Ce qui la conduit à commettre ces actes pour trouver refuge en prison.

Selon les résultats du Rapport 2007 sur les crimes et délits de l'Agence de la Police nationale, les séniors de plus de 65 ans représentent plus de 10 % des interpellations dans le cadre de crimes et délits, en dehors des infractions au Code de la route. Ainsi, en 2007, il y a eu 48.597 arrestations, alors qu'en 2005, la criminalité des séniors ne représentait que 42.108 arrestations. Les séniors sont en général poursuivis pour vol dans 65 % de l'ensemble des délits contre 50 % pour la moyenne nationale. Toutefois, le nombre de crimes, commis par les plus de 65 ans, a triplé depuis 1996 (12.423 arrestations).

Selon les derniers chiffres du ministère de la Justice, le nombre de nouveaux séniors emprisonnés en 2006 a atteint 1882 personnes. Alors qu'en 2005, le nombre de nouveaux détenus de plus de 65 ans s'est élevé à 1597, tandis qu'ils n'étaient que 517 à entrer en prison en 1996. Les nouveaux détenus de plus de 70 ans n'étaient que 162 en 1996, mais ils étaient 597 en 2005. Sur 599 détenus de plus de 65 ans sortis de prison entre août et novembre 2006, un tiers n'a jamais effectué de tâche générale en prison. Parmi ceux qui avaient plus de 75 ans, 60 % n'ont jamais exécuté de tâches générales. 91 séniors détenus interrogés ont exécuté des tâches légères ; 69 séniors détenus ont travaillé dans leur cellule sous la surveillance d'un gardien ; et 10 % des plus de 75 ans étaient incapables de réaliser une tâche. Certains sont atteints de la maladie Alzheimer.

Leurs mouvements sont plus lents, ils ont des difficultés à comprendre les ordres les plus simples. Il faut leur consacrer beaucoup plus de temps et faire preuve de patience. Ceux qui ne peuvent plus cohabiter avec des détenus plus jeunes ou qui ne parviennent plus à se rendre d'un endroit à l'autre doivent être enfermés séparément et leurs tâches sont simplifiées. Toutefois, les prisonniers âgés doivent faire des tâches générales lorsqu'ils en ont la capacité. Pour faire face au vieillissement de la population carcérale, les établissements ont adapté leurs structures en les équipant de rampes d'accès pour les fauteuils roulants, de poignées dans les salles de bains. Des aides-soignants(es) sont à leur disposition. *Mais il ne faudrait quand même pas que les prisons deviennent des maisons de retraite !* a précisé le ministère de la Justice.

D'autre part, dans 1/3 des cas, la victime est le conjoint, soit deux fois plus que la moyenne nationale. Par exemple, deux octogénaires ont été arrêtés pour l'assassinat de leur épouse, l'un à cause d'une simple querelle familiale et l'autre parce que sa femme était devenue paraplégique. À la suite de leur crime, les séniors tentent parfois de se suicider. Selon les experts en criminologie, cette augmentation de la criminalité chez les séniors s'explique principalement par la dissolution de la cellule familiale et par la grande solitude des personnes âgées.

LE TRAITEMENT DES GROSSESSES NON DÉSIRÉES : UNE BANALITÉ

Les mineures insouciantes traitent leur grossesse non désirée comme une banalité. Reiko, gagne sa vie en vendant illégalement la pilule ordinaire et la "pilule du matin" à des filles mineures. À 20 ans, elle en a rencontré beaucoup, mais elle est choquée par la manière dont beaucoup d'adolescentes considèrent leur problème de grossesse. "Les adolescentes préfèrent plutôt prendre la pilule du matin. Même si vous leur enseignez la bonne façon de prendre les pilules contraceptives, elles les prendront toutes en une seule fois et vont s'effondrer. Ou bien, dans le cas de la pilule du matin, elles vont en prendre une seule au lieu des deux. Ensuite, elles se plaignent qu'elles saignent tout le temps. On grossit quand on prend la pilule, alors elles détestent ça ! Beaucoup de celles qui continuent de la prendre régulièrement prennent d'autres médicaments pour maigrir. Je vais arrêter ce business, parce que beaucoup de gynécologues ont commencé à prescrire la pilule aux mineures, même si elles ne présentent pas de numéro d'assurance maladie ou une permission de leurs parents. Souvent, les hommes qui payent pour avoir des relations sexuelles avec ces filles vont leur payer la pilule du matin, et il y a aussi des filles qui vendent la pilule aux mineures sur Internet. Maintenant, il y a ce médicament, le Cravit qui se vend vraiment bien ! Ça marche comme la pilule du matin, normalement on l'utilise contre les infections." [15] Mais son succès vient peut-être de son usage dans un autre but que celui de combattre une infection vaginale. Reiko ajoute que, "L'avortement provoqué en consommant une grande quantité de pilules

---

[15] Notez que le Cravit, lancé en 1993 au Japon par l'entreprise pharmaceutique Daiichi, représente la première vente du groupe depuis sa commercialisation : 52,5 millions de yens, dont 23,5 à l'exportation, soit 20 % de son chiffre d'affaires en 2004.

fortement dosées est devenue une chose banale. J'entends souvent des filles avouer qu'elles étaient enceintes, et qu'elles se sont débarrassées du bébé en prenant une dose énorme de pilules. Il y a des filles qui pensent qu'une grossesse, ce n'est rien du tout."

Selon un médecin, "il y a beaucoup d'hôpitaux qui exécuteront un avortement sur une mineure. Peu importe si elle a présenté un faux numéro d'assurance maladie. Ils ne le font pas pour des raisons humanitaires. S'ils appellent les parents de la fille, celle-ci pourrait s'enfuir et il serait peut-être trop tard pour l'avortement, et si on la retrouve ! Certains de ces médecins sont accusés d'être des tueurs de bébés ou des marchands de la mort. Pour éviter cela, ils demandent toujours l'accord de l'intéressée. En cas de faux numéro d'assurance maladie, le médecin s'expose à des poursuites judiciaires, alors même dans cette situation, l'avortement n'est jamais gratuit. Si une de ces jeunes filles doit payer, c'est le tarif normal, mais il est possible de payer en plusieurs fois ou de payer plus tard. Mais ce n'est possible que dans certains hôpitaux de Tokyo ou d'autres grandes villes."

Pour Reiko, "beaucoup d'hôpitaux pratiquent des avortements sur des mineures sans poser de questions. Et il est facile pour les filles de savoir où aller, grâce à des listes que l'on peut trouver sur Internet et par téléphone. Mais on risque de tomber sur des escrocs qui vendent une liste d'endroits où l'on peut avorter sans assurance maladie et sans fournir une permission parentale. Seulement, ils exigent le paiement d'avance de la moitié du coût de l'intervention, puis ils ne donnent plus de nouvelles, dès qu'ils ont reçu l'argent."

En 2007, 39 filles de moins de 14 ans ont accouché d'un enfant, et de 15 à 19 ans, 15.211 filles ont eu un enfant.

Voici trois cas d'accouchement par des jeunes filles mineures soupçonnées d'avoir tué leur bébé :

- Le 5 juin 2007, une lycéenne de 18 ans a mis au monde un garçon dans les toilettes du lycée. Peu après l'accouchement, elle a appelé une amie par téléphone mobile pour qu'elle vienne l'aider. Alertés par son amie, les enseignants ont appelé l'hôpital. Le bébé est mort pendant son transport à l'hôpital. Le bébé a été trouvé dans la cuvette des toilettes. Il pesait 2,8 kg et le cordon ombilical était encore attaché à son corps. Elle pourrait être poursuivie pour meurtre, tout dépend des résultats de l'enquête. Les enseignants ignoraient qu'elle était enceinte.
- Dans le département de Nara, en avril 2007, une jeune fille de 16 ans a accouché dans la salle de bain de la maison et sa petite sœur de 14 ans a jeté le bébé, le jour même, dans le jardin d'un dentiste.
- Une lycéenne de 15 ans a accouché le 23 juin 2007 à la maison et elle a caché le bébé dans le placard de sa chambre. Trois jours plus tard, ayant découvert le cadavre du bébé, la mère l'a amené dans un hôpital

accompagné de sa fille. Aussitôt la police a été avertie et a arrêté la jeune fille.
- Une quatrième affaire a eu lieu au début juin 2008. Dans une école de formation aux métiers de l'aviation, un agent d'entretien a découvert le cadavre d'un bébé dans le container à ordure d'une annexe des toilettes. Le nouveau-né était emballé dans un sac en plastique, et encore rattaché au placenta. La mère était une lycéenne de 17 ans. D'autres cas identiques continuent de se produire, on a notamment retrouvé le cadavre d'un autre nouveau-né dans les toilettes d'un cybercafé au cœur de Tokyo en octobre 2008.
- En décembre 2008, une femme mariée de 39 ans et sans enfants, vivant à Aomori a été arrêtée parce qu'elle avait conservé pendant deux ans le corps de son nouveau-né âgé d'une semaine. Lors d'une perquisition de son appartement, la police a trouvé deux autres corps de bébés nés il y a quatre ou cinq ans. Puis les os d'un quatrième bébé ont été retrouvés dans le jardin. Elle avait accouché des quatre bébés bien avant le mariage. Depuis son mariage, elle avait aussi conservé son appartement de célibataire dans lequel on a retrouvé les restes des corps.
- À Tokyo, le 26 janvier 2009, quatre squelettes de bébés morts ont été retrouvés dans des sacs en plastique rangés dans un placard dans l'appartement d'une femme de 51 ans, sans emploi, qui s'est suicidée parce qu'elle ne pouvait plus payer son loyer.

À la lecture de la presse relatant de tels faits, il semble que le "déni de grossesse" soit complètement ignoré au Japon. Et on ignore exactement, dans les cas où le déni aboutit à la mort du bébé lors de sa naissance, si la mère est condamnée par la Justice comme en France. Toutefois, il est important de donner une définition du "déni de grossesse" pour bien comprendre ce phénomène très mal connu qui se développe au Japon.

Le "déni de grossesse" se définit comme le fait pour une femme enceinte de ne pas avoir conscience de l'être et de ne pas présenter les symptômes de la grossesse. La femme victime d'un déni est déjà mère dans un cas sur deux, peu importe l'âge et le milieu social. Mais le corps ne présente pas les signes habituels de la grossesse. Il n'y a pas de "ventre", ni de prise de poids suffisante et la mère ne sent pas le bébé bouger. Il y a également des règles ou des saignements pendant ce type de grossesse. D'autre part, l'entourage de la mère ne s'aperçoit de rien, et cette grossesse peut ne pas être diagnostiquée lors d'un examen médical. Le déni peut durer quelques mois ou bien toute la durée de la grossesse, le temps d'être diagnostiqué et révélé au cours d'une visite médicale. Lorsque le déni n'a pas été détecté jusqu'à la naissance, l'accouchement arrive par surprise, et peut avoir lieu dans la solitude. Dans ce cas, la mort du bébé peut survenir accidentellement ou par manque de soins. La mère, réalisant que son bébé est mort, cherche parfois à se débarrasser du corps et à garder le silence sur son accouchement.

Le "déni de grossesse" peut se répéter chez une même personne. C'est ce qui est arrivé à une Française, déjà mère de famille, qui vivait en Corée avec son mari. Dans cette affaire, on a retrouvé les corps de deux garçons nouveau-nés, qui ne sont pas des jumeaux, dans le congélateur. Ainsi, selon la loi en France, une mère peut être condamnée à plusieurs années de prison pour infanticide, car le droit français ne reconnaît pas le déni de grossesse. Alors qu'il y aurait 600 à 1800 cas de dénis de grossesse par an rien qu'en France. Le "déni de grossesse" nous permet effectivement de mieux comprendre que ces très jeunes Japonaises qui en sont les victimes ne sont pas des criminelles et ne doivent donc pas être traitées comme telles ni par les médias ni par la justice. Il ne faut pas confondre le "déni de grossesse" avec le "syndrome de la mère tueuse", bien que le "déni" puisse entraîner chez la mère la volonté de tuer son enfant ou de le laisser mourir. En effet, le "syndrome de la mère tueuse", fort mal connu, peut aussi se manifester plus tard, après la naissance de l'enfant, voire plusieurs années après. Le "syndrome de la mère tueuse" n'est pas automatiquement lié à l'existence d'un "déni de grossesse", mais il peut parfois en être la conséquence.

Toutefois, pour les jeunes filles japonaises qui n'ont pas pu avorter à temps et qui désirent abandonner leur enfant, il existe une autre solution. Depuis février 2007, pour la première fois au Japon, un hôpital de Kumamoto au sud de l'île de Kyushu a créé un "Baby-Post", qui est un emplacement prévu pour abandonner légalement son bébé et éviter de mettre sa vie en danger. Mais au mois de mai 2007, un garçon de 3 ans a été déposé dans le seul et unique Baby-Post japonais. En bonne santé, le petit garçon a affirmé qu'il était venu avec son père, d'un département voisin. Mais l'abandon d'un enfant de cet âge était totalement imprévu par les autorités. Depuis la création de ce Baby-Post, cet hôpital de Kumamoto a reçu 7 bébés en 6 mois dont 1 seul a été récupéré par un parent. Jusqu'à la fin août 2007, ils ont reçu plus de 400 appels "au secours" provenant de tout le pays. En une seule année d'existence, fin mars 2008, le seul et unique Baby-Post du pays a réceptionné 17 bébés. Selon un sondage du ministère de la Santé effectué en 2006, 28,3 % des jeunes filles de 16 à 19 ans ont déjà eu un rapport sexuel, et 1,7 % des filles de 19 ans se sont déjà fait avorter.

QUE FAIRE EN CAS D'AFFABULATION ?

Il arrive que les accusations de harcèlement sexuel, dans les trains, ne soient pas fondées. Le magazine *Asahi Geino* a publié, en février 2007, des recommandations pour ne pas être victime de telles accusations par des affabulatrices, car elles sont de plus en plus nombreuses. Le film de Masayuki SUO, paru au début 2007, touche à ce phénomène social. Le titre du film, *Sore demo boku wa yatte inaï !* veut dire, "tout de même, je n'ai rien fait !" Ce film est basé sur l'histoire vraie d'un jeune homme accusé à tort de harcèlement sexuel à l'égard d'une collégienne. Il a quand même fait plus de trois mois de prison avant d'être reconnu innocent.

Les femmes japonaises se plaignent de plus en plus, ce qui est justifié dans la plupart des cas, mais on les croit sur parole. Les tribunaux statuent généralement en leur faveur, mais au Japon, c'est au suspect d'apporter la preuve de son innocence. Afin d'avertir ses lecteurs masculins pour éviter toute fausse accusation, l'*Asahi Geino* a donc établi une liste de conseils :

- Montez dans le wagon de tête pour trouver une place assise.
- Attention, si vous utilisez un train express, les arrêts sont plus longs et donc les risques plus grands.
- Lorsque vous êtes debout, accrochez vos deux mains à la rampe afin qu'elles soient visibles de tous.
- Tournez le dos à la femme qui est la plus proche de vous.
- Si malencontreusement vous veniez à toucher une femme, excusez-vous à haute voix pour que tous les autres passagers puissent entendre.
- N'hésitez pas à changer de place.
- Ne vous placez jamais derrière une collégienne.
- Mangez des chewing-gums ou des bonbons. Car ceux qui ont une mauvaise haleine sont plus facilement suspects.
- Si vous êtes assis en face d'une femme qui porte une jupe, ne tapez pas un message sur votre téléphone. Elle pourrait vous soupçonner d'être en train de la photographier avec votre portable.
- Ne transportez jamais d'objet qui pourrait être utilisé contre vous dans l'éventualité d'une arrestation comme des mangas pornographiques.

Si on tombe sur une affabulatrice, il ne faut attendre aucune compassion de la part des agents du métro qui livrent directement le suspect à la police sans discussion.

"Waï waï, gaya gaya !" Ce qui veut dire que, c'est amusant, qu'il y a comme un vent de folie qui souffle sur le Japon. La société japonaise a également l'inconvénient d'être parfois en désordre et un peu trop bruyante, contrairement aux idées reçues. Ce qui est banal au Japon peut parfois sembler extraordinaire au regard du reste du monde. Ces faits divers sont le reflet de la société japonaise d'aujourd'hui.

JE N'ÉTAIS QU'UNE PETITE LYCÉENNE !

"C'était l'automne, il faisait un peu froid. Je ne me rappelle pas quel jour c'était exactement, mais c'était certainement un jour de la semaine, parce que je suis d'abord allée à l'école. Puis je suis sortie à 15 h 30 et je suis rentrée aussitôt à la maison. Comme je mets mon uniforme d'école et des chaussettes tombantes pour aller à l'école, alors je me suis changée pour aller à la gare. Mais je ne me suis pas maquillée pour aller au rendez-vous. On devait se rencontrer vers 18 h devant les distributeurs de tickets de métro. Je l'ai appelé avec mon portable pour lui demander comment il était habillé, pour le reconnaître. Il portait un costume gris. Dès que je l'ai vu, je me suis dit : *il a l'air vieux, c'est un "salaryman"* ! Je lui ai demandé que ce qu'il faisait comme travail, et il m'a posé des tas de questions sur l'école et sur ce que je faisais de mon temps libre. Il avait une voiture rouge, et il m'a emmené dans un restaurant italien très ennuyeux, je ne me souviens plus où c'était ! On a mangé des spaghettis, ce n'était pas cher. Ensuite, on est allé dans un "Love-Hotel". On a encore discuté dans la chambre de tout et de rien. J'ai pris un bain toute seule et quand j'étais dans la baignoire, il s'est mis tout nu, alors on a fait l'amour tout de suite, mais il a utilisé un préservatif ! Juste après, il m'a proposé de me déposer à la gare, et dans la voiture, il m'a donné 50.000 yens. Il ne m'a pas fait de cadeau, pourtant la plupart des vieux me faisaient un petit cadeau en plus. Tous ceux qui ont voulu me baiser étaient vieux ! Dans les 30 ans et aucun ne m'attirait. Un jour, un type m'a donné une bague de chez Gucci, mais je ne l'ai pas gardé, elle était affreuse ! Je l'ai vendu et j'ai dépensé l'argent pour faire du snowboard et j'ai acheté pas mal de petits trucs "kawaï". Maintenant, je continue de faire du snowboard et des voyages.

Je ne savais même pas qu'il y avait une loi contre l'"enjo kosaï" ("enjo" signifie "aide" et "kosaï", relation, rapport, alors qu'il s'agit en réalité de prostitution ou "baïshun"). Personne ne m'a jamais dit que ce que je faisais, c'était mal. L'"enjo kosaï", ce n'est rien, mes amies et moi, on en parle, mais je n'ai aucune idée si une copine l'a déjà fait. Il n'y a que cinq ou six personnes qui savent ce que j'ai fait, mais pas mes parents, ils auraient trop honte. Après un certain temps, j'ai arrêté l'"enjo kosaï". Quand je le faisais, je pensais, à chaque fois, que c'était la dernière fois. Je me disais : "pas de problème, ne t'inquiète pas, de toute façon, ce n'est pas quelqu'un que tu aimes". Je n'ai jamais pensé que je faisais n'importe quoi, mais maintenant, je sais que c'est mal ! Voilà, je ne vais plus faire les boutiques comme avant, mais j'aime bien la nouvelle collection de Prada. J'avais l'habitude de dépenser pour m'habiller, c'est tout ! Maintenant, je travaille à temps partiel dans un hôtel, mais je connais aussi des directeurs de magasin qui me donnent des petits boulots. Ça me fait environ, entre 30.000 et 40.000 yens par mois. Mon père m'a donné ce portefeuille Vuitton. Oui, il est petit, mais c'est une bonne marque. J'arrive à économiser un peu d'argent, mais très peu. Habituellement, je sors avec mes amies pour aller dans un karaoké. Je traîne ici à Shibuya parce que c'est mort dans mon quartier. Je ne mange pas à la maison, mais avec mes amies dans un café, au moins quatre fois par semaine. Si je ne dois pas étudier, je sors le soir pour aller boire avec mes amies. Mes parents le savent que je bois de l'alcool, mais ils s'en foutent. Il n'y a pas d'heure pour rentrer à la maison. Quand j'étais petite, je voulais devenir femme au foyer. Maintenant, je ne sais plus ce que je veux faire. Je viens de passer l'examen d'entrée à l'université, mais je vais rester chez mes parents. Je n'ai jamais parlé de sexe avec mes parents ou des professeurs, vous rigolez ? Mes amies et moi, on n'en parle jamais ! Je ne l'ai fait que sept fois, y compris avec les garçons que j'aime bien en ce moment." (Propos d'une lycéenne japonaise en 2006).

PRIORITÉ À LA RÉDUCTION DU NOMBRE DE SUICIDES

En 1900 au Japon, le taux de suicide était de 18 pour 100.000 habitants, tandis qu'en 1960, il était de 21,5 pour descendre jusqu'à 15,1 en 1997. Mais avec l'avènement de la crise économique en 1998, le nombre des suicides a fait un bond de 35 % et pour se stabiliser autour de 26 pour 100.000 habitants en 2003. En comparaison, en 1900 en France, le taux était de 20,8, et en l'an 2000, il atteignait 17,5 suicides pour 100.000 habitants. Les autorités japonaises se sont fixé pour objectif de faire reculer ce taux de 24,2 suicides pour 100.000 habitants en 2006 à 19,4 en 2016. Tandis que la moyenne mondiale serait de 16 suicides pour 100.000 habitants, selon l'Organisation mondiale de la santé. Le suicide tue plus que la guerre et constitue la première cause de mortalité chez les jeunes au niveau mondial.

Le taux du nombre de suicide du Japon est remarquablement élevé parmi les huit pays les plus industrialisés appartenant au G8. En 2000, le taux du Japon, mesuré en fonction du nombre de suicides pour 100.000 habitants était de 24,1 suicides. Ce taux, est le plus élevé après la Russie, 39,4 suicides. Le taux était le double de celui des États-Unis et le triple de celui de la Grande-Bretagne et de l'Italie. La Finlande a retenu toute l'attention de la Communauté internationale pour la réduction de son taux de suicide. En Finlande, sur environ 1400 suicides par an depuis avril 1987, plus de 90 % des personnes qui ont commis le suicide étaient atteints d'une maladie mentale, mais seulement un petit nombre avait reçu le traitement médical approprié. La Finlande a mis en application de nouveaux programmes à long terme pour réduire le nombre de suicides, et le taux de suicide est tombé de 30,4 suicides en 1990 à 21,1 suicides en 2002 pour 100.000 habitants.

Selon les statistiques de l'Agence de la Police nationale (APN), le nombre de suicides était entre 20.000 et 25.000 depuis les années 1970. En 1998, le nombre a soudainement augmenté de 8000 cas de plus que l'année précédente pour dépasser le seuil de 30.000 suicides. L'augmentation était particulièrement notable parmi les hommes. Selon l'âge, depuis 2005, plus l'âge est élevé, plus les suicides sont commis par des hommes. Pour les femmes, le nombre est sensiblement plus haut parmi celles de plus de 60 ans. Chez les hommes, les difficultés financières sont la raison la plus courante, selon les notes faisant part de leur intention de se suicider, alors que, la plupart des femmes citent des problèmes de santé. La nouvelle politique du gouvernement pour lutter efficacement contre le suicide aurait dû être approuvée par le Cabinet du premier ministre avant la fin 2007. Le nombre annuel de suicides, plus de 30.000 pendant huit ans jusqu'en 2005, ne diminue pas, en dépit du rétablissement de l'économie à ce moment-là.

Après que les suicides aient dépassé pour la première fois la barre des 30.000 en 1998, le ministère de la Santé, du Travail et des Affaires sociales a entrainé le gouvernement dans une réflexion sur les maladies mentales afin d'établir un guide du traitement de la dépression. En juin 2006, une loi pour la prévention du suicide avait déjà été adoptée. Mais le taux de suicide n'a jamais été sensiblement affecté par les diverses mesures prises dans le passé, car il n'y avait pas d'informations suffisamment disponibles au cas par cas pour lutter efficacement et obtenir des détails sur les motifs du suicide. Cependant, la nouvelle loi-cadre rassemble toutes les directives du gouvernement. Cette nouvelle loi cherche à réduire le taux de suicide de 20 % d'ici 2016. Cette loi définit le suicide comme non seulement le fait qu'un individu met fin volontairement à sa propre existence, mais elle englobe également la mort provoquée par des difficultés extrêmes notamment, la mort survenant par l'épuisement au travail (phénomène appelé "karoshi". La loi envisag en plus des mesures médicales et la nécessité d'aborder les facteurs sociaux à l'origine du suicide. Cette politique de prévention prendra en compte les causes sociales et la personnalité et les problèmes de l'individu.

Les cas de suicides et de tentatives sont dus principalement à la dépression, et sont aussi liés à des troubles mentaux résultant souvent d'une surcharge de travail, par des heures supplémentaires qui peuvent atteindre 80 à 100 heures par mois au Japon. Par exemple, plus de 80 % des directeurs de "konbini" et des chaînes de restaurants familiaux sont obligés de faire beaucoup d'heures supplémentaires non payées.

Conduit au bord du suicide, un employé de 30 ans qui a travaillé pour une chaîne de restaurant faisait souvent plus de 20 heures de travail par jour et n'avait que deux jours par mois de congé. Il a été promu directeur de l'un des restaurants quelques années plus tard. Il servait les clients, préparait les plats et dirigeait une équipe de dix salariés à temps partiel. Il faisait aussi du travail de bureau à la maison, parfois jusqu'à l'aube. Peu après sa promotion, il a commencé à souffrir de violents maux de tête et de nausées, et il était constamment irrité. En 2006, il a eu une altercation violente pendant le travail et qui l'a conduit à être rétrogradé. Bien qu'il ait pensé au suicide, il n'est pas allé jusque-là. Plus tard, on lui a diagnostiqué un désordre bipolaire du cerveau après avoir été licencié à cause de ses violences répétées au travail.

Même si l'économie se porte mieux, certains en arrivent à mettre fin à leur vie à cause de leurs conditions de travail. Quand le nombre de suicides a dépassé les 30.000 en 1998, le pays devait faire face à une crise financière. Pourtant malgré le redémarrage de l'économie, le taux de suicide est resté élevé contrairement à ce qu'attendaient les autorités japonaises. Tadashi MATSUMARU, un avocat qui dirige un cabinet d'avocats-conseils spécialisés dans la défense des victimes de "karoshi" (la mort par surmenage causé par les conditions de travail), souligne que la plupart des entreprises ont de plus en plus recours au travail temporaire et aux contrats à durée déterminée. Ce qui aggrave les conditions de travail des employés à durée indéterminée qui doivent être encore plus productifs et ont davantage de responsabilités, notamment dans la tranche d'âge de 20 à 30 ans.

LE PIC DE 33.093 SUICIDES EN 2007

En 2006, le nombre de suicides dépassait encore le seuil de 30.000 cas pour la neuvième année consécutive, selon le rapport de l'Agence de la Police nationale, publié début juin 2007. Malgré, une diminution insignifiante en 2006, la police a constaté que le nombre de gens qui ont mis fin à leurs propres vies pour des raisons économiques était en baisse de 10,1 % (787 suicides en moins), soit 6969 cas en 2006. Ce qui reflétait le rétablissement de la croissance économique du pays, selon les autorités japonaises. Au total, 32.155 personnes se sont suicidées en 2006, soit une baisse de 1,2 % ou 397 cas de moins qu'en 2005, affirmait encore le rapport de la Police nationale. Parmi les suicides pour surmenage, seulement 66 cas (encore un nouveau record) ont été reconnus comme des accidents du travail.

Mais les suicides commis par des élèves et des étudiants (y compris ceux de plus de 18 ans) ont augmenté de 2,9 % (25 suicides de plus) en 2006, pour atteindre au total 886 cas. C'était la pire hausse depuis 1978, lorsque les statistiques ont commencé. Les suicides parmi les lycéens ont augmenté de 22,7 %, soit une hausse de 81 suicides, dont certains sont la conséquence des brimades subies. Par catégorie d'âge, les suicides par les plus de 60 ans et les moins de 19 ans sont en augmentation, pendant qu'une diminution a été constatée parmi ceux qui ont entre 20 et 50 ans. Les suicides commis par des gens qui ont 60 ans et plus étaient de 11.120 ou 34,6 % du total, et ceux des moins de 19 ans ont augmenté de 2,5 %, soit 623 suicides ou 1,9 % du nombre total pour 2006. 70 % des suicides sont commis par des hommes, mais le nombre de femmes suicidées est passé de 9012 à 9342 cas. Les problèmes de santé ont été invoqués comme la raison présumée la plus courante, pour expliquer presque la moitié du nombre total de suicidés (15.402 morts), suivie du motif fondé sur des difficultés économiques et la perte de son emploi. Enfin, les soucis familiaux pour 2960 cas et les problèmes liés au travail pour 1919 cas. Dans 10.466 cas (32,5 %) des suicidés ont laissé une lettre. Il en résulte que le nombre de ceux qui ont cité dans leur lettre des problèmes à l'école, tels que des intimidations et des problèmes de réussite scolaire, atteignait 28,2 %, soit 91 cas, le chiffre le plus haut depuis le début des statistiques en 1978. Avec ou sans lettre justifiant le suicide, le nombre de suicides pour des problèmes liés à l'école est de 242 cas, soit 9 cas de plus que l'année précédente. Par profession, les suicides par des professionnels indépendants au nombre de 3567 cas ont baissé de 3,6 %, suivis par une baisse de 1,8 % chez les ouvriers salariés, qui totalisent 8163 cas. Les suicides de chômeurs et de Sans-domiciles fixes (SDF) sont restés au même niveau, soit 15.412 cas.

Le ministère de la Santé, du Travail et des Affaires sociales avait indiqué, début juin 2007, que le nombre de suicides était tombé en dessous de la barre des 30.000 par an, mais les données du ministère ne couvrent que le nombre de morts par suicide qui a été rapporté au gouvernement. En effet, les cas de suicides répertoriés par l'Agence de la Police nationale sont plus élevés que ceux du ministère de la Santé, parce qu'ils incluent des cas non résolus de décès qui ont été ultérieurement qualifiés de suicides, et comprennent aussi les suicides commis par des étrangers au Japon.

Selon le rapport annuel de l'Agence de la Police nationale, le chiffre total de 33.093 suicides en 2007 représente 938 suicides de plus qu'en 2006, dont 12.107 victimes étaient âgées de plus de 60 ans, ce chiffre est en hausse de 8,9 %. En 2007, il a eu 4767 victimes qui avaient dans les trente ans, soit une augmentation de 6,0 %. Les chiffres pour les deux groupes d'âge sont les plus élevés depuis que les fonctionnaires ont commencé à établir des statistiques en 1978. Le rapport a également montré que 7046 personnes, qui ont mis fin à leurs jours, avaient entre 50 et 60 ans, 5096 personnes dans leur 40 ans, 3309 personnes entre 20 et 30 ans, et 548 jeunes de moins de 19 ans dont huit élèves des écoles primaires, 51 collégiens et 215 lycéens. Les décès de 10 jeunes mineurs ont chacun été classés "suicide pour cause de brimades", une nouvelle catégorie ajoutée en 2007.

En 2007, la police a instauré une nouvelle méthode de sélection comprenant jusqu'à trois motifs possibles dans chaque cas de suicide et à partir d'une liste de 54 motifs qui peuvent être identifiés à partir des notes éventuellement laissées par les suicidés ou par d'autres informations. Il en résulte, en général, que l'on a retrouvé les causes de 23.209 cas de suicide, dont la principale raison était la dépression pour 6060 victimes. Tandis que, dans 5240 cas, la raison principale est la maladie physique, qui a rendu la vie de la victime trop pénible et insupportable. Parmi les autres causes, il y a principalement les "difficultés de la vie", les dettes, la lassitude des soins infirmiers, le surmenage au travail et le harcèlement moral au travail. Rien que dans la ville de Tokyo, 3047 personnes se sont suicidées, soit une augmentation de 14,3 % par rapport à 2006. À Osaka, 2241 personnes se sont suicidées, marquant ainsi une augmentation de 14,8 %.

Le nombre de suicides est en baisse selon les derniers chiffres de l'Agence de la Police nationale : 32.249 suicides en 2008. Pour la première fois, les statistiques établissent le nombre de suicides par mois. En particulier, il y a eu 3092 suicides pour le seul mois d'octobre 2009 au moment où la récession économique s'est fortement aggravée.

Ce qui est également alarmant, c'est que les Japonais sont toujours à la recherche de nouvelles méthodes plus efficaces pour mettre fin à leurs jours. Il est fréquent que les Japonais décident de se suicider en groupe en se donnant rendez-vous à l'aide d'Internet, alors qu'ils ne se connaissent pas. Il est également courant qu'ils se rendent en voiture dans un endroit isolé et s'asphyxient à l'oxyde de carbone, à l'aide d'un réchaud à charbon ou bien des gaz d'échappement détournés vers l'intérieur du véhicule. Mais depuis la fin 2007, on voit apparaître une nouvelle manière plus simple et plus facile de se suicider dont la méthode a commencé à circuler sur Internet. Ce procédé consiste à fabriquer de l'hydrogène sulfuré en mélangeant certains produits d'entretien de la maison qui vont dégager un gaz mortel par réaction chimique. En 2007, seulement 29 cas de suicides au gaz ont été enregistrés. Mais une vague de suicides par ce nouveau moyen a commencé depuis le début 2008. On dénombrait, déjà, au moins 39 cas réussis de ce type de janvier à mars 2008, qui ont causé 47 décès, car des membres de la famille ou bien des voisins sont également morts involontairement. Le simple fait que le journal télévisé communique cette information attire de nouveaux amateurs vers ce procédé de suicide. Ainsi, une collégienne de 14 ans s'est suicidée après avoir appris la méthode en regardant la télé, a-t-elle déclaré dans une lettre du 23 avril 2008. Pour faire face à ce nouveau procédé, certaines chaînes de commerces ont décidé de retirer de leurs rayons les produits contenant du soufre. Ainsi que l'Agence de la Police nationale a enjoint les fournisseurs d'accès Internet à supprimer toutes pages Web sur le sujet. Puis du 27 mars au 21 avril 2008, il y a eu 151 tentatives de suicides à l'hydrogène sulfuré dont 143 suicides réussis. Mais au total 188 personnes sont décédées, en un seul mois, y compris les décès collatéraux de personnes de l'entourage ou du voisinage. La plupart sont des hommes entre 20 et 30 ans. Officiellement, de janvier à fin mai 2008, 517 personnes se sont donné la mort ainsi, dont 407 hommes et 110 femmes, et environ la moitié étaient âgés d'une vingtaine d'années. En 2008, il y a eu 1056 suicides au gaz de sulfure d'hydrogène, soit 36,4 fois plus qu'en 2007.

DISPARUS ET SUICIDÉS ONT LA MÊME MOTIVATION

Le matin du 13 septembre 2001, Mika GOTO, 34 ans, de l'arrondissement de Koto à Tokyo, a vu son père partir au travail comme d'habitude, mais lorsqu'il est rentré, elle était absente. Aucun des membres de la famille ne savait où elle était partie. Le père et la mère ont fait des recherches dans leur propre famille et chez des connaissances, aussi bien que dans les magasins voisins, mais n'ont rien trouvé. Ils ont recouru à un détective privé, mais ils ont seulement reçu une facture de 840.000 yens sans aucun indice. Son père, 73 ans, demande toujours un certificat de résidence ("juminhyo") à la mairie pour sa fille, chaque mois, pour vérifier si elle a fait transférer son adresse quelque part. La famille Goto habite au 22e étage d'une tour avec une vue panoramique sur Tokyo, le père se demande souvent : "Où es-tu, Mika ? Que fais-tu, en ce moment ?"

Un autre homme de 27 ans, Naoki MIYAMOTO, de l'arrondissement d'Arakawa à Tokyo, est porté disparu depuis le 3 mars 2002. Il a seulement dit au revoir à son père de 64 ans, comme d'habitude, avant de quitter ses parents. Deux jours plus tard, la famille Miyamoto a reçu un appel téléphonique des Gardes-côtes japonais l'informant que le sac de Naoki avait été oublié dans un ferry qui fait la navette entre Tokyo et le port de Shin-Moji. À l'intérieur du sac, il y avait des sous-vêtements et un portefeuille contenant 27.000 yens. Le père ne croit pas que son fils s'est suicidé. Mais il se demande toujours pourquoi son fils s'en est allé à Kyushu où il ne connaissait personne.

Le nombre d'adultes fuyant loin de leurs familles s'est encore élevé ces dernières années, et il excède 70.000 personnes pour la cinquième année consécutive, selon l'Agence de la Police nationale (APN). Tandis que, le nombre de jeunes disparus avait diminué, le nombre de personnes dans des groupes d'âge plus âgés, au-delà de 20 ans, abandonnant leur famille et leur travail a augmenté d'environ 30 %, comparé à il y a une décennie. Un rapport de l'APN de 2005, qui fait le point tous les dix ans sur ce problème, constate que le nombre d'absents recherchés par la police était de 95.989 en 2004. Le chiffre a augmenté de 19,9 % par rapport à 1995. Le nombre de ceux de plus de 20 ans a augmenté de 32,7 % en 10 ans. Un nombre de plus en plus important d'adultes semblent ne pas pouvoir trouver de solutions pour faire face à leurs problèmes personnels. Selon la police, 19,8 % disparaissent pour des raisons d'affaires ou de travail, 13 % pour des raisons familiales et 12,4 % pour des motifs de santé. Ce sont les mêmes gens que ceux qui se suicident. Beaucoup sont des hommes d'une quarantaine d'années qui ont perdu leur travail à cause de la restructuration de leur entreprise ou parce qu'ils sont surendettés. La ligne de téléphone, de l'association "Inochi no denwa", ouverte aux candidats au suicide est saturée et ne peut plus répondre à tous appels des désespérés victimes de la récession économique de 2008. Travailler au Japon, c'est normal et ne pas avoir de travail, c'est "hen", bizarre, dit-on. De ce point de vue, le changement, c'est que de plus en plus de gens sont "hen" !

CHAPITRE 8

L'ÉMERGENCE DES "NITOFURITA"

Bien que, depuis la fin de la Seconde Guerre mondiale, une certaine homogénéité sociale, économique et égalitaire dominait dans la société. L'idéal d'une société égalitaire a disparu au Japon avec l'arrivée de la crise économique des années 1990. Le mérite est redevenu le fondement principal de la société japonaise pour tenter de sortir de la crise. Le mérite, c'est aussi la nouvelle valeur suprême qui s'impose dans tous les grands pays industrialisés, parce qu'ils subissent également la même crise et qu'ils n'ont pas trouvé de meilleure alternative face à la compétition des pays à plus fort taux de croissance. Le Japon n'a donc rien inventé, mais c'est le pays le plus touché par la nouvelle fracture sociale, parce qu'il avait la plus importante classe moyenne de tous les grands pays industrialisés et qu'il était ou est encore la seconde puissance économique du monde.

Ainsi, on voit apparaître une nouvelle classe sociale, les "Nitofurita". Le néologisme "Nitofurita" vient de la contraction, selon la prononciation japonaise, de "Nito" comme NEET, et "Furita" comme FREETER. Les "Nitofurita" sont composés de deux groupes sociaux :

- D'une part, les NEET ("Not in Employment, Education or Training" ou bien NEET's en anglais), lesquels ont commencé à représenter un important problème social dans les années 1990 et les premières années 2000, lorsque l'économie était en panne.
- D'autre part, il ne faut pas confondre les NEET, qui se caractérisent par l'absence de volonté d'intégrer la société active, avec les "Freeters", lesquels se retrouvent dans une situation de travailleurs précaires malgré leur volonté de travailler. Le terme "Freeter" est issu de la contraction de "Free" qui veut dire "libre" en anglais, et de "Arbeiter" en allemand, pour désigner les travailleurs temporaires. Selon le ministère de la Santé, du Travail et des Affaires sociales, le nombre de NEET entre 15 et 34 ans aurait atteint 640.000 en 2004. Enfin, il ressort du *Livre blanc sur la Jeunesse* publié en 2007 par le Cabinet Office que les NEET de 15 à 34 ans représentent 620.000 personnes en 2006.

"NEET" et "Freeters" ont pour point commun de faire partie de la classe des perdants (les "make gumi"), des marginaux de la société de consommation. Certains "Freeters" finissent par choisir la vie de "NEET" plutôt que de continuer à travailler pour un salaire misérable. En revanche, les "NEET" n'ont pratiquement plus aucune chance d'intégrer ou bien de réintégrer le monde du travail, même en tant que "Freeters".

La société du mérite n'est pas nouvelle au Japon. Elle a toujours existé, mais elle s'adapte périodiquement aux nécessités de l'évolution économique du pays par une sorte de transmutation qui a donné un nouveau sens au mérite social en ce début du 21e siècle. Comme un bébé né à la fin de la Seconde Guerre mondiale, fruit du viol d'une Japonaise par un GI américain, avec le largage des deux Bombes atomiques, le Japon n'était plus qu'un enfant. Son père américain est retourné chez lui, il ne le connaît pas vraiment et c'est sa mère, la coutume qui l'a élevé avec rigueur. Le Japon a grandi de façon insouciante, il a travaillé dur pour apprendre et obtenir tout ce qu'il voulait comme un enfant obéissant aux précieux conseils d'un père toujours absent. Un père américain et bienveillant, lui dévoilant tous les secrets pour devenir riche. Son père a vieilli, mais il ne peut s'en défaire, ne serait-ce que par respect pour ce qu'il représente : "le dos du père", selon la bonne vieille tradition, c'est important, lui a dit sa mère. Mais dans la vie, on traverse des périodes de crise. Le fruit de la honte sait qu'il doit de plus en plus se prendre en charge lui-même, qu'il doit se libérer de sa chrysalide comme un vers qui sort de son cocon. Mais il a peur de l'extérieur, et de prendre son envol. Il sait qu'un jour son père, qu'il a toujours considéré comme un étranger, le quittera. À ce moment-là, il aura le sentiment d'être perdu, il pourrait courir au suicide par la guerre, ou devenir "hikikomori" en se repliant une nouvelle fois sur lui-même. Son père s'inquiète de ce qui pourrait arriver s'il partait, alors il continue de le traiter comme un enfant et le garde sous sa protection. C'est là le destin du Japon parce que l'histoire n'est que répétition.

Le mérite, cette vieille tradition japonaise qui revient à l'ordre du jour, a transformé un peuple fainéant en un peuple travailleur vers la fin du 19e siècle. Dans un lointain passé, les Japonais se contentaient de peu pour vivre, ils ne cherchaient pas à produire plus que ce qui était nécessaire à leur propre famille. C'est un des facteurs du retard du développement économique du pays jusqu'à l'arrivée des "Longs-nez" venus d'Occident. D'ailleurs, l'écrivain Soseki NATSUME, l'auteur de, *Wagahaï wa neko de aru* ("Je suis un chat"), a publié un feuilleton dans le quotidien *Asahi* de 1905 à 1906, dénonçant le fait que les Occidentaux venaient inculquer aux Japonais le sentiment de l'insatisfaction matérielle, moteur de la civilisation occidentale.

Tandis que, traditionnellement, la civilisation japonaise ne cherchait la satisfaction qu'en essayant de changer l'homme lui-même, sans changer son environnement. *Si une montagne nous empêche d'aller dans le pays voisin, au lieu de raser cette montagne, on s'arrange pour ne pas avoir à aller dans ce pays*, écrivait Soseki. L'auteur était né à Tokyo, un an avant que cette ville ne devienne la nouvelle capitale du pays lors de l'avènement de l'ère Meiji et de l'intégration du Japon dans le monde moderne. Il a ajouté que, lorsqu'on veut toujours agir de façon positive, on ne peut jamais s'arrêter en trouvant la satisfaction et la perfection. Mais cela pousse les individus à développer leur personnalité et à s'affirmer pour ne pas être broyés par les autres.

En conséquence au Japon, le développement de la personnalité fait que les parents et les enfants ne peuvent plus vivre dans la même maison comme par le passé ; et que plus une épouse a de la personnalité, moins elle s'entend avec son mari. Ils ne forment ainsi plus un véritable couple. Selon les anciennes coutumes japonaises, dont on retrouve les grands principes dans la *Charte des dix-sept articles de Shotoku* (voir en annexe), la vieille société japonaise était fondée sur le mérite en fonction de la classe sociale à laquelle on appartenait et de sa position dans la hiérarchie. Ce n'était pas une société du mérite basée sur les compétences et les talents individuels. Car l'appartenance à une communauté ou un groupe prévaut sur les qualités qu'un individu peut développer.

La société du mérite qui se met en place aujourd'hui est bien différente de celle d'antan, parce qu'elle résulte de la forte influence de la civilisation occidentale, notamment par le canal du développement de l'économie.

Toutefois, les Japonais ont rattrapé rapidement les plus grandes puissances économiques de ce monde pour se retrouver à la seconde place après les États-Unis. Ils ont adopté un système économique ultralibéral où l'État intervient le moins possible et fait encore actuellement l'objet de réforme pour le réduire au strict minimum. En effet, le système économique et social de type égalitaire, où 90 % des Japonais se considéraient comme faisant partie de la classe moyenne, n'existe plus depuis la crise économique des années 1990. Le culte du sentiment de l'insatisfaction est en plein essor et crée un grand malaise social. Une grande contradiction subsiste entre la volonté des Japonais d'être toujours en bonne place dans la compétition économique. Désormais le Japon applique le principe du mérite selon les compétences et les talents, mais tout en voulant, d'une part, maintenir le barrage au changement de comportement social des citoyens, et d'autre part, faire obstacle à l'émancipation des individus. La société du mérite ne profite pas seulement qu'aux acteurs de l'économie, elle produit aussi des bouleversements de société et de comportement chez les individus. Pourtant, la société japonaise et ses citoyens, partisans du mérite, ont peur du changement, et plutôt que de percer un tunnel à travers la montagne, elle continue de faire comme si elle n'en avait pas la nécessité.

LA NOUVELLE FRACTURE SOCIALE

Les discriminations de la société du mérite constituent une des plus grandes menaces actuelles de notre mode de vie partout dans le monde, ce qui est encore plus flagrant au Japon. Dans sa définition classique, le mérite est une vertu, un ensemble de qualités ou valeurs morales et intellectuelles qui rendent une personne digne d'estime, car elle est allée au-delà du simple devoir. Aujourd'hui, "mériter" veut aussi dire : être récompensé par un avantage pour sa conduite ou son travail, ou bien, c'est être exposé à subir un inconvénient. On peut en déduire qu'une partie des travailleurs japonais est exposée à l'inconvénient de la baisse des salaires, tandis qu'une autre partie, les plus riches, se trouve récompensée par une telle résignation de la classe moyenne et des plus pauvres. Mais tous, méritants et non méritants justifient leur comportement en raison de la pression de la concurrence internationale.

À notre époque où règne la liberté individuelle, après la disparition de l'économie collective et planifiée au milieu des années 1980, on justifie les inégalités en se fondant sur le critère du mérite. Dans l'économie libérale, la situation de chaque individu dépend essentiellement de ses propres choix, de ce qu'il mérite. Dans ce type de société, les privilégiés n'existeraient pas, car ceux qu'on désigne ainsi ne seraient que des individus qui ont réussi à exploiter leurs talents et à en obtenir des avantages. L'inégalité de revenu serait donc juste, car elle refléterait plus ou moins le mérite de chacun.

Mais cette conception dominante part du principe que tous les individus sont véritablement maîtres de leur vie. Peu importe que l'on naisse riche ou pauvre, alors que, cela est déterminant pour l'avenir de chacun. Nous n'avons pas tous, non plus, les mêmes aptitudes, et on trouve ainsi des incapables qui sont riches, et des individus ayant un haut niveau de formation dans une situation précaire et sans espoir. La société juste est celle qui, dans le respect de la liberté individuelle, est la plus favorable aux démunis. On est chacun propriétaire de nos capacités, de nos compétences, de nos dons et talents. Mais les circonstances de la vie sont trop inégales et injustes, pour que le mérite individuel puisse être le principe exclusif et fondamental en économie.

En effet, en tant qu'individu, on ne possède jamais un droit exclusif sur le produit de son activité. Ce que l'on produit appartient aussi à la société et à ceux qui y ont contribué par leur travail. Car ce que l'on mérite dépend des moyens mis à disposition par la société pour mener à bien une activité, et du travail exécuté par d'autres individus. Autrement dit, ce qu'un individu mérite dépend des conditions juridiques, économiques et sociales. Ainsi, partager les richesses, c'est rendre d'une part, une partie à la société sous la forme d'impôts ; et c'est restituer d'autre part, à chacun de ceux qui ont contribué par leur travail effectif à son propre enrichissement, sous la forme d'augmentation des salaires ou primes, une part équitable des bénéfices engendrés par sa propre activité. Ce grand renversement qui est en train de se produire, est-ce positif ou négatif ? Même s'il ne produisait que des conséquences négatives pour une majorité de la population, il pourrait nous amener, à plus long terme, vers une sorte de nouvelle société, de Nouveau Monde.

Quel que soit le type de société, le mérite a toujours fait partie de la vie des Hommes, à la différence que dans la société à économie libérale, le mérite est bientôt trop souvent la conséquence de la somme d'argent que l'on peut investir. Par exemple au Japon, pour une bonne éducation, au plus on est disposé à payer, au plus on a de chance d'obtenir la formation souhaitée, et donc le diplôme qui en découle. Dans cette situation, le diplôme obtenu n'est plus seulement le résultat d'efforts intellectuels, mais aussi et surtout celui d'un investissement pour lequel on s'est parfois lourdement endetté. Le pire aujourd'hui, c'est lorsque l'investissement dans une formation prend plus d'importance que le fait d'étudier sérieusement pour réussir. Car au Japon, les universités doivent fournir une obligation de résultat, le diplôme, parce que les parents payent très cher pour la réussite de leur enfant. Alors que, traditionnellement, les universités n'ont qu'une obligation de moyen, celle de fournir, d'abord, tous les éléments nécessaires à la formation ; d'autre part, la réussite ne dépendant que du travail fourni par les étudiants. Autrement dit, la réussite dans les études dépend en priorité du montant investi dans la formation ; le développement des capacités et l'acquisition du savoir ayant une importance moindre. En conséquence, si une université n'obtient pas un taux de réussite suffisant, elle risque de ne pas avoir assez d'étudiants inscrits et peut se retrouver en faillite face à la concurrence acharnée des autres établissements. Tout cela dans le contexte d'une baisse du nombre d'étudiants, à cause de la baisse de la natalité et de la démotivation pour les jeunes Japonais de poursuivre des études universitaires. Cette financiarisation de l'éducation, qui implique une obligation de résultat, est un phénomène qui touche tous les pays et qui s'est déjà fortement développé dans les pays anglo-saxons. Ce qui va de pair avec une baisse générale du niveau dans tous les systèmes éducatifs des grands pays industrialisés. Lorsque l'éducation devient un business comme un autre, l'égalité des citoyens dans l'éducation est rompue. L'inégalité est corrigée uniquement lorsque l'État assure et contrôle lui-même l'essentiel du financement de l'éducation et la considère comme faisant partie de son domaine réservé, comme la police, l'armée, etc. L'État est le meilleur garant pour faciliter l'accès à tous à l'éducation. Oui à une société fondée sur le mérite, mais il faut dire non à la marchandisation du mérite, à l'éducation "marchandise", à la société où tout est considéré comme négoces. On assiste à la dilution de la classe moyenne et à une restructuration sociale en deux groupes. Il n'y a plus les riches, la classe moyenne et puis les pauvres. Il y a les "Méritants" et les "Non-méritants".

Selon les statistiques de l'Agence nationale des Impôts, sur le revenu des salariés des entreprises privées, le revenu moyen annuel est de 4,35 millions de yens en 2006. Il est en baisse pour la neuvième année consécutive, et il est inférieur à 2 millions de yens pour un total de 10,23 millions de personnes. Par rapport à l'année 2005, 420.000 personnes de plus sont concernées en 2006. Et c'est la première fois que ce chiffre dépasse le seuil de 10 millions de personnes. Malgré cela, le nombre de personnes, ayant un revenu supérieur à 10 millions de yens, a augmenté de 95.000 et s'élève ainsi à 2,24 millions de personnes. En 2006, 38,8 % de personnes gagnent moins de 3 millions de yens, alors que cinq ans auparavant, ils n'étaient que 34,4 %. En conclusion, les riches sont un peu plus nombreux et les pauvres le sont davantage. Ce qui signifie que le nombre de personnes appartenant à la classe moyenne chute de plus en plus chaque année. Ce phénomène s'appelle "kakusa shakaï" ou "la société inégalitaire", par opposition à "byodo shakaï" ou "la société égalitaire". Pour mesurer la gravité de la situation, on peut ajouter que depuis 1995, 60 à 90 personnes meurent de faim, selon les médecins légistes, chaque année au Japon. Ce qui représente, un mort de sous alimentation tous les cinq jours. Selon le ministère de la Santé, en 2003, le pic de 93 morts de faim a été atteint, et en 2007, il n'y a eu que 44 morts de faim. Leur nombre devrait augmenter avec la crise économique de 2008.

Une majorité des citoyens estiment qu'elle n'a plus ce qu'elle mérite, tandis qu'une minorité estime qu'elle a enfin ce qu'elle mérite, car les bénéfices de certaines entreprises ont encore augmenté en 2007 et 2008 malgré le retour de la crise. Cette résignation des Japonais, est-ce une vertu, une manifestation de courage, la sagesse du peuple, ou l'acceptation d'un inconvénient ? Ils considèrent que c'est peut-être la réponse la plus convenable pour conserver leur dignité, le peu de fierté et de respect qui leur reste.

On dit que derrière un Japonais aux idées les plus modernes, il y a encore l'ombre d'un samuraï prêt à l'autosacrifice, obéissant au "bushido", un Code d'honneur dont les règles ne sont pas écrites. Le vieux Code de chevalerie japonais rejette le principe de la récompense, une valeur contre une autre. Les Japonais regardent toujours la vie comme le moyen de servir son maître. Mais depuis la fin de la féodalité en 1870, le maître a changé. Les marchands qui étaient au dernier rang de la hiérarchie sociale sont arrivés au premier rang. Le maître est devenu un homme d'affaires, le patron, l'entreprise, l'intérêt économique du pays. Les Japonais ont conservé toute leur loyauté envers leur nouveau maître. Ils sont aujourd'hui résignés, parce qu'ils pensent que s'ils réclament leur dû, le pays est perdu et que même s'ils étaient récompensés, de toute façon, le pays est déjà perdu.

LE MORAL EN DESSOUS DE ZÉRO

Le premier ministre sortant en septembre 2007 Shinzo ABE est devenu dépressif tout comme la Princesse Masako et le grand champion de sumo ASASHORYU qui est reparti dans son pays natal, la Mongolie. Mais ces célèbres dépressifs ne sont pas seuls, car en 2005, plus de 3 millions de travailleurs japonais, qui souffraient de dépression et de stress, ont demandé de l'aide, alors qu'ils n'étaient que 2 millions en 2002, selon le ministère de la Santé, du Travail et des Affaires sociales. Il y a au moins 82 suicides par jour. Les Japonais sont épuisés par leur travail, car ils le considèrent comme une vertu, et souffrent en silence comme au temps féodal où les samuraï avaient l'habitude de dissimuler leurs maladies. Le manque de souplesse dans l'éducation et au travail serait une des causes du mal, notamment, en ce qui concerne ceux qui auraient tendance à ne pas être conformistes, c'est-à-dire, à ne pas être "futsu". Aujourd'hui encore, on avoue rarement son mal-être, et on le cache en affirmant que l'on se fait hospitaliser pour un problème physique et non pas mental.

Bien entendu, les Japonais ont le moral à zéro, parce que leur pouvoir d'achat a fortement diminué et que ça continue. Le nombre de Japonais considérant que leur vie est de plus en plus difficile ne cesse d'augmenter depuis sept ans. Un sondage de juillet 2008 révèle qu'un nombre record de Japonais éprouvent des difficultés à boucler leur budget. Parmi les 60 % trouvant leur vie difficile, 33,2 % ont répondu qu'elle était "difficile dans une certaine mesure" et 24 % "très difficile". Les jeunes de 20 ans ne voyagent plus autant qu'auparavant à l'étranger, 33,9 % de baisse depuis le fameux 11 septembre 2001. Les Japonais préfèrent dépenser leur argent dans des biens de consommation plus abordables : télé à écran plat, appareil photo numérique ou tout autre produit électronique.

Au Japon dès l'achat d'une voiture, il faut payer une "taxe d'immatriculation" de 5 %, en plus de la TVA qui n'est qu'à 5 %. Dans les grandes agglomérations, il faut fournir au concessionnaire automobile un certificat de la police attestant que l'on dispose d'une place de stationnement qui peut s'élever à 50.000 yens par mois à Tokyo. Chaque année, il faut payer un impôt sur la circulation d'environ 45.000 yens pour un véhicule ordinaire et une assurance obligatoire (environ 30.000 à 50.000 yens). En moyenne, un Japonais paye deux fois plus de taxes sur les véhicules qu'un Français, et quatre fois plus qu'un Américain. Trois ans plus tard, le véhicule doit subir un contrôle technique coutant plus de 200.000 yens. Le marché des véhicules d'occasion est pratiquement inexistant et une voiture de plus de cinq ans ne vaut plus rien, car les Japonais préfèrent toujours acheter neuf. Il faut aussi ajouter les frais d'essence, de péage et d'entretien et de réparation. Ainsi, on peut parfaitement vivre sans voiture au Japon grâce au réseau ferroviaire le plus développé du monde. À la recherche d'un nouveau marché, faute d'une clientèle jeune, Carlos GHOSN, le président du groupe automobile Renault/Nissan, s'oriente vers une clientèle du troisième âge, en augmentation, en demandant à ses ingénieurs de développer un nouveau concept de véhicules adaptés aux séniors et à la protection de l'environnement d'ici 2010.

Selon un sondage du quotidien économique Nikkei, réalisé en juin et juillet 2007 auprès de 1737 personnes entre 20 et 30 ans, seulement 13 % des jeunes habitants de Tokyo possèdent une voiture, tandis qu'ils étaient 23,6 % en 2000. Ceux qui ont envie d'acquérir une voiture ont diminué de moitié en sept ans : 25,3 % en 2007 contre 48,2 % en 2000. Ce désintérêt constitue un sérieux problème pour l'industrie automobile japonaise. Un autre sondage du Nikkei révèle que les jeunes Japonais boivent de moins en moins d'alcool parce que c'est trop cher. 34,4 % prétendent ne consommer de l'alcool que moins d'une fois par mois ou pas du tout. Les Japonais dans la vingtaine sont 29,6 % à penser que boire de l'alcool, c'est gaspiller son argent inutilement, et ceux de plus de trente ans ne sont que 19,6 % à penser ainsi. Enfin, 43,7 % des jeunes Japonais de vingt ans affirment passer leur week-end à la maison, pour faire le ménage et la lessive.

Toutefois, le quotidien *Yomiuri Shimbun* a publié un sondage en mai 2007 pour questionner les Japonais sur l'avenir. Plus de 80 % reconnaissent être plus ou moins inquiets sur leur avenir professionnel et se sentent stressés à cause de leur travail. Les causes sont : l'absence d'augmentation du revenu pour 64 % ; la continuité de l'entreprise et du secteur d'activité en général pour 34 % ; et les relations avec les collègues de travail pour 30 %. 52 % (dont 75 % de femmes) estiment qu'il n'est pas nécessaire de se marier, alors que 43 % pensent que le mariage est important. 45 % des jeunes célibataires japonais ne se marient pas, parce qu'ils n'ont pas encore eu l'opportunité ou bien parce qu'ils n'ont pas encore rencontré le partenaire idéal pour 40 % ; 28 % ne veulent pas perdre leur temps libre et 26 % sont satisfaits d'être célibataires. En outre, les 30 à 34 ans vivant encore chez leurs parents sont passés de 39 % en 1999 à 45,4 % en 2004. Et chez les femmes de cette tranche d'âge, la progression est encore plus flagrante. Les femmes n'étaient que 22 % en 1999 à vivre chez leurs parents, elles sont désormais 33 %. Une femme encore célibataire après l'âge de trente ans porte le qualificatif de "make inu" (ou chienne perdante), mais les hommes célibataires dans la même situation ne portent pas ce qualificatif.

Au moins 10 % de travailleurs de petites et moyennes entreprises à Tokyo ont pensé au suicide en 2006, selon une enquête. L'enquête a été conduite par un groupe de chercheurs à la demande du ministère de la Santé, du Travail et des Affaires sociales, et dirigée par Satoru SHIMA, un professeur de psychologie clinique à l'Université Bunkyo de Kyoto. Le groupe de recherche a envoyé un questionnaire en janvier 2007 à 87 petites et moyennes entreprises qui représentent 2890 employés dans les arrondissements d'Ota et de Chiyoda de

Tokyo. 55 entreprises et 2181 employés ont répondu. D'une part, il s'agissait de répondre un ensemble de questions pour mesurer leur degré de dépression. Les résultats ont montré que 25,6 % semblaient dépressifs. Alors que, des sondages précédents donnaient des chiffres s'étendant de 13 % à 18 %. D'autre part, selon les résultats, 10,3 % des répondants ont reconnu qu'ils ont pensé à se suicider en 2006, dont 1,8 % y ont pensé "fréquemment", tandis que 8,5 % indiquaient "parfois". Jusqu'ici, des sondages similaires avaient mis en lumière qu'environ que 0,1 % de la population active avait réellement tenté d'en finir avec la vie. Mais aujourd'hui, le chiffre est nettement plus haut, 2,2 % ont répondu qu'ils avaient effectivement essayé de mettre fin à leur vie. Une enquête auprès des responsables de la médecine du travail des entreprises interrogées a établi que 7,3 % des travailleurs ont essayé de se tuer. En outre, 14,5 % des entreprises examinées ont eu des employés en congé de maladie pour des problèmes de santé mentale. Le sondage a également révélé que 72,7 % des entreprises estiment que des mesures pour la santé mentale sont nécessaires. Cependant, seulement 23,6 % de ces entreprises ont pris de telles mesures. On a demandé à ces entreprises si elles connaissaient les centres de santé pour l'industrie, qui servent de relais aux petites et moyennes entreprises. Seulement 1,8 % ont reconnu avoir utilisé les services de ces centres, mais 67,3 % ont répondu qu'ils en ignoraient l'existence. Les experts signalent que le monde de l'entreprise est plongé dans une humeur sombre. Les chefs d'entreprise doivent sérieusement prendre en considération le fait que beaucoup de travailleurs pensent au suicide. Ils devraient le considérer comme problème de gestion des conditions de travail, et non pas uniquement comme un problème personnel ou provenant du harcèlement de la part d'un supérieur hiérarchique.

Ils ont le moral à zéro parce qu'ils ne dorment pas suffisamment la nuit. Selon les derniers sondages menés avec l'aide de la chaine publique de télévision NHK, dans les années 1960, les Japonais dormaient en moyenne 8 h 13, actuellement, ils ne dorment plus que 7 h 22 par nuit. Pendant les années 1970, qui étaient la fin de la période du miracle économique d'Après-guerre, les gens avaient le sentiment que plus ils travailleraient, plus ils deviendraient riches. Dormir, constituait une perte de temps. Il est devenu normal que les "konbini" (superettes), les Family's Restaurants, les Fast-foods et autres restent ouverts 24 h/24, parce qu'il existe une demande suffisante pour ce type de services. En 1982, seulement 8,5 % des ménages regardaient la TV à 2 h du matin contre 24,2 % des ménages en 2006. En effet, beaucoup de Japonais souffrent d'insomnie et les ventes de médicaments pour dormir ont monté en flèche ces dernières années. Les médias sont aussi en partie responsables, car elles font tout pour attirer l'attention des spectateurs insomniaques. Les chaînes télévisées de shopping vendent beaucoup mieux leurs produits de minuit à 3 h du matin, plutôt qu'à n'importe quelle autre heure de la journée. Les enfants avaient l'habitude de se mettre au lit à 21 h, maintenant, il est commun qu'ils s'endorment vers 1 h ou bien 2 h du matin alors qu'ils doivent se lever tôt pour aller à l'école. Et ils oublient ainsi tout ce qu'ils ont appris la veille à l'école.

    Toutefois, il faut tempérer ces estimations sur le temps de sommeil des Japonais, car ils ont l'habitude de rattraper le sommeil perdu pendant la journée. Il est effarant de constater que très souvent, n'importe où, même stationné sur le bord d'une route, quelqu'un est en train de dormir dans une voiture et parfois en couple ou tout un groupe. Il arrive qu'ils s'endorment dans le train sur le trajet entre leur domicile et le travail, et ils en profitent aussi pour faire une sieste sur un banc public ou bien dans un centre commercial, avant de reprendre le travail l'après-midi. Sinon, il arrive qu'ils s'allongent n'importe où sur la voie publique et même dans les cafés pour récupérer un peu de sommeil. Le résultat, c'est qu'en fait, les Japonais dorment peut-être bien plus que les Occidentaux, qu'ils sont généralement capables de s'endormir en toute circonstance et de façon instantanée. Il leur suffit de fermer les yeux, qu'ils ouvriront par miracle à la bonne station de train où ils doivent se rendre. Alors que, selon les statistiques les plus récentes, les Japonais seraient ceux qui dorment le moins au monde ? Ce qui semble complètement faux, lorsqu'on les observe au quotidien. Par contre, il est vrai qu'ils ont la mauvaise habitude de se coucher beaucoup trop tard. Alors, si vous avez l'occasion de venir au Japon, regardez bien où vous marchez pour ne pas tomber sur un Japonais en train de dormir. Et si vous ne trouvez pas de taxi, allez donc juste à côté d'un parc, pour aller réveiller celui qui en train de dormir avec la climatisation à fond. Non, ne faites pas cela, ce serait le déranger ! Car il vous dira qu'il est très occupé et vous seriez mal reçu. On peut supposer que les Japonais sont particulièrement touchés par la narcolepsie. Ce mal se caractérise par le dérèglement de la glande "orexine" qui se manifeste par des épisodes irrésistibles de sommeil dans la journée. La narcolepsie peut se développer à partir d'un désordre du sommeil nocturne.

    Ils ont également le moral à zéro à cause du harcèlement au travail. La NHK a effectué une enquête en fin 2007 auprès de 440 conseillers dans le secteur industriel. 56 % du personnel souffrent de harcèlement entre collègues.

    Ils n'ont pas le moral non plus, parce que les plaintes pour violence conjugale sont en forte augmentation. Selon une étude du Cabinet Office, menée en octobre et novembre 2008, auprès de 5000 personnes de plus de 20 ans, dont 1675 femmes et 1454 hommes ont répondu, 24,9 % des femmes et 13,6 % des hommes ont reconnu avoir subi des violences physiques au cours de leur vie, dont 13,3 % des femmes victimes ont déclaré craindre pour leur vie. Parmi les femmes victimes de violences conjugales, 42,1 % ont déclaré avoir pensé à divorcer dans un premier temps, dont 28,4 % ont renoncé par peur de ne pas pouvoir subvenir seules à leurs besoins, ou en espérant que les violences allaient cesser pour 14,2 %. Parmi les femmes et hommes ayant eu un petit ami au cours de leur jeunesse, 13,6 % des femmes et 4,3 % des hommes ont subi des violences. La moitié des femmes ont affirmé avoir été blessées ou avoir gardé des séquelles psychologiques suite à des violences au cours de leur jeunesse.

Selon l'Agence de la Police nationale, le nombre de plaintes des victimes de violence domestique en 2007 a atteint 20.992 cas. La plupart sont des cas de violence du mari contre son épouse, il y a eu 1581 cas d'arrestations, dont 77 cas sont des meurtres ou des tentatives de meurtre. La police est intervenue 1384 fois et a effectué 242 arrestations en 2007 pour délit de harcèlement. C'est le chiffre recensé à ce jour le plus important depuis l'entrée en vigueur de la loi contre le harcèlement en 2000.

Une Japonaise sur quatre lave séparément les vêtements de son mari, selon les résultats d'un sondage effectué en 2008 par un fabricant de lessive. Parmi les 1032 femmes mariées interrogées, de 28 à 69 ans, 26 % ont avoué laver les vêtements de leur époux séparément du reste de la famille. Plus de 57 % ont donné comme motif, "la saleté", et pour 35 %, "les mauvaises odeurs".

Un autre évènement marquant de la baisse du moral chez les Japonais vient également qu'ils s'intéressent de moins en moins au Sumo, le seul sport au monde où les obèses peuvent devenir de grands champions estimés par la population et gagner confortablement leur vie. Mais il est bien connu que les Sumos ne vivent pas longtemps et que toutes les contraintes que ce sport impose n'attirent plus du tout les jeunes Japonais, sauf encore quelques obèses étrangers, notamment des Mongols. Ainsi, l'Association japonaise de Sumo (AJS) a dû, pour la première fois de son existence (depuis 1936), annuler un test de sélection des nouvelles recrues en constatant qu'aucun dossier de candidature n'avait été déposé avant le 1er juillet 2007 pour participer au tournoi qui devait suivre. Il y a effectivement une pénurie dans le recrutement depuis le milieu des années 1990, période de crise économique depuis laquelle un grand nombre de Japonais ont progressivement perdu tout espoir en un avenir meilleur, et depuis laquelle une forte, mais progressive, dégradation des mœurs est en cours. Les Japonais se respectent de moins en moins, alors que le Sumo exige un respect scrupuleux dans le comportement même en privé sous peine d'être exclu.

Finalement, les Japonais n'ont pas le moral parce qu'ils ne savent plus à qui faire confiance, surtout pas à leur administration ni à leur gouvernement. Ils donnent leur confiance d'abord à des choses matérielles plutôt qu'à l'homme, comme nous le confirme un sondage du quotidien *Asahi Shimbun* effectué en février et mars 2008. *À qui peut-on faire confiance ?* À la famille pour 97 %, à la météo pour 94 %, à la presse pour 91 %, aux sciences et technologies pour 86 %, à la médecine pour 83 %, à la justice pour 72 %, aux professeurs pour 60 %, à la police pour 60 %, aux politiciens pour 18 % et à l'administration pour 18 %. Dans une autre enquête trimestrielle, en décembre 2008, de la Banque du Japon auprès de 4000 personnes âgées de 20 ans au moins, 60 % des interrogées ont répondu. Parmi eux, 88,7 % se disent très inquiets pour leur emploi en 2009, soit 3,4 % de plus que le record de 1998. Seulement 5,6 % ont bénéficié d'une augmentation de salaire et 49,4 % ont subi une baisse. Enfin, 63,8 % ont annoncé qu'ils allaient réduire leurs dépenses en 2009.

LES ERMITES "HIKIKOMORI"

Les "hikikomori" (ou "socialement exclus") font partie des NEET. Selon un reportage de la chaîne nationale de télévision NHK, en 2005, il avait plus de 1,6 million de "hikikomori", et si on ajoute ceux qui s'aventurent occasionnellement à l'extérieur, cela fait au total plus de 3 millions d'individus. L'Association des parents de "hikikomori" (KHJ) fait également la même évaluation.

Il n'existe toujours pas de véritable outil officiel pour les comptabiliser, leur recensement est donc pratiquement encore impossible faute de volonté politique. La question "hikikomori" est délicate, indispose les autorités japonaises et aggrave la honte du Japon à l'égard du reste du monde. Certainement qu'il existe également des individus "hikikomori" dans tous les pays du monde, mais ce phénomène est nettement plus important au Japon, parce qu'il est lié à la culture du pays et à la manière dont les Japonais doivent se comporter. Une partie des NEET vivant en ermite chez les parents ne sont pas tout à fait des "hikikomori", car ils ont un minimum de contact avec l'extérieur. Par exemple, une fille "NEET" qui accompagne régulièrement sa mère pour faire des courses dans les magasins. Même si dans ce dernier cas, on ne peut tout à fait qualifier cette fille de "hikikomori", celle-ci, néanmoins souffre souvent de troubles mentaux et de la personnalité. De plus, les "NEET" de ce type refusent généralement tout traitement médical et toute prise en charge par une association.

On préfère généralement faire comme s'ils n'existaient pas. Les "hikikomori" sont incapables de sortir de chez eux, voire même de leur chambre et parfois pendant plus de 10 ans. Rintaro avait 19 ans quand il s'est enfermé dans son appartement. Il n'en est jamais sorti pendant 13 ans. Il se réveillait à environ 16 h, prenait son petit-déjeuner, et il passait la nuit à regarder la télé et à jouer sur l'ordinateur avant d'aller se coucher tôt le matin. "J'étais à moitié mort. Comme si j'étais dans un tunnel noir pendant 13 ans", se souvient Rintaro qui était à la charge de ses parents. Selon une étude gouvernementale, seulement 17 % d'entre eux se souviennent ne pas avoir été capables de sortir de chez eux. Et près de 10 % de ne même pas pouvoir quitter leur chambre. 20 % des hommes avaient une attitude violente envers les membres de leur famille et 14 % des femmes avaient des problèmes de nutrition. En 2003, l'âge moyen du "hikikomori" est de 26,7 ans et 80 % d'entre eux sont des hommes. Les psychiatres ne savent pas comment traiter un "hikikomori", laissant ainsi les parents dans le plus grand désarroi. Un jour, un jeune ne supporte plus le monde extérieur et on le retrouve immobile sur son lit, le regard fixe. Ce qui pousse à devenir "hikikomori" reste encore un mystère pour les experts, la plupart le deviennent sans qu'on en trouve la raison. Il n'y a pas d'autre solution que d'essayer de leur redonner confiance en eux et aux autres. Il n'existe aucun centre public spécialisé pour que les "hikikomori" puissent se rencontrer excepté quelques associations privées. Rintaro a réussi à s'en sortir après 13 ans de réclusion grâce à des cours d'anglais qu'il suivait par Internet. Un jour, il a réalisé qu'il avait perdu toute sa jeunesse et qu'il fallait qu'il rattrape le temps perdu. Depuis 2004, on n'entendait pratiquement plus parler des "hikikomori", et pourtant, ils constituent toujours un grave problème social, car on estime généralement qu'ils seraient encore plus d'un million dans tout le pays.

Selon le psychiatre Tamaki SAITO, spécialiste du syndrome de "hikikomori", tout d'abord, la durée moyenne de l'état de "hikikomori" est de 39 mois, d'autre part, 86 % sont des hommes. Le taux de fils aînés est très élevé et l'âge moyen lors de l'apparition du syndrome est de 15 ans et demi, dont 68,8 % d'entre eux ont été victimes du syndrome de "futoko" (refus d'aller à l'école) lorsqu'ils étaient plus jeunes. Le temps passé, à partir des premiers symptômes jusqu'à la consultation d'un spécialiste, est très long. Généralement, il s'agit d'enfants issus d'un milieu très aisé et il n'existe pas de causes spécifiques telles que des problèmes familiaux comme le divorce des parents, ou bien la mutation professionnelle du père qui laisse seule sa famille. Enfin, seulement 10 % des "hikikomori" naviguent sur Internet.

Voilà qu'on s'y intéresse de nouveau, le professeur Yusuke TAKATSUKA, de l'Université de Meisei, a publié le 23 février 2008 le résultat d'une étude qui lui a été confiée par la Préfecture de Tokyo. Selon lui, il y a environ 25.000 personnes en état de "hikikomori" dans le département de Tokyo. 34 % d'entre eux sont âgés de 30 à 34 ans, et 57 % sont devenus "hikikomori" après l'âge de 22 ans, notamment à cause de l'échec de trouver leur premier emploi dès la sortie de l'université, et de leurs difficultés d'adaptation dans le milieu du travail. Une autre enquête a été conduite par Hiromoto SAKAI (Maître de conférences à l'Université de Tokushima), entre novembre 2007 et janvier 2008, auprès des membres de l'Association des parents d'enfants "hikikomori" (KHJ). Il en ressort que l'âge moyen est de 30,12 ans, il est de 30,35 ans pour les hommes et de 28,87 ans pour les femmes. Le plus jeune "hikikomori" a 13 ans, et le plus vieux a 52 ans. La durée moyenne de l'état de "hikikomori" est de 8,95 ans, une durée en constante augmentation depuis 25 ans. Ce qui est remarquable, c'est le vieillissement des parents du "hikikomori", lesquels s'inquiètent pour l'avenir de leur enfant après leur disparition. L'âge moyen du père est de 63,23 ans, et de la mère 58,28 ans.

LES "FREETERS" OU LES TRAVAILLEURS SACRIFIÉS

Pour assurer sa prospérité, le Japon comme tous les pays a besoin de pauvres. La crise est arrivée parce que la main-d'œuvre japonaise était devenue trop chère pour affronter la concurrence industrielle et commerciale des pays où la main-d'œuvre est bon marché. Tout cela se passe évidemment dans le cadre de la restructuration mondiale de l'économie. Les médias japonais utilisent l'expression de "Période glacière de l'emploi" ou bien de "Génération perdue" ou "sacrifiée" pour qualifier la crise économique de 1993 à 2005. Le plus mauvais chiffre au niveau du recrutement des jeunes diplômés, c'était 55,1 % en 2003, depuis le pic de 81,3 % en 1991.

Ce n'est que depuis une loi de 1986 que le travail en intérim est autorisé au Japon, mais seulement dans 13 métiers spécialisés au départ. En 1994, le travail intérimaire a été autorisé pour les personnes âgées de plus de 60 ans. Puis en 1996, la liste des métiers autorisés au travail en intérim par décret s'est élargie à 26. En décembre 1999, le travail intérimaire a été autorisé dans tous les domaines, sauf dans 5 domaines spécifiques, le métier de docker, dans le bâtiment, la sécurité, la médecine et la production industrielle. Enfin depuis mars 2004, il est possible d'embaucher des travailleurs intérimaires dans tous les circuits de la production industrielle. Mais l'embauche d'un intérimaire ne peut dépasser 3 ans, sinon l'entreprise doit le recruter directement sous contrat à durée déterminée ou indéterminée sans passer par l'intermédiaire d'une société d'intérim.

Dans une nouvelle étape vers l'"intérimisation" du monde du travail, il reste encore possible d'autoriser le travail intérimaire dans les secteurs du bâtiment et de la sécurité au Japon. Néanmoins, dans tous les secteurs d'activités confondus, il existe déjà des travailleurs sous contrat pour une durée déterminée (CDD). Ainsi avec la généralisation du travail intérimaire, la distinction avec le travail en CDD s'efface progressivement. Ce qui conduira sans doute à la création d'une seule et unique catégorie de travailleurs précaires, et peu importera que le travailleur passe ou non par une société d'intérim qui servira d'intermédiaire dans la réalisation du contrat. On prévoit qu'en 2009, plusieurs centaines de milliers d'intérimaires vont arriver au terme de leur contrat de 3 ans. À cause de la crise économique et financière, la plupart ne verront pas leur contrat renouvelé et perdront définitivement leurs emplois.

LA SEULE SOLUTION, C'EST LA GUERRE

"Que peut vouloir dire, la paix ? [16] *Je pensais souvent à ça ! Un dimanche matin, après mon travail de nuit, avant de rentrer à la maison pour dormir, je suis allé dans un "konbini" (commerce de proximité) et il y avait un papa, qui avait environ mon âge, et qui semblait apprécier de faire des courses avec son épouse et son enfant. Chez les hommes, passé la trentaine, le mariage semble évident. Mes amis d'avant ont tous décidé de se marier un à un. En ce qui me concerne, je suis encore loin de me marier, je vis comme un parasite chez mes parents. Je suis forcé, depuis plus d'une douzaine d'années, de vivre dans une situation où je suis toujours incapable de suffire à mes propres besoins. Pour moi, à 31 ans, la situation actuelle de Freeter (travailleur précaire) est une insupportable humiliation. Dans les nouvelles, j'entends parfois des critiques sur les Freeters, comme "les Freeters tirent le PIB vers le bas". Dans les nouvelles, on entend parfois parler de la menace nucléaire de la Corée du Nord, et des restructurations d'entreprises, mais on ne pense pas que ça peut arriver demain. Si beaucoup de gens arrivent encore aujourd'hui à vivre comme avant, alors pour eux, "tout va bien !" Mais pour moi, cette société ne ressemble à rien.*

Je vais travailler tard la nuit, pendant huit heures sans repos, je reviens à la maison à l'aube, mets la télé en marche, puis je surfe sur le Net tout en buvant l'alcool. Je m'endors vers midi, je me réveille dans la soirée, je regarde la télé et je pars à nouveau travailler. C'est la même chose tous les jours. Mon salaire mensuel est un peu plus de 100.000 yens. Comme je vis chez mes parents, j'arrive à m'en sortir. Je ne tiens pas à vivre chez mes parents et je ne m'entends pas bien avec eux. À la maison, je me sens enfermé. J'aimerais avoir mon propre appartement à Tokyo ou ailleurs. Mais, je n'en ai pas les moyens. J'ignore combien de temps cette misérable situation va encore durer. Lorsque mon vieux père ne sera plus en mesure de travailler, nous n'aurons plus les moyens de vivre, c'est sûr !

"Alors, pourquoi vous ne trouvez pas un bon emploi ?" me disent les gens. Mais comment c'est possible ? Dès qu'il a décroché son diplôme, celui qui a un emploi stable est bien considéré, mais seuls les nouveaux diplômés fraîchement sortis de leur formation sont recrutés par les employeurs.

---

[16] Il s'agit ici de mon interprétation personnelle et d'une traduction d'extraits de propos publiés dans une revue japonaise par Tomohiro AKAGI (né en 1975), un Freeter. Il explique dans son article intitulé, *Freeter. 31 ans. Espère la guerre*, le sort et l'avenir des travailleurs précaires au Japon. Cet article est paru dans la revue japonaise *Ronza*, publiée par le grand quotidien *Asahi Shimbun*, en janvier 2007. La revue *Ronza* ne paraît plus depuis octobre 2008, victime du développement d'Internet. Grâce à cette publication, Tomohiro est devenu connu dans le monde des journalistes critiques.

Le plus dur, c'est que la société ne nous comprend pas. La société compatit chaque fois qu'on se plaint que le travail est trop dur, mais elle nous méprise aussi quand on se plaint qu'on n'a pas un "bon job". "C'est parce que vous ne faites pas assez d'efforts", nous jette-t-on sans cesse en pleine figure. Bon nombre d'entre nous vivent dans l'humiliation. En revanche, beaucoup de ceux de la "génération du boom économique" continuent de vivre à l'aise. Il est pourtant évident que la société est malade. En contraignant les faibles et les pauvres, on assure de bonnes conditions de vie aux aînés, qui ont déjà bien profité de la société de consommation, tandis que nous les jeunes, nous sommes bons pour la précarité. Conserver son niveau de vie est devenu l'objectif suprême. Pendant la récession des années 1990, il était question de partager le travail, mais cela ne s'est jamais concrétisé. Aux nantis, on ne peut pas leur demander, s'il vous plaît : vendez votre maison ! Il est plus simple de payer un salaire ridicule à un jeune qui n'a rien, et qui ne pourra jamais se marier ni avoir une maison. La société accepte tout cela.

Nous sommes écrasés par cette logique, "s'efforcer de construire une société en paix", un slogan qui donne bonne conscience, et qui me semble s'adresser uniquement aux générations du boom économique. Immédiatement après l'éclatement de la Bulle économique vers 1992, les entreprises et les travailleurs se sont demandé comment y échapper. Alors, les entreprises n'ont plus embauché de nouveaux diplômés et réduit les contrats à durée indéterminée pendant plusieurs années. Elles n'employaient plus que des salariés à temps partiel et des intérimaires, et les syndicats ont laissé tomber leurs revendications pour donner la priorité à la garantie d'emploi de ceux qui avaient déjà un emploi stable.

Pour sortir de cette impasse et créer de nouvelles opportunités, la seule voie possible, c'est la guerre ! Toshiki SATO disait dans son livre, "Japon : société inégalitaire" : "Adieu au temps où tout le monde était de la classe moyenne" ; que la guerre avait permis une ouverture au changement, et que dès que la société s'est stabilisée, le changement a été peu à peu perdu.

La guerre est misérable. En temps de guerre, on vit face à la mort, mais c'est pareil pour tout le monde, les nantis vont perdre ce qu'ils possèdent, mais pour les gens n'ayant rien comme moi, elle n'est pas misérable du tout, car on n'a rien à perdre, c'est plutôt une chance extraordinaire qui nous permettrait d'espérer et d'obtenir enfin quelque chose. Dans la société inégalitaire qui a perdu toute fluidité, où riches et pauvres sont clairement divisés, la guerre n'est plus un tabou. Tout de même, ne nous laissons pas nous diriger vers la guerre. Mais si la société continue de nous obliger à rester faibles et à se moquer de notre modeste espoir de devenir heureux, à ce moment-là, je souhaiterais l'égalité de souffrance pour tous et je n'hésiterais pas à choisir la guerre."

Nous savons que ce que Tomohiro dénonce n'est pas une spécificité propre au Japon, et que tous les pays les plus riches de la planète se sont appliqués à créer une nouvelle classe de travailleurs pauvres pour affronter la concurrence des pays à économie émergente et rester en tête de peloton dans la conquête des marchés. Il faut préciser que Tomohiro parle de la nécessité d'une guerre militaire et qu'il ne réalise pas que nous sommes déjà en guerre ! Mais la guerre a changé de nature, elle est devenue principalement industrielle et commerciale, bien que l'utilisation des forces armées pour résoudre les conflits n'ait pas disparu. Au contraire, la guerre militaire reste nécessaire pour le développement des industries et du commerce des armes et de toutes les activités qui lui sont indirectement rattachées. L'alliance militaro-industrielle participe donc à la guerre économique et la renforce. Notamment, aux États-Unis, les quatre piliers de cette alliance sont : les industriels, l'Armée, le Congrès, et les "Think-Tanks" (groupes de réflexion) financés et mis en place par l'un et/ou l'autre des trois précédents acteurs. Les "Think-Tanks" ayant pour tâche l'établissement de rapports par des experts argumentant la nécessité de faire la guerre à un autre état, par exemple. Un autre exemple récent, la constitution d'un groupe d'experts nommés, "The Green New Deal Group" pour rédiger un rapport faisant la promotion des nouvelles technologies vertes pour sortir le monde de la récession économique, etc. Ces groupes de réflexion existent également au Japon et en Europe.

Revenons-en à Tomohiro, les "Freeters" sont les soldats de la guerre économico-financière. Ce sont eux, qu'on envoie sur le front de la compétition économique et qui en sont les premières victimes. En outre, pour donner raison à Tomohiro, il se pourrait que la guerre militaire prenne le dessus sur la guerre économico-financière et détruise tout le système économique et financier d'un pays, d'une région ou bien du monde, afin de recréer de nouvelles opportunités de développement pour tous, dès lors que celles-ci ont disparu et que le désespoir et l'incertitude ont envahi le monde.

CONDAMNÉ "FREETER" À VIE

À l'origine, le "Freeter" était celui qui choisissait d'être libre de changer de travail quand il le désirait, et qui refusait d'intégrer le système de l'emploi à vie dans la même entreprise. Il choisissait donc soit de travailler à temps partiel (c'est-à-dire à mi-temps dans la journée), soit pour une période de jours, de semaines ou de mois limitée (contrat à durée déterminée ou CDD). De nos jours, le concept de "Freeter" a évolué avec les restructurations économiques depuis la fin des années 1980. En effet, on ne choisit plus de devenir librement un "Freeter". C'est le système économique qui impose ce statut aux jeunes qui arrivent sur le marché de l'emploi, et qui en tire le plus grand profit. On parle alors de travailleurs pauvres parce qu'ils n'ont que des emplois précaires, et qui sont donc involontairement contraints de vivre dans la précarité parce qu'ils ne peuvent subvenir normalement à leurs besoins. Selon le Livre blanc, *The National Lifestyle 2007*, publié par le Cabinet Office : en 1995, il y avait 10,010 millions de "Freeters" de tous les âges ; et en 2006, ils sont au total 16,770 millions pour une population active de 66,570 millions. Le nombre de "Freeters", de 15 à 34 ans, a presque doublé en 10 ans, en passant de 3,290 millions en 1995 à 5,840 millions en 2006. D'autre part, selon le ministère des Affaires intérieures, il y a au total 17,320 millions de "Freeters" de tout âge en 2007.

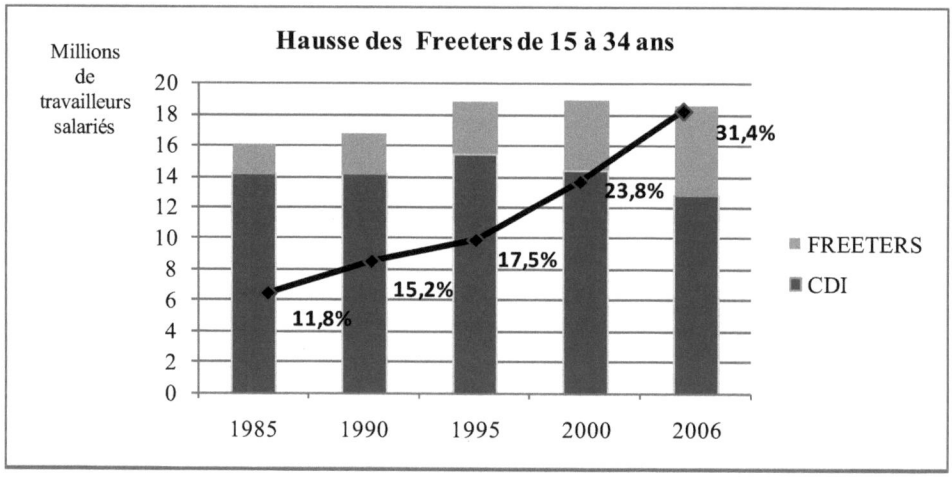

Par ailleurs, voici les chiffres du ministère de la Santé et du Travail, publiés le 28 décembre 2007, sur le **nombre de travailleurs uniquement intérimaires pour 2006.**

Le Japon a atteint le record historique de 3,210 millions de travailleurs intérimaires, soit 26 % de plus qu'en 2005. Le ministère établit ces statistiques depuis 1986, dès lors, les chiffres ne cessent d'augmenter : 1 million en 1999 ; 2 millions en 2002 ; 3 millions en 2006. D'autre part, le nombre total de travailleurs en intérim comprend : 645.767 personnes (hors métiers classés dangereux) avec un contrat temporaire renouvelable jusqu'à 3 ans maximum (41,7 % de plus qu'en 2005) ; 2.343,967 travailleurs inscrits dans des sociétés de travail intérimaire (21,2 % de plus qu'en 2005) ; 220.734 travailleurs pour des travaux à la tâche et sous contrat temporaire renouvelable pour une durée maximum de 3 ans (notamment, dans les métiers classés dangereux), ce qui fait 40,7 % de plus qu'en 2005.

Le chiffre d'affaires des entreprises intérimaires a atteint 5418,9 milliards de yens en 2006, soit une augmentation de 34,4 %. Le tarif moyen des sociétés d'intérim est de 15.577 yens par jour (excepté pour les métiers dangereux), soit 2,1 % de plus qu'en 2005. En revanche, le salaire moyen payé au travailleur intérimaire n'est que de 10.571 yens, soit une augmentation de 0,5 %.

D'autre part, le 26 décembre 2008, le ministère a annoncé qu'en **2007**, il y avait 3,84 millions de travailleurs intérimaires, soit 19,6 % de plus qu'en 2006.

Le nombre total de travailleurs en intérim comprend : 741.644 personnes (hors métiers classés dangereux) avec un contrat temporaire renouvelable jusqu'à 3 ans maximum (14,9 % de plus qu'en 2006) ; 2.795,999 millions de travailleurs sont inscrits dans des sociétés de travail intérimaire 19,3 % de plus qu'en 2006) ; 303.192 travailleurs pour des travaux à la tâche et sous contrat temporaire renouvelable pour une durée maximum de 3 ans (notamment, dans les métiers classés dangereux), ce qui fait 37,4 % de plus qu'en 2006.

Ce qui est tout à fait remarquable, c'est le **doublement du nombre de travailleurs intérimaires** dans les circuits de la production industrielle au Japon. C'est-à-dire, 460.672 intérimaires, soit une hausse de 92,6 % en 2007 par rapport à 2006. Ce sont ceux-là mêmes qui viennent de perdre leur travail à cause de l'aggravation de la crise économique.

Le chiffre d'affaires des entreprises intérimaires a atteint 6464,5 milliards de yens en 2007, soit une augmentation de 19,3 %. Le tarif moyen des sociétés d'intérim est de 14.032 yens par jour (excepté pour les métiers dangereux), soit 9,9 % de moins qu'en 2006. En revanche, le salaire moyen payé au travailleur intérimaire n'est que de 9534 yens, soit une baisse de 9,8 %.

Malgré l'amélioration de l'économie japonaise depuis février 2002, les entreprises ont continué d'embaucher des travailleurs intérimaires massivement, plutôt que des salariés sous contrat à durée indéterminée. En effet, grâce d'une part, à la déréglementation du travail de 1999, les contrats de travail en intérim ne sont plus réservés à certaines activités comme auparavant ; et d'autre part, depuis 2004, le travail temporaire est possible dans tous les secteurs de la production industrielle. La généralisation de la flexibilité de l'emploi a été mise en œuvre à l'initiative de l'ancien premier ministre Koizumi. Ce dernier avait eu l'idée géniale de choisir, Heizo TAKENAKA (né en 1951, il avait 50 ans au moment de sa nomination), professeur d'économie de l'Université de Keio, pour le poste de ministre d'État chargé de la Politique économique et financière. Ce professeur est devenu ministre en 2001 alors qu'il n'avait jamais exercé de mandat parlementaire. Il a ensuite été élu sénateur en juillet 2004, puis sous le second gouvernement Koizumi, en septembre 2004, il a conservé son poste et été chargé aussi de la privatisation de la Poste. Il était un farouche partisan de cette politique de précarisation du travail, qui consiste à substituer des contrats temporaires à des contrats à durée indéterminée. La politique de Koizumi s'appelait littéralement : la "Réforme structurelle sans lieu sacré dans l'économie japonaise". En octobre 2005, sous le troisième gouvernement Koizumi, le professeur Takenaka est devenu le ministre des Affaires intérieures et des Communications, et à la fois le ministre d'État chargé de la privatisation de Poste. Il a reçu une lettre de la part de Robert ZOELLICK du gouvernement américain pour le féliciter de sa nomination, en lui proposant de l'aider pour renforcer la privatisation de la Poste. Avec arrogance, il a présenté cette lettre au Parlement japonais en août 2005. Il voulait également, en tant que ministre des Affaires intérieures et des Communications, privatiser la chaîne de télévision publique NHK, mais Koizumi n'était pas d'accord. En septembre 2006, Koizumi est arrivé au terme de son mandat, Takenaka a quitté la politique y compris son mandat de sénateur qui devait durer encore quatre ans. Certainement qu'il pensait que sans l'appui de Koizumi, lequel l'avait choisi comme maître à penser, sa carrière politique était sans avenir, car au PLD, on le détestait et on le considérait comme trop prétentieux. Le 29 novembre 2008, lors d'un entretien télévisé, Takenaka a déclaré que l'économie japonaise est en mauvaise santé, parce qu'Abe et Fukuda (qui ont succédé à Koizumi) ont freiné les réformes nécessaires à l'économie et non pas parce qu'on a trop réformé. Selon Takenaka, formé à l'Université de Harvard, il faut supprimer la distinction, entre d'une part, les travailleurs intérimaires et temporaires, et d'autre part, les travailleurs sous contrat à durée indéterminée. Tous doivent être sous un régime de contrat à durée indéterminée (CDI) identique ; pour enfin dans une seconde étape, pousser à la baisse tous les salaires des travailleurs qui étaient déjà en CDI.

Le travail en intérim coûte beaucoup moins cher aux employeurs et leur donne plus de flexibilité, même si le plus souvent, cette main-d'œuvre n'est pas suffisamment formée pour exécuter précisément le travail demandé à cause de son instabilité. Dans cette situation, les entreprises préfèrent prendre ce risque, même si parfois l'embauche d'intérimaires peut déboucher sur une catastrophe. Par exemple, la perte importante de données informatiques par des employés intérimaires, un phénomène qui n'est pas rare au Japon.

À titre d'exemple d'emplois précaires, ces dernières années, douze entreprises japonaises se sont délocalisées à Dalian (Dairen, en japonais), une ville du nord-est de la Chine au bord du Golfe de Corée. Toutes ces entreprises sont des "Call Centers" dans le secteur informatique et dans le secteur commercial au service d'une clientèle japonaise au Japon. Il y a environ 300 Japonais qui y travaillent. Ce sont des jeunes arrivés sur le marché de l'emploi, lors de la "Période glacière de l'emploi", qui ont été envoyés en Chine par des sociétés d'intérim japonaises. Ils ont chacun un contrat de travail local et donc un salaire ridicule équivalent à 600.000 yens par an. Ils peuvent suivre gratuitement un cours de chinois, et leurs loyers sont pris en charge pour moitié par les entreprises. Ils ont accepté de venir en Chine pour un salaire très bas, en espérant que l'apprentissage du chinois leur permettrait finalement d'obtenir un contrat à durée indéterminée, dans une entreprise au Japon après leur contrat d'un an en Chine. Seulement, lors des entretiens d'embauche, ils réalisent que les employeurs refusent de prendre en compte leur expérience chinoise au motif qu'ils exerçaient leur travail en langue japonaise.

Cette génération de la "Période glacière de l'emploi" a été sacrifiée parce qu'elle est condamnée à la précarité à vie, aucune entreprise ne voulant jamais plus les embaucher pour une durée indéterminée. On peut dire qu'ils sont comme des femmes qui veulent se marier, mais que les entreprises ne recherchent que des femmes vierges. C'est-à-dire que les entreprises préfèrent encore recruter directement dès la sortie de l'école ou de l'université, en refoulant tous ceux qui ont eu la malchance de ne pas être embauché par contrat à durée indéterminée, durant la "Période glacière de l'emploi". L'idée, c'est que les entreprises veulent inculquer l'"esprit maison" à des jeunes qui ont encore l'esprit malléable ; et qu'il est donc plus difficile de faire entrer dans le moule, des salariés qui ont déjà des expériences même si elles n'étaient que temporaires. Les employeurs pensent que les salariés de la "Génération perdue" ne seront jamais bien intégrés dans l'entreprise. Cet argument ne tient pas, bien au contraire, ceux qui appartiennent à la "Génération perdue" pourraient se révéler bien plus compétents que leurs homologues, à cause de leurs multiples expériences dont ils ont pu tirer des enseignements et acquérir toutes leurs connaissances. Il est notoire qu'au Japon, les employeurs craignent d'embaucher des salariés aux multiples expériences et formations acquises parfois dans des entreprises concurrentes, car ces postulants pourraient faire des comparaisons plutôt gênantes et malvenues. Dans le monde du travail, on n'apprécie pas qu'un salarié pense différemment, et on veille scrupuleusement à ce que l'harmonie règne au sein du groupe de travail aux dépens de l'épanouissement et de la créativité de l'individu. Ce sont les entreprises qui les condamnent toute leur vie à la précarité, ce ne sont pas eux qui ont décidé de vivre ainsi !

Après la reprise économique constatée en 2002, les entreprises ont recommencé à recruter massivement les jeunes diplômés à partir de 2004. Ainsi, à la fin de l'année scolaire et universitaire, en mars 2007, le taux d'embauche pour les nouveaux diplômés d'université était de 96,3 %, un point de plus qu'en 2006, et de 96,9 % en mars 2008. C'est un nouveau record depuis que l'on a commencé d'établir des statistiques en 1996. Toutefois, les entreprises ont laissé tomber les jeunes "Freeters" de la génération sacrifiée de la décennie 1993-2005, en refusant définitivement de les embaucher pour un contrat stable à durée indéterminée.

Le développement de cette nouvelle catégorie sociale que représentent les "Freeters", sera celle qui remettra en cause, tôt ou tard, les acquis de la génération "Dankaï", des "Bonbons" (les fils et filles à papa) et les fondements mêmes de la société japonaise. Celle qui ne transmettra plus les valeurs sociales traditionnelles aux générations suivantes, soit parce qu'ils ne pourront jamais fonder une famille, soit parce qu'ils en sont complètement détachés. En attendant, les "Freeters", quand ils ne sont pas Sans-domiciles viennent s'entasser dans des immeubles-dortoirs (ou "dormitory"), dans ce qu'on peut appeler des "Six-tatamis" (environ 9 à 12 m^2), qui correspondent à la surface habitable minimale pour une personne vivant seule au Japon.

LES "SIX-TATAMIS" CONTRAINTS À LA VIE DE HAMSTER

Les "Six-tatamis" sont tous ceux qui sont contraints pour n'importe qu'elle raison, en général économique, de loger dans un logement très bon marché et de très petite taille, l'équivalent de la surface d'une chambre de 9 à 12 m^2 minimum. C'est le logement de prédilection des jeunes "Freeters" qui ne peuvent pas loger chez leurs parents.

Les barres d'immeubles des années 1970, au Japon, sont aussi l'équivalent de ce que l'on construisait en Europe. Mais leurs logements sont spacieux, comparés aux "hôtels-capsules" japonais. Cette appellation est apparue à Osaka vers 1980. L'objectif était de fournir aux voyageurs de passage une solution d'hébergement bon marché. Puis, les hôtels-capsules ont évolué en logements temporaires pour "gaïjin" (étrangers), pour ensuite accueillir des "Freeters" ou bien des personnes qui ont raté leur train. Généralement, plus de la moitié des résidents sont japonais. Le loyer mensuel est d'environ 40.000 yens, sans dépôt de garantie, ni de droit d'entrée non remboursable exigé en cas de location d'un appartement. Sinon, il faut compter entre 3500, parfois moins, et 4500 yens par jour. Mais on peut aussi y rester seulement pour quelques heures dans la journée pour un prix qui varie de 500 à 2000 yens. Certains possèdent un sauna et un bar. Il existe des hôtels-capsules réservés exclusivement aux femmes ou aux hommes. Parfois certains hôtels-capsules proposent des cabines pour deux personnes. On ne peut pas considérer les "capsules" comme de véritables chambres, car chacune ne mesure que 1,5 tatami, soit à peine plus de 2 m sur 0,80 m dans une cellule de 0,80 m de hauteur. Dans chaque partie du bâtiment, il y a deux rangées de chaque côté d'une allée centrale comprenant des mini cabines supérieures et inférieures. Il est impossible de se tenir debout à l'intérieur et les cloisons sont très minces, il est possible d'entendre n'importe qui parler, voire chuchoter, et l'intimité est presque inexistante. Une mini télé et un ordinateur connecté à Internet peuvent faire partie de l'équipement à l'intérieur de la capsule, notamment dans ce qu'on appelle les "Private-Capsules" pour 4600 yens la nuit. Les sacs en plastique sont interdits, car ils font trop de bruit lorsqu'on les manipule. Un futon et une couverture sont fournis. Pour se laver, il y a une douche à jetons (de 100 à 200 yens pour 10 minutes) et une laverie automatique pour le linge. Les résidents de chaque bloc de capsules partagent une petite cuisine, une petite salle de séjour et des toilettes communes. On peut y rencontrer un laveur de vitres à temps partiel, un acteur à la recherche d'un stage ou un étranger séparé de son épouse japonaise. Ils fournissent non seulement un abri, mais aussi, parfois, une compagnie avec qui on peut parler.

En dehors de ces hôtels-capsules, il est possible de se loger pour un loyer modeste de 70.000 yens toutes charges comprises dans ce qu'on appelle un

"Guesthouse". Au départ, les "Guesthouses" étaient des hôtels pour accueillir les étrangers et n'ont rien de comparable aux "maisons d'hôtes" en France. Certaines "Guesthouses" restent des hôtels réservés aux touristes, toutefois une nouvelle catégorie est apparue. Normalement, ce type de résidence destiné pour des séjours à la semaine ou au mois était réservé à une clientèle étrangère jeune et ayant peu de moyens financiers. Aujourd'hui, on trouve de plus en plus de Japonais, plutôt jeunes et "Freeters", ayant leur domicile dans une "Guesthouse". Ce type de logement s'apparente davantage à la colocation, car les toilettes, les douches et la cuisine sont communes. Parfois il y a un coin-cuisine dans les chambres. Certaines chambres sont individuelles et d'autres collectives. On peut éventuellement se connecter à Internet dans sa propre chambre. L'avantage est aussi le fait qu'on n'exige ni garant, ni caution, ni certificat de l'employeur. Dans ce type de résidence, les Japonais côtoient des étrangers. La surface d'une chambre individuelle est d'environ 4 tatamis, alors que généralement, un studio possède une surface minimum d'environ 6 tatamis. On peut y loger en couple, mais hommes et femmes célibataires sont regroupés à des étages différents. La police s'y rend régulièrement, notamment pour vérifier l'identité des étrangers de passage. Lorsqu'une personne tombe dans la précarité et perd soudainement son logement, elle transite généralement dans un hôtel-capsule ou bien dans une "Guesthouse" avant de devenir un Sans-domicile fixe (SDF).

Selon un rapport de l'agence immobilière Hitsuji, propriétaire de "Guesthouses", il n'y aurait que 1 % des jeunes ayant trouvé refuge dans des cybercafés qui aurait ensuite logé dans des "Guesthouses". Car ils préfèrent vivre dans des "Six-tatamis" pour être indépendants. En effet, les "Guesthouses" sont une forme de colocation gérée par une société privée avec parfois une ambiance de résidence universitaire. Ils n'attirent qu'une clientèle particulière faisant le choix de vivre ainsi.

La rénovation d'immeubles anciens et leur transformation en "Guesthouses" constituent une nouvelle opportunité très rentable pour des investisseurs peu scrupuleux de réaliser rapidement des profits, grâce à la montée de la précarité dans la population. Pour une rentabilité maximum, il est plus intéressant de rénover de l'ancien que de construire des immeubles de "Guesthouses". Il faut souligner que, le plus souvent, les habitations sont construites avec une structure en bois revêtue d'un parement synthétique ou bien en bois. Seules les fondations des maisons sont toujours réalisées en béton armé. Ce concept de construction est identique à celui de l'Amérique du Nord. Construire une maison avec des matériaux traditionnels ou durables est un luxe au Japon. Une maison est faite pour ne durer que 20 à 30 ans, ensuite elle se détériore rapidement si on ne la rénove pas, à cause du climat très humide et de leur structure légère en ossature bois. Il est donc moins coûteux de la détruire et d'en faire construire une nouvelle.

LES "HOMURESU" ET LES "NETCAFÉ-NANMIN"

"Habitué à vivre sans clé, je passe la nouvelle année. De quoi d'autre dois-je encore me défaire ?

Cette rue s'appelle la rue des enfants infidèles. Moi, je n'ai ni parents ni enfant !

L'homme ne vit pas seulement de pain, mais moi, je passe ma journée avec le pain distribué...

M'endormant sous un ciel étoilé, j'ai entendu la chanson de Gréco. Ce n'était qu'une illusion..."

Le journal *Asahi* publie dans sa rubrique *Asahi kadan* de concours de poèmes, ceux d'un auteur sans domicile et mystérieux, qui émeuvent les lecteurs depuis la fin 2008. Pour l'inscription au concours, la ligne "adresse" ne comporte que la simple mention : "Homuresu", et le poète signait sous le pseudonyme de Koichi KODA. Dans un article à son sujet et qui lui a fait monter les larmes aux yeux, l'*Asahi* lui a demandé de se faire connaître pour lui offrir dix cartes postales prétimbrées qu'il a gagnées. Mais il a refusé en répondant par une lettre qu'il était très touché et qu'il n'avait pas le courage d'entrer en contact avec eux.

Les "Homuresu" sont des Sans-domiciles fixes (SDF) qui dorment sur un carton dans la rue et dans des tentes situées le plus souvent dans des parcs ou bien le long d'une rivière ; d'autre part, les "Netcafé-nanmim" sont plutôt des Sans-domiciles fixes qui se réfugient la nuit dans des Fast-foods, des saunas et des cybercafés.

Pour venir en aide aux "Homuresu", il existe des associations à but humanitaire, telle que "Sanyukai" qui s'apparente à Emmaüs, créée en 1984 et dirigée par un Québécois, Jean LE BEAU, qui vit au Japon depuis plus de 20 ans. L'association est située dans le quartier maudit de Sanya, près d'Ueno. La mauvaise réputation de Sanya date de l'époque d'Edo, c'était un lieu de décapitation. Depuis toujours, ses habitants sont principalement des travailleurs journaliers venant des campagnes, notamment lors du Boom économique de la décennie 1970-1980, pendant laquelle 350 immeubles-dortoirs ("dormitory") ont été construits. Au début des années 90, on estimait qu'ils étaient 1,5 million, ils seraient encore près d'un million.

Les jeunes SDF sont repérés en tombant de sommeil, notamment, dans les 900 restaurants McDonald du pays, selon les médias qui les ont surnommés "MacRefugees". "Nous ne pensons pas que ce soit un grand problème en ce moment," a dit Kazuyuki HAGIWARA, le porte-parole de McDonald's Japan. "La nuit, notre personnel ferme les sections inutiles, et les invite à partir." Dans un pays où un studio minuscule coûte rarement moins de 100.000 yens par mois dans les grandes villes, le nombre de jeunes sans-abri qui dorment aussi dans les cybercafés ouverts 24 h/24 h pour échapper à la rue est en augmentation. "Si nous avons 40 clients par nuit, c'est rentable", dit un employé de cybercafé. La plupart sont des "Freeters" (travailleurs à contrat à durée déterminée, intérimaires ou journaliers), ils ont entre 20 et 30 ans et ont été expulsés de leurs appartements. Dans certains cybercafés, il n'y a pas de douche et on ne peut que s'asseoir sur une simple chaise de bois. Pour se laver, il faut aller au bain public du quartier. Dans les mangacafés, on trouve les mêmes services que dans les cybercafés, à la différence qu'on peut y lire tous les mangas que l'on veut pour un prix forfaitaire et modeste. Mais au cybercafé, cela coûte seulement 100 yens de l'heure, à Shota, 31 ans, pour s'allonger dans une chaise longue pour la nuit avec du thé et un paquet de cigarettes ; un travail sur un chantier de construction l'attend le lendemain. Pour l'instant, il est chez lui dans son tout petit compartiment du cybercafé, avec sa télé et son ordinateur équipé d'une console de jeux. Beaucoup de cybercafés offrent gratuitement des boissons non alcoolisées. Quelques cybercafés sont équipés de douches. Mais l'air est toujours envahi par la fumée de cigarette avec le bruit constant des ordinateurs, des télés et des appareils d'air conditionné. Shota, qui a refusé de donner son nom de famille, fait partie de ce que les sociologues appellent la nouvelle couche sociale du Japon. Bien qu'il n'y ait aucun chiffre fiable, on s'inquiète du nombre de plus en plus élevé de jeunes qui dorment dans les cybercafés comme le cybercafé Ichigo, où Shota passe cinq nuits par semaine et le week-end chez un ami. Shota a expliqué qu'une des raisons pour lesquelles, il se retrouve sans-abri, c'était sa passion pour la musique. Il avait mis en scène des événements de reggae avec des amis et faisait des voyages à Los Angeles pour étudier avec des musiciens. Puis, il s'est retrouvé sans rien.

La montée du nombre de "réfugiés des cybercafés" a soulevé l'inquiétude du ministère de la Santé, lequel a contacté les 3246 cybercafés et mangacafés du Japon pour effectuer son enquête par téléphone en juin et juillet 2007. Mais seulement, 1173 établissements ont répondu aux questions des enquêteurs. Le nombre de réfugiés des cybercafés et des mangacafés atteint environ 5400 dont 2700 n'ont pas de travail régulier. Parmi eux, 2500 sont à la recherche d'un travail et 900 autres y ont renoncé ; enfin, 300 Sans-domiciles fixes ont un emploi régulier dans une entreprise. La génération de vingt ans est la plus nombreuse (26,5 %), suivie par la génération des quinquagénaires (23,1 %). La plupart de ceux qui sont sans emploi ne peuvent pas trouver de travail parce qu'ils n'ont pas de domicile fixe. En outre, en 2006, 13 personnes ont contracté la tuberculose dans un cybercafé de Tokyo. On pense que cela proviendrait de la population sans domicile fixe. Le phénomène soulève beaucoup de questions sur la santé, et le travail. Il n'existe aucune estimation précise sur leur nombre, comment ils en arrivent là, et comment le gouvernement peut intervenir. C'est une population de plus en plus jeune qui va d'un travail temporaire à l'autre.

Les "Freeters" n'ont pas toujours besoin de fournir une adresse pour obtenir du travail, mais ils sont payés au minimum et n'ont pas droit à une formation, ni à l'assurance maladie. Certains travaillent au jour le jour et sont prévenus par email ou par téléphone cellulaire par des agences de travail temporaire. En général, il s'agit de travaux non qualifiés, comme le nettoyage, qui ne débouche jamais sur un contrat à durée indéterminée. Les travailleurs sans domicile fixe sont la nouvelle version des travailleurs japonais qui ont participé à la croissance économique rapide des années 1960. À cette époque, c'était une population défavorisée qui logeait dans les pensions bon marché et qui travaillait surtout sur les chantiers de construction. Aujourd'hui, les entreprises japonaises, pour participer à la compétition économique, ont de nouveau besoin d'une main-d'œuvre précaire, bon marché et corvéable, et elles ont donc créé les conditions économiques idéales pour développer ce type de population.

Le ministère de la Santé a annoncé, en avril 2008, le nombre officiel des Sans-domiciles fixes vivant dans les parcs et le long des berges de rivières. Il y avait, à ce moment-là, que 6018 SDF, ce qui représenterait 2546 personnes de moins que l'année précédente, et 9300 personnes de moins qu'en 2003. Mais ce chiffre ne prend pas en compte ceux qui dorment dans les cybercafés. Pourtant, un autre rapport du gouvernement du début 2007 révélait qu'environ 18.500 personnes étaient sans domicile à travers tout le Japon, et que la plupart étaient âgés de plus de 40 ans. Il est donc difficile d'avoir des chiffres précis sur lesquels tout le monde s'accorde à condition d'utiliser les mêmes critères. Sans doute que tous les chiffres publiés à l'époque tendaient à sous-estimer la réalité. Mais dans le nouveau contexte de la crise économique, depuis l'été 2008, les SDF ont vu leur nombre se multiplier subitement.

Mais la forme cachée de ce phénomène, ce sont les jeunes sans-abri qui occupent, également, des saunas ou des cybercafés ouverts toute la nuit, ou bien encore des vieilles maisons à l'abandon et cachées où les plus âgées trouvent le plus souvent refuge. Parfois, on y trouve aussi quelques étrangers complètement perdus. Le nombre de sans-domiciles est donc largement sous-estimé, d'autant plus que ces chiffres ne prennent pas en compte ceux qui squattent les habitations en état d'abandon. La police sait qu'elle peut y retrouver parfois de jeunes adolescents qui ont fugué du domicile familial, souvent parce qu'ils ont peur d'être réprimandés à cause de leurs mauvaises notes, notamment dans les cours privés qui coûtent relativement cher aux parents.

Par ailleurs, que dire et penser de tous ceux qui ont l'habitude de faire leurs devoirs scolaires dans les Cafés des grands groupes franchisés, tels que Starbucks Coffee, Excelsior Caffé, Doutor, etc.. On y rencontre aussi beaucoup de gens qui prennent des cours de langues avec un étranger dans ces endroits plutôt bruyants. Mais pour le prix d'une consommation, on peut généralement y passer tout le temps désiré, voire toute une après-midi, à lire ou à prendre une leçon d'anglais. Les Japonais n'invitent jamais chez eux, mais ils se donnent régulièrement rendez-vous dans les cafés et les restaurants. Ainsi, il est trop souvent difficile de trouver une place dans un café dans les moments d'affluence. Si on demande aux jeunes japonais pourquoi ils viennent étudier dans un café, ils répondent tout simplement que l'ambiance leur convient mieux qu'à leur domicile et que le bruit et la proximité des autres ne les gênent nullement, bien au contraire, c'est ce qu'ils recherchent !

Enfin, le ministre de la Santé, sous le second gouvernement Fukuda (le 23 août 2008), a décidé d'attribuer 150.000 yens par mois à chaque Sans-domicile fixe des cybercafés à condition de suivre une formation professionnelle de 3 à 6 mois auprès d'un organisme public. Ensuite, si le salaire annuel reste inférieur à 1,5 million de yens, le bénéficiaire est exonéré de rembourser le coût de sa formation. Mais celui qui gagnera à peine plus que ce plafond sera défavorisé, car il risque d'être obligé de s'endetter pour rembourser le coût de sa formation. Ce qui risque aussi d'inciter ces jeunes à n'accepter que des emplois mal rémunérés pour échapper au remboursement de leur formation.

Le plan de relance économique du gouvernement Aso prévoit, à partir d'avril 2009, le financement de 800 stages de 10 jours pour des jeunes chômeurs à la campagne. Ils travailleront dans l'agriculture ou la pêche et le but est de recruter des repreneurs potentiels des activités agricoles et de la pêche qui sont confrontés au vieillissement de ses travailleurs. Mais en un seul mois, les autorités ont enregistré 3149 candidatures, ce qui va au-delà de leurs espérances.

LE VILLAGE PRÉCAIRE DE "HAKEN-MURA"

Malheureusement, la situation des "Freeters" s'est fortement dégradée, la crise financière et économique a poussé les entreprises à ne pas renouveler des milliers de contrats de travail précaires. Beaucoup de "Freeters" ont perdu le logement attribué par leur entreprise ou bien ne peuvent plus payer leur loyer. Face à cette situation dramatique et au manque de mobilisation rapide des pouvoirs publics, le 31 décembre 2008, avec l'aide d'associations, un groupe de syndicalistes et d'avocats bénévoles ont mis en place un camp provisoire, surnommé "Haken-mura" ou le "Village des intérimaires" pour accueillir les Sans-domiciles fixes (SDF), dont le nombre augmente en masse. Situé dans le Parc de Hibiya à Tokyo, lieu traditionnel de rassemblement lors de manifestation, "Haken-mura" se trouve face au "Press Center Building" qui abrite des journalistes japonais, mais aussi la presse internationale. Le "Village des intérimaires" est également au cœur des quartiers d'affaires et des institutions gouvernementales du Japon. Au départ, le camp était prévu pour venir en aide à seulement 50 SDF. Mais chaque jour, il y a eu davantage de personnes qui venaient y trouver refuge et de l'aide. Ils étaient déjà 505 SDF au 4 janvier 2009. D'autre part, plus de 1700 citoyens bénévoles étaient venus apporter leur aide sur place. Il y a eu un élan de solidarité massif de la part de la population en apportant des dons en argent, 43 millions de yens au total, ainsi que des dons de nourriture et de tout autre produit nécessaire. Cette générosité exceptionnelle des Japonais est la même que lors d'un grand tremblement de terre. Dépassés par l'arrivée massive de SDF, les organisateurs avaient demandé au gouvernement, des tentes, de l'eau, de la nourriture, des couvertures, et des réchauds. Ils avaient aussi demandé l'ouverture immédiate d'un bâtiment public pour répondre à la demande. Ainsi, le ministère de la Santé, du Travail et des Affaires sociales a ouvert, le 2 janvier 2009, une salle de son siège pour accueillir temporairement des SDF jusqu'au 5 janvier. Puis, quatre autres endroits ont été prévus par le ministère de la Santé et du Travail pour héberger temporairement 505 SDF, mais seulement 300 ont demandé à être relogé, du 5 janvier jusqu'au 12 janvier, dont l'un dans l'arrondissement de Chuo à Tokyo, où deux écoles primaires à l'abandon ont servi de lieu de refuge. Les autorités locales de l'arrondissement de Chyoda, où était situé "Haken-mura", ont débloqué exceptionnellement et immédiatement des aides financières pour les SDF, 105 à 131.000 yens par mois et par personne. Ce qui permet à des SDF non relogés de se payer une chambre, pour un prix modique. Mais ils peuvent aussi être hébergés dans un logement de fonctionnaire pour un modeste loyer grâce aux actions des collectivités locales et des ministères. Finalement, 170 autres ont été relogés dans deux "ryokan" (hôtels traditionnels) loués par les organisateurs de "Haken-mura" grâce à l'argent des donateurs.

Bien entendu, il y a eu, lors des fêtes du Nouvel An 2009, cette déclaration scandaleuse du secrétaire parlementaire des Affaires intérieures et des Communications, Tetsushi SAKAMOTO : *je me demande si ces gens ont vraiment envie de travailler.*

Cette remarque très contestable est le reflet d'un sentiment général typique chez les Japonais et que l'on nomme le "jikosekinin" ("jiko" signifiant, "soi-même", et "sekinin" voulant dire "responsabilité"). Autrement dit, c'est la responsabilité individuelle propre à chacun. Ainsi, le "Freeter" est considéré comme étant le seul responsable de sa situation précaire. Car il n'a pas réussi à trouver un travail stable, et s'il a perdu son emploi, on considère qu'il aurait dû faire des économies, tout en sachant qu'il risquait de perdre son emploi temporaire et de se retrouver donc dans une plus grande précarité. Ce n'est pas l'entreprise, ni la société japonaise, ni l'État, ni la récession économique, qui est responsable de l'aggravation de sa situation personnelle. Il est le seul et unique responsable de tout ce qui peut lui arriver. Même si l'on considère qu'il est essentiel pour chaque Japonais d'appartenir à une entreprise, à un groupe social ou à une communauté, sinon on est marginalisé (on n'est donc pas "futsu"), la collectivité à laquelle on appartient n'est jamais responsable. La responsabilité est toujours celle d'un élément individuel de l'entreprise ou de la communauté. Le "jikosekinin" a été exacerbé par la politique acharnée de dérégulation et de déréglementation dans l'économie japonaise, notamment, sous le gouvernement Koizumi. Ce dernier ayant affirmé au Parlement, en février 2006, que "l'apparition de la société "kakusa" (ou de la "société inégalitaire") n'était pas une mauvaise chose". D'autre part, le "jikosekinin" s'est accentué avec la politique de déconcentration et de décentralisation des pouvoirs de l'État.

Les "Freeters" sont les premières victimes, en cas de crise, pour maintenir le niveau de vie confortable de ceux qui ont un travail stable ou qui bénéficient d'une bonne pension de retraite. La crise financière et économique fait perdre encore un peu plus au Japon sa dignité, à un moment où il a fait part de sa grande inquiétude sur le nombre important de civils palestiniens tués lors d'une nouvelle offensive israélienne à Gaza, après avoir d'une part, donné une aide de 3 millions de dollars aux Autorités de Gaza, et d'autre part, fait un don d'une partie de son stock de riz en faveur de la population de Côte d'Ivoire en difficulté. On peut alors légitimement se demander pourquoi le gouvernement japonais ne débloque pas, au moins, une aide financière équivalente pour venir en aide à ses citoyens "Freeters" sans domiciles fixes, sinon autant de compassion en leur distribuant gratuitement du riz...

Cependant, le 7 janvier 2009, le Sénat, où l'opposition est majoritaire, a adopté à l'unanimité une résolution demandant au gouvernement d'apporter toute l'aide nécessaire à tous ceux qui ont perdu leur emploi puis leur logement.

Les départements et les communes se sont engagés à embaucher des "Freeters" ayant perdu leur travail. Ainsi, le département de Tokyo a prévu dans son budget de 2009-2010 de débloquer 5,6 milliards de yens pour à embaucher 500.000 personnes, dont 200.000 au service du département et 300.000 d'entre eux seront embauchés comme des journaliers par les communes du département. En particulier dans les secteurs du nettoiement de la voie publique, de la sécurité à la sortie des écoles, etc. Leur salaire sera de 8.000 à 10.000 yens et versé chaque jour. D'autre part, 275 jeunes diplômés seront embauchés en plus en CDI comme fonctionnaires (pour un total de 860 recrutements) dans le département de Tokyo. En revanche, le département d'Osaka a annoncé, qu'après avoir recruté 100 jeunes diplômés pour 2009, qu'il n'y aurait aucun recrutement de nouveaux diplômés à compter de 2010, en ce qui le concerne.

Ce qui est en train de changer chez les Japonais, c'est que les jeunes générations sont de plus en plus capables de manifester un tout petit peu de compassion, malgré l'immuabilité du "jikosekinin", le pire des principes éthiques fondamentaux non écrits au Japon et qui est tout à fait contraire à l'esprit de compassion de la *Charte de Shotoku*.

Chaque Japonais reste essentiellement résigné, soumis, à la mentalité de l'opinion publique unanimement favorable au maintien du "jikosekinin", ce qui nous enlève tout espoir d'un grand changement de la société japonaise.

CHAPITRE 9

LE GRAND CHAMBOULEMENT ALIMENTAIRE

La crise alimentaire mondiale, qui a commencé en 2005 par la hausse progressive des matières premières agricoles, notamment la hausse du prix du riz, conduit les investisseurs japonais à s'intéresser à l'Afrique. Les Chinois les ont déjà devancés dans ce domaine, pour répondre à la hausse de la demande nationale chinoise. Notamment, en investissant fortement dans le développement de la riziculture, non pas pour nourrir les Africains, mais pour alimenter le marché mondial. Cette nouvelle stratégie vise surtout à contenir la hausse des prix du riz sur le marché mondial. Car la population japonaise préfère consommer exclusivement du riz produit sur son territoire. Le marché interne est particulièrement protégé par le gouvernement de la concurrence internationale. Cependant, les experts estiment que la production du riz au Japon va encore diminuer. Les produits de base agricoles, comme le riz, le blé, le maïs, etc., constituent de nouvelles opportunités pour les investisseurs dans les fonds spéculatifs internationaux toujours à la recherche de meilleurs profits. Ce qui veut dire que les Japonais veulent produire du riz en Afrique dans les années qui viennent, parce que la crise alimentaire transforme l'agriculture en une grande source de profits pour le monde de la finance. Toutefois, il faut reconnaître que le protectionnisme commercial sur le riz japonais permet au Japon de ne pas subir une forte hausse du prix du riz, car il ne dépend pas des importations de riz.

Par ailleurs, le pays n'est pas épargné par la "malbouffe" et les scandales à répétition dans les industries alimentaires et la restauration. Qu'enfin, le Japon joue un grand rôle dans l'épuisement des ressources de la pêche à cause de ses traditions culinaires et de la mode internationale des "sushis" et des "sashimis". Il faut souligner que le taux d'autosuffisance alimentaire du Japon est de 39 % (au lieu de 70 % après la Seconde Guerre mondiale) contre 125 % pour la France. Les revenus des agriculteurs japonais proviennent à hauteur de 53 % de subventions de l'État et les produits agricoles étrangers concurrents sont surtaxés. Le Japon dépend pour son alimentation de 60 % de ses importations. Cela lui coûtait de plus en plus cher lorsque le yen s'affaiblissait jusqu'en 2008, mais il actuellement son cours est élevé (1 euro = 117 yens à la mi-janvier

2009), seulement le pouvoir d'achat des consommateurs s'est considérablement réduit.

LE PAYS DES ÉPIS RAYONNANTS

D'après un vieux poème du 8e siècle, le Japon, c'est le "pays des épis de riz rayonnants" ("mizuho no kuni"). Le riz a un grand rôle dans la culture, la cuisine, mais aussi dans la vie politique où les agriculteurs sont un des soutiens traditionnels du Parti libéral démocratique, lequel a été créé en 1955 et qui se maintient au pouvoir depuis plus de 50 ans. Les petites exploitations ne survivent que grâce à l'aide de l'État. Notons que 40 % des rizières japonaises ont disparu et que la consommation de riz est en baisse, depuis que les Japonais ont adopté le mode de consommation occidental qui privilégie une alimentation à base de blé. Ce qui rend ainsi le pays plus dépendant des importations. Le pays a l'obligation d'importer du riz en vertu des accords qu'il a signés en tant que membre de l'Organisation mondiale du Commerce (OMC), bien que la production de riz au Japon soit excédentaire. Ainsi, le Japon importe 767.000 tonnes chaque année, en provenance surtout des États-Unis (1/3 des réserves importés), de la Thaïlande, de l'Inde et du Vietnam, pour garantir un "accès minimal" à son marché en vertu des règles de l'OMC. Les stocks japonais atteignaient 2,3 millions de tonnes en octobre 2007, dont 1,5 million de tonnes de riz d'importation. Le stockage coûte 144 millions de dollars chaque année.

La crise alimentaire mondiale constitue la meilleure opportunité pour le Japon de se débarrasser d'une bonne partie de ses stocks de riz importés. D'autant plus que, les Japonais ne veulent consommer que du riz japonais dont les qualités correspondent à leur façon de cuisiner et à leur goût. Notez que le riz californien et le riz français de Camargue ont des qualités culinaires similaires au riz japonais. En 1965, 45 % des calories consommées par les Japonais provenaient du riz contre 23 % en 2006. Sur la même période, la consommation de riz par habitant a baissé de moitié, tandis que le pays est devenu le quatrième importateur mondial de farine de blé.

Le prix moyen du riz au niveau mondial est passé de 375 dollars la tonne en décembre 2007 à 1100 dollars la tonne en avril 2008 selon les experts américains. Cette hausse est surtout due aux décisions de pays producteurs et exportateurs de riz, tels que le Vietnam, l'Inde, le Cambodge et l'Égypte d'en interdire l'exportation pour au moins 6 mois. Ces décisions ont été prises pour répondre aux besoins internes et contrer la hausse du prix. Mais cela a pour effet de provoquer encore une hausse plus importante du cours mondial du riz. Ainsi en mars 2008, la décision de l'Égypte a fait bondir le prix de 30 % sur le marché international.

Cependant au Japon, depuis plusieurs dizaines d'années le prix de vente du riz japonais est supérieur à 2000 dollars la tonne. Le marché du riz japonais est également soutenu par des subventions et protégé de la concurrence étrangère par des droits de douane excessifs. Ce qui permet au marché japonais du riz d'avoir une certaine indépendance par rapport aux fluctuations du marché international. En 2008, dans le cadre de l'OMC, les négociations agricoles doivent porter sur l'abaissement des taxes douanières japonaises sur le riz, pour passer de 490 % à 270 %, mais on ne connaît pas encore les résultats de ces discussions.

Selon le ministère de l'Agriculture japonais, le pays a produit 8,71 millions de tonnes de riz en 2007, dont un pourcentage insignifiant est exporté en tant que produit de luxe. Notamment, les riz de haute qualité, tels que le "Sasanishiki", et le "Koshihikari", sont exportés vers la Chine (24 tonnes seulement en juillet 2007, à un prix vingt fois supérieur au prix du riz chinois), les États-Unis et l'Europe, mais encore, en très faible quantité grâce à la mode de la cuisine japonaise dans le monde.

Le Japon envisage de vendre d'urgence 200.000 tonnes de riz aux Philippines, et 20.000 tonnes à cinq pays d'Afrique. D'autre part, les États-Unis examinent l'idée d'autoriser le Japon à revendre le riz au pays fournisseur. En effet, selon les règles du commerce mondial, un pays ne peut retourner le produit exporté qu'avec l'accord du pays exportateur initial. Le gouvernement japonais envisage cela comme une sorte d'opération humanitaire dont il espère en tirer bénéfice dans ses relations diplomatiques. Le Japon ne savait pas quoi faire de ses stocks excédentaires de riz d'importation. En libérant ainsi une partie de ses stocks, il peut provoquer une baisse bénéfique du prix du riz sur le marché international où transitent 28 millions de tonnes chaque année, mais cette intervention du Japon est très contestée par les grands producteurs de riz, tels que les Américains et les Thaïlandais, qui ne veulent absolument pas d'une baisse du prix du riz qui risquerait de faire baisser leurs profits. Le marché a ses raisons que les peuples affamés n'ont pas.

Afin de protéger les riziculteurs japonais, le gouvernement a promis que le riz, qu'il est obligé d'importer, ne sera jamais utilisé pour la consommation directe. Lorsque ce riz importé, notamment en provenance de Chine, comporte des moisissures ou contient des produits chimiques interdits, le ministère de l'Agriculture le destine à des entreprises qui l'utilisent pour produire des colles industrielles ou autres. Malgré des inspections répétées, le ministère n'a pas été capable de découvrir que ce riz chinois était parfois illégalement destiné à l'alimentation. Le ministère de l'Agriculture a donc décidé de suspendre ses importations de riz jusqu'à ce qu'un meilleur système soit mis en place pour empêcher la distribution de riz ne correspondant pas aux normes. De nouvelles règles sont prévues pour renvoyer vers le pays producteur le riz qui contiendrait un niveau inacceptable de pesticides. On a découvert que 375 entreprises distribuaient sans le savoir du riz qui n'était pas approprié pour la consommation humaine. Le ministre de l'Agriculture, Seiichi OTA, qui avait notamment déclaré que ce riz ne présentait aucun danger pour la santé, a finalement démissionné 49 jours après sa nomination dans le second gouvernement Fukuda en août 2008.

En 40 ans, la consommation du riz a chuté de 50 %, et plus d'un million d'hectares de rizières ne sont plus cultivés. Le Japon veut augmenter l'autosuffisance alimentaire du pays en passant de 39 % à 50 % sur les dix années à venir, et donc de réduire la dépendance alimentaire du pays des exportations. Le plan prévoit une augmentation de la production de farine de riz pour passer de 10.000 tonnes en 2007 à 500.000 tonnes en 2017. Shigeru ISHIBA, ministre de l'Agriculture, a présenté, le 2 décembre 2008, un plan visant à passer d'une consommation moyenne annuelle de 61 kilos de riz par personne à 63 kilos. "Cet objectif peut être atteint si chaque Japonais mange une seule bouchée de riz japonais supplémentaire à chaque repas", a affirmé Ishiba. Grâce à une campagne de publicité financée par le gouvernement et à des cours de cuisine, la nouvelle tendance, c'est d'apprendre à faire du pain avec de la farine de riz. Cette publicité incite aussi les Japonais à manger du riz au petit déjeuner.

LE RÔLE DU JAPON FACE À LA CRISE ALIMENTAIRE MONDIALE

Selon le rapport, de l'Organisation de Coopération et de Développement économique (OCDE) et l'Organisation pour l'Alimentation et l'Agriculture des Nations-Unies (FAO), sur les "Perspectives agricoles 2008/2017" (publié le 29 mai 2008), les prix des matières premières agricoles devraient rester élevés dans les 10 ans à venir. Les projections de prix indiquent une hausse d'environ 20 % pour la viande bœuf et de porc, de 30 % pour le sucre, de 40 à 60 % pour le blé, le maïs et le lait écrémé en poudre, de plus de 60 % pour le beurre et les oléagineux, et de plus de 80 % pour les huiles d'origine végétales.

Le problème est de savoir si les raisons de la hausse des prix sont temporaires ou permanentes. Traditionnellement, les hausses de cours sont fréquentes, mais elles étaient liées à des événements ponctuels, comme une baisse des productions due à la sécheresse, et les prix retrouvaient rapidement leurs niveaux antérieurs. Mais depuis 2005, la montée des cours tient essentiellement au fait que l'offre ne couvre plus la demande. Entre 2005 et 2007, la production mondiale de céréales a augmenté de 46 millions de tonnes (3 %), en revanche, leur consommation a augmenté de 80 millions (5 %). Les stocks sont devenus insuffisants pour réguler les déséquilibres. Selon l'OCDE et la FAO, d'autres facteurs permanents poussent aussi les prix vers le haut : la hausse du cours du pétrole qui fait grimper les coûts de production, la croissance démographique, la modification des habitudes alimentaires vers l'accroissement de la consommation de viande dans les pays émergents, et enfin, la demande de grains pour les agrocarburants. Le développement des carburants issus de la transformation de produits agricoles aurait une part importante dans la hausse des cours, car cette nouvelle énergie attire les spéculateurs toujours à l'affût des investissements les plus rentables. Et les agriculteurs seraient incités à produire non plus pour nourrir la population, mais plutôt pour fournir les producteurs d'agrocarburants. D'ailleurs, le Brésil a l'ambition de devenir le plus grand pays producteur et exportateur mondial d'agrocarburants.[17]

Le Japon, tout comme la Thaïlande, a sa part de responsabilité dans la crise mondiale du riz. En effet, jusqu'à aujourd'hui, la production du riz en Afrique n'était plus rentable à cause de la concurrence du riz en provenance d'Asie vendu sur les marchés africains. La majeure partie du riz des pays asiatiques vendue en Afrique est de très mauvaise qualité et était destiné plutôt à l'alimentation animale. Ce qui est incroyable, c'est que l'on peut trouver du riz en provenance du Japon en vente dans les petites boutiques, tel qu'au Burkina-Faso, depuis le début des années 2000. Mais en regardant de plus près les sacs de riz portant une étiquette, "Don du Japon" (inscrite en français pour les pays d'Afrique francophones), une autre étiquette placée à l'intérieur de chaque sac, précise qu'il s'agit d'un riz produit en Californie. Il s'agit donc de riz américain importé par le Japon puis exporté vers l'Afrique. La crise actuelle du riz a fait grimper de façon exorbitante son prix, mais paradoxalement, il permet ainsi aux agriculteurs d'Afrique de se relancer dans sa production qu'ils avaient délaissée face à la concurrence asiatique. Ce riz local devrait être de meilleure qualité que le riz importé qui était destiné aux animaux.

Dans les dix ans à venir, les prix devraient être encore plus instables pour plusieurs raisons : les niveaux de stocks ne devraient pas sensiblement remonter ; d'autre part, l'accroissement des fonds spéculatifs sur les marchés agricoles risque d'être encore plus incertain à cause du changement climatique

---

[17] Notamment, en investissant massivement dans la culture de cannes à sucre et dans sa transformation industrielle en éthanol. Une tonne de cannes à sucre permet de produire 80 litres d'éthanol. La moitié de la consommation d'énergie du Brésil provient déjà de l'éthanol grâce à 336 usines qui en produisent plus de 20 milliards de tonnes par an. Les industriels louent de plus en plus de terres pour y cultiver de la canne à sucre. Cependant, un véhicule fonctionnant à l'éthanol consomme 30 % de carburant de plus que s'il fonctionnait uniquement à l'essence. Toutefois, l'éthanol est devenu un produit bon marché comparé à l'essence, ce qui le rend de plus en plus attractif et rentable. Malgré le fait que l'éthanol use plus rapidement les pièces du moteur. Le Brésil compte être un exemple pour d'autres pays en développement dans le domaine des agrocarburants que l'on nomme à tort "biocarburants". Car il faut énormément d'énergie, d'eau, de pesticides, d'herbicides et de fertilisants pour les produire. Il est évident que les agrocarburants contribuent à une plus importante déforestation et donc à l'aggravation des changements climatiques de la planète. La pire des conséquences du développement des agrocarburants est l'augmentation des prix à la consommation et de jouer un rôle important dans la crise alimentaire mondiale. Il revient aux grands pays industrialisés de s'opposer aux agrocarburants en refusant de consommer ce type d'énergie et en développant d'autres alternatives dans l'intérêt commun de l'humanité et de la conservation de la planète. Par ailleurs, en janvier 2009, la première compagnie aérienne japonaise, Japan Airlines (JAL), a effectué un vol test sans passagers, avec un Boeing 747 équipé de réacteurs dont l'un était alimenté par un mélange d'agrocarburant issu de végétaux non alimentaires.

planétaire. Les experts n'ont pas encore de solution pour répondre à la demande sur le marché. Mais pourquoi, par exemple ne pas laisser le Japon liquider librement ses stocks de riz d'importation sur le marché mondial ? En principe, il peut déjà le faire pour des raisons d'aide humanitaire. Mais cette aide est le plus souvent détournée vers une commercialisation dans les pays destinataires. Et qu'il ne soit plus obligé par l'OMC d'importer du riz, alors qu'il a une production excédentaire. Et enfin, pourquoi le Japon ne jouerait-il pas un rôle permanent de régulation sur le marché mondial du riz ? En continuant ainsi de stocker du riz japonais, mais lequel serait produit dans des pays en développement grâce à des investissements spécifiques. Car le riz produit au Japon sera toujours trop cher à l'exportation et n'est ainsi pas une solution. Ces investissements pourraient déjà en partie être financés par les profits résultant de la réexportation des stocks de riz concernés. C'est un exemple qui pourrait se développer aussi dans d'autres secteurs agricoles. Cependant, en juin 2008, la réunion du G8 (les huit plus grands pays industrialisés du monde) à Osaka n'a pas saisi l'occasion de discuter de ce grave problème.

LE MÉGA-RAMEN

On vient de fêter les 40 ans du "Big-Mac", le 24 août 2007, qui se vend à 900 millions d'unités chaque année dans le monde entier, dont 550 millions aux États-Unis et 170 millions au Japon. C'est deux fois moins que les ventes du simple "Cheese Burger", mais le chiffre d'affaires du "Big-Mac" est le plus important, soit 2,7 milliards de dollars, ce qui représente 12 % des ventes. Les Japonais l'ont donc adopté, mais ils hésitaient à commander le hamburger géant apparu ces dernières années. Le "Fast-food" est en train de faire un nouveau grand bond au Japon. Le "Mega-Mac", un hamburger monstrueux composé de quatre steaks de bœuf, trois brioches et de 754 calories par étage, obtient un énorme succès au Japon depuis sa commercialisation en décembre 2006. Ainsi que le "Mega-Teriyaki", qui est une version cuisinée à la japonaise du "Mega-Mac". Ces méga-hamburgers du McDo ont donné un grand coup de fouet au chiffre d'affaires, en hausse de 13 % au 1er semestre 2007. *Nous avons imaginé que des hommes d'une vingtaine d'années, à la recherche d'une poussée d'énergie, deviendraient le principal marché pour le "Mega-Mac". Franchement, nous n'avons jamais rêvé d'une opportunité pareille*, affirmait le responsable de la Division de la communication de McDonald's Japan, dont le chiffre d'affaires annuel, rien que pour le Méga-Mac, atteignait 7 milliards de yens au 1er semestre 2007. Mais McDonald's Japan cherche à augmenter son chiffre d'affaires en transformant certains de ses restaurants qui ne sont plus assez rentables en Mc Café pour venir concurrencer les chaines de cafés, Starbucks, Doutor, Excelsior et Tully's sur un marché très rentable. Soit le restaurant est complètement transformé en Mc Café, soit une partie de l'espace

Fast-food sera conservée et l'autre partie sera transformée en Mc Café. Ainsi, le chiffre d'affaires de McDonald's Japan a atteint le record de 49,6 milliards de yens pour le seul mois de mars 2009. Son chiffre d'affaires annuel atteignait 528,3 milliards de dollars en 2008 contre 494,1 milliards de dollars en 2007.

Et les hamburgers ne sont pas les seuls aliments de la préparation rapide qui atteignent des proportions représentant un danger pour la santé. Le "ramen" instantané (soupe de nouilles) est constitué de portions de plus en plus élevées. Les "ramen" instantanés de la marque Dekao (qui veut dire "l'énorme roi") ont augmenté les quantités de 50 %. Certaines préparations contiennent 1100 calories, presque la moitié de la prise quotidiennement recommandée de 2500 calories pour un homme japonais moyen. Même les produits comme le pudding "Pucchin" de Glico sont trois fois plus grandes que le produit original. Les ventes de produits alimentaires Super-Size gonflent également et vont jusqu'à doubler le chiffre d'affaires. Wendy, un Fast-food concurrent de McDonald's, a commercialisé son "Grand Triple", et envisage un "Double-Double" hamburger pour répondre à la demande des consommateurs (environ 15.000 hamburgers par mois). Il y a de plus en plus de Japonais qui veulent manger autant qu'ils le peuvent pour un prix raisonnable, ce qui a rendu ces produits extrêmement populaires. Le marketing porte une grande part de responsabilité. Il est confronté au dilemme que l'on doit vendre de la nourriture à des gens qui n'ont pas vraiment faim. Pour y arriver, il faut proposer des concepts tels que "cette nourriture est bonne pour la santé, cette nourriture est fun", "tout le monde en veut", ou bien "ne mangez pas comme tout le monde". La tendance est de rappeler à tout le monde qu'il désire être mince, en revanche, la méga-bouffe est une contre-réaction à la tendance dominante faisant la promotion de la minceur même au Japon, où les gens sont généralement beaucoup plus minces qu'ailleurs. Mais c'est à partir de là que les portions géantes obtiennent tout leur succès. Il est beaucoup plus facile pour des entreprises de proposer de plus grandes portions de nourriture que de proposer des produits ou des menus entièrement nouveaux. Ainsi le 28 novembre 2008, McDonald's Japan a lancé le "Quarter Pounder", qui comprend un steak de 110g, et qui est d'une taille de 2,5 fois supérieure à un hamburger ordinaire. Il est possible aussi de commander un "Double Quater Pounder". Pour sa commercialisation, McDo a créé spécialement et temporairement une nouvelle enseigne commerciale pour la publicité en transformant quelques un de leurs restaurants au Japon. Lorsque le "Super-Size" entrera dans les habitudes du menu japonais, la taille standard des vêtements évoluera des tailles Small, Medium et Large à XL et XXL. Un jour, peut-être, on aura droit au "Giga-Mac" ?

"Personne ne m'aime, tout le monde me déteste, je pense que je vais manger des vers", d'après le couplet d'une vieille chanson japonaise que la jeunesse chantonne encore. Les vers sont riches en vitamines, acides aminés et plein d'autres minéraux bons pour la santé, disent les experts. Hachez les vers et couvrez-les de chapelure. On peut aussi en faire du sashimi, sinon plongez les vers dans la friteuse avec un peu d'ail et dégustez-les entiers. Ils ont une saveur légère et n'ont aucune mauvaise odeur, on peut même les consommer dans la soupe, mettez-en environ une trentaine dans un bouillon avec un peu de citron, ou bien mangez-les salés ou avec de la sauce au soja. Ou bien encore, faites-les cuire avec des poivrons et un peu de poivre noir, c'est merveilleux. On peut toujours les mélanger avec d'autres plats. Les Japonais d'Aomori semblent en être très friands, ce qui a donné l'idée au chef de créer le sandwich de vers, le "Worm-Burger". Les vers sont moulinés et mélangés avec des oignons, de la farine de blé, un peu de lait et un œuf. Le chef souligne qu'en dépit des meilleures intentions, son hamburger de vers n'a finalement pas de succès.

Mais il est rassurant pour l'avenir de savoir qu'aucun sandwich, quel qu'il soit, ne fera jamais renoncer les Japonais à certains produits traditionnels à base de riz, lesquels ne constituent aucune menace pour leur santé. Il y a les "onigiri", qui sont des triangles de riz enveloppés d'une feuille d'algues sèches et qui sont farcis d'un petit morceau de saumon grillé, d'une prune salée, ou d'autre chose. Il y a aussi les "maki", qui sont des petits rouleaux de riz entourés d'une feuille d'algue sèche et farcis également... Les Japonais ont pour habitude d'en consommer au déjeuner ou à n'importe quel moment de la journée parce qu'ils se mangent froids, qu'ils sont faciles à emporter, bon marché et qu'on en trouve partout. Les "onigiri" et les "maki" font partie des vieilles traditions culinaires du pays et trouvent toujours leur place dans l'"obento" qui est une sorte de repas de pique-nique que l'on emporte pour aller à l'école (car parfois il n'y a pas de restaurant scolaire au Japon, tout dépend des établissements et des municipalités), au travail, ou en promenade. Le riz trouve également sa place dans la confection des "mochi", ces boules de riz que l'on prépare parfois soi-même lors d'une fête (au Nouvel An, par exemple), ou bien que l'on achète pour offrir en cadeau. Ils peuvent être de toutes les couleurs, parfumés et enrobés par exemple d'une feuille de cerisier, au printemps. Ainsi, McDonald's Japan doit affronter la forte concurrence des produits alimentaires traditionnels japonais, bien que les jeunes générations aient des difficultés à consommer certains produits typiques comme le "tororo" (un concentré d'algues dans une demi-tasse à café d'eau bouillante, auquel on ajoute quelques gouttes de sauce de soja) et lui préfèrent des produits modernes. Le Japon reste un des pays où l'alimentation est une des plus saines au monde, car on y mange très peu sucré, sinon pas du tout, peu salé et peu épicé en général.

LES NIPPONS SANS THON, C'EST LA FIN DU JAPON !

Pour les Nippons et les affaires, le thon, c'est toujours bon, mais pas la baleine ! Dans le quartier de Tsukiji à Tokyo, il y a le plus important marché de gros de produits marins du monde, où l'on négocie chaque jour 800.000 tonnes de poissons de 500 espèces différentes, le thon rouge est le plus prisé, surtout le filet de "maguro" (thon, en japonais). Un thon peut se vendre environ 100 à 120 euro le kilo et la demande est toujours en augmentation.

Le Japon ne croit pas à la disparition des ressources marines, ni la FAO (Organisation mondiale pour l'Alimentation et l'Agriculture), ni la plupart des pays vivant de la pêche et les professionnels de la pêche. Tous contestent l'étude alarmante de la revue américaine *Science* prévoyant avant 2050 l'épuisement des ressources marines si la pêche et la pollution poursuivent leur rythme actuel. Mais tout le monde s'accorde sur la nécessité d'une baisse impérative des quotas.

ADOPTION DU PREMIER PLAN MONDIAL CONTRE LA SURPÊCHE AU THON

Selon les scientifiques, le nombre actuel de prises est trois fois supérieur à celui qui permettrait un renouvellement de l'espèce, notamment, en raison de l'intérêt planétaire pour la cuisine japonaise qui fait largement appel au thon cru sous forme de "sushi" et de "sashimi" et de la demande de plus en plus forte venant de la Chine.

La conférence de Kobe a réuni en janvier 2007 pour la première fois les cinq organismes de régulation mondiaux de la pêche au thon : la Commission internationale pour la conservation des thonidés de l'Atlantique ; la Commission des pêches du centre-ouest de l'Océan Pacifique ; Commission des thonidés de l'Océan Indien ; la Commission interaméricaine du thon tropical et la Commission de conservation du thon rouge du sud. L'ensemble de ces organisations regroupe plus de soixante pays.

Ils ont adopté le premier plan mondial de protection du thon menacé par la surpêche. Ce plan vise à coordonner les politiques des cinq organismes en matière de contrôle du commerce mondial du thon, grâce à des systèmes d'étiquetage, de partages d'informations et de mises en commun des listes noires de navires pratiquant une pêche illégale. Les signataires du plan reconnaissent "la nécessité critique de stopper le déclin des stocks de thons décimés, et de ramener ces stocks à des niveaux durables".

Quant au Japon, de loin le premier consommateur mondial de thon, il promet de diminuer ses prises en passant de 2830 tonnes (en 2006) à 2175 tonnes en 2010, soit une réduction de 23 %. En novembre 2006, les quotas de pêche au thon en Méditerranée et dans l'Atlantique avaient été fixés à 32.000 tonnes en 2006 pour passer à 25.500 tonnes d'ici 2010. Le Japon, la Corée du Sud et Taïwan ont mis en place un système de surveillance électronique par satellite des bateaux de pêche au thon dans la partie centre-ouest de l'Océan Pacifique, en janvier 2008. Environ 200 bateaux de pêche au thon immatriculés, dont 35 japonais, devront être équipés d'un terminal GPS ou "Global Positioning System". Chaque pays coopèrera pour le développement d'un système de gestion concentrée des données de navigation, le Japon prenant en charge 25 % des frais. Cette région est en retard dans le domaine de la surveillance sur les quatre autres organismes régionaux de pêche au thon. La prochaine étape est de surveiller les pays de façon à ce qu'ils n'exportent pas plus que leurs quotas de pêche. Il y a encore vingt ans, le thon pêché le long des côtes du Japon suffisait. Aujourd'hui, il faut en importer en énormes quantités, de l'Atlantique, de la Méditerranée et de plus loin dans le Pacifique. La Commission européenne a décidé d'interdire la pêche au thon rouge en Méditerranée à partir de juillet 2008, car l'espèce est menacée et les quotas de pêches pour l'année 2008 ont déjà été dépassés. Des fermes marines d'engraissement, italiennes, françaises, espagnoles, canadiennes et même croates élèvent des thons, uniquement pour l'exportation vers le Japon. Les thons sont nourris de sardines et de maquereaux dans des cages de 50 mètres de diamètre. Mais pour satisfaire la demande japonaise, même les importations ne suffisent plus. Alors, la baleine semble constituer une bonne alternative pour le Japon et pourquoi pas pour la planète entière ?

LA TENTATIVE DU RETOUR DE LA BALEINE AU MENU DES JAPONAIS

Après la Seconde Guerre mondiale, les Japonais ont commencé à consommer de la baleine, c'était beaucoup moins cher que le thon et la viande, cette dernière étant plutôt rare à l'époque. La consommation a progressivement diminué, puis brusquement chuté, lorsque le prix a grimpé après la mise en place du moratoire interdisant la pêche commerciale en 1986.

Il est bon de rappeler les circonstances de l'adoption du moratoire sur la chasse à la baleine de 1982. À sa création en 1946, la Commission baleinière internationale (CBI) ne comptait que 12 États membres qui pratiquaient tous la chasse à la baleine. Leur nombre est resté relativement stable jusqu'en 1978 où ils n'étaient que 16 membres. Puis la CBI est subitement passée de 16 à 39 membres entre 1978 et 1982. Presque tous les pays qui ont rejoint la CBI n'ont jamais pratiqué la chasse baleinière, et des petits pays ont intégré la CBI, sollicités par des Organisations non gouvernementales opposées à cette chasse. Ces ONG ont en échange payé les frais d'adhésion et de déplacements de leurs délégations dans le but d'obtenir les trois quarts des votes nécessaires à l'adoption du moratoire sur la chasse à la baleine. La Norvège, le Japon, l'URSS et le Pérou se sont opposés à l'adoption du moratoire, mais sous la pression des États-Unis, qui menaçaient de prendre des sanctions économiques, le Japon a finalement adopté le moratoire.

La pêche commerciale de la baleine est interdite depuis 1986 par la CBI. Mais au début de février 2007, le Japon a convoqué la CBI en réunion extraordinaire avant la conférence annuelle de mai. L'objectif était de rétablir le dialogue entre les membres de la CBI, divisés entre adversaires et partisans de la pêche commerciale. Pour le Japon, le moratoire n'a plus de raison d'être, étant donné que certaines espèces de baleines se sont suffisamment reproduites pour recommencer la pêche commerciale. Le Japon avait invité à Tokyo l'ensemble des 72 pays membres de la CBI, mais seulement 35 pays ont répondu à l'appel. Au moins 26 nations occidentales opposées à la pêche, dont la France, les États-Unis, la Grande-Bretagne, l'Australie et la Nouvelle-Zélande, ont décidé de boycotter cette réunion. En revanche, le Danemark, considéré comme un pays influent au sein de la CBI, y a participé, au grand étonnement des organisations écologistes. La Commission baleinière a décidé, lors de sa réunion à Tokyo, qu'il était nécessaire de reprendre la pêche commerciale à la baleine. Le document final, soumis à la séance plénière de la CBI en mai 2007, a fait ressortir la nécessité d'autoriser le Japon et d'autres pays à pêcher la baleine dans les zones côtières en quantité restreinte. Le Japon s'est jusqu'à maintenant conformé au moratoire, mais avec l'Islande et la Norvège, ils ont décidé de profiter de la disposition du texte permettant de pêcher la baleine dans un objectif purement scientifique. Car l'article VIII de la Convention internationale pour la réglementation de la chasse à la baleine permet que la viande des baleines capturées pour la recherche scientifique soit exploitée à des fins industrielles et commerciales.

Toute la difficulté est d'arriver à écouler les stocks de viande de baleine, lesquels s'élevaient en novembre 2006 à 4403 tonnes contre 3634 tonnes fin 2005. Selon les statistiques japonaises du ministère de l'Agriculture, des Forêts et de la Pêche, la consommation de viande de baleine a augmenté d'environ 40 % entre décembre 2005 et décembre 2006 (de 5955 tonnes en 2005 à 8558 tonnes en 2006). Mais les jeunes ne veulent pas manger de la baleine crue ni du blanc de baleine bouilli, alors des restaurants commencent à proposer des sandwiches de viande de baleine accompagnés de salade, de mayonnaise ou de ketchup. La baleine revient au menu des hôpitaux qui vantent sa richesse en protéines et aussi dans les bars à sushi. Mais dans le fond, les Japonais n'ont pas vraiment envie de se remettre à manger de la baleine, même s'ils ont dû le faire dans le passé. Ils préfèrent aujourd'hui aller les observer au large d'Okinawa, de Hokkaido, ou le long des côtes de l'Alaska, car elles deviennent de plus en plus une attraction pour les touristes, tout comme les dauphins. Mais la baleine pourrait, à l'avenir, plus souvent entrer dans la composition des sushis, même si le thon a bien plus de saveur et que la viande de baleine ne fait plus partie de l'alimentation quotidienne. Tout de même, le gouvernement a l'intention de mener une campagne nationale pour inciter les Japonais à consommer de la baleine, en vue de liquider les stocks et d'intensifier la pêche pour se préparer à une forte diminution du thon sur le marché dans les années à venir. Contrairement à ce que les Occidentaux peuvent penser, la viande de baleine n'est pas considérée comme un produit de luxe au Japon. Cependant, la baleine peut nous fournir beaucoup plus que de la nourriture (protéines et graisse) ; huile (huile à lampe, savon, margarine, crème glacée, encre d'imprimerie, cosmétiques, bougies, lubrifiants) ; bijoux et artisanat avec l'ivoire des dents ; intestins séchés utilisés pour réaliser des cordages et toute sorte de brosses, produits cosmétiques dérivés et produits pharmaceutiques dérivés, etc.

Ni le Japon, ni l'Islande et la Norvège ne peuvent justifier la chasse aux grands cétacés pour des raisons économiques, car tout ce que la baleine peut nous procurer en produits dérivés, nous avons les moyens de les fabriquer autrement. Il n'existe plus de justification scientifique non plus. Selon l'organisation internationale WWF, sur plus de 24.000 baleines, 7000 ont été pêchées au nom de la science. Le Japon continue de pêcher environ 450 à 650 baleines par an. Même si les scientifiques japonais étaient de grands passionnés des baleines, on n'a pas besoin d'en pêcher autant pour les étudier, surtout avec les moyens technologiques actuels. Il faut rappeler aussi que les baleines ne sont pas responsables de la disparition des poissons, car elles ne se nourrissent que de plancton (Ensemble des êtres de très petite taille en suspension dans la mer). Quelques petites entreprises de pêche à la baleine se sont reconverties dans l'écotourisme en amenant de plus en plus de touristes pour observer les baleines. Malheureusement, il arrive parfois que les touristes, notamment des étrangers, soient également les témoins involontaires du harponnage d'une baleine par des pêcheurs locaux. C'est ce qui est arrivé en août 2007 dans la péninsule de Shiretoko sur l'île de Hokkaido.

S'il n'y avait point de baleine, il n'y aurait point de rouge pour nos lèvres comme aurait pu clamer Voltaire à son époque. On a encore à l'esprit cette vieille publicité à la télévision française : "le thon, c'est bon !" Peut-être aussi qu'en vue de se reconvertir ou de revenir aux sources, l'industrie cosmétique aimerait fabriquer de nouveaux rouges à lèvres avec la graisse de baleine comme au bon vieux temps, et que nous prendrions plaisir à embrasser nos femmes en ayant une pensée sympathique, mais triste à l'égard de ces gros mammifères sacrifiés pour notre plaisir. À condition toutefois, de ne pas avoir le sentiment malsain d'embrasser une baleine ou un thon ! De même que, l'industrie de l'alimentation, pour régaler nos bien-aimés chiens et chats, pourrait également trouver un certain intérêt à récupérer les restes de ces monstrueux cétacés pour les broyer et les mettre en boîte, comme ils le font déjà avec le thon. "Cho kawaï ne !" ("Elle est trop mignonne !", comme on dit au Japon en regardant une jolie fille ou une baleine, peu importe pour les Japonais, l'expression est la même). Ainsi, toute la filière industrielle et commerciale vivant du thon est également menacée, si celui-ci venait à se raréfier. C'est pourquoi les lobbies du thon tentent de pousser les décideurs à remettre radicalement en question l'existence du premier moratoire sur la pêche à la baleine ; lequel avait été mis en place sous la pression des grandes pêcheries baleinières en 1982, au moment où elles étaient elles-mêmes menacées d'extinction, tout comme ces mammifères dont l'intelligence égalerait la nôtre, parait-il ?

Alors, thon ou baleine ("maguro" ou "kujira"), au menu de la cuisine japonaise ? Peut-être que la question ne se pose pas vraiment, car on prévoit que la population japonaise aura diminué de moitié vers 2050 à cause de la forte baisse de natalité. Ce qui permettrait peut-être à la population de thons de se régénérer. Avant que les Japonais ne deviennent un peuple en voie de disparition, il devrait manger plus souvent de la viande bovine à condition d'autoriser davantage leur importation, en particulier d'Europe, pour faire baisser les prix, qui sont d'ailleurs plus élevés que ceux du poisson. Si effectivement en 2050, l'essentiel des ressources marines avait disparu comme l'affirment certains scientifiques. D'ailleurs, Tsukiji, le plus grand marché mondial du poisson, voit déjà son activité baisser ces dernières années, malgré la hausse de la consommation du poisson. Il est prévu que le marché de Tsukiji disparaisse au profit de la construction d'un nouveau marché plus moderne répondant mieux aux besoins et plus spacieux. Mais ce ne sera jamais plus le fameux marché typique de Tsukiji.

De retour d'une campagne pêche de cinq mois, en avril 2009, les baleiniers japonais n'ont ramené que 679 petites baleines et une seule baleine de taille commune, tandis qu'ils espéraient en tuer 765 à 935. Notamment, à cause des opérations de harcèlement menées par l'association de défense de l'environnement, Sea Shepherd. Cette dernière a envoyé un bateau, le Steve Irwin, pour gêner le bon déroulement de la pêche par six navires japonais pendant 16 jours. Les écologistes ont bombardé de bouteilles de peinture les baleiniers qui ont riposté à l'aide de canons à eau. Le Steve Irwin a également provoqué une collision avec un des navires sans faire causer de dégâts importants.

Alors que "sushi", "sashimi" et "maki" sont de plus en plus consommés à travers le monde, les Japonais en consomment déjà de moins en moins au profit de la viande, selon une enquête publiée par l'Agence des Pêches japonaise. Attention, cela ne signifie pas que la consommation intérieure totale continuera de baisser dans le pays. Mais cela veut dire que la consommation de poisson par personne a déjà chuté de 20 %, tandis que celle de la viande a plus que doublé. En 2005, chaque Japonais a consommé presque autant de viande (12,6 kilos) que de poisson (12,7 kilos). Le prix du poisson augmente alors que le prix de la viande tend à baisser. Aujourd'hui, la consommation de viande a sans doute encore augmenté, car les jeunes mangent de plus en plus de façon occidentale, notamment, en consommant des hamburgers à base de viande dans les Fast-foods. Sans oublier que les Japonais chassent aussi le dauphin pour le consommer, mais dans une moindre mesure. En attendant, les groupes d'écoliers sont toujours les bienvenus pour assister au dépeçage d'une baleine.

Les grèves sont rares au Japon. Mais 200.000 bateaux de pêche japonais sont restés à quai et environ 3600 marins-pêcheurs ont manifesté à Tokyo le 15 juillet 2008. Ils protestaient contre la hausse des prix des carburants et ont réclamé des aides gouvernementales. Les prix du poisson pourraient grimper fortement et c'est toute l'industrie culinaire japonaise qui est menacée par le prix exorbitant du pétrole qui a atteint 147 dollars le baril à la mi-juillet 2008. L'Organisation pour une pêche au thon responsable (OPRT), qui regroupe la flotte mondiale des pêcheurs de thon a adopté à l'unanimité, en septembre 2008, un moratoire temporaire et partiel sur les sorties en mer de ses membres. Cette unanimité s'explique par le doublement du coût du carburant en un an et qui rend la pêche au thon déficitaire compte tenu des cours du poisson. L'épuisement des ressources n'a fait que renforcer cette adhésion. Heureusement, quelques mois plus tard, le prix du baril de pétrole a diminué de moitié, mais le temps du pétrole bon marché est révolu.

En outre, les États-Unis veulent que le Japon fasse la promotion de la sécurité des OGM auprès des consommateurs japonais, plutôt méfiants, en argumentant que les cultures OGM sont nécessaires pour répondre à la crise alimentaire mondiale et sont bonnes pour l'environnement.

Par ailleurs, il y a trop souvent des problèmes de sécurité alimentaires au Japon, bien que les Japonais soient réputés comme étant les consommateurs les plus exigeants du monde. Parfois, des fabricants connus sont sanctionnés pour avoir commercialisé des produits contenant des produits chimiques au-delà des normes admises. Notamment en octobre 2008, la société Itoham Foods, second fabricant japonais de produits à base de viande, avait mis sur le marché des pizzas et des saucisses contenant du cyanogène au-delà des limites acceptables. Ce type de problème est récurrent au Japon, car il s'agit aussi de produits alimentaires fabriqués en Chine qui sont retirés du marché pour leur toxicité.

Les conditions d'hygiène dans la petite restauration sont parfois proches de celle d'un pays sous-développé et sont très éloignées des critères des Européens et des Américains. Bien que Tokyo soit encore la capitale mondiale de la gastronomie, avec 227 étoiles décernées par le guide Michelin 2009, dont 9 restaurants trois étoiles, comme à Paris. Le grand changement, c'est donc que la malbouffe progresse à grands pas surtout chez les jeunes et les nouveaux pauvres.

CHAPITRE 10

LE GOUVERNEMENT DES TECHNOCRATES

Le Japon est gouverné par une élite de très hauts fonctionnaires depuis le premier acte écrit instituant le gouvernement du pays, la *Charte de Shotoku* qui est reproduite à la fin de ce livre. Ce qui veut dire que les empereurs et impératrices du Japon n'ont jamais eu pour tâche de gouverner le pays. Ils ont toujours eu un rôle de représentation symbolique du Peuple japonais. De même que les hommes politiques ont toujours eu un pouvoir amoindri face à la puissante administration du pays. Les ministres passent, en revanche les fonctionnaires restent. Ministre, ce n'est pas un métier, ce n'est qu'un titre, mais faire partie de la très haute fonction publique, ce n'est pas seulement un titre, c'est aussi un métier !

On peut dire que les institutions de l'État japonais reposent sur quatre grands textes fondamentaux depuis 1947 :

- La Constitution du Japon du 3 novembre 1946 entrée en vigueur le 3 mai 1947 ;
- La Loi relative au Cabinet, "The Cabinet Law" de 1947 ;
- La Loi relative à la Maison impériale, "The Imperial House Law", 15 janvier 1947 ;
- La Loi sur l'Organisation du Gouvernement central ("The National Goverment Organization Law") de 1948 ;

Les très hauts fonctionnaires ont aussi le pouvoir de contrôler les flux d'informations grâce à des clubs auxquels doivent être obligatoirement affiliés tous les journalistes.

LE CONTRÔLE DE L'INFORMATION PAR LES "KISHA-CLUBS"

Le système des "kisha-clubs" (ou clubs de journalistes) porte gravement atteinte à la libre circulation de l'information en interdisant aux journalistes japonais indépendants et étrangers d'accéder librement à certaines informations et de les publier. Le plus important de ces "kisha-clubs" est le "Japan National Press Club" à Tokyo. Les "kisha-clubs" contrôlent également tout ce qui est diffusé par les médias sur le territoire japonais. Ce qui est dénoncé chaque année dans le *Livre blanc sur l'Économie japonaise* de la Chambre de Commerce européenne au Japon (EBC). Il y aurait entre 800 et 1500 "kisha-clubs", chacun est affilié à un ministère, à un organisme public ou privé, parfois à certaines grandes entreprises, ou à l'Agence de la Maison impériale. Depuis 2002, certains clubs sont ouverts à quelques journalistes étrangers pour accéder à des sources d'informations. C'est la raison pour laquelle l'Organisation non gouvernementale, Reporters Sans Frontières (RSF), a rétrogradé le Japon de la 37e à la 51e place du classement mondial des pays sur la liberté de la presse. Chaque année, des journalistes et écrivains japonais font l'objet de menaces, et parfois d'agressions, notamment, contre des équipes de télévisions étrangères à Tokyo en 2006. Les agresseurs appartiennent le plus souvent à l'extrême droite "Uyoku", et sont rarement sanctionnés.

Dans le Rapport sur les relations commerciales avec le Japon d'octobre 2002, l'Union-Européenne dénonçait le système des "kisha-clubs" qui :

- Permet aux autorités nationales et locales d'empêcher la diffusion d'informations qu'ils jugent contraires à leurs intérêts ;
- Abaisse la qualité de l'information donnée au public, car elle ne peut pas être vérifiée à l'aide d'une seconde source ;
- Crée une différence dangereuse entre les informations données à la presse nationale et celles fournies à la presse étrangère par les deux plus grandes agences de presse japonaise, *Kyodo News* et *Jiji*.

Après la publication de ce rapport, l'Union-Européenne a demandé au Japon de permettre, à tous les titulaires d'une accréditation de presse du ministère des Affaires étrangères japonais, le libre accès à toutes les conférences de presse et de supprimer le système des "kisha-clubs". L'Union-Européenne a même menacé de saisir l'Organe de règlement des différends de l'Organisation mondiale du Commerce si aucune réforme n'est engagée. Finalement, aucune action n'a été entreprise. La même année, en 2002, Reporters Sans Frontières avait également demandé au premier ministre Koizumi une réforme du système des "kisha-clubs". De même, le Club des correspondants étrangers au Japon (FCCJ) demande depuis près de cinquante ans que les "kisha-clubs" soient tous ouverts aux correspondants étrangers. Toutes ces initiatives demandant une réforme ont été passées sous silence par la presse japonaise. Par exemple, des privilèges accordés aux principaux médias japonais ont empêché de nombreux autres médias japonais et étrangers de couvrir la visite officielle du premier ministre Koizumi en Corée du Nord le 17 septembre 2002.

LE RÔLE OBSCUR DU "SHUSHO KANTEI"

Il existe une certaine confusion entre d'une part, le "Kantei", d'autre part, le "Cabinet" du premier ministre (difficile à distinguer du "Cabinet", terme utilisé parfois pour désigner l'ensemble du gouvernement), et troisièmement, le "Cabinet Office". La confusion règne non seulement dans les termes employés, mais aussi entre les rôles respectifs. On se trouve dans une sorte de brouillard où il est particulièrement difficile même pour un initié japonais de comprendre qui fait quoi exactement. On ne peut pas affirmer que la réforme administrative du Gouvernement central (car la décentralisation des pouvoirs de l'État, vers les collectivités territoriales, qui est très forte au Japon, est un autre domaine) nous ait apporté tous les éclaircissements nécessaires. Et si l'on se contente de présenter la structure du gouvernement central japonais de la manière la plus simple, comme c'est le cas généralement, alors on donne une idée fausse loin de la réalité dans la répartition du pouvoir. Il faut accepter le fait que les institutions japonaises manquent de transparence, et qu'il est ainsi difficile d'en fournir une idée claire et précise. Ce qui revient à dire que cela est une des conséquences du "wa" qui veut que personne ne soit désigné comme le responsable direct et unique dans une affaire, que la responsabilité personnelle des membres du gouvernement n'existe pas, car elle se dilue aussitôt dans l'équipe gouvernementale concernée. Comme dans la société en général, le sentiment d'irresponsabilité domine donc la scène politique japonaise qui semble être le pays le plus marqué par le nombre d'affaires de corruption et de détournement de fonds parmi les grands pays industrialisés. C'est d'ailleurs, encore à cause de cela que le premier gouvernement Abe n'aura vécu que onze mois, alors qu'il avait promis un gouvernement enfin honnête pour construire le *Beau pays* du Japon.

La structure de l'État japonais ("The National Government Organization Law", loi de 1948) est fondée sur le principe de la séparation des pouvoirs : l'Empereur en tant que symbole ; le Parlement (appelé "Diet", qui est le pouvoir législatif) ; le gouvernement ("Cabinet" ou "Naïkaku") qui représente le pouvoir exécutif et le pouvoir judiciaire avec à sa tête la Cour suprême. Cette structure a fait l'objet de quelques réaménagements par des lois adoptées en 2001. Un certain nombre de lois liées à la *Réforme administrative du Gouvernement central* du 6 janvier 2001 avaient déjà été décrétées en 1999. Les quatre objectifs principaux de la réforme de 2001 ont été de renforcer les fonctions du

Cabinet, de réorganiser le gouvernement central, de rendre l'administration plus transparente, et d'améliorer la méthode de gouvernement.

En plus de la clarification de l'autorité du premier ministre, la "Loi relative au Cabinet" de 1947 ("The Cabinet Law") a été modifiée pour clarifier le rôle du "Secrétariat du Cabinet", qui assiste directement le premier ministre, et qui est chargé de rédiger et d'établir "les principes de base des politiques importantes du Cabinet". D'ailleurs, il est également devenu plus important que le Cabinet exerce "un rôle stratégique complet", plutôt que de se contenter de "coordonner" à postériori des mesures prises par des autorités administratives. La modification de la Loi relative au Cabinet vient préciser que le Secrétariat du Cabinet, qui a pour tâche la "planification et la rédaction", devient donc responsable de la "coordination" des questions traitées par le gouvernement.

Au sommet de la pyramide du pouvoir, il y a le "**Shusho Kantei**" qui est la Résidence officielle du premier ministre, c'est aussi son lieu de travail appelé plus communément le "Cabinet" ou bien "Cabinet du premier ministre". Le "Kantei" siège dans un bâtiment ultramoderne de cinq niveaux seulement et mis en service depuis avril 2002, où le premier ministre reçoit officiellement les personnalités étrangères, donne ses conférences de presse à un cercle très restreint de journalistes agréés et organise des réceptions. Il existe aussi un grand jardin de bambous et de roches de granite, sous un toit de verre au 5e étage, et un espace qui sert de cellule de crise en cas d'urgence. Le "Kantei" est l'équivalent de la Maison Blanche ou de l'Élysée. À l'intérieur du "Kantei", il y a seulement quelques privilégiés qui y travaillent et y possèdent leur propre bureau. Le "Kantei" abrite le Cabinet du premier ministre et une partie du personnel du Secrétariat du Cabinet dans le quartier de Nagatacho, situé dans l'arrondissement de Chiyoda, à Tokyo. Le Cabinet Office possède également ses propres installations, comprenant une partie du personnel du Secrétariat du Cabinet, dans un bâtiment situé à proximité du "Kantei".

La formation principale du gouvernement qu'on nomme, "**Cabinet**" du premier ministre, comprend, au sens large, tous les ministères et toutes les agences gouvernementales. Plus précisément, le gouvernement est composé du premier ministre lui-même, d'un secrétaire général de Cabinet, de trois secrétaires généraux adjoints de Cabinet, d'un directeur général du Bureau législatif, de Conseillers spéciaux du premier ministre et de ministres dont quelques ministres d'État chargés d'une mission spéciale. Y compris le premier ministre, ils sont presque tous députés de la coalition majoritaire (en l'occurrence le PLD et le Komeito ou Parti bouddhiste) à la Chambre des députés ; quelques sénateurs également du PLD et parfois un haut fonctionnaire occupent des fonctions politiques importantes. Tous les élus nommés à ces postes continuent d'exercer leur mandat de député ou de sénateur, car ils ne sont pas obligés d'en démissionner. Il y a également environ 20 Séniors vice-ministres et 20 à 30 Secrétaires parlementaires répartis dans les différents ministères, et qui sont tous choisis parmi des représentants élus soit à la

Chambre des députés soit au Sénat. On y trouve aussi, plus ou moins une trentaine de Conseils et une vingtaine de Quartiers généraux dans tous les domaines, dont les uns et les autres relèvent directement soit du "Cabinet Office", soit du "Secrétariat du Cabinet".

Dans le Cabinet, qui est le pouvoir exécutif au sens large, il y a une formation plus restreinte : le **Cabinet Office** ("Naïkaku-fu"), qui a été créé par la réforme administrative de 2001 pour renforcer le pouvoir du premier ministre. C'est une sorte de super ministère qui comprend le premier ministre, le secrétaire général de Cabinet et seulement les ministres d'État chargés de missions spéciales. Le Cabinet Office fonctionne comme une sorte d'"assemblée des sages" pour soutenir le Cabinet et conseiller le premier ministre. Il assure la cohérence de la politique du gouvernement. Il comprend quatre Conseils : le Conseil économique et fiscal, le Conseil pour la science et la technologie, le Conseil central de gestion des catastrophes, et le Conseil pour l'égalité des sexes. De nombreux experts, en particulier des professeurs d'université, participent à temps partiel à ces Conseils. Le "Cabinet Office" établit des statistiques, des rapports, des livres blancs et des projets de loi dans tous les domaines. Le Président de chaque Conseil est soit le premier ministre, soit le secrétaire général de Cabinet, tandis que les membres des Conseils sont nommés par les ministres concernés dans les domaines indiqués.

Mais il y a aussi une certaine concentration du pouvoir au sein de ce qu'on appelle le **"Cabinet Secretariat"** ("Naïkaku-kanbo") que l'on peut traduire par "Secrétariat du Cabinet du premier ministre" (SCPM), car il est en relation directe avec lui, et comprenait 716 personnes sous le gouvernement Aso en 2008. Au SCPM, on trouve un curieux mélange de députés ou de sénateurs de la majorité, qui exercent toujours leur mandat, avec de très hauts fonctionnaires de l'État. Ces derniers étaient au nombre de 7 dans le gouvernement Abe, leur nombre est resté inchangé sous le gouvernement Aso. Ils avaient tous déjà occupé un poste administratif de vice-ministre dans un ministère avant d'intégrer le SCPM. L'existence et le rôle du SCPM ne sont pas définis par la Constitution, mais par la Loi relative au Cabinet, ou "Cabinet Law" de 1947. Il est d'ailleurs presque impossible de trouver des informations en anglais émises par les autorités japonaises sur son rôle et son organisation. Il faut savoir que si le premier ministre est démis de ses fonctions, les très hauts fonctionnaires resteront en place pour une période de 5 à 10 ans dans le nouveau Cabinet, sauf si le nouveau premier ministre exige leur démission. Excepté les vice-ministres administratifs ("Jimujikan") de tous les ministères, qui ne peuvent rester que 2 ans.

Le Secrétariat du Cabinet est régi par les articles 12 à 23 de la Loi relative au Cabinet de 1947. Il a pour tâche essentielle l'organisation de l'ordre du jour des Réunions du Conseil des ministres et des autres affaires générales du Cabinet (article 12). D'autre part, il est chargé de la préparation et du contrôle des "décisions les plus importantes" du Cabinet, et des affaires relatives à la "coordination générale" conformément à la politique générale. Le travail de préparation du Secrétariat consiste essentiellement à rechercher et collecter des informations. Mais également, d'effectuer toute autre tâche pouvant être prévue par arrêté du Cabinet. Il est enfin possible de créer par arrêté autant de "Bureaux" nécessaires pour assister le Secrétariat dans son travail.

Le Secrétariat du Cabinet du premier ministre est dirigé par le **secrétaire général du Cabinet** ("Chief Cabinet Secretary"), lequel doit être désigné parmi les ministres d'État (article 13 de la Loi relative au Cabinet). Il est considéré comme le numéro deux du pouvoir exerce aussi le rôle de porte-parole du gouvernement, mais c'est aussi un député toujours en exercice. Sous le premier gouvernement Abe, il s'agissait de Yasuhisa SHIOZAKI, un ami très proche d'Abe qui n'avait jamais exercé comme ministre auparavant. Il a été remplacé le 27 août 2007 par le député Kaoru YOSANO, puis Takeo KAWAMURA a été nommé à ce poste lors de la constitution du gouvernement Aso en septembre 2008. Tous les secrétaires généraux du Cabinet du premier ministre (excepté sous le deuxième gouvernement Fukuda) étaient également comme leurs prédécesseurs "ministres d'État chargés de mission sur la Question des enlèvements" de Japonais par la Corée du Nord dans les années 1970. Cette question des enlèvements est encore à l'ordre du jour et fait encore l'objet de rencontres bilatérales entre les deux pays, car seulement 5 cas, sur 17 reconnus officiellement par le gouvernement et la police japonaises, ont été réglés, alors qu'il y aurait plus d'une centaine de cas disparitions susceptibles de constituer des enlèvements par la Corée du Nord, selon les autorités japonaises. Tandis que la Corée du Nord n'a révélé que 13 cas d'enlèvement dont 5 japonais ont été rapatriés et les autres déclarés décédés. En maintenant l'existence du poste de ministre d'État chargé de mission sur ce problème, on accorde toujours une importance spéciale à une question à laquelle les électeurs sont toujours sensibles. C'est à cause de l'attente de la libération des 12 autres kidnappés que le Japon s'opposait encore au retrait de la Corée du Nord de la liste des États voyous (*Rogue States*) par les Américains. Cependant, le retrait de la liste est effectif depuis le 11 octobre 2008. Le Japon considère que cela nuit à ses bonnes relations avec les États-Unis et ne pouvait accepter le retrait de la liste qu'à la seule condition d'une libération des 12 Japonais enlevés.

D'autre part, il y a trois **secrétaires généraux adjoints du Cabinet** ("Deputy Chief Cabinet Secretary", article 14) comprenant deux élus et le plus élevé des hauts fonctionnaires dans l'ordre hiérarchique au Japon. En réalité, cet éminent haut fonctionnaire est un des hommes les plus puissants du gouvernement, il s'agissait de Junzo MATOBA (un ami très proche du père de Shinzo ABE) qui était le seul secrétaire général adjoint qui a conservé son poste sous le second gouvernement Abe. On parle rarement de lui, ce n'est pas un personnage public, ni politique, dont les médias discutent souvent, mais il joue un rôle capital dans l'ombre du gouvernement. Les trois secrétaires généraux adjoints ne sont pas obligés de remettre leurs démissions en cas de changement de gouvernement, en particulier, celui qui est le plus haut fonctionnaire de l'État, en l'occurrence Matoba en 2007. Mais il peut être contraint de démissionner si le prochain premier ministre désire nommer quelqu'un d'autre, comme cela s'est passé avec l'arrivée du gouvernement Fukuda en septembre 2007. Matoba a été remplacé parce qu'il était un vieil ami de la famille Abe. Le cas de Matoba mérite toute notre attention. De 1957 à 1985, il a exercé comme haut fonctionnaire dans plusieurs ministères pour ensuite devenir vice-ministre administratif, de 1989 à 1990, à l'Agence nationale pour l'aménagement du territoire. En 1990, il est parti à la retraite tout en continuant à travailler dans le privé. Subitement, en 2006, il a été nommé par Abe comme secrétaire général adjoint du Cabinet lors de son accession au pouvoir. En septembre 2008, Iwao URUMA est devenu le nouveau secrétaire général adjoint du Cabinet du premier ministre Taro ASO.

En outre, le secrétaire général adjoint supervise la préparation, par les vice-ministres administratifs, des réunions du Conseil des ministres ("Kakugi") qui se font deux fois par semaine. Il participe aussi aux réunions d'examen des nominations des plus hauts fonctionnaires du gouvernement (réunion appelée, "Kakugi jinji kento kaïgi"). Cette réunion des nominations comprend le secrétaire général du Cabinet et ses trois adjoints. Leur choix doit être ensuite approuvé en Conseil des ministres.

Par ailleurs, il existe d'autres fonctions dans le SCPM :

- Un secrétaire adjoint du Cabinet pour l'état d'urgence ("For Crisis Management", article 15) ;
- Les trois assistants des trois secrétaires généraux adjoints du Cabinet (article 16) ;
- Un secrétaire des Relations publiques du Cabinet (article 17) ;
- Un directeur des Services de Renseignement du Cabinet (article 18) ;
- Et pas plus de cinq conseillers spéciaux du premier ministre (article 19) ; des secrétaires de direction du premier ministre et des secrétaires de direction pour chaque ministre d'État chargé de mission (article 20) ; enfin des fonctionnaires et tout autre personnel nécessaire (article 21) ;

Le Secrétariat est régi par un règlement interne prescrit par un arrêté du Cabinet. En cas de litige interne au Secrétariat, seul le premier ministre est compétent (article 23).

Ici, il s'agit seulement de démontrer l'omniprésence de hauts fonctionnaires au sein même du gouvernement et dont le rôle n'est absolument pas négligeable. Car ils ont le pouvoir d'établir des "tsutatsu" pour légiférer, ce qui constitue une pratique courante, qui échappe à tout contrôle du Parlement. On peut ainsi en déduire que le Japon est d'abord un pays gouverné par la très haute fonction publique plutôt que par les représentants du peuple et contrairement aux principes de la démocratie inscrits dans la Constitution. Cette idée est renforcée par le fait que les hauts fonctionnaires gèrent et contrôlent l'Agence de la

Maison impériale, et qu'ils ont ainsi toujours été les vrais maîtres du pays depuis la *Charte du Prince Shotoku*. Ils constituent l'élite du pays malgré la réduction de leur nombre et d'agents publics, parce qu'ils ne sont pas directement visés par cette restructuration. Il faut donc absolument souligner que les fonctions de grand administrateur, de grand chambellan et de grand maître, à l'Agence de la Maison impériale, sont presque toujours occupées par d'anciens vice-ministres administratifs ou ambassadeurs.

STRUCTURE ET COMPOSITION DU GOUVERNEMENT

La forme du gouvernement japonais est particulière, car certains ministres désignés peuvent se voir attribuer une double fonction. Un ministre peut ainsi cumuler la charge ordinaire de son ministère avec celle de ministre d'État chargé d'une mission spéciale par le premier ministre. En outre, certains organes sont gérés directement par le Cabinet Office. Dans le gouvernement Aso, ces organes sont au nombre de quatre. En effet, la composition du gouvernement peut varier en fonction de la volonté de chaque nouveau premier ministre. Le nombre de ministères sous le gouvernement Aso est de 11, mais seuls les ministres d'État "chargés de mission spéciale" ("tokumei tanto daijin") font effectivement partie du Cabinet Office.

Il faut préciser que la "Diète" est un terme qui signifie le Parlement, à l'intérieur duquel se trouvent la Chambre des députés (que l'on peut traduire aussi, par "Chambre des Représentants") et le Sénat (appelé aussi "Chambre des conseillers"). Le Parlement a, en particulier, le pouvoir de désigner et de démettre le premier ministre. En cas de désaccord des deux Chambres, ces dernières se réunissent en session extraordinaire (ce qui est arrivé cinq fois depuis 1947, l'avant-dernière fois pour la nomination de Fukuda, juste après la démission-surprise d'Abe en septembre 2007), et la dernière fois pour l'investiture d'Aso, juste un an plus tard. Toutefois, la Chambre des députés a toujours le dernier mot. D'autre part, le Cabinet Office, qui est le noyau dur du gouvernement, exerce en principe seul le véritable pouvoir exécutif, il comprend le premier ministre, qui en assure la présidence, et les ministres d'État chargés de mission spéciale, qui étaient au nombre de six sous le gouvernement Abe, puis sept sous le gouvernement Aso.

Notez que très souvent, les dénominations des différents postes au gouvernement présentent des difficultés de traduction exacte tant en anglais qu'en français. D'autre part, les sites Internet des ministères japonais n'utilisent pas tous une terminologie identique. Ce qui rend la tâche encore plus difficile pour le traducteur. La meilleure terminologie ne peut provenir que du site Internet officiel du "Kantei". C'est à cette dernière qu'il faut surtout faire confiance. En effet, certains se donnent parfois le titre de vice-ministre, par exemple, alors qu'ils ne sont que Secrétaires parlementaires, etc. Enfin, il reste particulièrement difficile de voir clair dans la structure et la composition du gouvernement au Japon et les attributions exactes de chacun. Certainement que ce livre est encore loin de faire toute la lumière sur ces points, mais il tente de s'en approcher. Car cette opacité des institutions est volontaire de la part des Japonais.

Ci-dessous, l'organigramme simplifié du gouvernement au Japon, appelé plus communément "Cabinet du premier ministre", notamment sous le mandat de Taro ASO.

Premier Ministre

Cabinet Office

Secrétariat de Cabinet

Ministres d'État chargés de mission

Organes gérés directement
- Agence de la Maison impériale
- Commission de Régulation du Commerce
- Commission nationale de l'Ordre public
- Agence des Services financiers

Ministères

Ci-dessous, l'exemple de la composition du gouvernement ASO formé en septembre 2008 et mise à jour le 17 février 2009 :

Attributions	Nom/prénom	Parti/Faction	D/S
premier ministre	**ASO Taro**	PLD/Aso	D
- Ministre des Affaires intérieures et des Communications - MEC de la Décentralisation	**HATOYAMA Kunio**	PLD/Tsushima	D
- Ministre de la Justice	**MORI Esuke**	PLD/Aso	D
- Ministre des Affaires étrangères	**NAKASONE Hirofumi**	PLD/Ibuki	S
- Ministre des Finances - MEC des Services financiers	**YOSANO Kaoru** remplaçant NAKAGAWA Shoichi	PLD/sans faction PLD/Ibuki	D
- Ministre de l'Éducation, de la Culture, des Sports et des Sciences et Technologies	**SHIONOYA Ryu**	PLD/Machimura	R
- Ministre de la Santé, du Travail et des Affaires sociales	**MASUZOE Yoichi**	PLD/sans faction	S
- Ministre de l'Agriculture, des Forêts et des Pêches	**ISHIBA Shigeru**	PLD/Tsushima	D
- Ministre de l'Économie, du Commerce et de l'Industrie	**NIKAI Toshihiro**	PLD/Nikai	D
- Ministre de l'Aménagement du Territoire, des Infrastructures, des Transports et du Tourisme	**KANEKO Kazuyoshi**	PLD/Koga	D
- Ministre de l'Environnement	**SAITO Tetsuo**	Komeito (Parti boudhiste)	D

- Ministre de la Défense	**HAMADA Yasukazu**	PLD/sans faction	D
- Secrétaire général du Cabinet - MEC de la question des enlèvements (de Japonais en Corée du Nord)	**KAWAMURA Takeo**	PLD/Ibuki	D
- Président de la Commission nationale de l'Ordre public - MEC d'Okinawa, des Territoires du Nord, et de la Prévention des catastrophes naturelles	**SATO Tsutomu**	PLD/Koga	D
- MEC de la Politique économique et financière	**YOSANO Kaoru**	PLD/sans faction	D
- MEC des Réformes des règlementations,	**AMARI Akira**	PLD/Yamazaki	D
- MEC de la Politique scientifique et technologique, et de la Sécurité alimentaire	**NODA Seiko**	PLD/sans faction	D
- MEC de la Dénatalité et de l'Égalité des sexes	**OBUCHI Yuko**	PLD/Tsushima	D
- Secrétaire général adjoint	**MATSUMOTO Jun**	PLD/Aso	D
- Secrétaire général adjoint	**KOUNOIKE Yoshitada**	PLD/Aso	S
- Secrétaire général adjoint	**URUMA Iwao**	Très haut fonctionnaire	
- Directeur général du Bureau législatif	**MIYAZAKI Reiichi**	Très haut fonctionnaire	

- D : membre de la Chambre des députés.
- S : membre du Sénat.
- MEC : ministre d'État chargé d'une mission spéciale par le premier ministre. Ils exercent dans le Cabinet Office.

Ainsi, le Président de la Commission nationale de l'Ordre public est un ministre déjà chargé d'une autre fonction, et qui va superviser le travail de l'Agence de la Police nationale. Cette dernière fait partie intégrante de la structure de la Commission et a pour rôle essentiel d'une part de faire la synthèse entre les Agences de la Police départementale, notamment, en publiant des rapports de statistiques ; d'autre part, en centralisant les recherches et enquêtes à l'échelle nationale. Il faut noter que la Police est un secteur déconcentré du pouvoir central, sous la responsabilité de chaque département. Tout comme le secteur de l'Éducation où les enseignants sont des fonctionnaires départementaux.

LA BONNE GOUVERNANCE DE L'AGENCE IMPÉRIALE

L'empire est mort en 1945, mais l'Empereur est toujours là. En effet, l'ancienne Constitution, s'appelait *Daïnippon Teïkoku Kenpo*, c'est-à-dire, la "Constitution du Grand-Empire nippon", tandis que la Constitution actuelle, *Nippon Koku Kenpo*, signifie tout simplement, la "Constitution de l'État du Japon". La Constitution, en vigueur depuis le 3 mai 1947, prévoit dans son article 1 que l'Empereur ne joue plus qu'un rôle symbolique : *l'Empereur est le symbole de l'unité de l'État et du Peuple*... Et selon l'article 2 du Chapitre 1, relatif à l'Empereur, précise que *le trône impérial est dynastique et héréditaire conformément à la Loi relative à la Maison impériale adoptée par le Parlement*, le 15 janvier 1947. La grande nouveauté est que l'Empereur n'est plus considéré comme ayant une descendance divine, toutefois il reste le symbole qu'il a toujours été par le passé, car il n'a jamais réellement gouverné le pays.

Pour connaître exactement le rôle de l'Empereur, il suffit de lire le Chapitre 1er de la Constitution japonaise de 1947 :

- "L'Empereur est le symbole de l'État et de l'unité du Peuple ; ses fonctions relèvent de la volonté du Peuple souverain.
- Le Trône impérial est héréditaire et la succession se fait conformément à la loi adoptée par la Diète.
- Tous les actes de l'Empereur, accomplis en matière de représentation de l'État, requièrent l'avis et l'approbation du Cabinet.
- L'Empereur ne peut exercer que les seules fonctions prévues par la présente Constitution en matière de représentation de l'État ; il n'a pas le pouvoir de gouverner. L'Empereur peut déléguer ses fonctions en matière de représentation de l'État, conformément aux dispositions prévues par la loi.
- Lorsqu'en application de la Loi relative à la Maison impériale est instituée une Régence, le Régent agit dans le cadre de l'État en tant que représentant de l'Empereur. Dans ce cas, le paragraphe premier du précédent article s'applique.

- L'Empereur nomme le premier ministre désigné par la Diète. L'Empereur nomme le président de la Cour suprême désigné par le Cabinet.
- Au nom du Peuple, l'Empereur, avec l'avis et l'approbation du Cabinet, exécute les tâches suivantes en tant que représentant de l'État :
    - Promulguer les amendements à la Constitution, les lois, les décrets du Cabinet et les traités ;
    - Convoquer la Diète ;
    - Dissoudre la Chambre des députés ;
    - Annoncer l'ouverture des élections générales des membres de la Diète ;
    - Signer la nomination et la révocation des ministres d'État et autres fonctionnaires conformément à la loi, ainsi qu'il attribue les pleins pouvoirs et les lettres de créance des ambassadeurs et ministres ;
    - Accorder l'amnistie générale ou spéciale, commute la peine, gracie et réhabilite ;
    - Attribuer des distinctions honorifiques ;
    - Déposer les instruments de ratification et autres documents diplomatiques, dans les conditions prévues par la loi ;
    - Recevoir des ambassadeurs et ministres étrangers ;
    - Représenter l'État aux cérémonies officielles.
    - Aucune propriété ne pourra être cédée à la Famille impériale, ni acceptée ou cédée par elle, sans l'autorisation de la Diète."

Toutefois, la Constitution ne mentionne nulle part l'existence de l'"Agence de la Maison impériale" (" The Imperial Household Agency" (IHA), ou "Kunaicho" en japonais), et que l'on considère à tort comme l'équivalent de Buckingham Palace au Royaume-Uni où règne une plus grande liberté des membres.

LA COMPOSITION DE LA FAMILLE IMPÉRIALE

En 1946, l'"Advisory Council on The Imperial House Law" était chargé par le premier ministre d'établir un rapport pour étudier la forme du système impérial et de ses institutions et faire des propositions, notamment en ce qui concerne :

- L'arbre généalogique de la Maison impériale ;
- La généalogie des empereurs du Japon ;
- Le rôle de l'Empereur dans la Constitution du Japon ;
- La loi relative à la Maison impériale, les règles de succession, la définition de la Famille impériale, les règles de régence, les règles d'accession au trône, de lignage et de funérailles ;

- Et surtout l'institution d'un "Conseil de la Maison impériale", comprenant le président et le vice-président de la Chambre des députés, le président et le vice-président du Sénat, le premier ministre, le grand administrateur de l'Agence impériale, le président de la Cour suprême et un de ses magistrats, et deux Membres de la Famille impériale.

Il résulte ainsi de la *loi The Imperial House Law*, adoptée en 1947 à la suite du Rapport du Grand-Conseil, que la Famille impériale comprend 7 familles, pour un total de 23 membres (en août 2008). La Famille impériale ("Kozoku") comprend :

- La Famille de l'Empereur ("Naitei-Kozoku") comprenant 5 membres : l'Empereur Akihito, l'Impératrice Michiko, le Prince héritier Naruhito (le premier héritier dans l'ordre de succession) et son épouse Masako, la Princesse Aiko (5).

Et les 18 autres membres suivants,

- La famille Akishino : Prince Fumihito AKISHINO et son épouse Kiko, leurs filles, les Princesses Mako et Kako, et leur fils, le Prince Hisahito (5) ;
- La famille Hitachi : le Prince Hitachi (2e fils de l'Empereur Showa) et son épouse (2) ;
- La famille Mikasa : le Prince Mikasa (4e fils de l'Empereur Taisho) et son épouse (2) ;
- La famille du Prince Tomohito : le Prince Tomohito (1er fils du Prince Mikasa encore vivant, il lui succédera sous le nom de Mikasa) et son épouse Nobuko (petite sœur du premier ministre Taro ASO), leurs deux filles, les Princesses Akiko et Yoko. (4) ;
- Le Prince Katsura, 2e fils du Prince Mikasa, est célibataire et a déjà quitté la famille Mikasa en créant son propre foyer, donc la famille Katsura, dont il est pour le moment le seul membre (1) ;
- La famille Takamado : le Prince Takamado, décédé en 2002, 3e fils du Prince Mikasa et son épouse Hisako, leurs trois filles, les Princesses, Tsuguko, Noriko et Ayako (4).

Il faut noter que les médias japonais ne disent jamais :

- l'"Empereur Akihito", mais "Sa Majesté l'Empereur" ("Tenno Heika").
- L'"Impératrice Michiko", mais plutôt "Sa Majesté l'Impératrice Michiko" ("Kogo Heika Michiko sama") ;
- En revanche, le Prince héritier Naruhito, se nomme "Son Altesse le Prince Héritier" ("Kotaishi Denka" ou bien "Kotaishi sama"), sans y ajouter son prénom "Naruhito".
- Enfin, la fille du Prince héritier Naruhito, la Princesse Aiko, est couramment appelée "Aiko sama", tout simplement.

Après son décès, l'Empereur actuel s'appellera "Heisei Tenno". Car dès son intronisation, il a été décidé officiellement que le Japon serait alors dans l'ère "Heisei". Avant le décès de l'Empereur Showa, le gouvernement a demandé secrètement à des experts tels que des professeurs ou autres personnalités (dont on ignore les noms) qui se sont distingués dans leur domaine de réfléchir sur le choix de la nouvelle dénomination de l'ère à venir. Le décès de l'Empereur Hirohito est survenu le 7 janvier 1989, marquant ainsi la fin de l'ère "Showa", pour la nouvelle ère qui a commencé dès le 8 janvier. Ainsi, le Conseil des 12 (c'est un groupe ad hoc de 8 experts et les Présidents et Vice-président du Sénat et de la Chambre des députés) a voté à l'unanimité pour choisir le nom de la nouvelle ère parmi trois propositions sélectionnées au préalable par le secrétaire général de Cabinet (le député Keizo OBUSHI) et le directeur général du Bureau législatif du Cabinet (très haut fonctionnaire, Osamu MIMURA).

Ils ont retenu les trois appellations suivantes : "Shubun", "Seika" et "Heisei". Il paraît que l'appellation "Heisei" aurait été choisie parce qu'elle ne commençait pas par un "s" en écriture alphabétique romaine et que cela marque ainsi la rupture du Japon impérial avec son passé guerrier et divin. "Heisei", signifie "Réaliser la Paix à l'intérieur et à l'extérieur, au Ciel et sur la Terre". Selon un livre chinois très ancien intitulé, *Shiki* : "Nai **Hei** Gai **Sei**" signifie qu'il faut d'abord réaliser la paix à l'intérieur pour ensuite l'étendre à l'extérieur. À 12 reprises, le *Shiki* a permis de choisir le nom d'une ère nouvelle ("gengo"). Un autre livre de référence est l'un des 9 livres des principes fondamentaux du confucianisme, le *Shokyo*. À 35 reprises, ce livre a inspiré le nom d'une nouvelle ère, telle que par exemple, "Showa" et "Heisei". Notez que les deux kanji "hei" et "wa", voulant dire chacun la "paix", peuvent former le néologisme, "heiwa" qui se traduit en un seul mot par "paix".

La signification venant de *Shokyo* : "Chi **Hei** Ten **Sei**" veut dire que, dès que la paix est réalisée sur la Terre, elle peut ensuite se réaliser au Ciel.

Voilà comment à partir de deux mots très anciens comprenant chacun quatre kanji, on a créé le néologisme "Heisei" :

NAI Intérieur	HEI Paix	GAI Extérieur	SEI Réalisation
CHI Terre		TEN Ciel	

Puis, le Conseil des ministres s'est réuni extraordinairement pour approuver automatiquement le choix du Conseil des 12, et la décision a été annoncée publiquement par le secrétaire général du Cabinet du premier ministre. Enfin, l'Empereur a approuvé la décision juste avant sa publication dans un numéro spécial du journal officiel japonais dans la même journée. Toute la procédure du choix du nom de l'ère nouvelle s'est réalisée en une seule journée.

En outre, on constate que la Princesse Masako, née OWADA, et la Princesse Kiko, née KAWASHIMA, sont liées par le destin à travers leurs noms de jeunes filles et prénoms. Chaque nom ajouté du prénom, possède un nombre égal de six syllabes que l'on peut étrangement intervertir :

O	WA	DA	MA	SA	KO
KA	WA	SHI	MA	KI	KO

Comme si cela signifiait que l'une comme l'autre peut devenir la future impératrice ou bien mettre au monde le futur Prince héritier du trône. Il faut souligner que les Membres de la Famille impériale ne possèdent pas de "koseki" (c'est-à-dire, un état-civil comme tous les citoyens japonais). Dès qu'une future épouse intègre la famille impériale, elle sort du "koseki" de sa propre famille pour entrer dans l'Arbre généalogique impérial comme tous les autres Membres de la Famille impériale. D'autre part, pour la future génération, après le Prince héritier Naruhito, il n'y a qu'un seul garçon, Hisahito, fils du Prince et de la Princesse AKISHINO. Si Hisahito venait à décéder prématurément, le problème de la succession se reposerait. Dans tous les cas, les 8 filles y compris Aiko seront obligées de quitter la Famille impériale dès leur mariage, comme Sayako, la seule fille de l'Empereur actuelle, car un futur époux venant de l'extérieur ne peut jamais être intégré dans la Famille impériale.

LE CALENDRIER IMPÉRIAL

Quelle est la réalité ? L'an 2009 du calendrier grégorien correspond :

- À l'an 1430 du calendrier musulman (depuis le 29 décembre 2008), à l'an 2552 du calendrier bouddhiste (à compter du 26 janvier 2009), et à 2136 (à compter du 25 février 2009), selon le bouddhisme tibétain ;
- À l'an 5769 du calendrier juif (à compter du 26 janvier 2009) ;
- À l'an 2065 pour les Indous (à compter du 29 octobre 2008) ;
- Et au Japon, à l'ère "Heisei 21" qui a commencé (20 ans après le décès de l'Empereur "Showa" en 1989), le 1er janvier 2009, etc.

L'entrée du Japon dans le monde moderne à la fin du 19e siècle met définitivement un terme à la pratique de changer d'ère de façon irrégulière en fonction des évènements historiques les plus marquants. Comme la guerre ou bien des catastrophes naturelles particulièrement destructrices, telles qu'un tremblement de terre, une éruption volcanique, un typhon ou bien un tsunami. Depuis l'ère "Meiji" qui a commencé en 1868, le règne de chaque empereur constitue désormais une ère entière. L'année où l'empereur est intronisé est la première année d'une ère nouvelle, laquelle reste identique durant tout son règne. Par exemple, Hirohito est devenu l'Empereur le 25 décembre 1926. Cette journée a été décrétée "Commencement de la nouvelle ère Showa" (l'ère de "La Paix éclairée", qui a plutôt été une ère de guerre). Elle a duré 62 années et deux semaines, jusqu'à la mort de l'Empereur Hirohito le 7 janvier 1989. Le système prévoit également qu'après la mort d'un empereur, celui-ci sera désigné par le nom de l'ère pendant laquelle il a régné. Aujourd'hui, Hirohito est devenu pour les Japonais l'"Empereur Showa". Enfin, l'ère Heisei, signifiant le "Rétablissement de la Paix", a officiellement commencé à minuit, le 8 janvier 1989. Par conséquent, 1989 est considéré comme l'année "Showa 64" du 1er au 7 janvier 1989 jusqu'à minuit. L'année "Heisei 1" commence donc le 8 janvier 1989 et se termine le 31 décembre de la même année. En revanche, Heisei 2, 3, et ainsi de suite, commencent le 1er janvier pour se terminer le 31 décembre. Les Japonais utilisent le calendrier grégorien depuis 1873 dans leur vie quotidienne, mais l'administration continue d'utiliser le système traditionnel, notamment pour la rédaction des actes d'état-civil. En outre, l'année fiscale et scolaire commence toujours au 1er avril pour se terminer au 31 mars. Ainsi, l'année 2009 correspond à l'année 21 de l'ère "Heisei" ("Heisei 21 nen") ; et s'il s'agit de l'année fiscale et scolaire 2009-2010, les Japonais utilisent couramment l'expression "Heisei 21 nen do".

L'EMPRISE DE L'AGENCE SUR LE DESTIN DU PAYS

L'Agence de la Maison impériale est une organisation gouvernementale qui était placée, depuis mai 1947, sous le contrôle du premier ministre, ce dernier étant chargé des questions d'État concernant la Maison impériale. En outre, parmi les actes de l'Empereur relatifs à l'État, stipulés à l'article 7 de la Constitution du Japon, l'Agence assiste Sa Majesté en organisant la visite des ambassadeurs et des ministres étrangers et en exécutant les fonctions protocolaires. Il est également le gardien du Sceau impérial et du Sceau de l'État. Mais surtout, elle organise toute la vie quotidienne de la Famille impériale.

L'origine de l'Agence de la Maison impériale remonte aux dispositions du Code Taïho relatives à la structure du gouvernement, Code qui a été décrété en 701 sous le règne de l'Empereur Monmu. De la première Constitution japonaise de 1889 jusqu'à 1947, l'Agence était constituée sous la forme d'un ministère complètement indépendant du premier ministre et comprenait plus de 6200 membres du personnel. Son nombre a été réduit à 1500, cependant son rôle reste très important et semble toujours régi par le vieux Code de l'an 701 accompagné d'aménagements pour suivre l'évolution de la société. Ce n'est qu'à partir de 1947 que ce ministère a pris l'appellation d'"agence", laquelle est régie par une loi moderne comprenant un règlement intérieur, grâce à la Loi relative à la Maison impériale du 15 janvier 1947, "The Imperial House Law".

L'Agence de la Maison impériale n'a connu ensuite que quatre réformes dont la dernière date de la "Réforme de la structure du gouvernement central", entrée en vigueur le 6 janvier 2001, où l'Agence de la Maison impériale a été placée sous le contrôle du Cabinet Office et non plus sous le contrôle direct du premier ministre. Tous les services administratifs de l'Agence impériale sont regroupés à l'intérieur d'un même bâtiment ("Kunaïcho"). Depuis le 1er avril 2005, l'Agence est dirigée par le grand administrateur, Shingo HAKETA (ancien vice-ministre administratif du ministère de la Santé), lequel est aidé par un vice-grand administrateur. L'organisation principale de l'Agence comporte le Secrétariat du grand administrateur, le Conseil des chambellans, le Conseil de la Maison du Prince de la Couronne, le Conseil de cérémonie, le Département des Archives et du Mausolée, le Département de la Maintenance et des Travaux et l'Office de Kyoto. Il est particulièrement intéressant de développer le rôle des quatre organes suivants de l'Agence :

1) Le Secrétariat du grand administrateur qui comprend :
   - Division du Secrétariat, Division des Affaires générales, Division des Affaires de la Maison des Princes impériaux, Division de la comptabilité, Division de l'approvisionnement, et l'Hôpital de la Maison impériale. Les cadres du secrétariat du grand administrateur sont : le conseiller, le superviseur des Affaires de la Maison impériale, le trésorier de la Maison impériale, le superviseur médical de la Maison impériale.
   - Sous la Division du Secrétariat se trouve le Bureau de recherches et de planification, et sous la Division des Affaires générales sont placés la Presse et le Bureau des relations publiques.

Il faut souligner le rôle extrêmement important de l'Agence dans le contrôle et la diffusion de l'information, notamment, auprès des "Kisha-Clubs" qui sont des Clubs réservés à certains journalistes pour accéder à certaines sources d'informations.

2) Le Conseil des chambellans ("Jijyu-shoku") : Le Conseil est dirigé par le grand chambellan (actuellement, Yutaka KAWASHIMA, ancien vice-ministre administratif du ministère des Affaires étrangères) et ses cadres sont : le vice-grand chambellan, les chambellans, la "Lady in Waiting" en chef, les "Ladies in Waiting", le Médecin en chef de la Cour et les Médecins de la Cour. Ce Conseil prend en charge la vie quotidienne de l'Empereur Akihito et de l'Impératrice Michiko et éventuellement de leurs enfants (notamment, leur fille Sayako a quitté son statut d'Altesse Impériale, elle n'a donc plus le titre de princesse depuis qu'elle s'est mariée avec quelqu'un de l'extérieur, Yoshiki KURODA, fonctionnaire à la Préfecture de Tokyo. Car c'est un des

meilleurs amis du Prince Akishino, depuis l'école "Gakushuin", Akishino avait organisé leur rencontre chez lui).
3) Il conserve également le Sceau privé de la Famille impériale et le Sceau de l'État. Ici, le grand chambellan joue un rôle primordial, il est en quelque sorte le porte-parole de l'Empereur et de l'Impératrice.
4) Le Conseil de la Maison des Princes de la Couronne ("Togu-shoku") : Le Conseil est dirigé par le grand maître (Issei NOMURA, nommé depuis le 6 avril 2006) et ses cadres : le chambellan en chef, les chambellans, la "Lady in Waiting" en chef, les "Ladies in Waiting", le médecin-chef et les médecins. Le Conseil prend en charge la vie quotidienne du Prince héritier de la Couronne, Naruhito, de son épouse, la Princesse Masako, et de leur fille, la Princesse Aiko.

Le grand maître Nomura est un ancien Ambassadeur du Japon en Russie, mais il a exercé aussi en tant que diplomate avec le père de la Princesse Masako dans la même ambassade à la fin des années 1960. Ce qui nous laisse deviner qu'il existe parfois des liens très proches entre les hauts fonctionnaires de l'Agence impériale et les Membres de la Famille impériale.

Par ailleurs, une "Lady in Waiting" est une "Dame de la Cour" choisie pour assister et se mettre au service d'une reine ou d'un roi, d'une impératrice ou d'un empereur, d'une princesse ou d'un prince de haut rang. Elle n'était pas une domestique. Les Dames de la Cour étaient considérées comme de nobles compagnes par leur statut, et pouvaient être parfois les meilleures conseillères.

Dans le Japon impérial d'avant la Seconde Guerre mondiale, les Dames de la Cour de la Maison impériale pouvaient servir de concubines à l'empereur en plus de son épouse légitime. Si l'impératrice était incapable de mettre au monde un héritier mâle, lequel survivrait assez longtemps pour devenir empereur, alors le ou l'un des fils naturels de l'empereur qui avait pour mère l'une des Dames de la Cour pouvait être appelé à devenir le Prince héritier du Trône et être ainsi, également, adopté par son épouse légitime. En 1901, lorsque la Princesse Sadako a donné naissance à un fils, le futur Empereur Showa (plus connu à l'étranger sous son prénom, Hirohito), elle a été la première épouse légitime d'un empereur (l'Empereur Taisho) à donner naissance à un héritier mâle depuis 1720.

Il faut noter avec attention qu'un spécialiste de la fécondation in vitro a été nommé au Conseil de la Maison des Princes de la Couronne, le professeur Osamu TSUTSUMI de l'École de Médecine de l'Université de Tokyo, Département Obstétrique et Gynécologie. Ce qui permet, de nos jours, d'éviter le recours à une Dame de la Cour, ce qui serait fort mal vu, mais qui était pourtant une pratique courante et efficace dans le passé.

5) Le Conseil de cérémonie : Le Conseil est dirigé par le grand maître de cérémonie assisté par deux vices-grands maîtres de cérémonie, dont l'un est responsable des cérémonies et de la musique ; tandis que l'autre est

responsable des activités de la Famille impériale pour encourager les relations amicales avec des pays étrangers, tels que les visites dans des monarchies étrangères.

LE BUDGET DE LA MAISON IMPÉRIALE

Il comprend les ressources personnelles des 23 membres de la Famille impériale, lesquelles ne peuvent faire l'objet d'aucun contrôle par le gouvernement et le Parlement, excepté les dépenses relatives au Palais ; et le budget de l'Agence de la Maison impériale dont les dépenses peuvent être contrôlées. Il y a d'abord les dépenses propres à la Famille impériale, lesquelles sont classées en trois catégories : les dépenses personnelles, les dépenses relatives au Palais et les allocations pour les Membres de la Famille impériale.

- Dépenses personnelles de Sa Majesté et des 4 Membres de la Cour ("Naitei-Kozoku") pour des activités et les besoins nécessaires à la vie quotidienne. Le montant de ces dépenses est prévu par la loi et représente au total 324 millions de yens dans la loi de finances 2008. Ces dépenses personnelles ne sont pas des fonds publics dont l'utilisation peut être contrôlée par l'Agence impériale (articles 4 et 7 de la loi de finances de la Maison impériale).
- Dépenses relatives au Palais : ce sont les dépenses à utiliser pour les fonctions officielles de la Famille impériale, y compris les cérémonies, banquets, réceptions, voyages à l'intérieur du pays et à l'étranger, et Garden Parties. Ces dépenses incluent également celles pour la gestion et l'entretien des équipements du Palais impérial et d'autres propriétés. Dans le budget 2008, les dépenses relatives au Palais s'élèvent à 6,17 milliards de yens, à peine moins que l'année précédente. L'Agence impériale doit rendre compte de ces dépenses qui sont considérées comme des fonds publics (article 5 de la loi de finances de la Maison impériale). Par exemple, deux fois par an, au printemps et en automne, une Garden Party est organisée dans le Parc impérial d'Akasaka et comprend environ 2000 invités de tous les milieux qui se sont particulièrement distingués par leur activité culturelle, professionnelle, diplomatique, etc..
- Allocations pour chacun des 18 Membres de la Famille impériale : pour que la Famille impériale puisse maintenir un style de vie qui convient à sa position, chaque Membre de la Famille impériale, à l'exclusion de Sa Majesté et des Membres de la Cour de la Famille impériale (Naitei-Kozoku), reçoit une allocation annuelle. Cette allocation doit permettre d'assurer les dépenses quotidiennes telles que la nourriture, les frais scolaires des enfants, le paiement des salaires de son propre personnel de maison, les frais médicaux, car ils n'ont pas droit à l'assurance maladie, etc. L'allocation pour un prince impérial ou une princesse impériale qui a un foyer indépendant est prévue par loi et s'élève à 30,5 millions de yens dans

la loi de finances 2008. Pour les 18 Membres de la Famille impériale, le montant total est de 279,8 millions de yens dans le budget de l'État 2008. Ces allocations ne font pas non plus partie des fonds publics qui peuvent être utilisés et pris en compte par l'Agence impériale (article 6 et 8 de la loi de finances de la Maison impériale). Quand un Membre de la Famille impériale crée son propre foyer indépendant, ou bien se libère de son statut impérial, une allocation unique lui sera versée (article 6 de la loi de finances de la Maison impériale).

Puis d'autre part, les dépenses de l'Agence de la Maison impériale : les dépenses couvrent le personnel et les coûts de fonctionnement de l'Agence impériale, qui se montent à 11,06 milliards de yens pour le budget de l'État 2008. C'est la seconde catégorie des dépenses publiques qui peuvent faire l'objet d'un contrôle par les autorités compétentes et qui doivent être justifiées devant le Parlement.

Finalement, le budget global annuel de la Maison impériale se monte à 17,838 milliards de yens, c'est-à-dire 0,02 % du budget de l'État (83.061,3 milliards de yens pour l'année fiscale avril 2008/mars 2009). La Famille impériale ne coûtait que 135 yens en moyenne par habitant en 2006. L'entretien des 1,15 million m^2 de la surface des terres et de 0,11 million m^2 de surface bâtie est à la charge de l'Agence impériale. Pour le seul mois de mai 2001, la facture d'eau était d'environ 9,31 millions de yens, 8,4 millions de yens pour l'électricité et 3,4 millions de yens pour le gaz. La facture annuelle de la redevance télévision était de 1,78 million de yens, selon Tsuneyasu TAKEDA, auteur d'une biographie de la famille impériale, *Katararenakatta Kozokutachi no shinjitsu* ("Toute la vérité sur la Famille impériale, jamais racontée"), publiée en 2005. L'auteur est lui-même d'une famille qui faisait partie de la Famille impériale sous l'ère Meiji. Tous ces chiffres nous donnent le sentiment que l'Empereur et les Membres de la Famille impériale sont loin de mener la vie fastueuse que l'on pourrait imaginer, car 30,5 millions de yens annuels pour subvenir au besoin d'un foyer princier, c'est un montant modeste pour la classe moyenne japonaise.

MASAKO, PRINCESSE D'UNE PRISON DORÉE

La Maison impériale japonaise est sévèrement dirigée par des fonctionnaires qui sont les véritables gardiens de principes et de coutumes immuables et dépassés. Ces bureaucrates veillent sur la Famille impériale, dépourvue d'empire et figée dans le temps, sans chercher à l'adapter à notre époque. Dans ce pays où les politiciens ne seraient que des marionnettes au service des milieux d'affaires, il est notoire que les véritables gouvernants du pays sont les hauts fonctionnaires des différents ministères, qui semblent plus puissants que le ministre dont chacun relève. Au sein même du Palais impérial, ce sont également des fonctionnaires qui sont chargés d'appliquer strictement les règles du protocole et de gérer avec vigilance la vie quotidienne des Membres de la Famille impériale jusqu'à s'infiltrer dans leurs intimités. Il semble que les fonctionnaires ne laissent aucune place à la fantaisie et ne permettent aucun écart de la part des Membres de la Famille impériale. Ainsi, le plus élevé des hauts fonctionnaires, chargé de superviser la Maison impériale et de veiller au respect scrupuleux des règles, est celui qu'on appelle, le "grand chambellan". Ce dernier est nommé par le Cabinet du premier ministre avec l'approbation de l'Empereur. En principe, cette nomination n'est jamais désapprouvée par l'Empereur, il s'agirait d'une pure formalité. Le grand chambellan, actuellement Yutaka KAWASHIMA, est directement au service de l'Empereur Akihito et de l'Impératrice Michiko.

D'autre part, celui qu'on appelle le "grand maître" (Issei NOMURA) est lui au service du Prince héritier Naruhito et de la Princesse Masako. En revanche, celui que l'on nomme le "grand administrateur", Shingo HAKETA, dirige effectivement l'Agence de la Maison impériale (Imperial Household Agency) et la représente au sein du Conseil de la Maison impériale. Du 2 avril 2001 jusqu'au 1er avril 2005, le grand administrateur était Toshio YUASA (ancien vice-ministre administratif de l'ex-ministère des Affaires intérieures). Ce dernier s'est fait remarquer lorsqu'il a affirmé ouvertement qu'il souhaitait que le prince Akishino et son épouse Kiko fassent un troisième enfant pour la prospérité de la Famille impériale. Il a été très critiqué, car cela signifiait un grand manque de considération et de confiance à l'égard de la Princesse Masako.

Un journaliste australien, Ben HILLS, a publié une biographie non autorisée par la Maison impériale, intitulée, *Princesse Masako*, avec en sous-titre, *La prisonnière du Trône du Chrysanthème*. Publié en novembre 2006 en Australie puis aux États-Unis, ce livre raconte l'histoire de celle que l'on a comparée parfois à la Princesse britannique Diana à cause de son engagement dans des causes sociales et caritatives. L'auteur évoque la vie de Masako OWADA, une diplomate qui a sacrifié sa carrière, lorsqu'elle a accepté avec hésitation d'épouser le Prince héritier Naruhito en 1993. Ben HILLS s'est vu opposer un refus systématique à toutes ses demandes d'interviews en tête à tête avec la princesse. Mais il a interrogé une soixantaine de personnes, des spécialistes, mais aussi des proches de Masako et de la Famille impériale. À travers une série de témoignages, il a décrit la personnalité de Masako à la fois brillante et fragile. Il retrace, son enfance entre le Japon, la Russie et les États-Unis où était envoyé son père diplomate, ses brillantes études, son mariage princier, mais aussi les pressions subies pour mettre au monde un héritier mâle, et enfin sa profonde dépression.

Dès avant le mariage, au début des années 1990, des fonctionnaires de l'Agence de la Maison impériale avaient fait part de leur désaccord au mariage du Prince héritier avec la jeune femme, jugée trop indépendante. Lorsque Masako et le Prince Naruhito ont annoncé publiquement aux médias leurs fiançailles, Masako s'est vu reprocher d'avoir parlé 28 secondes de plus que le Prince, selon l'un des anciens Chambellans de l'Agence impériale. Les fonctionnaires de l'Agence lui ont reproché également d'être effronté en tenant des propos qui ne faisaient pas partie des réponses aux questions posées. De plus, la Famille impériale a offert à la modeste famille de Masako la somme de 320 millions de yens nécessaire pour l'achat de tout ce qui est utile à la vie quotidienne à la Cour et de cadeaux que la famille de la fiancée doit offrir aux autres Membres de la Famille impériale, selon Ben HILLS. Elle a dû faire beaucoup d'efforts pour se soumettre au protocole strict de la Cour imposé par l'Agence de la Maison impériale, laquelle comprend plus de mille fonctionnaires chargés de la surveillance rapprochée des 23 Membres de la Famille impériale. Toutefois, la Princesse Masako a été autorisée à s'exprimer en public, pour la première fois, que trois ans après son mariage ; alors que l'Impératrice Michiko ne l'a fait que sept ans après son mariage.

L'ex-grand chambellan (du 12 décembre 1996 au 15 juin 2007) de l'Empereur Akihito du Japon, Makoto WATANABE (ancien Ambassadeur du Japon en Jordanie), est intervenu exceptionnellement en adressant une lettre à Ben HILLS, rendue publique sur le site Internet du Palais.[18] Le grand chambellan a critiqué l'auteur de la biographie non autorisée de Masako, et a affirmé qu'elle contenait des erreurs et que les activités de l'Empereur et de l'Impératrice n'étaient pas des formalités dépourvues de sens. Il faut souligner qu'en juin 2007, Yutaka KAWASHIMA (né en 1942), ancien vice-ministre administratif du ministère des Affaires étrangères et ancien diplomate également, est devenu le nouveau grand chambellan après avoir servi pendant quatre ans en tant que grand maître de cérémonie, Watanabe étant parti en retraite.

L'auteur australien prétend que Masako a dû subir un traitement hormonal pour donner naissance après insémination artificielle à une fille, Aiko, au bout de neuf ans de mariage en 2001. Comme argument, il cite la nomination, en l'an 2000, d'un grand spécialiste de la fécondation in vitro, le docteur Osamu TSUTSUMI à la tête de l'équipe médicale du "Conseil de la Maison des Princes de la Couronne" de la Maison impériale. Tombée en dépression en décembre 2003, Masako, ancienne diplomate brillante sortie de Harvard, est restée isolée pendant plus d'un an comme une "hikikomori". En mai 2004, le Prince héritier a voulu défendre son épouse en faisant allusion au protocole qui étouffe la personnalité de son épouse. Une réflexion qui lui a valu des reproches de ses parents, l'Empereur Akihito et l'Impératrice Michiko, et surtout de son frère ambitieux, le Prince Fumihito AKISHINO, dont l'attitude nous laisse croire qu'il espère un jour succéder au trône. L'Agence de la Maison impériale a officiellement qualifié la maladie de la princesse de "troubles d'adaptation". La dépression de Masako serait surtout due aux pressions de la Cour pour qu'elle

---

[18] http://www.kunaicho.go.jp/ekunaicho/hills-letter-e.html

donne un héritier mâle au Japon. Le couple n'a eu qu'un seul enfant, Aiko, une fille âgée de 7 ans au 1er décembre 2008. Ces pressions se sont allégées depuis la naissance, le 6 septembre 2006, du Prince Hisahito, fils de sa belle-sœur Kiko AKISHINO et du fils cadet de l'Empereur, Fumihito AKISHINO. Le petit Prince Hisahito est destiné à devenir un jour l'empereur, il est en troisième place dans l'ordre de succession après le Prince Naruhito et son propre père le Prince Fumihito AKISHINO. Cette naissance a été célébrée en poèmes et a mis fin au projet de révision du Code impérial qui envisageait de permettre aux femmes d'accéder au Trône. Dans un passé lointain, il y a pourtant eu à plusieurs reprises une princesse qui a accédé au Trône. Hisahito est le premier garçon à voir le jour dans la Famille impériale depuis plus de 40 ans et deviendra peut-être empereur à la suite de son père. Sa naissance a permis de régler la grave crise de succession, car le Prince héritier Naruhito n'a eu qu'une fille pour le moment. Il ne sera jamais confirmé par l'Agence impériale que la Princesse Masako est devenue effectivement enceinte d'Aiko après un traitement contre la stérilité mené, au début de mars 2001, par l'éminent professeur Osamu TSUTSUMI accompagné de son équipe d'obstétriciens et d'anesthésistes. Aujourd'hui, le professeur Tsutsumi fait parler de lui à cause de détournement de fonds destinés à la recherche à l'Université de Tokyo.

 Le gouvernement japonais a aussitôt réclamé que soit retirée l'affirmation selon laquelle Masako a dû subir un traitement hormonal pour donner naissance après insémination artificielle à une fille, Aiko, après neuf ans de mariage en 2001. La presse japonaise a soutenu les protestations du gouvernement. Mais l'auteur se défend d'avoir insulté la Famille impériale et le Peuple japonais dans ce livre, où il accuse l'Agence de la Maison impériale, qui supervise le protocole du Palais d'être responsable de l'état de santé de la Princesse. Le journaliste a souligné que certaines des personnes qu'il avait interrogées n'auraient jamais osé parler aux médias japonais, tandis que d'autres ont parlé d'une manière plus franche qu'elles ne l'auraient fait au Japon.

 Masako ne peut toujours pas voir qui elle veut, ni aller où elle veut et surtout pas à l'étranger. Elle est prisonnière du Palais, affirme Ben HILLS. Selon lui, seuls un divorce ou une abdication de Naruhito pourraient lui rendre la liberté, mais ces deux possibilités sont officiellement inenvisageables. Depuis l'automne 2006, elle a repris quelques engagements officiels, mais elle continue de suivre un traitement psychiatrique. Mais le Prince héritier Naruhito doit continuer de remplir d'autres fonctions officielles sans son épouse. Le 10 novembre 2008, pour la première fois depuis cinq ans, la Princesse Masako a assisté à la cérémonie officielle pour recevoir le Roi d'Espagne et son épouse. Mais cela n'a duré que 20 minutes au Palais impérial.

 Un jour, l'Impératrice Michiko (née en 1934 et âgée de 74 ans en 2008) avait fait part à la presse de son rêve parfois de vivre incognito pour pouvoir profiter de la vie. En disant qu'elle aimerait avoir un manteau qui la rendrait invisible pour se promener dans le quartier des bouquinistes, Kanda à Tokyo, et feuilleter des livres, a-t-elle dit. Elle a aussi des ennuis de santé liés au stress et qui l'obligent à parfois suspendre ses engagements officiels.

La version japonaise de la biographie aurait dû paraître au Japon au printemps 2007. Une des plus importantes maisons d'édition japonaises *Kodansha* y a renoncé sous la pression du Cabinet du premier ministre et de l'Agence de la Maison impériale. Finalement, un éditeur moins connu, *Daisan Shokan*, a décidé de publier une traduction d'une biographie non autorisée de la Princesse Masako début septembre 2007. C'est la même traduction proposée à l'origine à *Kodansha*, toutefois, avec quelques corrections historiques et factuelles.

Par ailleurs, Shintaro ISHIHARA (Gouverneur de Tokyo) voulait demander au gouvernement que le Prince héritier Naruhito fasse la promotion de la candidature de Tokyo pour accueillir les Jeux-Olympiques de 2016. Mais l'Agence impériale a répondu négativement avant même qu'Ishihara fasse sa demande officiellement, en affirmant qu'il s'agit d'un projet politique relevant de la compétence du gouvernement. Le Gouverneur de Tokyo a vivement réagi en disant : *les fonctionnaires ont détruit le Japon* !

Les bouleversements majeurs dans la Famille impériale ne concernent pas seulement les problèmes de succession au trône, mais également un changement dans la manière d'éduquer les jeunes Princes et Princesses. La plupart des Japonais sont outrés que la petite Princesse Aiko ne se baisse pas poliment pour saluer. Bien qu'elle n'ait que six ans et qu'elle venait seulement d'intégrer l'école primaire en avril 2008. L'opinion publique estime que la petite Princesse devrait déjà savoir saluer correctement et qu'elle semble manifestement mal élevée ; d'autant plus que son grand-père, le vieil Empereur, se plaint de ne pas la voir assez souvent. Il y a certainement là une mésentente entre des générations qui n'arrivent pas à s'accorder sur l'éducation à donner à la petite Princesse Aiko.

Enfin, l'état de santé de l'Empereur actuel, Akihito, et son âge avancé (né le 23 décembre 1933) ne lui permettent plus de soutenir le même rythme de travail qu'auparavant. Son emploi du temps a donc été allégé depuis la fin janvier 2009 par décision de l'Agence impériale. Car en comparaison avec l'Empereur Showa précédent, et au même âge, il assurait jusqu'à aujourd'hui 1,6 fois plus de rencontres avec les ambassadeurs étrangers au Japon et les visiteurs étrangers de haut rang ; ainsi que 4,6 fois plus de cérémonies pour saluer le départ et l'arrivée de chaque ambassadeur étranger ; et 2,3 fois plus de voyages à l'intérieur du pays. Ce qui signifie que le Prince héritier Naruhito et son épouse, la Princesse Masako, devront déjà prendre en charge une partie des tâches que le vieil Empereur et la vieille Impératrice ne peuvent plus assurer, et se préparer à leur succéder. La question est de savoir si la prochaine Impératrice peut se montrer à la hauteur de sa charge, malgré sa maladie mentale qualifiée officiellement de "troubles d'adaptation chroniques", et pour lesquels, elle est suivie de très près par une équipe médicale qui lui prescrit un traitement depuis 2003, lorsque les premiers symptômes sont apparus.

CHAPITRE 11

LE GRAND TSUNAMI FINANCIER

La dernière reprise économique, qui se confirmait depuis février 2002, a pu avoir lieu grâce à une politique fondée sur le développement de la précarité d'une partie de la classe moyenne japonaise. Dans le but de créer les conditions d'une meilleure préparation du Japon dans la compétition économique et financière mondiale. Cette politique, qui vise à créer ou développer une classe de pauvres pour les besoins du marché, s'est aussi imposée dans tous les grands pays industrialisés. Voltaire disait déjà : "sans les pauvres, il n'y aurait point de poudre pour nos perruques". En effet, l'avantage des grands pays à économie émergente, tels que la Chine, l'Inde et le Brésil, est qu'ils ont à leur disposition une main-d'œuvre très bon marché et de plus en plus qualifiée. Et qu'ainsi pour faire face à leur concurrence, les pays plus développés, menacés par la décroissance, ont chacun mis en place une politique qui a pour conséquence de réduire leur propre classe moyenne. Alors que par exemple, au Japon, pratiquement tout le monde se reconnaissait comme faisant partie de la classe moyenne, à l'exception des plus riches. Ce sentiment n'est plus unanime aujourd'hui.

L'avènement de la crise financière marquée par la crise des "subprimes" en été 2007 a commencé à remettre en cause sérieusement l'économie réelle de tous les pays en menaçant de faillite les banques et les grandes entreprises. Alors que ces dernières ont été les grandes gagnantes du développement de la précarité chez les travailleurs des pays les plus développés, en faisant souvent des profits tels qu'elles n'en avaient jamais réalisés auparavant. On affirmait que la crise des "subprimes" n'était qu'un simple incident qui ne pourrait pas menacer l'équilibre économique et financier mondial. Voilà qu'un an plus tard, les faillites de grandes banques et institutions financières marquent le fait que les vieux pays riches entrent en décroissance économique.

FIN DE LA REPRISE ÉCONOMIQUE

Le Japon s'est déclaré officiellement en récession économique le 7 août 2008 après une forte baisse de son Produit intérieur brut (PIB) au deuxième trimestre. Alors que pour les experts, il faut une baisse du PIB pendant au moins deux trimestres consécutifs pour qu'un pays soit reconnu en récession.[19] C'est ce qui s'est effectivement produit avec un PIB également en baisse au troisième trimestre 2008, baisse confirmée le 27 novembre.

Par contre, la zone euro s'est déclarée en récession, pour la première fois depuis sa création en 1999, le 14 novembre 2008. L'Office statistique européen, Eurostat, ayant constaté un recul du PIB de 0,2 % au second trimestre, puis à nouveau une chute également de 0,2 % pour le troisième trimestre 2008.

La reprise économique, que l'on constatait au Japon depuis février 2002, s'est achevée lors de l'été 2008. Sa bonne santé économique résultait en partie d'un taux de croissance de 2,4 % pour l'année budgétaire 2005-2006 et de 2,3 % en 2006-2007, alors que le gouvernement Abe espérait atteindre 3 %. Malheureusement, les prévisions de croissance ont été revues en baisse en octobre 2008 par la "Bank of Japan" (BoJ) : au lieu de 1,2 %, plutôt 0,1 % en 2008-2009 et au lieu de 1,5 %, plutôt 0,6 % en 2009-2010. Puis en décembre 2008, le gouvernement japonais a plutôt prévu une croissance à 0 % pour 2009, car le pays continuait de s'enfoncer dans la crise. Cependant le 22 janvier 2009, la BoJ a révisé de nouveau ses prévisions de croissance en prévoyant une contraction du PIB (-1,8 %) pour l'année budgétaire 2008-2009, et (-2 %) pour l'exercice budgétaire du 1er avril 2009 au 31 mars 2010.

En comparaison, on estime que le taux de croissance pour l'année 2008 en France ne dépassera pas 1 %, alors qu'on espérait 1,7 à 2 %. Tandis que, les distributions de dividendes aux actionnaires ont triplé et que les revenus des

---

[19] Le "Working Group of Indexes of Business Conditions" est un groupe d'experts japonais, au sein du Cabinet Office, composé de sept professeurs d'université, chargé de dater les cycles économiques et qui se réunit deux fois par an. En juin 2008, le Groupe d'experts n'avait rien déclaré au sujet de la baisse de l'activité économique depuis 6 mois, ce qui semble étonnant, car ce n'est que lors de leur réunion suivante, en janvier 2009, qu'il déclare que la croissance au Japon a atteint son pic en octobre 2007. Cette datation correspond à celle de son homologue américain réalisé deux mois plus tôt, le 28 novembre 2008. En effet, le Business Cycle Dating Committee of The National Bureau of Economic Research (NBER), a constaté que le cycle de croissance économique, qui avait commencé en novembre 2001, a atteint son pic en décembre 2007. Ce cycle de croissance américaine avait duré 73 mois, alors que le cycle de la croissance précédent, commencé en 1990, avait duré 120 mois. Tandis qu'au Japon, l'économie a connu son plus long cycle de croissance depuis la fin de la Seconde Guerre mondiale de février 2002 à octobre 2007. Une croissance ininterrompue de 69 mois, soit 12 mois de plus que le cycle de croissance le plus long enregistré à la fin des années 1960. Depuis 1945, le cycle de récession le plus long au Japon avait duré 36 mois après le choc pétrolier de 1979.

chefs d'entreprise ont doublé, les salaires des travailleurs ont décliné, bien que la consommation des ménages français ait augmenté de 3,2 % en un an.

En avril 2007, le chômage au Japon était à son plus bas niveau depuis 1998 (3,8 % puis 3,6 % en juillet). Cette amélioration de l'emploi semblait être due à l'augmentation des femmes travaillant à temps partiel, en intérim ou pour une durée déterminée. En effet, les travailleurs temporaires et à temps partiel ont atteint le record de 33,7 % de l'ensemble des travailleurs salariés, selon le ministère des Affaires intérieures. Mais le chômage est remonté subitement à 4 % en septembre 2007 pour baisser ensuite de 0,2 % et remonter à 4 % de l'ensemble de la population active en avril 2008. Ce qui représentait 2,75 millions de chômeurs sur 67,04 millions d'actifs japonais. En revanche, pour la France, à la même période, le taux de chômage était de 7,8 % (1,89 million de chômeurs sur 27,6 millions d'actifs) et continuait de baisser. Mais depuis juillet 2008, en France, le nombre de chômeurs est en forte hausse. Au Japon, le chômage serait dû au fait que de plus en plus de jeunes, rendus confiants par la pénurie de main-d'œuvre, depuis la fin 2005, quittaient leur emploi au bout de quelques mois dans l'espoir d'en trouver un meilleur et se retrouvaient donc momentanément sans travail. Fin septembre 2007, il y avait 105 offres d'emplois pour 100 demandes, contre 106 offres en août, selon le ministère de la Santé, du Travail et des Affaires sociales. Mais en août 2008, il n'y avait plus que 89 offres d'emplois pour 100 demandeurs.

Selon le rapport de l'Organisation internationale du Travail : *The Financial and Economic Crisis : A Decent Work Response* ("Lutter contre la crise financière et économique par le travail décent"), paru en 2009, le Japon possède le nombre le plus élevé de chômeurs ne bénéficiant pas d'avantages sociaux, 77 % (soit 2,1 millions de demandeurs d'emploi) contre 57 % (soit 6,3 millions) aux États-Unis, 40 % (soit 800.000) au Royaume-Uni, 18 % (soit 400.000) en France et 13 % (soit 400.000) en Allemagne. L'OIT propose donc de mettre d'urgence en place un "Pacte mondial pour l'emploi".

Simultanément, les réserves de change japonaises, qui sont les plus importantes du monde juste derrière celles de la Chine (1906 milliards de dollars), ont toutefois battu leur record historique de 915,62 milliards de dollars atteint en avril 2007. Puis les réserves de change[20] du Japon ont légèrement augmenté, en juin 2007, pour s'élever à 913,57 milliards de dollars, contre 911,14 milliards au mois de mai précédent, selon l'Agence des Services financiers relevant du Cabinet Office. Finalement, malgré la crise financière, les réserves de change du Japon ont atteint un nouveau montant inédit, dépassant le seuil de 1030 milliards de dollars au total pour la première fois au 31 décembre 2008. Le montant de ces réserves comprend, 1003,3 milliards de dollars (contre 976,91 milliards fin novembre 2008), dont 908,015 milliards en titres (contre

---

[20] Les réserves de change sont composées de dépôts libellés en devises, d'or, de titres, et de réserves à la disposition du Fonds Monétaire international (FMI).

878,78 milliards un mois auparavant) et 95,28 milliards en dépôts bancaires (contre 98,13 milliards). Il faut ajouter à cela l'ensemble des réserves destinées au FMI qui s'établissaient à 2,66 milliards de dollars (contre 2,63 milliards fin novembre), les DTS à 3,03 milliards (contre 2,94 milliards), et l'or (dont le cours était en hausse) à 21,28 milliards (contre 20,04 milliards). Les autres actifs en devises totalisaient 374 millions de dollars, soit 31 millions de plus que fin novembre 2008.

Cette hausse s'explique par le gonflement de la valeur en dollars des avoirs japonais libellés en euro. Ainsi, le niveau des réserves japonaises est observé très attentivement sur les marchés, car toute intervention japonaise sur le marché des changes produit un impact significatif sur les taux de change et sur les marchés obligataires. La dernière intervention[21] de la Banque centrale japonaise pour affaiblir le yen remonte à mars 2004. Cependant, les interventions pour soutenir le yen sont beaucoup plus rares, la dernière datant de juin 1998.

Cette bonne santé économique et financière n'était qu'apparente. En effet, les réformes ultralibérales de l'ex-premier ministre Junichiro KOIZUMI, au pouvoir de 2001 à 2006, ont accéléré les disparités sociales. Les entreprises refusaient d'augmenter les salaires. Les chefs d'entreprises sont les premiers responsables, puis viennent le gouvernement et enfin les syndicats qui n'ont pas suffisamment agi pour aider les travailleurs dans la précarité. Le Japon et toutes les autres grandes puissances industrielles ont bien compris que dans la compétition économique qu'elles se livrent, il faut restructurer le travail pour créer une main-d'œuvre précaire et corvéable à merci pour rester compétitif, surtout, face à la montée en puissance de la Chine. Le Japon a réussi à réduire sa classe moyenne en créant les conditions de la précarité, à tel point qu'il n'y a toujours pas assez de pauvres pour occuper les emplois précaires qui pullulaient sur le marché du travail jusqu'en 1998 et qui ne trouvaient pas assez de candidats. C'est là, l'explication de la sortie de la crise des années 1990. Les candidats aux emplois précaires étaient rares, mais il n'était pas question d'augmenter les salaires, ni de proposer des emplois stables pour autant.

En 2006, la consommation a augmenté de 1,1 %, alors que les économistes prévoyaient une hausse de 0,1 %. Et pour la première fois depuis 1981, 51 % des ménages à Tokyo ont en moyenne moins de 5 millions de yens de revenu

---

[21] Rappelons que, quand les marchés financiers sont en crise, toutes les banques centrales des pays les plus industrialisés agissent quotidiennement pour faciliter la circulation de l'argent. Elles remplissent cette mission en modifiant leurs taux d'intérêt ou en créant de la monnaie. Les banques centrales contrôlent la circulation de l'argent dans leur zone géographique de compétence. Par exemple, la Banque centrale européenne (BCE) agit dans la zone euro, la Réserve fédérale américaine (FED) gère le dollar, la Banque centrale du Japon ("Bank of Japan" ou BoJ) intervient sur le yen. Chacune veille à la solvabilité des banques commerciales, et définit une politique monétaire qui agit sur l'économie réelle, c'est-à-dire l'investissement et la consommation.

annuel, d'après une étude de la préfecture de Tokyo. Ce qui représente une hausse de 13 % par rapport à l'enquête précédente en 2001. 6000 ménages ont été choisis au hasard dans le département de Tokyo et seulement 3775 ménages, 63 %, ont répondu. D'autre part, 27 % gagnent moins de 3 millions de yens par an, soit une augmentation de 9,3 % par rapport à 2001. La proportion de ménages ayant un revenu entre 10 et 20 millions de yens est de 11,5 %, en baisse de 3,2 %. Les résultats montrent aussi que le nombre de ménages à hauts revenus a diminué. Ceux qui ont un revenu annuel d'au moins 20 millions de yens représentent 1,6 %, il en résulte une baisse de 1,7 % en cinq ans. De plus, 28 % des ménages interrogés ont répondu que leur source de revenus principale était leur pension de retraite. Le rapport constate une hausse de 22 % des ménages où aucune personne n'exerce une activité.

Sans oublier que, le nombre de décès liés à l'excès de travail continue d'augmenter, malgré une campagne gouvernementale pour tenter de limiter le nombre d'heures supplémentaires dans les entreprises. Environ 355 employés sont tombés gravement malades ou bien sont décédés pour cette raison d'avril 2006 à mars 2007, soit une hausse de 7,6 % par rapport à l'année précédente, a constaté le ministère de la Santé. Parmi les décès, 147 employés sont morts d'attaques cérébrales ou de crises cardiaques. Les décès liés au surmenage dans le travail, appelés "karoshi" en japonais, sont un véritable mal social depuis les années 1950. Depuis les années 1990, la pression s'est accrue à cause du recours massif aux employés intérimaires et à temps partiel. Parce que le recours à des intérimaires fait peser sur les employés stables, sous contrat à durée indéterminée, de plus en plus de responsabilités et l'exigence d'une productivité toujours croissante. De plus, le nombre d'accidents du travail chez les travailleurs précaires a fortement augmenté. Selon le ministère de la Santé et du Travail, en 2007, il y a eu 5885 accidents du travail, y compris 36 cas entraînant la mort, soit 9 fois plus qu'en 2004, année où le travail en intérim a été autorisé dans le secteur de la production industrielle, lequel compte 2703 cas dont 18 morts en 2007.

Fin octobre 2008, les trois plus grandes banques japonaises, Mitsubishi UFJ, Mizuho et Sumitomo Mitsui, ont sérieusement réduit leurs prévisions de bénéfices pour 2008-2009. À cause de la fonte de leurs portefeuilles d'actions et du montant des commissions facturés à leurs clients ; des créances irrécouvrables dues aux faillites ; enfin, parce qu'elles étaient d'importantes créancières de Lehman Brothers. La plus grande banque japonaise, Mitsubishi UFJ ne prévoit plus qu'un bénéfice net de 50 milliards de yens contre 220 milliards prévus. Un tel résultat représente une chute de 92,1 % par rapport à l'exercice fiscal 2007-2008. Pendant ce temps, la BoJ estime que l'économie ne reprendrait qu'après septembre 2009, et qu'elle allait acheter pour 1000 milliards de yens (8,3 milliards d'euro) d'actions détenues par les banques commerciales japonaises, dans le but de les aider à assainir leur portefeuille et à surmonter l'actuelle crise financière. Ces actions seront ensuite revendues sur le marché lorsque la situation économique le permettra.

BAISSE ET GEL DES SALAIRES

Malgré la reprise économique, en raison de la concurrence mondiale et de la nécessité de préserver la compétitivité, les salaires n'ont pas été revus à la hausse, pour les Japonais, employés modèles et surmenés. Ce qui risquait de retarder le rebond attendu grâce à la hausse de la consommation des ménages. La déflation (recul des prix à la consommation), qui sévissait au Japon, s'explique par l'intensification de la concurrence qui faisait que les entreprises n'augmentaient pas leurs prix. Pour ne pas augmenter les prix, les entreprises ont refusé d'augmenter les salaires, en conséquence, le pouvoir d'achat n'augmentant pas, les consommateurs cherchent toujours à acheter le moins cher possible.

Même si, en janvier 2007, on comptait au Japon 106 offres d'emplois pour seulement 100 demandes, les salaires ont diminué de 1,4 %, la plus forte baisse en trois ans, selon des statistiques officielles. Tandis que, les entreprises ont obtenu des profits qui ont battu tous les records après des années de crise, et malgré l'invitation à la générosité par le gouvernement. Lors des pourparlers salariaux annuels entre syndicats et patronat, de nombreuses grandes entreprises ont refusé d'accéder aux revendications des employés, en se justifiant par la nécessité de maîtriser les coûts. Par exemple, le constructeur automobile Toyota, la première entreprise du Japon et du secteur automobile mondial, avait annoncé un nouveau bénéfice annuel jamais atteint, en augmentant le salaire mensuel de 1000 yens (6,11 euro, en mai 2007), alors que le syndicat de l'entreprise réclamait 1500 yens. Et aussi, malgré une pénurie de main-d'œuvre qualifiée qui devrait normalement être bénéfique aux salariés. Ces derniers se contentent d'être tout simplement heureux d'avoir un emploi, sans se rendre compte qu'ils sont devenus eux-mêmes rares et très recherchés. En effet, les salariés de la génération "Dankaï", expérimentés et bien payés, partent en masse à la retraite à compter de 2007. D'autre part, les nouvelles embauches de jeunes feront encore baisser les salaires, en général, expliquent les économistes de Barclays Capital, lesquels prévoient que la chute du salaire moyen va se poursuivre pendant cinq ans.

Cependant, le gouvernement avait envisagé pour l'été 2008 une augmentation sensible du salaire minimum, instauré en 1959, qui connaîtrait sa plus importante évolution depuis 1968. En moyenne nationale, ce revenu minimum n'était que de 673 yens (4,12 euro, en mai 2007) de l'heure. À compter du 19 octobre 2008, le salaire minimum japonais est fixé à 702 yens contre 687 yens de l'heure en 2007. Ce qui représente une hausse de 15 yens en 2008, et en 2007 par rapport à 2006, une hausse de 14 yens. Mais c'est la première fois, en 2007, que la hausse dépasse 10 yens depuis 1998. Le salaire minimum est établi au niveau national, mais chaque département a le droit de décider librement du montant de la hausse à appliquer. Ainsi, dans les faits, la hausse varie de 7 yens pour certains départements jusqu'à 20 yens pour Tokyo. Dans les départements d'Okinawa et d'Akita, le salaire minimum est au plus bas de l'échelle nationale, 618 yens de l'heure, en revanche, il est de 766 yens de l'heure à Tokyo (soit une hausse de 27 yens par rapport à l'année dernière et la plus forte hausse depuis 1991).

Au taux horaire de 766 yens brut, à Tokyo, pendant 8 heures de travail par jour et pendant 20 jours, le salaire mensuel brut minimum est de 122.560 yens, largement inférieur au montant moyen de l'aide sociale garantie par la loi (dont 1/4 par les collectivités territoriales et 3/4 à la charge de l'État), laquelle est d'environ 146.000 yens pour une personne célibataire à Tokyo. Officiellement, le nombre de bénéficiaires de l'aide sociale japonaise est de 1.075,820 foyers en 2006 et 1.105,275 foyers en 2007 (soit une hausse de 2,7 %). C'est un chiffre en constante augmentation et ce droit est garanti par l'article 25 de la Constitution japonaise. En décembre 2008, il y a eu une hausse générale de 32 % des bénéficiaires des aides sociales par rapport à 2007. Dans la ville industrielle de Hamamatsu, en hausse de 109 %, et à Shizuoka (+91 %), Chiba (+69 %), Saitama (+53 %), Tokyo (+38 %). En janvier 2009, il y avait 1.168,354 foyers bénéficiaires de l'aide sociale.

La déflation avait refait son apparition en février 2007, malgré le relèvement du taux directeur de la Banque centrale du Japon (BoJ) le même mois. En 2006, les prix à la consommation hors produits frais avaient déjà reculé de 0,1 %, mais cette baisse des prix décourage l'investissement interne. Les économistes considèrent généralement que les deux grands facteurs qui empêchaient les prix au Japon de remonter sont, la forte concurrence dans de nombreux secteurs, comme l'électronique ou les télécommunications, et la diminution de la consommation intérieure liée à l'absence de hausse des salaires. Cependant, l'inflation a réapparu avec un taux de 1,3 % au mois de mai 2008 comparé à mai 2007. Puis par rapport au mois de juillet 2007, les prix à la consommation, hors produits frais périssables, ont progressé de 2,3 % en juillet 2008. C'est la première fois que l'inflation est aussi forte depuis octobre 1997. Par contre, l'OCDE a prévu un retour de la déflation au Japon de 0,3 % vers la fin 2009 en raison de l'affaiblissement de l'économie. Mais pour la BoJ, les prix à la consommation, hors produits frais, devraient reculer de 1,1 % d'avril 2009 à mars 2010 et de 0,4 % d'avril 2010 à mars 2011. Pour la Banque du Japon, l'économie amorcera son redressement d'avril 2010 à mars 2011, avec un taux de croissance de 1,5 %. La déflation s'est renforcée, les prix de gros ont reculé de 1,1 % en février 2009 par rapport à février 2008, et de 0,3 % par rapport à janvier 2009, cette dernière étant la première baisse depuis celle de 1,3 % en juin 2003. Les prix à la consommation vont donc baisser en 2009.

Les taux d'intérêt, extrêmement bas au Japon depuis de nombreuses années, ne sont pas favorables aux placements pour le financement de la retraite dans un pays où cette épargne est plutôt placée sur des comptes bancaires ou postaux. Alors, de plus en plus de salariés et de retraités ont décidé d'investir leur argent dans des actions, ce qui oblige les chefs d'entreprises à se préoccuper un peu plus de profits, de dividendes et de bonne gouvernance, alors qu'ils ne s'en souciaient pas auparavant. Ainsi, les fonds de pension japonais sont devenus des acteurs de plus en plus puissants sur les marchés d'actions. Par exemple, le 9 mai 2007, Citigroup a pris le contrôle du troisième courtier japonais, Nikko Cordial qui gère des fonds de pension étrangers. Mais en janvier 2009, ayant subi d'énormes pertes, Citigroup est démantelé en deux sociétés distinctes.

LA HAUSSE DU SURENDETTEMENT ET LES "SARAKIN-JIGOKU"

Le crédit à la consommation est confié à des établissements spécialisés, les "sarakin" qui prêtent sans aucune garantie. Tout le monde peut emprunter mais à des taux très élevés. La publicité à la télé pour ce type de crédit facile a joué un grand rôle dans le surendettement des Japonais. Plus de 10 % de la population a recourt au crédit à la consommation. Environ 2 millions de personnes ont des difficultés pour rembourser leurs dettes et 10 % sont défaillantes. Beaucoup se suicident à cause du surendettement, en moyenne 18,7 personnes par jour, ou quittent définitivement leur famille sans laisser d'adresse. Les méthodes de recouvrement sont très dures et les créanciers vont jusqu'à réclamer l'argent à la famille, mais aussi aux amis. Les "sarakin" comme Takefuji ou Acom sont aujourd'hui dans le peloton de tête des 50 premières entreprises japonaises les plus rentables, surclassant un géant comme Sony. Elles empruntent auprès des banques à 2 % pour ensuite prêter à un taux dix fois plus élevé. Dans les années 1980, elles prêtaient jusqu'à un taux de 109,5 %. Mais leur taux moyen de 25 % équivaut à 125 fois le taux de base bancaire. Les "sarakin" ont, généralement, pour clients des petits salariés qui représentent 20 % de la population.

M. Suzuki, 52 ans, était un employé de bureau modèle promis à une brillante carrière, lorsqu'il a commencé à s'endetter il y a 20 ans. Après avoir acheté sa maison, grâce à un prêt bancaire de 20 millions de yens, il a emprunté pour placer en bourse. Et grâce aussi à son statut dans l'entreprise, il pouvait emprunter sans hypothèque sur sa maison. Il a pris un crédit de 30 millions de yens, puis un autre de 20 millions pour adhérer à un club de golf. C'est alors que la Bulle économique a éclaté vers 1992, et qu'ainsi les cours de la bourse se sont effondrés. Pour s'en sortir, M. Suzuki a fait des crédits à la consommation dont certains étaient douteux avec des taux dépassant 300 % par an. Avant sa mise en faillite personnelle en 2001, son endettement dépassait 120 millions de yens (environ un million d'euro) auprès de plus de cent créanciers. Il a divorcé pour que sa femme et ses enfants ne soient pas ennuyés, sa maison a été saisie et il a été poussé à démissionner, puis ses créanciers ont saisi un quart de son indemnité de départ, mais il n'avait plus de dettes.

Le nombre de faillites personnelles déclarées par la Justice japonaise avait déjà battu tous les records en 2001 avec plus de 160.000 cas, chiffre le plus élevé depuis une décennie, contre plus de 140.000 en 2000 et seulement 104.000 cas en 1998, alors qu'on était déjà en pleine crise économique. Le pire était l'année 2003, 242.000 faillites personnelles. Cependant en 2006, le nombre de faillites personnelles prononcées par les tribunaux reste très important, 166.000 cas, selon les statistiques de la Cour suprême. Enfin, environ 148.000 faillites ont été déclarées par les juges en 2007. En 2008, 129.508 demandes de faillites personnelles ont été déposées en Justice, soit 13 % de moins qu'en 2007, et la moitié seulement par rapport en 2003. Cette baisse s'explique par le fait que les sociétés de crédit à la consommation ont baissé sensiblement leur taux. Et que suite à un jugement du 2 janvier 2006, la Cour suprême oblige les sociétés de crédits à la consommation à rembourser au prêteur la différence du trop-perçu à cause de l'écart des taux d'intérêt entre d'une part, le taux de 29,2 % autorisé par la loi concernant le financement, les dépôts et le taux d'intérêt ("shusshi-ho"), et d'autre part, le taux de 15 à 20 % autorisé par une autre loi fixant le plafond de taux d'intérêt ("risokuseigen-ho"). En conséquence, certains établissements de crédit ont des difficultés de rentabilité à cause de la baisse de leur taux et du remboursement de la différence aux emprunteurs. Certains établissements de crédit tentent d'intégrer un groupe bancaire pour faire face à leurs difficultés, sinon ils risquent la faillite. Toutefois, on considère que le nombre de procédures de faillite personnelle ira en augmentation en 2009. Avec la récession, beaucoup de gens perdent leur emploi et il y a aussi un grand nombre d'entreprises de taille moyenne qui font faillite.

Notamment, depuis le mois de juin 2008, on a enregistré plus de 1000 faillites d'entreprises par mois, dans tout le pays, dont 4 faillites sur 5 étaient dues à la dégradation de l'économie. Selon la Cour suprême, plus de 11.000 sociétés ont déposé leur bilan au Japon en 2008, soit 18 % de plus qu'en 2007. C'est la première fois que le seuil de 10.000 faillites est franchi et c'est le niveau le plus élevé depuis 1985, lorsque ces statistiques ont commencé. La récession actuelle est donc pire que celle des années 1990.

En revanche, selon le Tokyo Shoko Research LTD, créé en 1892, le nombre de faillites ayant une dette de plus de 10 millions de yens en 2008 est de 15.646 pour un montant global de 12.291,95 milliards de yens de dettes. Dont 33 sociétés cotées en bourse, contre 29 en 2002, un record depuis la Seconde Guerre mondiale. Un nouveau record a été battu au cours du seul mois de février 2009, 1318 entreprises se sont déclarées en faillite, dont l'endettement dépasse les 10 millions de yens. En mars 2009, 1216 entreprises se sont déclarées en faillite contre 1127 en mars 2008. Pour l'année fiscale d'avril 2008 à mars 2009, Teikoku Databank a recensé 13.234 faillites, soit une augmentation de 16,8 % par rapport à l'année fiscale précédente, pour un montant global de 13.670 milliards de yens de dettes, soit 2,5 fois plus que l'année fiscale précédente.

LA CHARITÉ DES ACTIONNAIRES JAPONAIS

La négligence des actionnaires est une vieille coutume du capitalisme japonais. Au 19ᵉ siècle, les grandes familles d'industriels japonais déléguaient entièrement la gestion de leur patrimoine à des technocrates, les "banto". Ces derniers se préoccupaient, d'abord, de faire grandir l'entreprise et d'assurer le bien-être des salariés plutôt que de distribuer des profits aux propriétaires actionnaires, lesquels s'impliquaient peu dans la stratégie de l'entreprise. Ce phénomène s'est perpétué après la Seconde Guerre mondiale, malgré le développement du système des participations triangulaires qui permet à une entreprise étrangère d'accéder au marché japonais à condition de participer au capital d'une entreprise japonaise. Cet accès au capital dans beaucoup de grandes sociétés reste encore restreint.

Il résulte d'une étude d'un universitaire américain, Kenneth SZYMKOWIAK, qu'au Japon, 91,4 % des assemblées générales des actionnaires entre 1971 et 1981 ne dépassaient pas un quart d'heure. Dans la salle, les "sokaïya", à la fois racketteurs et hommes de main des entreprises, étaient chargés de dissuader les petits porteurs de poser des questions gênantes. Depuis la disparition des "sokaïya", certains grands chefs d'entreprises craignent l'émergence d'un capitalisme qui privilégierait l'actionnaire par rapport à l'employé, le profit par rapport au produit, dans un pays attaché au bien-être des employés et à un service de qualité.

Encore aujourd'hui, les étrangers venant au Japon pour la première fois sont toujours étonnés de constater que les entreprises japonaises emploient un nombre considérable de personnes pour occuper des postes qui leur semblent inutiles et superflus. Par exemple, dans un parking automobile, une simple barrière automatique avec un système de paiement automatique pourrait suffire. Cela existe au Japon, toutefois, une personne est présente pour simplement vous faire signe que vous pouvez sortir du parking en toute sécurité, en arrêtant éventuellement les piétons et les voitures qui passent dans la rue. Ce qui semble parfaitement dérisoire pour les Occidentaux et non rentable pour l'exploitant du parking. Ce type d'emplois pourrait parfaitement être supprimé et l'entreprise deviendrait alors plus rentable. On trouve ainsi ce genre de poste surtout dans le domaine du gardiennage et de la sécurité, ainsi que dans le secteur de la construction et des services. Autre exemple, il est fréquent que lorsque l'on doit passer sur un trottoir longeant un chantier de construction, qu'un ou plusieurs employés du chantier, selon son importance, aient pour tâche de vous indiquer que vous pouvez passer en toute sécurité sur le trottoir à l'aide d'un bâton lumineux qu'ils agitent tout en prononçant à haute voix des avertissements. Cependant, il n'existe aucun risque ni danger, car les chantiers, au Japon, sont en général très organisés et clôturés pour vous permettre de passer librement et en toute sécurité. Les exemples sont multiples, alors, pourquoi tant d'employés dont les emplois pourraient être supprimé par les entreprises afin d'améliorer leur rentabilité financière et à la grande satisfaction des actionnaires ? Parce que les Japonais jouent, de manière excessive parfois, sur la qualité du service. En conséquence, l'entreprise récupère le coût des salaires de ces employés non productifs sur le prix des logements ou autres qu'elle va vendre.

Ce phénomène touche tous les secteurs d'activité au Japon. Comme c'est le cas depuis longtemps dans les autres grands pays développés, si au Japon, les entreprises doivent, aujourd'hui, privilégier et satisfaire les exigences des actionnaires, alors il est possible d'envisager la suppression de plusieurs centaines de milliers d'emplois de ce type dans tout le pays au nom d'une plus grande rentabilité ! Ce grand pas n'a pas encore été franchi, et pourtant cela pourrait encore réduire sensiblement le coût des services et des biens, car les Japonais voient leur pouvoir d'achat sans cesse diminuer. En contrepartie, il y aurait un afflux massif de centaines de milliers de chômeurs et de personnes sombrant dans la pauvreté, dans un pays déjà fortement touché par une précarisation invisible et dans lequel l'aide sociale est dérisoire.

En conclusion, il vaut peut-être mieux que ces postes de travail non productifs soient maintenus par les entreprises, pour éviter une grave crise sociale et continuer à reporter leur coût sur le prix des biens et des services. En effet, ceux qui ont les moyens de consommer continuent de payer le surcoût. Ce qui permet d'éviter à toute une population de tomber dans la précarité, sinon elle serait démunie et abandonnée à elle-même par l'État. Autrement dit, les actionnaires, au Japon, jouent un rôle de protection sociale qui relève normalement de l'État (en Occident), en n'exigeant pas la même rentabilité financière qu'une entreprise américaine, voire même japonaise aux États-Unis, ou bien que n'importe quelle entreprise européenne ou japonaise implantée en Europe. Alors négligence ou générosité et compassion de la part des actionnaires japonais ? Ni vraiment l'un ou l'autre, car la vieille conception de l'entreprise japonaise, c'est l'"ie" (la case, le clan, la maison). Traditionnellement, la maison familiale (qui avait un sens très large), c'est le lieu de travail avec un chef à la tête d'un groupe hiérarchisé où chacun a un rôle précis. Pour les Japonais, entrer dans une entreprise, c'est comme appartenir à une famille. Sa propre famille devenant ainsi une des composantes d'une famille plus grande. Les traditions s'effacent de plus en plus, notamment, depuis que l'emploi à vie dans la même entreprise n'est plus du tout assuré. Mais l'esprit "maison" dans l'entreprise est encore présent, et les actionnaires et les consommateurs consentent à payer les excès de services des entreprises.

En février 2007, un fonds d'investissement dirigé par un Américain a réussi à rassembler des petits porteurs d'action, qui étaient presque tous des personnes âgées, pour empêcher l'adoption d'une opération de fusion, lors d'une assemblée générale. Ce fonds, Ichigo Asset Management, a empêché le sidérurgiste Tokyo Kohtetsu de fusionner avec son concurrent Osaka Steel dans des conditions qui étaient jugées inéquitables. Toutefois, Scott CALLON, le président d'Ichigo Asset Management a affirmé qu'il était hors de question de changer les pratiques d'affaires au Japon. Mais les sociétés japonaises doivent renforcer leur compétitivité au niveau international, préviennent les grands groupes de fonds de pension, pour répondre de manière satisfaisante aux souhaits de leurs actionnaires. Par ailleurs, les opérations des fonds d'investissement américains, tels que celles de Steel Partners, qui ambitionnent d'"éduquer" les Japonais au capitalisme à l'occidentale, à coups de pieds boursiers depuis 2006, sont systématiquement mises en échec. Les dirigeants japonais sont allergiques aux raids boursiers qui menacent de les éjecter de leurs fauteuils chèrement acquis après des décennies d'avancement à l'ancienneté, et cela dérange les traditions consensuelles et courtoises japonaises. Aucune offre publique d'achat (OPA) hostile ne peut actuellement réussir au Japon, encore moins depuis la crise financière de l'été 2008. Toutefois, les banques, les institutions financières et les ménages japonais sont tous responsables de l'euro fort.

LE FINANCEMENT DES RETRAITES, RESPONSABLE DE L'EURO FORT

Au début du mois d'avril 2007, l'euro a dépassé le seuil de 160 yens pour la première fois depuis sa création, continuant sa progression jusqu'à plus de 166 yens en octobre 2007, alors que la Banque centrale du Japon (BoJ, Bank of Japan) avait décidé de maintenir son taux d'intérêt directeur à 0,50 % (ce taux avait été relevé d'un quart de point en fin février 2007, mais cela n'a pas freiné la baisse du yen). Au 18 juin 2007 : 100 yens = 0,605 euro, mais au 18 octobre suivant, ils ne valaient plus que 0,601 euro. La cause principale était que les Japonais cherchaient à faire fructifier leur épargne pour s'assurer une retraite confortable en investissant dans des actifs à l'étranger, changeant au passage leurs yens contre des euro, des dollars ou d'autres devises plus rentables. Mais c'était au contraire, la popularité croissante des valeurs japonaises, auprès des investisseurs non pas japonais, mais étrangers, qui avaient permis à la Bourse de Tokyo de progresser de 6,92 % en 2006. Le volume annuel des transactions, atteignait environ 600.000 milliards de yens (3870 milliards d'euro), le plus élevé de toute son histoire. Mais aujourd'hui, le Japon est loin de la folie spéculative de 1989 qui avait fait monter l'indice Nikkei de façon fulgurante.

L'investisseur, qui poussait l'euro à la hausse face au yen et à maintenir le yen au plus bas face au dollar, n'était pas forcément un banquier d'affaires ou un gérant de fonds commun de placement. Mais cet investisseur pouvait être aussi une femme au foyer, un retraité ou un salarié qui allait confier son argent à des intermédiaires de la finance. Au Japon, les taux d'intérêt, extrêmement bas, permettent d'emprunter à faible coût, mais ils dissuadent aussi les ménages de laisser leurs économies sur leurs comptes d'épargne qui ne rapportent que 0,1 ou 0,2 % par an. Ainsi, beaucoup de Japonais s'étaient lancés sur le Forex ("Foreign Exchange") qui est le marché des changes, dans l'espoir de faire fructifier leur épargne. Sur le Forex, on spécule sur la variation des devises (Euro, Dollar, Livre sterling, Franc suisse, etc.). Ce marché est ouvert au Trading 24 h/24 du lundi au vendredi. Une femme au foyer de 59 ans a fait l'objet de poursuites par le fisc pour ne pas avoir déclaré 400 millions de yens (2,5 millions d'euro) de profits réalisés en trois ans grâce au "Trading sur marge". Cette technique complexe permet de réaliser de gros profits, mais elle comporte aussi de gros risques dans ce qu'on appelle en anglais des opérations de "Carry-Trade". Le "Carry-Trade" consiste à emprunter de l'argent dans un pays où les taux d'intérêt sont très faibles, comme au Japon, pour le placer dans des actifs étrangers plus rentables (actions, monnaies, obligations). Le "Trading sur marge" est de plus en plus populaire et les investisseurs font appel aux services de Brokers, par exemple, FX Online Japan (une des sociétés qui propose le "Trading sur marge"). Les investisseurs allaient du simple chef cuisinier au Trader professionnel, et ils avaient entre 20 et 75 ans. La cause la plus importante de la faiblesse du yen était donc la fuite régulière et durable des capitaux des ménages japonais. Les avoirs des particuliers japonais actuellement placés à l'étranger représentaient 46.000 milliards de yens (290 milliards d'euro), en 2007, selon la "Barclays Capital" de Tokyo.

Ce phénomène continuait de progresser, et aux particuliers s'ajoutent les grandes institutions financières, en particulier, les Hedge Funds (ou Fonds de pension) qui jouent sur les écarts de taux d'intérêt. Le taux directeur de la Banque centrale du Japon n'était que de 0,50 %, alors qu'il était de 5,25 % aux États-Unis et 3,75 % dans la zone euro, jusqu'en octobre 2008. Il était donc tentant d'emprunter des yens au Japon et de les changer en euro ou bien en dollar pour placer cet argent en Europe ou aux États-Unis, contribuant au passage à la dépréciation du yen. Mais comparé aux énormes flux générés par les ménages et les banques, les petits spéculateurs du "Trading sur marge" n'ont qu'une influence limitée sur le marché des changes mondial qui représentait environ trois milliards de dollars par jour, en 2007, selon la société de change en ligne, FX Online Japan.

Les énormes écarts de taux entre celui du Japon et les taux de l'euro et du dollar se sont réduits, malgré les prévisions des experts, cependant ils restent encore importants. Au 18 décembre 2008, le taux directeur japonais a été fixé à 0,10 %, contre un taux qui varie de 0 à 0,25 pour la Réserve fédérale américaine, et à 2 % pour la Banque centrale européenne (BCE) depuis le 15 janvier 2009. La BCE maîtrise les taux d'intérêt avec pour seul objectif la stabilité des prix. Mais ce qui influence le marché des changes, c'est l'anticipation, la tendance des investisseurs. La seule chose que la zone euro pourrait faire, c'est donc de mettre en place une véritable politique de change, laquelle nécessite le partage des responsabilités et une concertation entre les gouvernements européens et la BCE, afin de sauvegarder l'avenir de toute l'industrie européenne.

La faiblesse de la devise japonaise rendait effectivement les exportations plus compétitives, tout en augmentant la valeur en yen des dividendes, intérêts et autres revenus issus des investissements effectués par les Japonais à l'étranger. Une tendance qui devait durer un certain temps, affirmaient les experts ? Mais la crise financière de l'été y a mis un coup d'arrêt brutal.

Tout d'abord, en 2006, l'excédent commercial s'était contracté à cause de la montée des prix du pétrole qui a gonflé la valeur des importations, tandis que l'excédent du compte des revenus a été dopé par les rendements des investissements des Japonais libellés en devises. Ainsi, le Japon vivait davantage des rendements de ses investissements que de ses exportations. Pour la deuxième année consécutive, en 2007, l'excédent du compte des revenus s'est avéré supérieur à l'excédent commercial. L'excédent du compte des revenus a ainsi augmenté de 20,8 % par rapport à 2005 à 13.744,9 milliards de yens (87 milliards d'euro), alors que l'excédent commercial a diminué de 8,5 % à 9.459,6 milliards de yens (59,9 milliards d'euro).

Puis en août 2008, le compte des revenus, qui reflète les rendements des investissements japonais à l'étranger, était en recul de 5,1 % par rapport à août 2007, bien qu'il ait enregistré un excédent de 1403,8 milliards de yens.

Les comptes courants du Japon, pays à la fois fortement exportateur et grand investisseur à l'étranger, sont fortement dépendants des taux de change. La balance des comptes courants est le meilleur indicateur de la situation économique d'un pays par rapport au reste du monde, car elle prend en compte non seulement le commerce extérieur, mais aussi les échanges de services, ainsi que les revenus des investissements internationaux. L'excédent courant du Japon a atteint, en 2006, le montant sans précédent de 19.839 milliards de yens (125,56 milliards d'euro), soit 8,7 % de plus qu'en 2005, selon des statistiques officielles publiées au début février 2007. Le précédent record (18.618,4 milliards de yens) datait de 2004. L'excédent courant du Japon, bien qu'étant le plus élevé du monde jusqu'en 2005, aurait été dépassé en 2006 par celui de la Chine (223 milliards de dollars ou 170 milliards d'euro, soit 8,5 % de son Produit intérieur brut contre moins de 4 % pour le Japon), selon une estimation de la Banque mondiale.

Jusqu'en 2008, la faiblesse du yen était dénoncée par les ministres des Finances et les Gouverneurs des banques centrales des pays membres du G7, ainsi que par les constructeurs automobiles européens et américains. Selon eux, l'énorme excédent courant du Japon et de la Chine, étaient les signes d'une sous-évaluation artificielle de leur devise respective pour des raisons plus politiques que basées sur les grands fondamentaux économiques. Mais le G8 a échoué à trouver une position commune sur le yen, notamment à cause des États-Unis, car leur énorme déficit budgétaire (de 438 milliards de dollars en 2008) est largement financé par les prêteurs japonais. Les Japonais investissent beaucoup plus à l'étranger que les étrangers investissent au Japon. En août 2008, les investissements directs étrangers présentaient un déficit de 564 milliards de yens. Alors qu'un an avant, le déficit était de 410,9 milliards de yens.

En effet, d'une part, les États-Unis voient leur endettement, à l'égard des Japonais, baisser lorsque le yen chute ; d'autre part, ils seraient menacés par une grave récession économique s'ils acceptaient une action conjointe avec les Européens pour réduire les écarts de taux de change entre l'euro et le dollar (en rendant ainsi leurs monnaies moins attractives pour les investisseurs japonais). On savait que cette action conjointe risquerait de déboucher sur une nouvelle crise économique mondiale.

Mais peu importe que d'une part, le Commissaire européen aux Affaires économiques, Joachin ALMUNIA, ait considéré que le niveau des taux de change (au premier semestre 2007) n'était pas un problème pour l'économie. Que d'autre part, l'Organisation de Coopération et de Développement économiques (OCDE) ait appelé, en mars 2007, les principales banques centrales dans le monde, américaine, européenne et japonaise, à ne pas relever leurs taux d'intérêt, en raison d'une inflation contenue. Et peu importe que, la Réserve fédérale américaine fasse la même recommandation, au motif qu'elle prévoit une croissance modeste. Le rééquilibrage en douceur de la parité entre un dollar faible et un euro trop fort, et la nécessité des réévaluations du yen et du yuan paraissait inéluctable, et devenait de plus en plus pressante au fur et à mesure que l'Union-Européenne semblait être la première à être touchée par une nouvelle crise industrielle à cause de son manque de compétitivité. Un manque de compétitivité qui se transformerait ensuite en nouvelle crise économique mondiale. Mais la crise s'est plutôt déclenchée aux États-Unis !

Et finalement, le yen est le grand gagnant de la crise sur le marché des devises. Le yen apparaissait comme une monnaie sous-évaluée depuis plusieurs années et subissant le mécanisme du "Carry-Trade", qui faisait les beaux jours de la finance mondiale jusqu'à cette année noire 2008. Qu'il s'agisse de l'euro, de la livre sterling, ou de la couronne suédoise, les monnaies se sont affaiblies à cause de l'arrivée de la récession. Depuis, la nouvelle tendance des investisseurs est la recherche de la sécurité. Ce qui profite notamment au yen, au dollar ou aux bons du Trésor américain. Le "Carry-Trade" est désormais délaissé. Ceux qui avaient emprunté des yens, pour les placer en couronnes islandaises, en dollars australiens ou en dollars néo-zélandais ont rapatrié massivement leurs yens pour se débarrasser de leurs positions de "Carry-Trade" devenus mauvaises.

YUBARI, UNE VILLE EN FAILLITE

En juin 2006, la ville de Yubari dans le département de Hokkaido, qui comprend 13.000 habitants, s'est déclarée en faillite, ce qui a provoqué un véritable choc dans tout le Japon, en effet, de nombreuses localités japonaises souffrent de problèmes financiers identiques.

Puisque la ville s'est déclarée effectivement en faillite, un habitant de 77 ans, né à Yubari, a décidé de la quitter pour s'installer à Sapporo où ses enfants étaient déjà installés. Cet habitant a eu une crise cardiaque il y a quelques années et son cœur bat de façon irrégulière depuis ce jour. Il est inquiet que l'hôpital devienne une clinique en avril 2007. D'autant plus que le plan de redressement financier prévoit une forte hausse des impôts locaux et une réduction importante des effectifs des services administratifs.

Il n'y a plus aucune industrie importante à Yubari. Autrefois, il y avait des mines de charbon et la ville comptait 117.000 habitants en 1960. Quand les mines ont commencé à fermer, à partir de 1980 jusqu'à la fermeture de la dernière en 1990, les habitants sont partis par milliers. Pour arrêter la fuite des habitants et créer des emplois, Yubari a bénéficié de subventions du gouvernement pour développer le tourisme. Mais les dépenses pour aménager des parcs d'attractions et les stations de ski ont ruiné la ville. Le melon de Yubari est très connu, mais il ne permet plus à Yubari de survivre, et la ville a échoué en misant tout sur son développement touristique. Parfois, certains melons de Yubari peuvent atteindre des sommes astronomiques au marché de gros de Sapporo. Ainsi, en mai 2005, deux melons avaient été vendus chacun pour la somme incroyable de 300.000 yens (environ 1950 euro de l'époque).

En mars 2007, Yubari a été reconnue par le ministère des Affaires intérieures et des Communications comme une "municipalité en redressement". Ceci signifie que la ville est désormais sous la tutelle du ministère. Sur instruction du ministère, Yubari avait auparavant établi un plan de redressement financier sur 18 ans, jusqu'en 2024, et qui inclut des augmentations des impôts fonciers, de la taxe d'habitation et de la taxe sur les eaux usées pour rembourser sa dette de 35,3 milliards de yens. La ville a prévu la fermeture d'une bibliothèque, d'un musée et de certaines écoles et collèges, ce qui allongera le trajet quotidien pour beaucoup d'étudiants dans des écoles des villes voisines. Pour un couple de 40 ans avec deux enfants gagnant 4 millions de yens (26.000 euro) par an, le poids financier annuel, y compris les impôts et les augmentations diverses, sera de 165.880 yens (1079 euro) supplémentaires vers 2016.

Mais le plus grand effort de réduction des dépenses est venu de la réduction du nombre de fonctionnaires et de salariés de la ville. Il y avait environ 300 fonctionnaires municipaux, 152 départs volontaires étaient attendus à la fin mars 2007, y compris la suppression de 54 des 57 postes de directeurs. La ville avait l'intention de ne conserver qu'environ 90 postes dont les salaires devaient diminuer de 40 %, et faisant ainsi passer leur revenu annuel moyen de 6,4 millions de yens à 4 millions de yens. La plupart des employés de la ville, partis à la fin mars, n'avaient pas encore trouvé un nouvel emploi. Ceux qui sont restés ont peur d'être surchargés de travail. Ayant perdu la moitié de ses fonctionnaires, cinq autres sont partis en juillet, et sur les 131 employés encore en place fin juillet 2007, 70 % envisageaient de quitter leur emploi.

La ville se demandait comment gérer tout le travail avec seulement la moitié de son personnel à compter du 1er avril 2007. Pour cela, il était aussi prévu de supprimer cinq annexes de la mairie, et que la ville, qui intervenait normalement pour dégager les routes enneigées à partir de 10cm d'épaisseur, n'interviendra que lorsqu'il y aura 15cm de neige accumulée ; et que des habitants seraient chargés de collecter les ordures ménagères.

D'autres municipalités de Hokkaido (une île à la fois un département et une région sur le plan administratif) pensent qu'elles pourraient se retrouver aussi en faillite, c'est pourquoi elles ont commencé à prendre des mesures radicales pour réduire leurs dépenses avant que ce ne soit trop tard. Les experts ont remarqué que ce ne sont pas que des petites villes et villages qui souffrent de problèmes financiers. Même des grandes villes telles que Sapporo et Yokohama doivent faire face à de graves problèmes financiers, car de plus en plus de personnes âgées s'y installent pour bénéficier de meilleurs services.

À Yubari, où les subventions pour les événements culturels ont été supprimées, les habitants ont commencé à gérer et organiser eux-mêmes des événements culturels. Certains ont créé une association pour trouver des fonds et continuer d'organiser le Festival international du film fantastique. Ce festival attirait les touristes depuis 1990, et il avait été annulé en été 2006, car la ville ne disposait pas des 100 millions de yens nécessaires. En revanche en 2007, des étudiants venant de tout le pays ont organisé le festival du film en février avec le concours de Microsoft. Et celui de mars de 2008 a été organisé grâce à l'aide d'une Organisation non-gouvernementale japonaise.

Avec 41 % de sa population de plus de 65 ans, la plus haute proportion nationale, Yubari représente ce à quoi d'autres villes et villages doivent ou devront faire face dans les 10 à 20 ans au Japon. Plus le nombre de gens âgés augmente, plus les dépenses sociales et médicales augmenteront, la baisse de la main-d'œuvre entrainera une chute des revenus fiscaux des villes. Il y a d'autres cas, comme celui d'Atami dans le département de Shizuoka, qui subit aussi de terribles problèmes financiers. Ce phénomène est aggravé par le fait qu'il existe une forte décentralisation du pouvoir au Japon, et que l'État ne se sent aucunement responsable et ne fait aucune proposition pour aider les communes. Un commerçant de Yubari concluait qu'ils étaient fiers que personne ne se soit encore suicidé. En attendant, une paire de melons pesant en tout 4,5 kilos ont été mis en vente, au début mai 2007, lors du premier jour des enchères annuelles de la ville de Yubari. Ils ont été vendus au plus offrant pour la somme record de deux millions de yens (12.500 euro).

Beaucoup de communes, qui se sentent concernées par la menace de la faillite, demandent des informations et des conseils à la ville de Yubari pour redresser leur situation financière. Face à plus de 60 demandes, Yubari a décidé de faire payer les consultations : 15.000 yens de l'heure pour un groupe de moins de 5 personnes. 2000 yens de plus par personne à partir de la sixième personne pour une heure. Au-delà d'une heure, 3000 yens pour 30 minutes supplémentaires de conseils. La ville de Yubari organise aussi des séjours touristiques sur le thème de : "Comment Yubari est arrivé à la faillite ?" Ainsi, la ville propose des séjours de deux jours et une nuit d'hébergement pour connaitre la réalité des problèmes de la ville avec la participation d'habitants bénévoles, et afin de répondre à la curiosité des visiteurs qui veulent tout savoir sur une ville en faillite. Une idée qui séduit beaucoup de touristes, car au grand étonnement des habitants, le nombre d'inscriptions pour ce genre de visite organisée n'a cessé de croître.

OGAMA, UN VILLAGE À VENDRE

Il y a sept cents ans, l'un des monts du village d'Ogama, était sacré pour les bouddhistes et avant de le gravir jusqu'au sommet, les moines prenaient un bain au village. Avant 2010, le village d'Ogama, qui fait partie de la commune de Monzen-machi dans la péninsule de Noto (le long de la mer du Japon) aura disparu pour toujours. Ses sept derniers vieux habitants ont tous accepté de le vendre pour l'installation d'une décharge industrielle. Ils partiront pour la ville en emportant avec eux les tombes de leurs ancêtres après une dernière prière. Des maisons abandonnées sont déjà recouvertes par la végétation. Le plus jeune habitant a 62 ans et le plus vieux a 76 ans, la télé est leur seule compagnie, car leurs enfants sont mariés et habitent tous en ville et viennent rarement. Dans les années 1970, malgré la mécanisation, la riziculture ne rapportait plus assez. Alors une décennie plus tard, le gouvernement a subventionné les riziculteurs pour planter des arbres et fabriquer du charbon de bois, mais cela n'est plus rentable non plus de nos jours. Cette région bordant la mer du Japon est l'une des régions oubliées, loin des grands axes de communication, qui devrait perdre la moitié de ses habitants avant 2050. Les Japonais, qui vivent de l'autre côté, le long du Pacifique, appellent cette région oubliée, Ura-Nihon, le "Japon de l'envers".

Ils avaient décidé de vendre le village en 2005 et l'avaient annoncé publiquement en janvier 2006. En février 2006, la commune de Monzen-machi, dont fait partie Ogama, a choisi de fusionner avec la ville de Wajima. La fusion des deux communes a mis fin au projet des habitants d'Ogama. Subitement, le 25 mars 2007, un tremblement de terre a frappé le territoire du village en causant des dégâts importants et en créant 9200 tonnes de déchets. Finalement, Wajima a décidé de remettre à l'ordre du jour le projet de vente des terres de tout le village d'Ogama. Vendu ou non, le village est destiné à disparaître faute d'habitants. Sans doute que la crise financière et économique de 2008 fera basculer plus rapidement que prévu dans la précarité et la faillite d'autres villes et villages du Japon. D'ailleurs, ce phénomène s'étend également rapidement aux États-Unis.

2008, L'ANNÉE DE LA DÉCROISSANCE

L'année 2008, c'est une année "hen", l'année du changement, mais aussi une année "bizarre" comme on n'en a jamais connu à notre époque de l'économie globale. Peut-être, l'an I d'un cycle de décroissance économique mondiale ? En tout cas, 2007 et 2008 marquent un grand tournant dans l'histoire économique et nous poussent à changer nos modes de vie, de production et de consommation.

Les experts du monde virtuel de la finance n'ont pas voulu tendre l'oreille pour écouter le grondement de cette vague gigantesque qui a balayé toutes les places financières du monde. Depuis environ dix ans, un phénomène inédit touchait le monde de la bourse, alors que tous les secteurs étaient en progression. Normalement dans un marché sain, quand les actions montent, les obligations baissent ; quand les bons du Trésor chutent, les matières premières montent ; quand l'argent fuit une région du monde, il va s'investir dans une autre. L'excès de liquidité a surgonflé tous les secteurs boursiers, y compris le marché de l'art.

Ainsi, il est possible que le spécialiste des ventes d'œuvres d'art aux enchères, Christie's soit vendu, et Sotheby's a perdu plus de 70 % de sa valeur en bourse depuis octobre 2007. Les maisons d'enchères ont décidé de licencier entre 20 et 25 % de leur personnel. Elles sont aussi le signe que le monde de l'art appartient de nouveau aux vrais collectionneurs et aux amateurs. Ceux qui voyaient le marché de l'art avant tout comme le meilleur moyen de réaliser des plus-values rapides et faciles sont partis, parfois avec de lourdes pertes.

La trop grande faiblesse du yen a créé une gigantesque bulle spéculative, et toute bulle a pour destin d'éclater tôt ou tard. Personne ne connaît exactement l'ampleur du "Carry-Trade" sur le yen, les estimations les plus réductrices l'évaluent à 200 milliards de dollars au moins. Certains experts, comme Tim LEE de l'Institut de recherche américain Pi Economics, l'évaluait à plus de 1000 milliards de dollars. Cette surliquidité venait principalement du Japon. La BoJ a prêté trop d'argent gratuitement à taux zéro au reste du monde, puis au taux de 0,50 %, ce qui était encore trop faible. Les fonds spéculatifs se sont fortement développés, et ont utilisé au maximum l'effet de levier grâce à ce faible loyer de l'argent. Des milliers de milliards de yens ont été convertis en euro, en livres sterling et en dollars pour être investis dans tous les secteurs de la bourse. Un grand nombre d'experts considéraient déjà que nous étions dans une bulle spéculative gigantesque, et **qu'il suffisait qu'un investisseur commence à se retirer pour provoquer un retour de balancier. C'est ce qui est arrivé**, le yen a commencé à reprendre subitement de la valeur en septembre 2008, alors les opérations de "Carry-Trade" ont commencé à se réduire trop rapidement. C'était la grande crainte de la BoJ. Tout le monde a cherché à se retirer au plus vite, mais seulement quelques investisseurs ont pu se retirer à temps lorsque le yen a commencé à se renforcer, et cette situation a créé un vent de panique sur les marchés.

Cette situation ressemble à celle de 1998, le yen, alors très affaibli, s'était brusquement apprécié de près de 20 % en trois jours. À cette époque, la crise financière russe et les perspectives de hausse des taux au Japon avaient déclenché la ruine des "Carry-Trades". Depuis, les experts affirmaient que ce scénario pourrait se reproduire, si pour 1 dollar on n'avait plus que 100 yens. Ainsi, le 29 août 2008, 1 dollar ne faisait plus que 108 yens ou 0,67 euro ; et au 14 octobre suivant, 1 dollar valait à peine 100,17 yens pour continuer à descendre sous la barre des 100 yens. Le yen, prenant de la valeur en contrepartie de cette baisse du dollar, était déjà en train d'asphyxier ainsi tous ceux qui ont emprunté la devise japonaise. Une telle appréciation du yen a mis un coup d'arrêt à la reprise économique au Japon, et place en très mauvaise position certains pays comme la Suisse, la Nouvelle-Zélande et l'Islande, très appréciés des "Carry-Traders" à cause de leurs taux élevés. D'ailleurs, l'Islande est tombée en quasi-faillite financière. On assiste donc à un retrait massif de liquidités mondiales et tous les marchés financiers ont subi des pertes énormes.

Tandis que d'autres spécialistes, plutôt trop optimistes, pensaient que le yen continuerait de s'affaiblir jusqu'à environ 180 yens pour 1 euro, pour ensuite se stabiliser et amorcer éventuellement une remontée tout en douceur, et que l'on éviterait ainsi la crise. Mais la machine financière s'est emballée, tout est allé plus vite que prévu, car au 29 août 2008, pour 1 euro on n'avait plus que 160 yens, et au 14 octobre 2008 : 1 euro = 136 yens. Puis la dégringolade a continué, car au 26 octobre suivant, 1 euro = 119 yens. Au 16 janvier 2009, 1 dollar ne valait qu'à peine plus que 90 yens tout rond.

Tout cela parce que les Japonais ont fondé de trop grands espoirs sur le financement de leur retraite, essentiellement en spéculant sur les marchés financiers internationaux. Mais déjà, l'assèchement des liquidités sur le marché mondial a entraîné une baisse généralisée des placements spéculatifs, en devises, en actions, en obligations et dans l'immobilier. Les professionnels de la finance ne voulaient pas entendre le grondement de ce tsunami financier parce qu'ils avaient peur d'anticiper la crise et donc de provoquer la panique. Mais cela ne nous a pas permis d'y échapper finalement.

Début juillet 2007, une nouvelle série d'indicateurs économiques avait déjà été publiée, permettant à la BoJ d'évaluer de façon plus claire la situation économique au Japon et à l'étranger. Une hausse du taux de la Banque centrale japonaise était attendue lors de la réunion du 12 juillet 2007, afin de freiner la sortie des capitaux et la baisse du yen. Mais le taux n'a pas été relevé, car l'indice de confiance des entreprises n'avait pas du tout changé à ce moment-là.

La BoJ décide de sa politique monétaire chaque mois en se fondant sur le Tankan, lequel consiste à poser des questions à environ 11.000 entreprises de toutes tailles et de tous secteurs. Les indices du Tankan permettent de mesurer la différence entre d'une part, le pourcentage des sociétés estimant que la situation économique est favorable et d'autre part, le pourcentage de celles qui jugent que la situation est plutôt défavorable.

La Banque du Japon n'avait pas considéré que le Tankan de juillet 2007 confirme que les conditions étaient enfin réunies pour une relève de son taux directeur, contrairement aux attentes d'un grand nombre d'économistes. En effet, le principal obstacle pour une hausse des taux était, à ce moment, l'absence totale d'inflation et que les prix avaient encore baissé en mai 2007.

Cependant, les principaux indices boursiers ont sévèrement reculé le jeudi 26 juillet 2007. Le coupable de cette nouvelle crise de liquidité, au départ, ce sont les "subprimes", puis les produits financiers dérivés des "subprimes" vendus sur le marché ont accentué les mauvais résultats boursiers. Il s'agissait de crédits immobiliers hypothécaires accordés aux ménages à revenus modestes aux États-Unis. Mais depuis 2006, de plus en plus d'emprunteurs ne remboursent plus régulièrement leur prêt à taux variable, à cause de la hausse des taux d'intérêt sur lesquels sont indexés leurs remboursements, combinée au ralentissement du marché de l'immobilier américain. Les prix de l'immobilier américain n'ont jamais baissé autant depuis la grande crise des années 1930. La crise des "subprimes" s'est donc étendue peu à peu aux marchés des actions.

Et on se demandait si l'économie "réelle" pouvait résister à cette nouvelle crise financière ; à condition qu'il n'y ait pas une baisse significative de la consommation, ni d'impact sur l'emploi, malgré la vague de licenciements dans le secteur financier. La FED (Banque centrale des États-Unis) avait d'abord injecté au total, 35 milliards de dollars en juillet 2008, et à son tour, la Banque centrale européenne (BCE), a injecté 95 milliards d'euro puis 61 milliards. La BoJ a également mis sur le marché 1000 milliards de yens le 29 juin 2008 pour ensuite injecter encore la même somme le 6 juillet suivant. Puis elle a encore ajouté 600 milliards de yens dans les jours qui ont suivi, pour enfin retirer 1600 milliards de yens lorsque le marché semblait se redresser. Peine perdue, au début du mois d'août, la BoJ a dû réinjecter 1200 milliards de yens sur le marché monétaire. Au cours de la même période, l'indice Nikkei de la Bourse de Tokyo a connu sa plus grande baisse, moins 5,42 % depuis avril 2000. C'est à coup de milliers de milliards que les principales banques centrales ont tenté d'endiguer la crise. Difficile donc d'en faire l'évaluation aujourd'hui, car nous sommes en pleine tourmente, et il faudra attendre de pouvoir avoir un peu de recul sur ce qui est en train de se passer.

Quelques établissements de crédit américains et allemands ont fait faillite. Au Japon, la société d'assurance "Yamato" a fait faillite, et les titres des entreprises exportatrices ont fortement baissé, d'autre part, plus que jamais, il est devenu impossible pour la BoJ d'envisager une hausse du taux de base bancaire, comme certains experts le souhaitaient avant la remontée en force du yen.

La crise des "subprimes" continue de produire des effets aussi sur les entreprises japonaises. La première maison de courtage japonaise, Nomura Holdings, a réduit d'un tiers ses effectifs aux États-Unis (suppression de 400 emplois sur 1400) et a quitté le marché de certains produits dérivés immobiliers, après avoir subi de lourdes pertes à cause de la crise des crédits. Elle a également décidé de se retirer du marché des titres de créances hypothécaires résidentiels RMBS ("Residential Mortgage Backed Securities") américains. Mais avec la multiplication des défaillances dans le remboursement de crédits hypothécaires aux États-Unis, de nombreux RMBS sont devenus invendables. Nomura Holdings estime avoir subi une perte avant impôts de 40 à 60 milliards de yens (247 à 370 millions d'euro) entre juin et septembre 2008.

Les petits investisseurs japonais, malgré les grosses pertes subies à cause de la crise des prêts immobiliers "subprimes", semblaient pourtant toujours croire au "Carry-Trade" entre juillet 2007 et juillet 2008. Cette crise ne les décourageait pas de continuer à vendre des yens pour acheter des devises rentables par Internet. Car les comptes épargne japonais avaient un rendement trop faible à cause du maintien du taux directeur de la BoJ à 0,50 %.[22]

Puis, le marché des actions étant intoxiqué de produits dérivés des "subprimes", les investisseurs ont commencé à rapatrier massivement leurs avoirs placés à l'étranger pour les mettre à l'abri de la crise. Ce qui a provoqué une hausse brutale de la valeur du yen qui est passé, au début août 2008, de 120 yens à 112 yens pour 1 dollar le 17 août. En une semaine, 3800 milliards sur environ 7000 milliards de yens d'investissements à court terme ont été reconvertis en yens par des petits investisseurs affolés. Beaucoup de gens ont perdu plus que leur mise initiale, selon la société japonaise de changes en ligne, "gaitame.com".

Tandis que, parmi les gros investisseurs japonais touchés par la crise du crédit hypothécaire immobilier américain, Mizuho Financial Group Inc. a subi jusqu'à 50 milliards de yens de pertes. Mizuho, qui prévoyait un bénéfice net de 350 milliards de yens du 1er octobre 2006 au 31 mars 2007 (fin de l'année fiscale au Japon), s'attendait à éviter une révision à la baisse en compensant les pertes par des bénéfices provenant d'autres opérations. Parmi d'autres banques

---

[22] Et encore plus bas depuis que le Comité de politique monétaire de la BoJ a décidé, le 31 octobre 2008 à la suite d'un vote extrêmement serré, d'abaisser son taux directeur de 20 points de base, pour le fixer à 0,30 %, afin d'aider l'économie japonaise à surmonter la crise. Puis le 18 décembre 2008, ce taux a été fixé à 0,10 %, contre un taux qui varie de 0 à 0,25 pour la Réserve fédérale américaine, et à 2 % pour la BCE depuis le 15 janvier 2009.

japonaises, Mitsubishi UFJ Financial Group inc. s'attendait à environ 5 milliards de yens de pertes sur son fonds de prêts "subprimes", mais le montant des pertes devait être revu à la hausse. Sumitomo Mitsui Financial Group Inc. a réduit ses avoirs de "subprimes" de plus de 400 milliards de yens à environ 100 milliards de yens, avec une perte de plusieurs milliards de yens qui aurait dû également être corrigée à la hausse avant 2008. Enfin, Nomura Holdings Inc., la plus grande maison valeurs mobilières du pays, a annoncé d'une part, une perte de 145,6 milliards de yens pour l'année fiscale d'avril 2007 à mars 2008 ; d'autre part, une perte de 27,5 milliards de yens (225 millions d'euro) à cause de la fraude de 50 milliards de dollars par le gérant de fonds new-yorkais Bernard MADOFF.

On se souvient encore du fameux lundi noir du 19 octobre 1987, Wall Street s'était effondré de 22,61 %, enregistrant la deuxième plus forte baisse de son histoire depuis le Krach de 1929. La Bourse de Tokyo a clôturé ce jour-là avec une baisse seulement de 2,5 %, mais la Bourse de Hong-Kong avait perdu plus de 11 % le même jour, et les autorités de régulation avaient décidé de fermer la bourse pendant une semaine, idem en ce qui concerne la Bourse de Singapour. Puis successivement, une chute de 11 % à la Bourse de Londres, de 7 % à Francfort et de 6 % à Paris.

En 2007, on craignait déjà que l'histoire se répète encore une fois, car on constatait qu'une forte volatilité était de retour sur le marché mondial à cause des inquiétudes concernant les "subprimes", qu'il y avait une hausse des prix du pétrole liée à l'aggravation des risques de déstabilisation géopolitiques et d'une demande en hausse, et qu'il y avait enfin une chute des Bourses dans les pays à économie émergente. Vingt ans après le Krach boursier de 1987, le prix du baril de pétrole est monté jusqu'à 147 dollars le 17 juillet 2008, ce qui s'est répercuté sérieusement sur la consommation mondiale, en particulier aux États-Unis. Puis le prix du baril est redescendu sous la barre des 50 dollars le 20 novembre 2008 pour ensuite continuer sa plongée aux alentours de 40 dollars, fin décembre 2008.

On a constaté au Japon qu'en juin 2008 comparé à juin 2007, une baisse des mises en chantier de logements de 16,7 % ; un taux de chômage qui se maintenait à 4,1 % de la population active ; un net recul de la consommation des ménages de 1,8 % ; et un recul de la production industrielle de 2,2 % en juin 2008 par rapport au mois précédent. Le seul élément positif étant la baisse de l'inflation qui était de 0,9 %, alors que dans la zone euro, elle était de 3,6 %. Enfin, en juin 2008, le ministre des Finances a annoncé que l'excédent commercial du Japon a chuté de 91,6 % comparé à juin 2007, en raison d'un sérieux ralentissement des exportations. Alors que les économistes s'attendaient à une baisse de seulement 15,3 % en moyenne.

En août 2008, les prix dans l'alimentation ont augmenté de 3 % par rapport à août 2007. Ainsi qu'une hausse globale de 9,7 %, pour l'eau, l'électricité et les carburants, tous ensembles. Le prix de l'essence avait augmenté de 26,4 % et celui de l'électricité de 5,4 % comparé à août 2007. En revanche, à cause de la concurrence, les prix ont baissé dans le secteur de l'électronique : les prix des appareils photo ont baissé de 31,9 %, les téléviseurs de 22,9 % et les ordinateurs portables de 38,9 %.

L'excédent des transactions courantes du Japon a chuté de 52,2 % en août 2008 par rapport à août 2007 (988,8 milliards de yens ou 7,12 milliards d'euro), en raison d'une soudaine dégradation du commerce extérieur selon le ministère des Finances. Le Japon a ainsi enregistré, en août 2008, son premier déficit commercial (excepté le mois de janvier) depuis novembre 1982 (314,233 milliards de yens contre un excédent commercial annuel de 10.795,518 milliards en 2007). Les exportations ont augmenté de seulement 0,2 % en août 2007 (soit 7051,439 milliards de yens), tandis que les importations ont progressé de 17,1 % (soit 7365,672 milliards de yens).

En septembre 2008, l'excédent commercial n'était que de 90,97 milliards de yens (730 millions d'euro), soit une chute de 94,3 % comparée à septembre 2007. Cette dégradation de la balance commerciale japonaise est due essentiellement au ralentissement des exportations vers son premier client, les États-Unis, ainsi que vers l'Europe, et se traduit par une forte contraction de l'excédent courant japonais.[23]

Toutes les Bourses asiatiques ont aussi connu de fortes baisses en juin 2008. Ce qui n'était rien à côté de la terrible semaine du 15 septembre 2008 dès l'annonce de la faillite d'une des plus importantes banques américaines, Lehman Brothers, et des sérieuses baisses successives de toutes les places financières suite à d'autres faillites d'établissements financiers en Europe et en Asie. Le rebondissement de la crise financière s'est transformé cette fois en véritable catastrophe économique mondiale touchant de plein fouet l'économie réelle.

En novembre 2008, par rapport au mois d'octobre précédent, la production industrielle du Japon s'est effondrée de 8,5 %. La chute a atteint 16,6 % en comparaison à novembre 2007, selon le ministère de l'Économie, du Commerce et de l'Industrie (METI). C'est la plus lourde chute enregistrée, qui est la conséquence d'une forte baisse des exportations.

En décembre 2008, les exportations ont atteint le record historique d'une chute de 35 % par rapport à décembre 2007. Cette baisse de nouveau sans précédent concerne surtout les secteurs de l'automobile (-45,4 %), des semi-conducteurs (-43 %), des ordinateurs (-39,4 %). Ainsi, vers les quatre premiers clients du Japon : les États-Unis (-36,9 %), l'Union-Européenne (-40,1 %), la Chine (-35,5 %) et la Corée du Sud (-39,8 %). Vers l'Espagne, où sont implantés de nombreux constructeurs automobiles et technologiques qui

---

[23] La balance des transactions courantes est le meilleur indicateur de la situation économique d'un pays par rapport au reste du monde. Car elle prend en compte non seulement les échanges des biens, mais aussi les services, ainsi que les revenus des investissements directs ou de portefeuille et les transferts courants, tels que les versements aux Organisations internationales.

importent leurs pièces détachées du Japon, les exportations ont fondu de 63,9 %. La production industrielle s'est effondrée de 9,6 % en décembre 2008 sur un mois, un nouveau record historique. Effondrement historique également du PIB de 11,5 % à la fin décembre 2008 par rapport au troisième trimestre 2008. Pour l'ensemble de l'année 2008, l'excédent commercial japonais s'est contracté de 80,9 %, soit la plus forte diminution jamais enregistrée. Enfin, la consommation moyenne des ménages a chuté de 1,7 % par rapport à 2007. Le montant moyen mensuel des dépenses par foyer est de 261.306 yens.

En février 2009, le Japon a enregistré un excédent commercial de 82,103 milliards de yens (633 millions d'euro), en retrait de 91,2 % comparé à février 2008. Les exportations japonaises ont chuté de 49,4 %, soit 3526,352 milliards par rapport à février 2008, battant le précédent record de janvier (-45,7 %). Les exportations vers les États-Unis ont plongé de 58,4 %, avec une baisse brutale pour les automobiles (-76,6 %). Vers l'Union-Européenne, les exportations ont chuté de 54,7 % et celles vers le reste de l'Asie de 46,3 % (dont -39,7 % pour la Chine et -45,7 % pour la Corée du Sud). Les exportations totales de voitures ont chuté de 70,9 %, celles de semi-conducteurs de 51,1 %, celles de téléviseurs de 69,6 %, celles d'ordinateurs de 53,9 %, celles d'engins de construction de 66,7 %. Mais la balance commerciale est quand même dans le vert par un brusque recul des importations, lié au ralentissement économique et à la baisse des cours des matières premières et de l'énergie. Les importations ont diminué en février de 43 % en comparaison à février 2008, soit 3444,249 milliards de yens, notamment en raison de la baisse des achats de pétrole (-64,7 %).

Selon un rapport du METI, en comparaison à février 2008, les ventes au détail au Japon ont baissé de 5,8 % en février 2009, tandis que les ventes en gros ont baissé de 25,8 %. Les ventes dans les grandes surfaces, qui constituent environ 15 % du total, ont chuté de 8,2 % ; en revanche, dans les "konbini" (commerces de proximité) les ventes ont augmenté de 3,2 %. La baisse brutale de la consommation enregistrée en février (-5,8 %), vient en grande partie d'une chute des ventes de carburants (-23,2 %), de véhicules (-5,3 %), et de vêtements et accessoires (-7,7 %). Les ventes au détail de produits alimentaires ont reculé de 0,6 % et celles d'équipements et appareils ménagers de 1,8 %. La production industrielle en février 2009 a diminué de 9,4 % en un seul mois, et de 38,4 % par rapport à février 2008. Selon un rapport du Cabinet Office, les commandes de machines ont reculé de 3,2 % pour le seul mois de janvier 2009, et de 39,5 % comparé à février 2008, en raison de la baisse des investissements des entreprises. Selon le ministère du Travail, le taux de chômage a atteint 4,4 % en février 2009, soit 0,3 % de plus que le mois précédent.

LE REBOND DE LA CRISE DU MANQUE DE LIQUIDITÉS

À partir de la mi-septembre 2008, il n'y a plus suffisamment de liquidités disponibles sur les marchés financiers. Il y a plus de vendeurs que d'acheteurs et les acteurs financiers se méfient des uns et des autres. Aux États-Unis, le secteur de l'immobilier continue de s'effondrer, et les banques régionales américaines sont confrontées à une multiplication des défauts de paiements de la part des promoteurs immobiliers, et également des particuliers sur les prêts immobiliers, automobiles ou étudiants.

Le secteur bancaire a subi des pertes de plus de 300 milliards de dollars depuis le début de la crise des "subprimes", et les bilans des banques pour le second trimestre 2008 sont désastreux. Un an après le début de la crise des "subprimes", la banque californienne Indymac est en faillite, Wall Street s'attend à de nouvelles défaillances de banques. Indymac a été mise sous la tutelle de l'État. Avec ses 32 milliards de dollars d'actifs, cette banque est la plus importante à faire faillite aux États-Unis depuis 24 ans. Le pire est à venir disait-on dans le secteur financier, car 100 à 150 banques américaines pourraient disparaître dans les 12 mois suivants, et Wachovia, Merrill Lynch, Citigroup et Washington Mutual sont concernées.

Les autorités sont aussi intervenues d'urgence pour soutenir les organismes du refinancement hypothécaire Freddie Mac et Fannie Mae. On estimait qu'ils étaient trop importants dans l'économie du pays pour les abandonner à la faillite ? Mais il est certain que ce n'était pas le cas des banques régionales américaines, qui devaient donc faire encore appel au marché pour trouver des liquidités, mais les investisseurs étaient hésitants cette fois-ci. Car les établissements financiers américains avaient déjà absorbé plus de 130 milliards de dollars de nouveaux capitaux, depuis le début de la crise des "subprimes", sans pour autant se stabiliser. On pensait qu'une nouvelle réduction des dividendes, ainsi que des levées de capitaux étaient encore possibles. Mais après un an d'appels à répétition sur le marché, les conditions d'une recapitalisation n'étaient plus les mêmes. Car plus les cours des actions baissaient, plus il était difficile de lever des fonds.

Depuis 2007, six grands établissements bancaires ont été mis sous tutelle des autorités publiques américaines. On est allé encore plus loin que lors de la crise des années 1980 et 1990, où les autorités américaines avaient renfloué plus de 1000 établissements financiers, pour un coût de 125 milliards de dollars pour les contribuables. Au total, les experts avaient estimé qu'il n'y aurait pas plus de 200 faillites parmi les 7500 banques américaines, ce qui tendrait à relativiser quelque peu l'importance des défaillances. Toutefois, ce sont aussi de très grandes banques qui ont été touchées par la crise financière de 2008. On dit que les banques sont les principales responsables de la crise financière, car pour 1 dollar de capital, elles en auraient emprunté 40.

Une des causes majeures du déficit commercial japonais était à ce moment-là, la faiblesse du dollar face à une forte hausse du yen qui s'explique d'abord par le retrait de positions de "Carry-Trade" du yen en dollar, et donc du retrait de liquidités en raison d'une plus grande crainte des risques d'investir dans l'économie américaine. D'autre part, on peut ajouter que le yen s'est renforcé également face à l'euro pour les mêmes raisons.

Le yen, ayant atteint des sommets face au dollar et à l'euro, est redevenu une valeur refuge pour les investisseurs, aggravant la récession de l'économie japonaise. Le dollar a atteint le 24 octobre 2008 son plus faible niveau en 13 ans face au yen, lequel s'est apprécié d'environ 25 % face à l'euro en deux mois. Une remontée totalement déconnectée des fondamentaux économiques du Japon.

Monnaie à très faible rendement pendant des années, grâce au "Carry-Trade", les investisseurs japonais et étrangers empruntaient des yens au Japon pour acheter des dollars et des euro, ce qui poussait le cours du yen vers des planchers historiques. On estime que ces opérations de "Carry-Trade" correspondaient au total à environ 1000 milliards de dollars. Mais le Trading n'est intéressant que lorsque le yen est bas et que le dollar ou l'euro sont élevés.

Les "Carry-Traders" japonais, professionnels et particuliers, ont rapatrié d'urgence leurs capitaux, et la bulle du "Carry-Trade" s'est dégonflée rapidement, faisant monter le yen et incitant ainsi les investisseurs étrangers à abandonner aussi leurs opérations de "Carry-Trade" au Japon.

Les investisseurs étrangers ont vendu au total, 3.981,3 milliards de yens (31,1 milliards d'euro) d'actions et d'obligations japonaises en octobre 2008, selon le ministre d'État chargé des Services financiers japonais. La Bourse de Tokyo avait ainsi plongé jusqu'à -24 %. Beaucoup d'investisseurs japonais, notamment des particuliers, en ont profité pour racheter à bas prix ces titres en chute à la bourse en espérant qu'ils remonteront à plus ou moins long terme. En revanche, les ventes nettes d'actions et d'obligations par les investisseurs japonais en octobre 2008 sont trois fois inférieures à celles des étrangers, avec un total de 1.430 milliards de yens (11,2 milliards d'euro).

La crise financière asiatique de 1997-1998 et l'éclatement de la "Bulle de la e-économie" s'étaient aussi accompagnés d'une ruée des investisseurs sur le yen réputé pour sa solidité du fait que l'économie japonaise est moins dépendante que celles des autres grands pays industrialisés aux investissements étrangers.

Alors qu'en 2003, le premier ministre, Junichiro KOIZUMI promettait de doubler, avant à la fin 2008, le stock d'Investissements directs étrangers (IDE) au Japon. Selon la Conférence des Nations-Unies pour le Commerce et le Développement (CNUCED), le flux d'IDE au Japon a été négatif en 2006, pour la première fois depuis 1989. Les IDE représentent 2,5 % du PIB du Japon, contre 38 % de celui de l'Union-Européenne. Il existe une loi sur les fusions triangulaires, permettant les fusions-acquisitions entre groupes japonais et étrangers grâce à des échanges d'actions, mais les décrets d'application découragent les investisseurs étrangers. En plus, depuis septembre 2007, le contrôle sur les investissements étrangers a été renforcé, par le METI (Ministry of Economy, Trade and Industry) dans tous les secteurs jugés stratégiques. Le JETRO (Japan External Trade Organization), qui est pourtant une organisation gouvernementale pour promouvoir les investissements, s'inquiète de cette forme de protectionnisme qui a déjà des conséquences négatives sur l'économie du pays et qui risque d'emmener le pays, une fois de plus, vers une nouvelle crise financière.

Enfin, la remontée du yen pénalise sérieusement les entreprises japonaises qui sont très dépendantes de leurs exportations. Lorsque le dollar perd 1 yen, le profit annuel de Toyota se trouve réduit de 35 milliards de yens (292 millions d'euro). Cependant, le yen est encore loin de son record absolu face au dollar, 79,75 yens atteints le 19 avril 1995.

Les Traders japonais ont joué un grand rôle dans le rebond de la crise financière en tentant de se débarrasser de leurs titres dits "toxiques" pour se replier massivement sur le yen qui leur semble toujours plus sûr.

LES CRÉANCIERS DOUTEUX JAPONAIS

D'une part, l'ancien numéro un aux États-Unis des assurances a été pratiquement nationalisé en septembre 2008. AIG (American International Group) a signé un accord avec la Réserve fédérale qui lui a prêté 85 milliards de dollars en échange de 79,9 % de son capital. D'autre part, cinq grandes banques d'affaires dominaient sur Wall Street. À la mi-septembre 2008, elles n'étaient plus que deux : Goldman Sachs et Morgan Stanley. Bear Stearns et Merrill Lynch ont toutes deux été rachetées. Lehman Brothers est mise en liquidation le 15 septembre 2008, puis une partie des activités a aussitôt été rachetée à bas prix par la banque britannique Barclays. L'État américain a fait adopter la "Loi de stabilisation économique d'urgence 2008" pour injecter 850 milliards de dollars de fonds publics dans le système financier. La FED, la BCE et la BoJ n'ont pas cessé d'intervenir à coup de dizaines de milliards sur le marché monétaire. Par contre, on dit que le système financier japonais serait capable de se refinancer par lui-même grâce une épargne de 14.000 milliards de dollars, même si l'on tient compte de l'énorme dette publique qui correspond à 160 % de son PIB et qui est la seconde plus importante de tous les pays industrialisés.

Le Japon étant un des premiers pays créanciers du monde, les banques japonaises en profitent pour faire de bonnes affaires en rachetant une partie des activités des établissements financiers et bancaires américains en faillite ou en difficulté. Ainsi, la banque Mitsubishi UFJ avait annoncé son intention d'acquérir jusqu'à 20 % du capital de Morgan Stanley. Une autre grande institution financière japonaise, Nomura Holdings, a racheté toutes les activités en Asie-Pacifique de Lehman Brothers pour environ 225 millions de dollars, en s'engageant à conserver les quelque 3000 employés locaux. D'autre part, le groupe Nomura n'a payé que 2 dollars symboliques pour la reprise des activités de courtage et de banque d'investissement de Lehman Brothers en Europe. Ce qui s'explique par le fait que Nomura n'a pas repris les actions, ni les obligations ou autres actifs détenus par Lehman, tout en garantissant qu'une grande partie des 2500 salariés conserveront leur emploi. Nomura a emporté les enchères pour la reprise de Lehman contre la banque britannique Barclays parce qu'il s'est engagé à maintenir davantage d'emplois.

La crise financière américaine de septembre 2008 a touché brutalement le système financier des autres grands pays développés. Par exemple, la Bourse de Tokyo a chuté de 9,38 % dans la seule journée du 2 octobre 2008 puis une nouvelle fois, de 11,38 % le 16 octobre suivant. C'est la baisse la plus importante depuis la crise financière 1987 pendant laquelle la bourse de Tokyo avait chuté de 14,9 %. Mais il faut attendre l'annonce des bilans des banques et établissements financiers au début 2009, pour mieux connaître l'ampleur de cette crise au Japon, en Europe et aux États-Unis. D'ailleurs au Japon, les prix de l'immobilier de bureau sont en forte baisse, jusqu'à moins 50 %, à cause du retrait d'investissements étrangers. La capacité de refinancement de la finance japonaise est douteuse, quand on sait qu'une grande partie de l'épargne japonaise est investie dans des fonds spéculatifs américains. Pour les financiers japonais, venir au secours de la finance américaine, c'est d'abord protéger leurs propres intérêts lorsqu'ils sont menacés. Le doute se renforce donc sur les créances japonaises. Toutefois, en période de récession, la bourse ne baisse pas toujours, bien que les marchés boursiers aient chuté de 43 % depuis juillet 2007, certaines valeurs continueront de progresser.

Toutefois, le 28 octobre 2008, le ministre d'État chargé des Services financiers, Shoichi NAKAGAWA, a annoncé l'interdiction des ventes à découvert "à nu", une pratique qui amplifie la chute des marchés boursiers. La technique des ventes à découvert consiste à emprunter une action dont on croit que le prix va baisser pour la revendre aussitôt, avec l'espoir d'empocher une forte différence au moment où on la rachètera pour la restituer au prêteur. Utilisée massivement, cette technique accentue la chute des cours. Dans une vente à découvert dite "à nu", le spéculateur n'emprunte pas réellement l'action qu'il revend. En pleine crise financière, la plupart des pays ont suspendu totalement ou temporairement les ventes à découvert "à nu". Tandis que, des petits épargnants japonais se précipitent en masse dans les bureaux de change pour échanger des yens contre des dollars américains ou australiens, ou bien contre des euro, en espérant plus tard échanger les devises étrangères contre des yens pour en tirer un bénéfice lorsque ces monnaies repartiront à la hausse.

Enfin pour freiner la récession, le 30 octobre 2008, le premier ministre Aso a présenté son premier plan pour la relance de l'économie japonaise : "La crise actuelle est un événement qui ne se produit qu'une fois par siècle... Dans ce genre de situation, il est nécessaire de soulager l'insécurité que ressentent les gens. Nous ne devons pas avoir peur de ce violent typhon, et nous ne devons pas nous contenter de rester sans rien faire pendant que le typhon nous emporte". Depuis la crise des "subprimes", c'est le second plan de relance économique, après celui de Fukuda adopté définitivement le 16 octobre 2008 et entré en application. Le premier plan de relance d'Aso se monte à 26.900 milliards de yens dont 5000 milliards de yens de dépenses publiques. Il s'agit des mesures suivantes : réductions d'impôt, allocations familiales, allocations vieillesse, prêts aux petites entreprises, des aides aux jeunes travailleurs précaires, une baisse des tarifs autoroutiers. Ainsi que le premier plan de relance d'Aso prévoit de distribuer environ 2000 milliards de yens (tous les frais inclus) sous la forme de primes distribuées à chaque foyer. Les mairies vont informer par courrier chaque "setaïnushi" (chef de foyer d'après le "juminhyo" du bénéficiaire) qu'ils peuvent obtenir l'aide en fournissant leur numéro de compte bancaire. Ensuite les mairies procéderont aux virements. Cette disposition a été fortement critiquée par l'opposition, car les frais de mise en œuvre de cette mesure sont évalués à 82,513 milliards de yens, dont 27 milliards pour informer chaque bénéficiaire par courrier, 23,3 milliards pour payer les heures supplémentaires de travail dans chaque mairie et 15 milliards pour les frais de virements bancaires. Ce dernier procédé, déjà utilisé en 1999, n'avait eu qu'un impact très modeste sur la consommation des ménages, lesquels avaient préféré épargner l'aide obtenue plutôt que de la dépenser. Étant donné, que le gouvernement a fini par abandonner l'idée de fixer un plafond de revenu pour les bénéficiaires, il compte sur les collectivités locales pour fixer ce plafond. Cependant, les autorités locales ont estimé aussi qu'il est trop compliqué de fixer et de mettre en place un plafond de revenu. Alors, le premier ministre Aso compte sur la dignité et la bonne foi des Japonais les plus riches, lesquels auront également droit à cette aide à la consommation, pour ne pas aller la réclamer à la mairie.

Toutefois, au 24 novembre 2008, Aso a annoncé le report de l'adoption de son premier plan de relance, comprenant l'aide financière à la consommation, à janvier 2009, alors qu'il prétendait qu'il y avait urgence et que les entreprises ont espéré vainement cela pour les fêtes de fin d'année. Enfin, le premier plan de relance d'Aso a été adopté en dernière lecture par la Chambre des députés le 27 janvier 2009, à cause de l'opposition majoritaire au Sénat. Mais l'entrée en vigueur de ce premier plan d'Aso nécessite l'adoption d'une nouvelle loi, en discussion, pour financer ses objectifs.

Le ministre des Finances, Yosano, a annoncé début mars 2009 qu'une partie des réserves de change du Japon servira aux entreprises à faire face à des difficultés de financement en devises étrangères. Ainsi, la somme de 5 milliards de dollars a été prêtée pour cinq ans à la Banque japonaise de Coopération internationale (JBIC). Cette dernière a créé un mécanisme d'urgence pour prêter des fonds aux entreprises pour leurs opérations internationales. Toyota, Honda, Nissan et Mazda ont demandé à bénéficier de ces nouveaux prêts, alors que certaines d'entre elles, par exemple Toyota, étaient bénéficiaires un an auparavant.

Par ailleurs, la Chine est devenue l'acteur le plus important pour aider à réduire la crise financière mondiale, bien qu'elle n'ait jamais exprimé son intention de tenir ce rôle. Elle a la capacité d'intervenir pour équilibrer les marchés, grâce à ses grandes réserves de change (1906 milliards de dollars, soit huit fois plus que la totalité des ressources du FMI), et grâce à l'excédent de sa balance courante et à ses grands flux de capitaux. Elle pourrait devenir un grand investisseur mondial, car elle sait que sa croissance est plus dépendante de ses exportations que de la consommation intérieure. Dans le passé, les pays les plus développés avaient des réserves et finançaient les pays en développement, tandis qu'aujourd'hui les pays les plus développés, surtout les États-Unis se financent de plus en plus auprès des pays en développement à économie émergente.

En 2007, la Chine est la troisième puissance économique du monde après les États-Unis et le Japon. Son taux de croissance, qui était de 11,9 % en 2007, risquait de créer une surchauffe économique, malgré les relèvements de son taux directeur et du montant des réserves obligatoires pour les banques.

"Il y a un ralentissement net de la croissance économique mondiale, avec un affaiblissement marqué de la demande extérieure, et la Chine est en train de perdre ses avantages concurrentiels… et les pressions protectionnistes s'accroissent", a déclaré le Président chinois Hu JINTAO, le 29 novembre 2008, lors d'une réunion du Bureau politique du Parti communiste. La hausse des exportations chinoises s'est ralenti pour passer de 21,5 % en septembre 2008 à 19,2 % en octobre. La croissance du PIB chinois a atteint 9 % au troisième trimestre 2008, le niveau le plus faible depuis 2005 à cause de l'effondrement de ses exportations. La Banque Mondiale a indiqué dans ses prévisions que la croissance chinoise ne dépasserait pas 7,5 % en 2009, soit le taux de croissance le plus bas en 19 ans. En conséquence, les Chinois ont adopté un plan de relance de leur économie équivalant à 455 milliards d'euro, et la nouvelle politique de la Banque centrale de Chine tend, après une baisse du taux de base bancaire, à une dévaluation du yuan en baissant progressivement son cours pivot par rapport au dollar, depuis le début décembre 2008, afin de relancer l'économie. Tandis que les grands pays industrialisés estimaient, jusqu'à ce jour, que la monnaie chinoise était plutôt sous-évaluée et attendaient une correction à la hausse.

Cependant, des experts prétendent déjà que le Japon ne serait plus la seconde puissance économique du monde, mais la troisième après la Chine depuis l'automne 2007. On se demande toujours comment le Japon en 2008 :

- Ayant une superficie largement inférieure à la France ;
- Dépourvu de matières premières et très dépendant de ses importations ;

- Dont les 127 millions d'habitants produisent plus de richesses que 2,478 milliards d'Indiens et de Chinois réunis ;
- Ayant un PIB de 34.326 dollars par habitant largement supérieur à celui des 491 millions d'habitants des 27 pays de l'Union-Européenne qui n'est que de 32.900 dollars par habitant en 2007 ; même si finalement en 2007, le Japon est passé de la troisième place en 2000 à la 19e place parmi les trente pays de l'OCDE, et que la France se situe en 16e position avec un PIB de 40.738 dollars par habitant.
- Rivalise avec les États-Unis qui ne comptent que 303 millions d'habitants avec un PIB de 45.489 dollars par habitant en 2007 ?

Globalement, le PIB japonais est le plus important après celui des États-Unis, si l'on ne tient pas compte du PIB global de l'Union-Européenne, laquelle n'est pas un État unique, même si en tant que puissance économique, elle se situe en seconde position, voire en première place dans certains cas. Il n'y a pas de secret, c'est grâce à la discipline héritée de l'époque d'une société militarisée et de ses traditions et de son éthique que le Japon a su relever le défi du développement et de la compétition économiques. Le Japon tire sa puissance industrielle, commerciale et financière de son caractère résigné, car pour lui, ne pas résister au capitalisme, c'est gagner !

Le Japon reste donc la première, sinon la seconde, puissance économique d'Asie après la Chine. Toutefois, nous avons vu que des ombres apparaissent à l'horizon, car il victime de la morosité de l'économie mondiale qui touche les pays les plus développés. Mais est-ce l'annonce de la fin du Japon, en tant que grande puissance économique, tel qu'on le connaît, ou bien seulement un changement de société ? La fin d'un beau rêve économique et financier, probablement !

LE "YENTEN", L'ARGENT DU PARADIS

À Tokyo, le 5 février 2009, le chef d'une entreprise de futons, literie et produits de bien-être pour la santé, Ladies and Gentlemen (L & G), Kazutsugi NAMI (75 ans) a été arrêté par la police, ainsi que les 20 anciens employés dans le cadre d'une affaire d'investissement pyramidale.

Le système pyramidal est comparable à celui du fameux Madoff, qui a été arrêté un mois plus tôt aux États-Unis, sauf que ce dernier n'avait pas créé un système de bons d'achat. Selon la Police, depuis 2001, Nami aurait récolté au total 126 milliards de yens (1,1 milliard d'euro) de la part de 37.000 investisseurs. En particulier, il promettait un rendement exceptionnel de 36 % par an sous la forme d'une sorte de contrat de coopération. Ce premier type d'opérations se monte à 84,5 milliards de yens. Pour obtenir leur confiance, tous les trois mois, 9 % d'intérêt était reversé en liquide en yens à chaque investisseur. Le second produit, vendu sous forme de souscriptions, appelé le

"Prix Akari", permettait 3 ans après de percevoir le double de son investissement initial. Les souscriptions au "Prix Akari" concernent 20,7 milliards de yens. Mais il ne pouvait plus faire face depuis le début 2007. Des médias ont évalué le montant de la fraude à 226 milliards de yens (2 milliards d'euro) et le nombre de victimes à 50.000. Selon le syndic de faillite, depuis 2004, environ 208 milliards de yens ont été déposés sur les comptes de L & G. Toutefois, lors du dépôt de bilan, il ne restait plus que 220 millions de yens. De 1987 à 2001, elle avait pour unique activité de vendre de la literie. Puis la société a commencé à faire appel à des investisseurs en 2001. Elle est passée de 300 millions de yens de dépôts en 2001, à 63,4 milliards de yens en 2005. En principe, de tels dépôts d'argent sont interdits par la loi en dehors de l'activité des établissements financiers.

Depuis 2004, Nami émettait des bons d'achat appelés "yenten", combinaison de deux idéogrammes signifiants "yen", et "ten", "paradis". Parmi les plus de 60 produits qu'il commercialisait, il avait créé une sorte de monnaie d'échange sous la forme de bons d'achat libellés en "yenten". Les bons d'achat en "yenten" étaient utilisables dans certains commerces, ou bien on pouvait également payer en "yenten" avec son téléphone portable, ou sur le site Internet de vente en ligne de L & G. Ces bons ont rapporté au total 0,6 milliard de yens, ce qui est ridicule par rapport à d'autres types d'opérations. Mais ces bons ont constitué une sorte de produit d'appel pour attirer des clients vers des souscriptions plus importantes et donc plus rentables pour Nami. Pour un montant minimum de 100.000 yens versés dès le départ, les investisseurs recevaient une somme équivalente en "yenten", une fois par an. La télévision japonaise a montré des images de consommateurs se ruant dans un "salon yenten" organisé dans des hôtels pour faire des achats avec les bons en "yenten" ou bien avec la monnaie "yenten" virtuelle. "C'est comme un rêve, je peux tout acheter !" S'étonnait un client. Lors des réunions d'investisseurs, Nami promettait de "révolutionner l'économie mondiale" en transformant le "yenten" en monnaie mondiale qui pourrait "sauver le monde" et le transformer en "paradis de lumière", selon ses propres propos.

En 2005, l'entreprise L & G a créé un "institut de recherche" appelé le Laboratoire Akari ("akari" signifiant "lumière" en japonais) qui a été déclaré comme une organisation à but non lucratif ayant pour objectif la revitalisation des économies locales. Des chanteurs célèbres ont participé à des événements organisés par Akari, de même qu'un professeur en immunologie de l'Université de Keio pour la promotion des fameux futons.

Cependant au début 2007, Nami a cessé de verser les intérêts aux investisseurs et de racheter les "yenten" à ses partenaires commerçants. À un journaliste, qui lui demandait s'il avait utilisé les fonds apportés par les nouveaux investisseurs pour rémunérer les plus anciens, Nami a répondu que c'est ce que font toutes les entreprises et que ce n'est pas une fraude.

Dès février 2007, L & G a annoncé que les dividendes seraient désormais payés en "yenten" et non plus en yens. Puis en septembre 2008, il a licencié son personnel, et ses bureaux et sa maison ont été perquisitionnés par la police en octobre suivant. Les médias japonais se sont emparés de l'affaire pour dénoncer un système d'investissement pyramidal. Au début des années 1970, Nami avait déjà créé une société de vente pyramidale, APO Japan, qui vendait un appareil (MARK II Piper Injector), lequel aurait eu la particularité de diminuer les gaz d'échappement et d'améliorer la puissance des véhicules automobiles. Cette pyramide avait attiré 250.000 personnes, dont un lycéen qui s'est suicidé pour des raisons relevant de sa participation à ce système de vente. Ensuite, il a créé une société appelée Nozakku, laquelle vendait des pierres en parapharmacie sous contrat d'exclusivité, en prétendant qu'à l'aide ces pierres, on pouvait transformer l'eau du robinet en eau de source naturelle. En mars 1978, cette société a fait faillite en laissant 4,5 milliards de yens de dettes et Nami a été emprisonné pour fraude. Enfin, en août 1987, il a créé Ladies and Gentlemen, dont il est devenu le président, avec d'anciens membres de Nozakku. L & G vendait des futons qui auraient pour caractéristique de stimuler le système immunitaire. L'ex-associé de L & G, Masuo SAEKI, a été arrêté en janvier 2007 dans une autre affaire de système de vente pyramidale.

Il faut remarquer que la police et la justice japonaises n'interviennent jamais tant que des victimes ne viennent pas porter plainte. Pendant plusieurs années, aucune autorité n'a jamais cherché à savoir comment Nami pouvait offrir un tel taux d'intérêt. Il y a donc là une grave lacune dans le contrôle financier de la part des autorités de régulation sur l'activité de L & G.

LE JAPON AU SECOURS DES ÉTATS-UNIS D'AMÉRIQUE

C'est la crise des "Subprimes" aux États-Unis (été 2007) qui a été l'étincelle d'une récession sans précédent depuis la crise de 1929. Depuis l'été 2007, la crise traverse différentes étapes pour détruire l'économie mondiale qui à l'avenir ne sera jamais plus comme avant. La récession a d'abord touché les établissements financiers et banques commerciales ; le secteur du bâtiment et le secteur de l'automobile tout au long de l'année 2008 ; le secteur de l'électronique dès le début 2009 ; de nouveau les banques au premier trimestre 2009, touchées par les faillites de leur clientèle, notamment des sociétés d'intérim et des entreprises du bâtiment ; et le secteur du luxe (LVMH, Hermès, Shiseido, le groupe Perrier, etc.) dont on ignore encore exactement les préjudices. En 2008, 56 entreprises de travail temporaire ont fait faillite, le pire chiffre depuis une dizaine d'années.

Le Japon est au secours de l'Amérique pour tenter d'éviter ou retarder la seconde onde de choc de la récession mondiale provoquée par l'éclatement de la Bulle de l'industrie électronique. Maintenir le yen fort est dans l'intérêt des

Américains. Le nouveau Secrétaire d'État au Trésor américain, Timothy GEITHNER, a demandé à la Banque du Japon de ne pas intervenir pour faire baisser le yen, sinon les États-Unis verraient leur situation économique empirer. Leur intérêt est que le yen fort permet aux produits américains d'être plus concurrentiel sur les marchés. Et que si le yen s'affaiblit, la compétitivité des produits japonais se renforcerait face aux produits américains. Alors que le Japon, à cause de la récession et du cours du yen trop élevé, subit une chute vertigineuse de ses exportations. Les Japonais sont donc en train de payer cher pour que l'Amérique soit la première à sortir de la récession mondiale. Tandis que Taro ASO prétend que le Japon sera le premier pays à sortir de la récession ? S'il veut tenir cette promesse, il faut donc que la BoJ injecte en masse des yens sur le marché monétaire pour provoquer une dépréciation de sa monnaie. Mais le Japon, fidèle aux États-Unis, préférera plutôt s'abstenir et attendre patiemment que la relance de son économie vienne d'abord d'un retour à la croissance aux États-Unis d'Amérique. Toutefois, j'aimerai que pour une fois, le Japon n'écoute pas la voix de l'Amérique, mais celle de l'intérêt immédiat du Japon et des besoins urgents des Japonais.

Par ailleurs, sachez que les industriels japonais préfèrent donner la priorité au maintien de leurs installations et de l'emploi au Japon plutôt qu'à l'étranger, et qu'employeurs et travailleurs sont tout à fait disposés à faire de grands sacrifices pour cela. Notamment, en acceptant des diminutions de salaire et des avantages acquis. Par exemple, la compagnie aérienne japonaise Japan Airlines (JAL) a proposé à tout son personnel navigant et ses autres employés de sa branche "vols internationaux", à prendre volontairement jusqu'à deux mois de congés sans rémunération, en février et mars 2009, pour permettre à la compagnie de faire face à une chute brutale du nombre de ses passagers. Plutôt que de se libérer d'une partie de son personnel dans l'immédiat.

Les Japonais, dès que tout va mal, deviennent plus solidaires que jamais, car pour eux, appartenir à une entreprise, c'est comme appartenir à une grande famille. Et ce qui compte le plus en cas de crise, c'est de sauver la grande entreprise familiale "Japon" avant tout. Toutefois, à l'instar de l'Union-Européenne, le Japon a adressé une mise en garde à la Secrétaire d'État aux Affaires étrangères, Hillary CLINTON et au Secrétaire d'État au Trésor, Timothy GEITHNER, sur les risques de protectionnisme du plan de relance américain (*American Recovery and Reinvestment Act*) qui pourrait accentuer la guerre économique. Ce plan de relance représente 937 milliards de dollars, s'appuie pour un tiers sur des allégements fiscaux et le reste porte sur le financement de grands travaux. En effet, dans le plan de relance d'Obama, approuvé début février 2009 par la Chambre des représentants, une clause interdit l'achat de fer ou d'acier en provenance de l'étranger pour les projets d'infrastructures financés par le plan de relance, à moins que l'offre d'acier américain ne suffise pas ou que son prix augmente la facture finale de plus de 25 %. Le Sénat américain avait examiné le texte, le 2 février 2009, et voulait l'extension de la clause, appelée "Buy American" à tous les produits manufacturés. Cette extension a été rejetée dans le texte final adopté par le Congrès américain. L'idée, pour les parlementaires, est d'empêcher que le plan serve à financer des emplois à l'étranger. Mais il s'agit là d'une violation des règles du libre-échange établies par l'Organisation mondiale du Commerce (OMC). Le Président américain Obama avait exprimé en vain son opposition à cette clause qu'il voulait supprimer en totalité. À mon humble avis, les États-Unis risquent de subir des sanctions économiques de la part des autres grands pays producteurs d'acier, et de se voir condamnés par l'Organe de Règlement des différends de l'OMC pour violation aux règles du libre-échange. Mais la réaction la plus probable sera que les autres grands pays industrialisés prendront également des clauses similaires dans leur propre plan de relance. La récession mondiale tend à inciter chacun des pays riches à prendre des mesures de relance de la croissance pour protéger d'abord ses propres intérêts nationaux. Le spectre de la récession et le retour au protectionnisme économique pourraient être la source de nouveaux conflits, notamment armés, pour un nouveau partage des matières premières. L'idéal serait de trouver des solutions pour éviter un repli des États sur eux-mêmes.

En outre, la crise financière mondiale, qui s'est déclarée en été 2008, a fait baisser considérablement le nombre de ventes de véhicules neufs dans le monde entier. Sur le marché japonais, l'automobile considérée autrefois comme un signe de réussite sociale ne se vend plus depuis la fin des années 1990. Toute l'industrie mondiale automobile est sérieusement touchée, et la crise contraint les constructeurs à une forte baisse de leur production, à des fermetures de sites et à des licenciements de personnel, car aucune reprise des ventes ne semble se dessiner pour les années à venir.

La production automobile au Japon a chuté de 25,2 % au mois de décembre 2008 par rapport au mois de décembre 2007 avec 725.552 véhicules produits. Il s'agit de la chute la plus importante jamais enregistrée depuis que ces statistiques ont commencé en 1967. Les immatriculations de véhicules neufs au Japon ont chuté de 27,9 % en janvier 2009 en comparaison du mois de janvier 2008, alors que la dernière très mauvaise année remonte à 1974 (-6,5 %).

Les ventes annuelles de véhicules neufs, y compris les mini-véhicules, ont chuté de 11,6 % pour l'année fiscale d'avril 2008 à mars 2009 et par rapport à l'année fiscale d'avril 2007 à mars 2008. Une telle baisse annuelle ne s'était jamais produite depuis 1977. Tous types de véhicules compris (voitures, camions, bus) tous gabarits confondus (gros, moyen, compact, mini) la chute est de 31,5 % pour le seul mois de mars 2009 par rapport à mars 2008. Cette crise la plus grave depuis le choc pétrolier de 1974.

En 2007, la Chine est devenue le deuxième pays producteur de véhicules en passant devant la Japon. Mais en 2009, elle pourrait prendre la première place, même si les ventes ont également ralenti en Chine avec 790.000 unités vendues pour le seul mois de janvier 2009, soit une baisse de 8 %. Mais bien moins que, sur le marché américain où les ventes ont chuté de 37 % en janvier 2009 par rapport à janvier 2008, avec seulement 656.976 véhicules vendus.

En ce qui concerne les salariés des constructeurs japonais, Toyota n'a pas l'intention de renouveler les contrats de 6000 travailleurs intérimaires japonais qui prennent fin en mars 2009. Toyota, le plus grand groupe mondial d'automobiles, a abandonné son objectif de vendre 10 millions de véhicules en 2009. Mazda ne renouvellera pas non plus 2000 contrats de travail intérimaire, ni Isuzu, 1400 postes, ni Mitsubishi, pour 3300 postes, ni Honda, pour 4310 postes, ni Suzuki, pour 960 postes. Nissan va supprimer 20.000 emplois dont 12.000 (y compris le non-remplacement de 4000 CDI qui partent en retraite) au Japon, dont également des postes à durée indéterminée (CDI) aux États-Unis et en Europe. Nissan ne fermera aucune usine, mes ses effectifs seront réduits de 8,5 % dans le monde entier, après avoir annoncé une perte de 265 milliards de yens (2,2 milliards d'euro) au lieu de 160 milliards de yens de bénéfices espérés pour avril 2008 à mars 2009. En prenant compte, les suppressions d'emploi d'autres constructeurs japonais, au total, les douze constructeurs automobiles japonais, suppriment 36.850 emplois sur le territoire japonais.

La Bulle de l'industrie électronique est en train d'éclater au premier trimestre 2009. L'idée, c'est également que les produits japonais comme les automobiles, les ordinateurs, les appareils photo, etc. C'est-à-dire, que les biens de marques japonaises fabriqués aux États-Unis, continuent d'y être fabriqués en raison de la faiblesse du dollar, notamment par rapport au yen (on peut également faire la même remarque en ce qui concerne les industriels européens installés aux États-Unis). En effet, si la parité dollar/yen était plutôt favorable au yen, alors dans le contexte de la récession mondiale actuelle, les Japonais fermeraient aussitôt des unités de fabrication installées aux États-Unis pour éviter des fermetures d'usines et des suppressions d'emplois chez eux au Japon. Ainsi pour éviter des fermetures d'usines japonaises et en conséquence des licenciements en masse aux États-Unis, les Américains exigent du Japon que la Banque du Japon n'intervienne absolument pas pour faire baisser le cours du yen. Sinon, une seconde grande catastrophe risque d'apparaître, en particulier, dans le secteur de l'industrie électronique. Cependant, les Américains n'y échapperont pas, ils ne font que retarder l'éclatement de la bulle de l'industrie électronique. D'ailleurs, la recommandation du Secrétaire d'État américain au Trésor, Timothy GEITHNER, n'empêche nullement Sony de prévoir déjà la suppression 16.000 emplois dans ses installations à l'étranger, dont 8000 en contrat à durée indéterminée. Nobuyuki IDEI, l'ex-PDG de Sony (1999 et 2005) a déclaré que "dans le passé, le Japon était critiqué pour avoir trop de banques, aujourd'hui il y a trop de fabricants d'électronique".

"Nous n'avons pas d'autre alternative que de revoir totalement la façon dont nous concevons, fabriquons et vendons nos produits, parce que sans cela, il serait difficile de revenir à la rentabilité", a averti le PDG américain Howard

STRINGER de Sony. "Nous ne sommes pas seulement en concurrence avec d'autres entreprises japonaises, mais aussi et surtout avec des Coréens du Sud comme Samsung Electronics et LG Electronics qui profitent de la faiblesse de leur monnaie", a-t-il ajouté.

D'autre part, la restructuration du secteur de l'industrie électronique va également supprimer des milliers d'emplois dans le monde. À commencer par le Groupe Sony, qui a fermé deux sites de fabrication et ainsi supprimé 16.000 emplois au Japon et à l'étranger, dont 8000 en contrat à durée indéterminée. Après avoir annoncé, en janvier 2009, un déficit de 260 milliards de yens (environ 2,16 milliards d'euro), alors qu'il s'attendait à des bénéfices, et pour la première fois depuis 1995. Toshiba va supprimer 4500 postes et délocaliser des unités de production au Japon vers la Thaïlande et la Malaisie, afin d'abaisser ses coûts de production, alors que le secteur des semi-conducteurs traverse une crise sans précédent, avec une perte d'exploitation annuelle dépassant 200 milliards de yens. Le Groupe NEC va supprimer 20.000 emplois, dont la moitié en sont des contrats à durée indéterminée, dans le monde et présente un déficit de 290 milliards de yens (2,4 milliards d'euro) pour 2008. NEC fermera en 2009 son unité de production d'ordinateur en France à Puteaux en supprimant ainsi 420 emplois. Canon a annoncé, le 28 janvier 2009, une chute de 36,7 % de son bénéfice en 2008 par rapport à 2007, un résultat pire que prévu, dû à l'envolée du yen et à une demande affaiblie. Hitachi va licencier 7000 employés et termine l'année 2008 sur une perte nette de 700 milliards de yens (5,8 milliards d'euro). Des alliances sont en cours, dont celle entre Panasonic et Sanyo Electric. Cependant, début février 2009, Panasonic annonce son intention de supprimer 15.000 emplois et de fermer 27 usines dans le monde. En octobre 2007, Sharp et Pioneer avaient déjà annoncé un accord de partenariat commercial. Ce qui ne peut éviter à Sharp de réduire ses coûts de 200 milliards de yens et de supprimer 1500 emplois temporaires, comme il l'a annoncé en début février 2009. Par contre, le groupe Pioneer a annoncé la suppression de 10.000 emplois dont 6000 suppressions de postes dans le monde, et le non-renouvellement de 4000 contrats de travail temporaire. De précédentes mesures de restructuration, entre avril et décembre 2008, avaient déjà porté sur la suppression de 9900 suppressions d'emplois permanents et temporaires. Pionner va aussi se retirer définitivement du marché des téléviseurs avant la fin mars 2010. Car cette activité ne présente aucune perspective d'amélioration de sa rentabilité, en ce qui le concerne, dans les conditions actuelles, vu que son chiffre d'affaires a baissé de 37,8 %. "Le pire est devant nous", affirmaient les industriels au début 2009. Tous ces groupes ont annoncé des pertes énormes pour l'année 2008, et ont tous réduit leurs perspectives pour 2009 et 2010, y compris Mitsubishi Electric et Fujitsu.

La crise financière met fin à l'hégémonie de la dérégulation qui a fait fureur depuis les années 1980 et qui vient d'atteindre ses limites. Idéologie ultralibérale, selon laquelle les interventions de l'État dans l'économie constituaient un problème et non pas une solution. Les États ont ainsi négligé leur mission de contrôle. Il faut réglementer les "fonds de pension" et les "paradis fiscaux". Les risques de faillites de banques constituent encore un danger. La crise financière résulte d'un excès d'endettement. L'abondance de liquidités conjuguée à des taux d'intérêt bas sur les marchés financiers a conduit à la formation de bulles spéculatives, par exemple, dans l'immobilier et l'art. Ces bulles ont été favorisées par la création d'instruments financiers toujours plus sophistiqués et par les exigences de rentabilité trop élevées de la part des investisseurs. Il faut s'attaquer à deux déséquilibres profonds à l'origine de la crise actuelle. Depuis vingt ans, la part de la valeur ajoutée, sur ce que nous produisons, qui est versée au capital est devenue beaucoup trop importante par rapport à la part distribuée sous la forme de revenus du travail. Pour soutenir la croissance, les consommateurs se sont donc surendettés. La globalisation politique doit répondre à la globalisation économie et financière. Ainsi, il faut instaurer une régulation internationale en rénovant le système financier international et en adoptant un plan mondial pour la relance, "A Global New Deal".

Le coup d'arrêt à la dérégulation est accompagné d'un retour à l'austérité et à l'esprit samuraï chez les hommes d'affaires japonais. Ainsi, de nombreux dirigeants japonais (Mizuho, Toyota, Toshiba, Hitachi, Honda, etc.) prenant acte des lourdes pertes de leur groupe ont renoncé à leur poste. Ainsi, Laurent ABADIE, président de Panasonic France depuis 2005, a eu l'opportunité de devenir le premier dirigeant non japonais au sein du Conseil d'administration du groupe industriel Panasonic (ex-Matsushita) au 1er avril 2009. Plus de 200 autres dirigeants ont spontanément réduit leur salaire de 50 % pour montrer l'exemple au personnel contraint à des sacrifices. Chez Panasonic, plus de 10.000 cadres du personnel ont l'obligation d'acheter des produits Panasonic pour un montant de 100.000 yens jusqu'à la prochaine prime en juin 2009. Chez Toyota, 2200 directeurs se sont engagés à acheter un véhicule Toyota pour contribuer au redressement des ventes. Les dirigeants des groupes industriels japonais de plus de 500 millions de dollars de chiffre d'affaires annuels gagnent en moyenne 543.564 dollars par an, soit 75 % de moins que les dirigeants américains, et 55 % de moins que les Français. Le dirigeant japonais gagne 11 fois plus qu'un ouvrier, contre 39 fois plus pour un dirigeant américain et 23 fois plus pour un Français.

L'Autorité nationale d'encadrement et de gestion de la fonction publique ("jinji-in"), dont la tâche est de faire des recommandations au gouvernement et au Parlement, suggère un alignement à la baisse des primes de tous les fonctionnaires nationaux sur celles du secteur privé. L'Autorité nationale demande aux fonctionnaires de faire un petit sacrifice à l'instar des employés des cadres et des patrons du secteur privé. Ce sacrifice a l'inconvénient de diminuer le pouvoir d'achat des fonctionnaires, mais il tend aussi à réduire le poids des dépenses publiques. Si cette recommandation est adoptée, les collectivités territoriales risquent d'appliquer la même règle dans la fonction publique locale.

De toute manière, le Japon se résigne aujourd'hui à venir au secours de son père l'"America", parce qu'il croit que s'il lui réclame son dû, il est perdu, et que s'il était tout de même récompensé, de toute façon le pays se sent déjà perdu. Le Japon ne mettra donc jamais en cause la responsabilité principale des États-Unis dans l'apparition de la crise financière et économique, et ne les accusera jamais d'être les promoteurs des politiques de dérégulation et du désengagement de l'État dans le monde entier qui ont accentué les effets de la récession. Tout simplement parce que le Japon considère qu'il est lui-même l'unique responsable de la situation désastreuse de ses finances et de son économie à cause de la loi non écrite du "jikosekinin" qui reconnait que lui seul, le Japon est responsable de son destin et de tout ce qui peut lui arriver en bon ou en mal.

CHAPITRE 12

LA FIN D'UN MAUVAIS RÊVE

Bikkuri shimashita ne ! Cela veut dire, "quelle surprise !" Car c'est avec stupeur que les Japonais ont appris la démission du premier ministre Shinzo ABE le 12 septembre 2007. Après la défaite du PLD aux élections sénatoriales, le gouvernement Abe avait atteint le record de 65 % de mécontentement dans les sondages. L'opposition voulait mettre en cause la responsabilité de Shinzo ABE qui avait nommé Takehiko ENDO, ministre de l'Agriculture, des Forêts et de la Pêche. Endo a dû démissionner à cause d'un scandale de détournement de subventions, juste une semaine après sa nomination. L'opposition voulait donc interroger Abe sur cette affaire lors de la session extraordinaire du Parlement du 10 septembre 2007. Les faits concernant le scandale n'ont pas été clairement établis devant le Parlement, selon l'opposition qui envisageait une motion de censure contre Abe. Selon les rumeurs, l'initiative de cette démission soudaine aurait été prise par deux vétérans du PLD, alors ministres dans le second gouvernement Abe, sans même que la décision soit prise directement par le premier ministre en personne.

LE DIFFICILE RÉVEIL DU PAYS

Le *Beau rêve* du premier ministre Abe s'est envolé, car le gouvernement en place depuis septembre 2006, était entaché de scandales et de suicides. En dehors du fameux scandale de la perte de plus de 60 millions de fichiers concernant la retraite (que nous avons évoqué), pour la première fois, un ministre en exercice s'est suicidé. Le ministre de l'Agriculture, des Forêts et de la Pêche, Toshikatsu MATSUOKA, s'est pendu le 28 mai 2007 dans son appartement de député. Il faisait l'objet d'une enquête dans une affaire de factures fictives et d'ententes illicites sur les marchés publics. Comme par hasard, le lendemain, Shinichi YAMAZAKI, ex-directeur de la Japan Green Resources Agency, s'est suicidé également, car il faisait l'objet de poursuites dans la même affaire.

En outre, depuis la mise en place du gouvernement Abe, il y a eu quatre démissions entre septembre 2006 et juillet 2007. La démission la plus retentissante était celle du ministre de la Défense, Fumio KYUMA, le 3 juillet 2007. Il avait soulevé de vives protestations lorsqu'il a déclaré que les deux bombardements atomiques (qui avaient fait plus de 210.000 morts) étaient inévitables, car l'Union Soviétique avait le projet d'envahir le Japon vers le 15 août 1945. C'était le premier des ministres de la Défense depuis la fin de la Seconde Guerre mondiale. Le Japon s'est doté d'un ministère de la Défense en janvier 2007, succédant à l'Agence de la Défense pour accroître son influence internationale. Mais cette démission était intervenue juste avant les élections sénatoriales du 29 juillet 2007. Si le contexte avait été différent, il est probable qu'il n'aurait jamais démissionné, car il est fréquent que les hommes politiques n'engagent pas leur propre responsabilité, même s'ils ont effectivement commis une faute grave.

Le remaniement du gouvernement Abe, qui a eu lieu le 27 août 2007, a marqué la fin de ce beau rêve d'un *Beau pays* et la fin du "gouvernement des amis" ("otomodachi naïkaku"), qualifié ainsi par l'opposition. En effet, le nouveau gouvernement d'Abe n'était pas sans surprises, d'une part, on y retrouvait des vétérans de la politique :

- Kaoru YOSANO (né en 1938) au poste de secrétaire général du Cabinet, remplaçant Shiozaki, contesté pour avoir été nommé par amitié ;
- Nobutaka MACHIMURA (né en 1944), ministre des Affaires étrangères remplaçant Aso ;
- Masahiko KOMURA, ministre de la Défense, remplaçant Koike, laquelle avait commis l'erreur d'exiger directement la démission de son vice-ministre administratif, Takemasa MORIYA, sans respecter la procédure administrative ;
- Fukushiro NUKAGA avait été nommé ministre des Finances ;
- Taro ASO a été nommé secrétaire général du PLD, puis il est devenu ainsi le favori pour accéder au poste de premier ministre au cas où Abe démissionnerait, car certains pensaient qu'il ne s'agissait que d'un simple gouvernement de transition.

D'autre part, un ancien Gouverneur du département d'Iwate et sans mandat parlementaire, Hiroya MASUDA, connu pour ses idées de réforme, a été nommé ministre des Affaires intérieures et des Communications et ministre d'État chargé de la Réforme de la Décentralisation et de la Privatisation de la Poste. Le sénateur Yoichi MASUZOE qui critiquait fortement Abe a été nommé ministre de la Santé, du Travail et des Affaires sociales. Ibuki dont nous avons déjà parlé a conservé son poste de ministre de l'Éducation, et il n'y avait plus que deux postes de Conseillers spéciaux du premier ministre au lieu de quatre. Enfin, il n'y avait plus qu'un seul ministre pour gérer à la fois le ministère de l'Environnement et le ministère de l'Agriculture. Le ministère de l'Environnement ayant été de nouveau attribué à un ministre unique. Et surtout, le nouveau ministre de l'Agriculture, Takehiko ENDO, à peine élu, a démissionné le 3 septembre 2007, à cause de son implication dans une affaire où la Coopérative agricole, dont il était le président, avait perçu de manière illégale des subventions de l'État.

Certains Japonais étaient très contrariés par le slogan d'Abe, *Le Japon, vers un Beau pays*, et encore juste après le nouveau grand tremblement de terre de Niigata. Cette région avait besoin d'argent pour la reconstruction et ses habitants en détresse. Ce qui intéresse les Japonais, ce n'est pas l'idéologie, mais la réalité quotidienne, en particulier le problème des retraites est bien plus important que de réviser la Constitution. C'est ainsi que l'opposition a gagné les élections sénatoriales en répondant par un autre slogan : "La priorité, c'est la vie de tous les jours !" Le PLD, qui soutenait Abe, a finalement perdu les élections sénatoriales, et le premier ministre n'avait ensuite nullement l'intention de démissionner, comme l'avait réclamé le Parti démocrate du Japon (PDJ), et a poursuivi la même politique que son prédécesseur, Koizumi.

Abe a perdu le contrôle du Sénat au profit des centristes du PDJ, la principale force d'opposition. Ce qui ne signifiait absolument pas que les électeurs voulaient Ichiro OZAWA, chef du PDJ, comme premier ministre à ce moment-là. Cependant, rien n'obligeait le premier ministre en poste à démissionner, puisqu'il jouissait jusqu'en 2009 d'une large majorité à la Chambre des députés, laquelle élit le premier ministre et a toujours le dernier mot en matière législative. Mais un Sénat entre les mains de l'opposition risque de retarder tous les projets de loi par des débats interminables et des avalanches d'amendements. Il y a donc une certaine incertitude politique qui s'est installée et les marchés en ont été frustrés. On prévoyait donc que la Bourse stagnerait, si le processus des réformes des finances publiques et de la fonction publique était ralenti, alors que l'économie japonaise en a besoin pour conserver sa compétitivité. Le gouvernement Abe avait déjà mis en route plusieurs réformes visant à accélérer la croissance dont le rythme ne devait pas être suspendu à une situation politique troublée, estimait le patronat (le "Keidanren", ou Japan Business Federation). Il est prévu de supprimer 101 entreprises publiques dont la liste définitive devait être établie avant la fin de l'année 2007. Si le programme des réformes envisagées avait été remis en cause, cela aurait aussi joué en défaveur de la possibilité d'un relèvement du taux d'intérêt de base par la BoJ à l'époque.

Ce que les Japonais ne semblaient pas vraiment avoir compris, c'est qu'Abe, malgré son ambition de revenir à des valeurs plus traditionnelles, avait également pour ambition secrète de réformer la Constitution dans le but d'instituer un régime présidentiel avec un Président du Japon, bien qu'il ne l'a jamais avoué explicitement, lorsqu'il parlait de renforcer le pouvoir exécutif. En effet, le précédent premier ministre Koizumi avait déjà préparé le terrain en détruisant volontairement le corporatisme du PLD. C'est-à-dire, qu'il a cassé tout le processus de cooptation et de soutien des associations, des ordres professionnels, des groupements agricoles, etc., qui constituait la base de son électorat nécessaire au PLD pour gagner les élections. Ce système avait notamment pour défaut de favoriser la corruption par le versement de pots-de-vin. La disparition de cette base a été l'une des causes de l'échec du PLD aux élections sénatoriales de juillet 2007. Une autre cause importante, le gouvernement central n'a pas réalisé que les inégalités de développement économiques se creusent entre les plus grandes villes et les zones plus défavorisées. C'est une des raisons pour laquelle l'ancien Gouverneur d'Iwate avait été nommé ministre.

Certains reprochaient à Abe son manque de charisme, car il ne savait pas s'imposer, ni se faire écouter, face à toute son équipe gouvernementale. Tout comme Koizumi, il n'était pas plus compétent, ce qui n'est pas le plus important. Mais Koizumi savait jouer, comme un bon acteur, le rôle d'un premier ministre ayant de la personnalité. Les Japonais ironisaient d'ailleurs en disant, "Koizumi gekijo", ce qui voulait dire, "le théâtre de Koizumi", pour se moquer de lui. Par contre, Abe était un mauvais acteur, les Japonais considéraient qu'il jouait mal son rôle, même s'il apparaissait ambitieux avec son rêve de construire le *Beau Japon*.

L'auteur de, *Dankaï no sedaï*, Taichi SAKAIYA (dont nous avons parlé et qui est un écrivain spécialisé dans les romans historiques) ose affirmer qu'au Japon, "on a besoin d'une grande réforme comme la Restauration de Meiji".[24] C'est pourtant à cette époque qu'on a introduit un régime parlementaire qui permet de gouverner le pays d'une façon démocratique par la loi, et que malheureusement, le pays est toujours gouverné à coups de "tsutatsu" par une élite de technocrates comme dans une dictature bureaucratique. Cela servirait à quoi de mettre en place un régime présidentiel si les hauts fonctionnaires du gouvernement continuent de gouverner le pays par "tsutatsu" ?

L'idée du *Beau pays* d'Abe, c'était aussi de développer une véritable économie industrielle et commerciale de guerre en partenariat avec les États-Unis. Bien entendu, pour cela, Abe aurait dû d'abord modifier l'article 9 de la Constitution qui interdit la guerre, et en conséquence, qui interdit au pays de se doter d'armes offensives et de les fabriquer. En principe, le Japon ne peut acheter des avions de chasse "Furtif" ou "Raptor" américains, ou même les construire sur son propre territoire. Ce qui n'interdit pas à Mitsubishi de fabriquer des armes américaines sous licence depuis plusieurs années. Finalement, l'idée de réviser l'article 9, c'était d'abord dans le but de s'orienter vers une économie d'exportations d'armes, aux dépens de l'idéal pacifiste du

---

[24] En 1867, l'Empereur est de retour au pouvoir et l'an 1868 est la première année de la nouvelle ère "Meiji". En 1869, l'Empereur, après avoir hésité dans un premier temps à faire d'Osaka la nouvelle capitale du Japon, s'installe à Edo, qui prend alors le nom de Tokyo qui signifie la "capitale de l'est".

Japon. Le nouveau ministère de la Défense se justifie en montrant du doigt le danger que représente la Corée du Nord. Mais existe-t-il un danger réel et sérieux ? Si oui, celui-ci est-il plus probable que par le passé ? Alors que, l'armée américaine est fortement implantée dans tout le pays, avec plus de 40.000 hommes, pour le défendre en cas de conflit, et que le Japon lui apporte largement sa contribution financière, appelée couramment, *Omoiyari yosan* (ou le "Budget de la générosité"), ou bien encore, *Sympathy Budget*. Ce dernier se monte à 208,3 milliards de yens pour l'année fiscale 2008, 580 milliards de yens au total, si on ajoute le prix des terrains et les mesures de protection du voisinage contre le bruit et pour la sécurité.[25] On appelle ce budget ainsi, parce qu'il n'est pas déterminé par l'"Accord de Coopération et de Sécurité entre les États-Unis et le Japon" de 1960. Depuis 1978, le Japon apporte sa contribution financière. Le ministre de la Défense de l'époque, Shin KANAMARU, a justifié cette participation face au Parlement à cause de l'ascension du yen. Toutefois, en 1987 les deux pays ont signé un accord financier renégociable périodiquement pour déterminer le "Budget de la générosité". Cet accord a été renégocié dernièrement en janvier 2008 pour une période de trois ans, mais le PDJ majoritaire au Sénat a refusé de l'approuver le 25 avril 2008. Cependant, la Constitution japonaise prévoit que tout accord avec un État étranger entre quand même en vigueur 30 jours après son adoption par la Chambre des députés.

Dans un discours tenu lors d'une conférence internationale sur "L'avenir de l'Asie", le premier ministre Abe avait dévoilé son plan sur la réduction des gaz à effet de serre. Il avait invité les grands pays industrialisés à participer à un nouveau cadre international remplaçant le Protocole de Kyoto. Un appel qu'il avait ensuite relancé en vain lors du Sommet du G8 à Heiligendamm, en juin 2007, en Allemagne. Mais Abe n'aura pas eu le temps de présenter son plan au Sommet du G8 de Toyako à Hokkaido en été 2008. Toutefois, le Japon est déjà prêt à coopérer avec les États-Unis, pour la mise en place d'un nouveau protocole sur les émissions de gaz à effet de serre à la place du Protocole de Kyoto avant 2010.

La stratégie d'Abe intitulée, *Belle planète 2050*, comprenait un projet national ayant pour objectif de réduire de 1kg par personne et par jour les rejets de dioxyde de carbone, pour que le Japon puisse atteindre les objectifs du Protocole de Kyoto. Par exemple :

- Une minute de moins sous la douche (74 g) ;

---

[25] Un budget en constante augmentation, en 1978, il était seulement de 6,2 milliards de yens ; 28 en 1979 ; 37,4 en 1980 ; 80,7 en 1985 ; 168 en 1990 ; 271,4 en 1995. Budget dont 115,8 milliards de yens pour les salaires des employés japonais dans les bases, 25,3 milliards pour les dépenses en électricité et eau ; 0,5 milliard pour les frais de transport pour l'entraînement des forces américaines ; et 36,2 milliards pour les frais de maintenance, d'équipement de loisir et de logement ; 30,5 milliards de yens de dépenses pour le bien-être des employés (serveuses de bars, cuisinier, maintenance des terrains de golf, construction et entretien des églises...).

- Régler la température du climatiseur d'un degré en plus en été et d'un degré en moins en hiver (35 g) ;
- Remplacer les appareils électroménagers par des appareils écologiques (281 g) ;
- Faire ses achats avec son propre sac (62 g) ;
- Arrêter le moteur de sa voiture pendant 5 minutes par jour (42 g) ;
- Classer les déchets (52 g) ;
- Débrancher les appareils en veille (64 g), etc.

Pour un pays aussi peu respectueux de l'environnement, de l'amélioration de la qualité de la vie, et plutôt gaspilleur d'énergie, cela semble étonnant.

Car le Japon a émis une quantité record de dioxyde de carbone (CO_2) en 2007, 1,37 milliard de tonnes, soit une hausse de 2,3 % par rapport à 2006. À cause de l'utilisation croissante d'énergie produite dans des centrales thermiques relative à une baisse de la production d'énergie nucléaire. La quantité de CO_2 émise au Japon en 2007 a augmenté de 8,7 % par rapport à 1990, année de référence du Protocole de Kyoto, qui fixe les grandes lignes de la lutte contre le réchauffement climatique, et qui recommande au Japon une réduction de 6 % de ses émissions de gaz à effet de serre pour la période 2008-2012 par rapport à ses niveaux de 1990. Incapable d'atteindre son objectif, le Japon est dans l'obligation d'acheter des crédits d'émission de carbone, ou "permis de polluer", aux pays et entreprises qui ne dépassent pas les quotas de réduction attribués dans le cadre du Protocole.

En outre, selon l'Agence japonaise de la Météo, l'évolution de la température des mers entourant le Japon entre 1900 et 2007, révèle déjà une augmentation de 0,7 à 1,7 °C, soit une augmentation 3,2 fois plus élevée que la moyenne mondiale. D'ailleurs, tous les records de chaleur de la température de l'air, jamais enregistrés, ont été battus, lors de l'été 2007. Notamment en 2007, à Tokyo, il y a eu 27 jours avec une température de plus de 30 °C, 6 jours avec une température dépassant 35 °C, et 22 nuits, appelés "nuits tropicales", avec plus de 25 °C minimum le matin.

LE SYSTÈME DE L'ASCENSEUR

Les Japonais utilisent les termes anglophones d'"elevator", mais le plus souvent d'"escalator", pour expliquer qu'il est possible dans l'enseignement privé d'échapper à la sélection par les examens, de l'école maternelle privée à l'université privée. Toutefois, à condition d'avoir les moyens de payer des frais de scolarité élevés tout au long des études d'un même groupe privé d'établissements scolaires. C'est par ce système que quelques-uns de l'élite japonaise ont été formés, notamment parmi la haute fonction publique et les ministres.

Par exemple, Shinzo ABE n'a jamais passé d'examen (juken) pour passer de l'école primaire au collège, ni pour entrer au lycée et ni pour être admis à l'Université de Seikei. L'ancien premier ministre Shinzo ABE, après avoir été secrétaire général de Cabinet sous le gouvernement Koizumi en 2005 et 2006, est devenu à 52 ans, le 29 septembre 2006, le plus jeune premier ministre et le premier-né après la Seconde Guerre mondiale. Il est le petit-fils de Nobusuke KISHI, qui était responsable de l'administration du Mandchoukouo en 1932, un État créé artificiellement en Mandchourie par le Japon. Il a aussi un lien de parenté très éloigné avec Yosuke MATSUOKA, le ministre des Affaires étrangères qui avait signé avec Hitler et Mussolini le Pacte des puissances de l'Axe en 1941. Arrêté pour crimes de guerre, il est mort en prison avant d'être jugé par le Tribunal militaire de Tokyo. Le programme d'Abe a été fondé sur la réduction du rôle de l'État. Il avait l'intention de poursuivre les réformes entamées par son prédécesseur Koizumi, en particulier, les réformes de la fiscalité, des retraites et de l'Éducation. Abe avait aussi envisagé une révision de l'article 9 de la Constitution, lequel interdit le recours à la guerre, mais en vain. Il a commencé par la création d'un ministère de la Défense en janvier 2007, et par l'établissement de bonnes relations avec la Chine et la Corée du Sud. Dans ce but, il a ainsi renoncé à se rendre au Temple de Yasukuni, le 15 août 2007, comme le faisait habituellement Koizumi, pour rendre hommage aux soldats morts pour la patrie, et où se trouvent les dépouilles de 14 criminels de guerre.

Autre exemple, le premier ministre Taro ASO, nommé en septembre 2008, a passé toute sa scolarité à "Gakushuin", le plus prestigieux des établissements d'enseignement privés où tous les membres de la Famille impériale font leurs études. Alors que, dans le secteur public de l'éducation, il faut passer des concours d'admission de la sortie du collège jusqu'à l'entrée à l'université. Ainsi, parmi la classe politique, il est courant de trouver une personnalité qui a effectivement pris l'ascenseur comme Abe et Aso. Si les Japonais considèrent qu'Abe leur a fait honte en donnant subitement sa démission, ils devraient d'abord avoir honte de l'institutionnalisation du système d'ascenseur qui permet à des personnalités politiques de devenir des membres du gouvernement sans jamais avoir étudié dans un établissement d'enseignement public.

Cette société du mérite est fondée sur la capacité financière et non pas sur les qualités réelles des individus. Avant même de sortir de l'ascenseur, les grandes entreprises japonaises déposent des offres d'emplois au sein du service de recrutement de l'université concernée. Ce qui importe, pour une grande entreprise qui va recruter ses futurs cadres, ce n'est pas la formation en elle-même, ni la réussite universitaire personnelle, mais de ne recruter que dans les universités les plus prestigieuses et de favoriser les enfants des chefs d'entreprise ou des notables. Ainsi, l'étudiant va déjà commencer à travailler dès sa sortie dans un domaine qu'il ne connaît pas, le plus souvent, ensuite il sera véritablement formé par l'entreprise. C'est le parcours type suivi par l'ancien premier ministre Abe, à qui on reprochait son manque de personnalité et sa grande distance avec la réalité sociale. Abe a été propulsé premier ministre sans jamais avoir connu l'échec, ni subi de plus grandes épreuves dans sa vie que celle de gouverner le pays. Il semble avoir eu un parcours trop facile, grâce au fait que c'est un "fils de bonne famille" (un "bonbon", dit-on au Japon), lequel avait les moyens de payer pour prendre l'ascenseur. Abe a finalement raté son examen final en ne se présentant pas au grand oral devant la Chambre des députés. En fuyant sa responsabilité, on peut dire qu'il est "futoko" et désormais "ijime", et qu'il n'aurait donc plus aucune chance de revenir sur la scène politique. Au-delà du mépris et de la honte qu'il inspire à la majorité des Japonais, il faut lui pardonner et avoir plutôt de la compassion, car il est davantage victime du système que responsable. C'est un enfant issu de la bonne société telle qu'elle est organisée au Japon, et il a été choisi comme premier ministre par ceux qui soutiennent le système de l'ascenseur et qui nient leur propre responsabilité.

En revanche, en ce qui concerne Ichiro OZAWA, chef du Parti démocratique japonais (PDJ), celui-ci n'a pas pris l'ascenseur comme les autres, il aurait plutôt passé par l'escalier. Il a grandi dans le département d'Iwate jusqu'à l'âge de 14 ans, dans lequel son père était député. Puis Ozawa a poursuivi ses études dans un lycée public de Tokyo. Il a échoué deux fois au concours d'entrée de l'Université de Tokyo pour devenir avocat. Malgré ses échecs, il a fait des études d'économie à l'Université de Keio et des études de troisième cycle à l'Université de Nippon. Ces deux universités sont privées. Dès le décès de son père, il a pris la relève pour être élu député d'Iwate à l'âge de 27 ans. Mais on peut tout de même lui reprocher d'être un "fils de bonne famille".

Le système de l'ascenseur, c'est aussi que l'accès au pouvoir au Japon relève plus de la dynastie que de la démocratie comme on l'entend dans les pays les plus démocratiques du monde. Pour favoriser les candidats issus de la classe aisée et défavoriser les autres, la loi relative à l'organisation des élections prévoit le dépôt d'une somme d'argent à la Commission de contrôle des élections pour les candidats aux élections législatives et sénatoriales. Tout candidat doit déposer une somme de 3 millions de yens, s'il se présente dans une circonscription au scrutin majoritaire, et de 6 millions de yens dans une circonscription au scrutin proportionnel. La somme déposée n'est rendue au candidat que s'il atteint un certain nombre de voix.

Le grand-père d'Abe, Nobusuke KISHI faisait partie du gouvernement de 1957 à 1960. Le grand-père d'Aso, Shigeru YOSHIDA a été premier ministre de 1948 à 1954, et le père du premier ministre, Yasuo FUKUDA (successeur d'Abe) a également été premier ministre. Ainsi que l'ancien premier ministre Koizumi, qui criait haut et fort qu'il voulait détruire le vieux PLD fondé sur le favoritisme plutôt que sur la reconnaissance des compétences, va transmettre sa circonscription à son fils, pour qu'il se présente aux prochaines élections législatives. La politique au Japon, c'est toujours une affaire de famille où le père député transmet sa circonscription à son fils ou bien à sa fille. Mais c'est surtout le comportement des électeurs japonais qui est condamnable, car ils persistent à voter pour le fils ou la fille d'untel, qui était déjà député ou sénateur (sinon ils préfèrent voter pour des vedettes de la télé ou du cinéma, des romanciers, des anciens sportifs de haut niveau), au détriment de la personnalité et des qualités propres du candidat.

LE COUP D'ÉTAT DES VÉTÉRANS

En juillet 2007, la victoire des élections sénatoriales n'était pas la victoire de l'opposition, celle du Parti démocrate japonais, mais c'était plutôt celle des vieux conservateurs du PLD, parti encore majoritaire à la Chambre des députés. C'était eux qui ont été les vrais gagnants parce qu'il n'y a pas eu d'élections législatives anticipées comme le réclamait l'opposition à ce moment-là. On parlait alors d'un véritable coup d'État politique conduit par Aso et Yosano. Aso songeait depuis septembre 2006 à renverser le premier ministre en envisageant secrètement au mois de mars 2007 la dissolution du Cabinet. Mais il a échoué et ensuite publié un ouvrage, *Totetsumonai Nippon* ("Un extraordinaire Japon"), où il a présenté ses propres idées pour gouverner le pays et faire ainsi pression sur Abe. Le petit groupe politique d'Aso ne comprenait que 16 personnes au sein du PLD, donc au lieu d'arriver à la dissolution du Cabinet, l'idéal pour lui, c'était plutôt de saisir l'opportunité de devenir secrétaire général du PLD. Ce qui permet en tant que numéro deux du gouvernement d'exercer enfin un réel pouvoir. Aso a prié Abe de ne pas quitter ses fonctions le jour même des résultats des élections sénatoriales. Dès ce moment, Aso avait obtenu la promesse d'Abe d'obtenir le poste de secrétaire général du PLD, lors du remaniement ministériel qui est intervenu ensuite. Le 10 septembre, Aso a réuni environ 30 députés dans un grand hôtel de Tokyo pour affirmer que sans doute Abe démissionnerait bientôt, au plus tôt en novembre 2007, et qu'il se préparait déjà à occuper le poste de premier ministre. Seulement, la démission précipitée d'Abe a pris de court Aso et toute la classe politique japonaise. On dit que c'est la politique du "habatsu", qui permet aux groupes politiques dans le parti de décider, avant élection au sein même du parti, qui sera effectivement le premier ministre. Finalement, Aso n'a pas eu le temps de préparer le terrain, et c'est Fukuda qui a obtenu le soutien de la majorité du PLD.

On a qualifié le premier ministre de "futoko", car Abe a donné sa démission le 12 septembre 2007 vers 14 h, alors qu'il aurait dû se rendre à la Chambre des députés pour répondre aux questions de l'opposition à la même heure. C'est-à-dire, qu'il a réagi comme un enfant cherchant à fuir juste avant de passer une épreuve d'examen qui l'attendait, en se rendant à l'école. Pendant la conférence de presse annonçant sa démission, Abe a répété sept fois l'expression *kyoku men no dakaï* pour signifier qu'il voulait "briser le blocage politique", qui empêchait le pouvoir exécutif de gouverner, en offrant sa démission. Le premier ministre japonais Abe s'est fait hospitaliser dès le lendemain de l'annonce de sa démission en raison de son épuisement moral et physique qui lui a fait perdre 5 kg en un mois. Des hommes politiques du PLD et de l'opposition ont ensuite reproché au premier ministre d'avoir trop vite démissionné. *Il est irresponsable de quitter le gouvernement à ce stade*, a affirmé Yukio HATOYAMA, secrétaire général du PDJ, lequel a ajouté qu'il aurait mieux fait de démissionner plus tôt, juste après la défaite du PLD aux élections sénatoriales.

ABE PRIS DANS SON PROPRE PIÈGE

Le magazine *Weekly Gendai* (publié par l'éditeur *Kodansha*) avait envoyé une lettre à Abe en attendant une réponse avant le 12 septembre 2007, le jour même de l'annonce de sa démission, car le magazine devait révéler une affaire le concernant dans son numéro publié le 15 septembre (mais daté du 29 septembre 2007). Cette lettre demandait des explications concernant la fraude aux impôts sur l'héritage, taxé au taux de 50 %. De 1982 jusqu'à 1991, son père, Shintaro ABE, alors ministre des Affaires étrangères, avait fait une donation à ses trois associations politiques tout en nommant son fils Shinzo comme son secrétaire personnel. Ces associations apportent leur soutien aux activités politiques de sénateurs et de députés de manière tout à fait légale. Il a ainsi fait une donation en liquide déclarée et autorisée par la loi de 638 millions de yens déductibles du montant de ses revenus imposables. Dès le décès de son père en mai 1991, Shinzo ABE a hérité de son père du patrimoine des trois associations. Si on examine le bilan du patrimoine des associations, il y avait encore à l'actif des associations, plus de 600 millions de yens. Normalement, cette somme devait être soumise à l'impôt sur l'héritage pour un montant d'environ 300 millions de yens. Si l'argent de la donation aux associations avait été utilisé, il n'y aurait donc pas eu d'impôt sur l'héritage à payer, mais ce n'était pas le cas. Grâce au délai de prescription de 7 ans, il n'est plus possible pour le fisc de récupérer cet impôt sur l'héritage.

Cependant, Abe avait déjà signifié à tous les membres de son second gouvernement qu'il venait de former que si un membre de son gouvernement était soupçonné d'actes frauduleux, il devrait s'expliquer clairement devant l'opinion publique, sinon il faudra démissionner. C'est grâce à l'autocensure des journalistes japonais à travers les "Kisha-Clubs" que ces renseignements importants n'ont pas circulé aussitôt dans tous les médias. Mais ce qui semble évident, c'est que cette révélation a constitué la goutte d'eau qui a fait déborder le vase en poussant le premier ministre à donner subitement sa démission. Car il est tombé dans son propre piège qu'il avait lui-même tendu à tous les membres de son gouvernement et de son administration.

Sans doute, les Japonais se souviendront toujours de leur premier ministre "futoko" et "ijime" et ne lui donneront plus aucune chance. Mais généralement, les Japonais ont la mémoire très courte, et ils l'ont encore une fois prouvé en acceptant la nomination de Yasuo FUKUDA. En effet, en juin 2004, il a dû démissionner de son poste de secrétaire général de Cabinet, qu'il occupait depuis octobre 2000, parce qu'il n'avait pas payé ses cotisations de retraite pendant huit ans, depuis qu'il était devenu député en 1990. C'est aussi pourquoi il avait retiré sa candidature face à Abe pour le poste de premier ministre en septembre 2006.

Abe n'a jamais avoué devant les médias sa dépression et son stress, mais qu'il était hospitalisé à cause d'une douleur terrible au ventre. Il n'a jamais dit non plus qu'il démissionnait à cause du coup d'État d'Aso et de Yosano. Mais à cause de cette idée de coup d'État, beaucoup d'élus se sont tournés vers la candidature de Fukuda au détriment de celle d'Aso qui se voyait déjà premier ministre. Donc grâce à Aso, Fukuda a été parachuté premier ministre malgré lui. Dès sa nomination, il n'a changé que deux ministres, et surtout, il a choisi un nouveau secrétaire général adjoint administratif. Matoba, l'ami intime de la famille Abe a donc été remplacé par Masahiro FUTAHASHI. Ce dernier avait déjà occupé ce poste sous le gouvernement Koizumi, entre septembre 2003 et septembre 2006, et lorsque Fukuda lui-même était alors secrétaire général de Cabinet. À cette époque, Koizumi avait donné un blâme à Futahashi pour n'avoir pas signalé une fuite d'informations vers les autorités chinoises, lors du suicide d'un diplomate japonais à Shanghai.

L'APRÈS GOUVERNEMENT ABE

Le "faucon" ("takaha") ne fait jamais de compromis, il agit aussitôt sans négocier. C'est le caractère de certains hommes politiques japonais, comme Koizumi, Abe, Aso... Les autres se voient plutôt qualifiés de "pigeons" ("hatoha") parce qu'ils font des compromis et restent ouverts à la négociation avant d'agir. Par exemple, Fukuda était qualifié de "pigeon". Un "pigeon" ou bien un "faucon" peut appartenir à n'importe quel parti et tout dépend du domaine politique. Par exemple, on disait que Fukuda était un "pigeon" en politique étrangère, mais en revanche, on le qualifiait de "faucon" en politique économique.

Le 4 novembre 2007, le chef de l'opposition japonaise, Ichiro OZAWA, a menacé de démissionner de ses fonctions à la tête du Parti démocrate japonais, à la suite du rejet par les autres dirigeants du PDJ de l'idée de former une grande coalition avec le PLD pour gouverner le pays. Cette situation risquait de conduire le premier ministre à anticiper les élections législatives. Il a finalement, renoncé à l'idée d'un gouvernement de coalition avec le PLD.

Cependant, Ozawa, chef du PDJ, voulait tirer profit de la victoire de son parti aux élections sénatoriales de juillet 2007 pour faire tomber le gouvernement, et prendre le pouvoir avec l'aide des autres partis de l'opposition. Le PDJ avait promis de rejeter en bloc tous les projets du gouvernement, notamment, la prolongation de la loi concernant le soutien du Japon aux États-Unis dans la lutte contre le terrorisme, lors d'une session extraordinaire à l'automne 2007. Cette loi permet aux FAD de participer au ravitaillement en carburant des navires de guerre américains et de toutes les forces alliées dans l'Océan Indien et dans le cadre uniquement de la guerre contre le terrorisme en Afghanistan et non pas de la guerre en Irak. Les débats parlementaires traînaient en longueur à cause de falsification de documents relatifs aux quantités de carburants effectivement livrés par les Japonais à la Marine américaine. Les ravitaillements prévus, en février 2003 étaient évalués à 200.000 gallons, selon Fukuda, qui a communiqué ce chiffre aux médias en mai 2003, lorsqu'il était secrétaire général du gouvernement Koizumi. Mais en réalité, 600.000 gallons supplémentaires ont été livrés au navire américain "Kitty Hawk" pour lancer l'opération "Southern Watch" au sud de l'Irak, dans le but de préparer le commencement de l'invasion de l'Irak par les forces armées américaines. Donc, indirectement, le Japon a participé à l'invasion en Irak, ce qui n'était pas prévu. Le 21 septembre 2007, le ministre de la Défense a finalement reconnu officiellement le chiffre total de 800.000 gallons.

Cette loi, du 2 novembre 2001, sur la coopération avec les États-Unis dans lutte contre le terrorisme, s'appliquait pour une durée de deux ans, puis elle a été prolongée trois fois. Elle devait normalement expirer en novembre 2007 à cause du rejet de sa prolongation par le PDJ, majoritaire au Sénat. Mais elle a été ensuite reconduite, en dernière lecture, par la Chambre des députés le 11 janvier 2008, à la majorité des 2/3 de votes favorables. C'est la première fois depuis 1951 qu'un projet de loi, rejeté en première lecture par le Sénat, soit définitivement adopté à la majorité des 2/3 en seconde lecture et uniquement par la Chambre des députés. Car, dans ce cas, la procédure ne prévoit pas de réexamen du texte en seconde lecture par le Sénat. Les FAD avaient suspendu toutes leurs activités pendant quatre mois, puis les ont reprises le 21 février 2008. Le 12 décembre 2008, le Parlement japonais a de nouveau prolongé cette mission des FAD pour une période d'un an.

Par contre, le Japon a décidé de mettre fin à sa mission de soutien logistique pour la reconstruction de l'Irak, en retirant toutes ses troupes à la fin 2008. Cette mission avait débuté en décembre 2003 sur le territoire irakien. En revanche, une autre loi dans le cadre de la lutte contre le terrorisme permet au Japon de poursuivre sa mission de soutien logistique par voie maritime, dans l'Océan Indien, aux vaisseaux de la Marine américaine et de toutes les forces alliées dans la guerre en Afghanistan, y compris la France.

L'ancien vice-ministre administratif de la Défense, Takemasa MORIYA (né en 1944), a été arrêté par la justice le 28 novembre 2007. On le surnommait "l'Empereur du ministère de la Défense", car généralement, un vice-ministre est un fonctionnaire nommé pour une durée de deux ans, et il a conservé exceptionnellement son poste pendant plus de quatre ans. Il a pris sa retraite en août 2007, juste après que la nouvelle ministre de la Défense, Koike avait tenté en vain de se débarrasser de lui. Ses indemnités de départ ont été estimées entre 70 et 90 millions de yens. Il est soupçonné de s'être fait payer plus de 300 parties de golf et des dîners et d'avoir reçu de l'argent en liquide de la part de la Société d'armement Yamada, en échange de contrats. Finalement, le 5 novembre 2008, la Justice a condamné Moriya à 2 ans et demi de prison sans sursis, mais il a fait un recours appel le même jour.

D'autre part, l'opposition, majoritaire au Sénat, avait également le projet d'empêcher le gouvernement Fukuda de nommer son candidat favori au poste de Gouverneur de la Banque du Japon le 20 mars 2008. En effet, sa nomination et celles de ses deux adjoints doivent être adoptées à la fois par la Chambre des députés et par le Sénat. C'est aussi la première fois depuis la Seconde Guerre mondiale que le poste de Gouverneur de la Banque du Japon restait vacant plusieurs semaines et juste avant la nouvelle année fiscale qui commence le 1er avril. Le mandat de l'ancien Gouverneur, Toshihiko FUKUI, arrivait à son terme le 19 mars 2008, et faute d'accord, il n'a été remplacé que le 9 avril suivant par Masaaki SHIRAKAWA qui était un des deux vice-gouverneurs de la BoJ. Mais la difficulté d'une nouvelle nomination venait du fait que l'opposition majoritaire au Sénat refusait l'investiture de Koji TANAMI, le candidat proposé par le gouvernement, pour son manque d'indépendance, car c'est un ancien vice-ministre administratif des Finances.

Le 11 juin 2008, l'opposition majoritaire du Sénat a adopté une motion de défiance à l'égard du gouvernement Fukuda, en raison du refus d'abandonner le nouveau système de soins médicaux pour les personnes âgées de plus de 75 ans, en vigueur depuis le 1er avril 2008 et très impopulaire. Bien que, c'est la première fois de l'histoire constitutionnelle depuis 1947, qu'une motion de censure soit adoptée au Sénat, ce vote de défiance n'oblige pas juridiquement le premier ministre à démissionner. En contrepartie, dès le lendemain, les députés ont voté une motion de confiance au gouvernement. Tous les projets de loi importants sont pratiquement bloqués par le refus du Sénat de les adopter. Ils font ainsi systématiquement l'objet d'un vote de confiance en seconde lecture à la majorité des 2/3 de la Chambre des députés pour leur adoption définitive.

En juin 2008, Fukuda affirmait encore qu'il n'avait ni l'intention de démissionner ni de remanier le gouvernement. Fukuda bénéficiait d'une cote de confiance à 57,5 %, juste après qu'il ait été nommé premier ministre. Alors que, le précédent premier ministre Abe avait une confiance qui atteignait 70 % au moment de sa nomination. Puis, au moment des élections sénatoriales de juillet 2007, sa cote de popularité était tombée à 36,1 %, pour ensuite remonter à 44,2 %, lors de la création de son second gouvernement et peu avant sa démission.

En revanche, la cote de confiance de Fukuda avant le sommet du G8 du 7 juillet 2008 était de 25,1 % selon les sondages. Après le sommet, il a atteint 26,6 %. Ce qui était très bas en comparaison avec Abe. À cause de son impopularité, on a toujours discuté de l'éventuel départ de Fukuda et de la nomination d'Aso comme nouveau premier ministre. Vu que sa cote de popularité avait fortement chuté et que l'opposition majoritaire au Sénat le défiait, il s'est résigné à un remaniement ministériel annoncé au 31 juillet 2008. Juste près avoir annoncé officiellement, au début août, que le Japon venait d'entrer en récession économique en raison surtout d'une baisse importante de 2,3 % des exportations au second trimestre 2008, d'une réduction de la consommation intérieure, d'un net recul des investissements et d'une réduction du PIB de 0,6 %.

LE SECOND GOUVERNEMENT MORT-NÉ DE FUKUDA

Au 1er août 2008, tous les membres du gouvernement Fukuda ont annoncé leurs démissions. Puis les vieux réformateurs et partisans de l'austérité ont été de retour pour tenter de désendetter, de relancer la croissance et de freiner l'inflation. En effet, plusieurs proches de l'ex-premier ministre Koizumi (2001-2006), qui avaient été tenus à l'écart, ont été nommés. Notamment, le nouveau ministre des Finances Bunmei IBUKI (né en 1938) était un ancien haut fonctionnaire du Trésor réputé favorable à la politique d'austérité. Tout comme Kaoru YOSANO (né en 1938), lequel a été de nouveau nommé ministre d'État chargé de la Politique économique et financière, un poste qu'il avait déjà occupé sous le gouvernement Koizumi. Yosano défend l'idée de doubler le taux de la TVA japonaise qui n'est que de 5 %. D'autre part, Yosano a été chargé de mettre en œuvre le nouveau plan de relance économique annoncé par Fukuda, lors de l'investiture de son second gouvernement. Ce plan prévoyait d'injecter 11.500 milliards de yens dans l'économie japonaise.

Enfin, en nommant une seconde fois Taro ASO en tant que secrétaire général du PLD, comme la première fois sous le second gouvernement Abe, cela signifiait que celui-ci était désormais une nouvelle fois en place pour devenir le prochain premier ministre du Japon. En effet, chaque fois qu'il y a un changement de gouvernement, tous les dirigeants du PLD changent aussi. Le second gouvernement à peine nommé, que déjà le ministre de l'Agriculture, Seiichi OTA, qui avait notamment déclaré que le riz contaminé importé de Chine ne présentait aucun danger pour la santé, a dû démissionner 49 jours après sa nomination.

Voilà qu'à la grande surprise générale, Fukuda a annoncé sa démission au 1er septembre 2008. Elle n'a pris effet que le 26 septembre lors de la nomination du nouveau premier ministre. Il n'y avait pas de raison claire qui justifiait sa démission. Il s'agissait encore de faiblesse et d'un manque de ténacité comme pour beaucoup d'autres Premiers ministres ayant démissionné dans le passé.

LE GOUVERNEMENT DES "BONBONS"

Il n'y a que des "Bonbons" ("fils à papa") qui peuvent prendre l'ascenseur pour accéder aux plus hautes fonctions du pays. Les "Bonbons" sont des fils ou des filles de familles riches pour qui les portes du pouvoir dans les affaires ou dans la politique s'ouvrent sans faire trop d'efforts.

Cinq candidats au sein du PLD s'étaient officiellement lancés dans la course pour le poste de premier ministre en présentant leur candidature à la présidence du PLD, parti au pouvoir depuis plus de cinquante ans. Il s'agissait de Taro ASO, Kaoru YOSANO (ministre d'État chargé de la Politique économique et financière), Shigeru ISHIBA (ancien ministre de la Défense), Yuriko KOIKE (ancienne ministre de la Défense) et de Nobuteru ISHIHARA (fils du Gouverneur actuel de Tokyo).

Le 22 septembre 2008, le PLD a désigné Aso, un vieux "Bonbon" (nationaliste) comme Abe et Koizumi, à la présidence du parti. Pour un mandat d'un an à la présidence du parti, Aso a été élu par les membres du PLD par 351 voix, contre 66 voix pour Yosano, 46 voix pour Koike, 37 voix pour Ishihara et 25 pour Ishiba. Sur un total de 527 voix, dont 386 voix de députés et sénateurs du PLD, et 3 voix pour chacun des 47 départements du Japon. Puis Aso (né en 1940) a été nommé premier ministre deux jours plus tard par la majorité du PLD à la Chambre des députés. Aso était favorable à de nouvelles élections législatives avant les élections présidentielles américaines du 4 novembre 2008, sans attendre l'échéance des élections législatives japonaises en septembre 2009. Mais il a hésité dès le début de son mandat à cause de la crise financière, étant donné, qu'il était trop tard pour les organiser avant le 4 novembre. Par contre, l'opposition souhaitait que les élections législatives aient lieu après le 4 novembre pour tenter de tirer profit de la victoire des démocrates aux États-Unis. Ce qui signifie que le changement d'orientation politique des États-Unis exerce une grande influence au Japon. Ce changement serait favorable au PDJ et défavorable au PLD lors des prochaines élections japonaises.

L'opinion publique japonaise est prête à élire, pour la première fois depuis la Seconde Guerre mondiale, une Chambre de députés majoritairement du Parti démocrate du Japon. Et enfin, la nomination d'un nouveau gouvernement issue du PDJ, avec Ozawa comme premier ministre. Ce serait un évènement inédit, même si on devait tenir compte qu'il y a eu trois [26] gouvernements de coalition sans que le premier ministre soit du PLD et qui ont très peu duré dans les années 1990. Alors que le PDJ n'existait pas encore, et que celui-ci a été créé pour qu'il n'y ait que deux grands partis qui se disputeraient le pouvoir comme aux États-Unis.

Mais pour la première fois, une femme a osé présenter sa candidature pour diriger le pays. Cette femme qui a déjà fait parler d'elle dans le pays, c'est Yuriko KOIKE, ancienne ministre de la Défense sous le gouvernement Abe. Surnommée "la renarde" parce qu'elle saisit toujours les opportunités pour arriver à ses fins. Koike s'est particulièrement fait remarquer en changeant cinq fois de parti. C'est une spécialiste du monde arabe, car elle a fait des études au Caire. Elle a d'abord été traductrice puis présentatrice à la télévision japonaise. Elle a fait ses débuts politiques dans l'opposition. Elle utilise le même langage que Koizumi, lorsque ce dernier a brisé les clans du PLD et leur pratique d'arrangements entre eux pour favoriser certains candidats ("habatsu seiji"). Mais Koike prétend faire la même chose, mais cette fois pour détruire le système de la haute fonction publique : *Je vais détruire Kasumigaseki* (nom du quartier où tous les ministères ont chacun leur siège). Koizumi a soutenu sa candidature, mais en vain. Seulement, elle aura peut-être de nouveau l'opportunité de postuler au poste de premier ministre après les élections législatives de septembre 2009, ou bien après l'annonce de la démission d'Aso.

Taro ASO est le petit-fils de Shigeru YOSHIDA, le premier chef de gouvernement après la Seconde Guerre mondiale de 1948 à 1954 et grand frère de la Princesse Nobuko, laquelle est l'épouse du Prince Tomohito. Il a pour ancêtre Toshimichi OKUBO, un des trois principaux samuraï (dont Takamori SAIGO et Takayoshi KIDO) qui ont participé à la restauration de Meiji ; c'est-à-dire, à la fin de l'époque des samuraï et l'entrée du pays dans l'ère moderne (la fin de l'ère "Edo"). L'épouse d'Aso est la fille de l'ancien premier ministre Zenko SUZUKI (1980-1982) avec qui il s'est marié tardivement à l'âge de 43 ans (en 1983) et ils ont un fils et une fille.

Taro ASO est d'une famille chrétienne de confession catholique, ce qui est plutôt rare au Japon. On dit également d'Aso, qu'il est "bonbon" (ou "obotchan"), parce qu'il est né dans une famille très aisée où du temps de son père, il y avait encore tout un personnel domestique à disposition. Jusqu'à l'âge de 9 ans, il a passé son enfance dans la grande propriété familiale de Fukuoka, où son père a créé une école primaire spécialement pour lui. Dans son livre intitulé, *Un extraordinaire Japon*, Aso avouait que son père lui avait dit que, l'Université nationale, c'est pour les pauvres, et que l'Université de Tokyo

---

[26] Une première coalition entre 8 partis, sans le PLD, a mis en place le gouvernement Hosokawa (issue du "Japan New Party"), de juin 1993 à janvier 1994 ; une deuxième coalition entre 7 partis sans le PLD a formé le gouvernement Hata (issue du "Japan New Party") d'avril 1994 à juin 1994 ; enfin, une troisième coalition de trois partis, dont le PLD, s'est formée pour mettre en place le gouvernement Murayama (appartenant au "Parti socialiste") de juin 1994 à janvier 1996.

(nationale), c'est pour devenir fonctionnaire. Et qu'il fallait donc qu'il reste à Gakushuin, une des plus prestigieuses universités du pays et fréquentée par la Famille impériale.

Lors d'un voyage officiel en Chine, il a notamment déclaré sur la chaine chinoise CCTV, diffusée le 10 novembre 2008 : "*Du temps de mon grand-père qui était premier ministre sous l'occupation américaine, les Japonais étaient pauvres, on ne mangeait pas à sa faim, même chez moi, jusqu'au lycée, j'amenai un "obento" (déjeuner), dedans il n'y avait que du blé au lieu du riz*". Alors qu'il est d'une famille très riche !

Il a déclaré publiquement, comme la loi l'oblige, un patrimoine personnel de 455 millions de yens conformément aux modalités de calcul des impôts et non pas selon les prix du marché. Tandis qu'en moyenne, le patrimoine personnel d'un ministre s'élève à 141 millions de yens. Mais parmi ses biens personnels, Aso possède un terrain de 2400 m^2, comprenant une maison de 720 m^2 habitables dans le quartier de Shibuya à Tokyo. Le terrain seul étant évalué à 5 milliards de yens, selon le prix réel du marché actuel. Son petit frère possède une partie de ce terrain qui fait au total 5000 m^2. Il possède également d'autres biens immobiliers dans le pays, notamment, un bien immobilier de 47.000 m^2 à Fukuoka, que l'on pourrait classer comme patrimoine historique du pays, et qu'il est impossible à évaluer en argent.

Taro ASO a participé aux Jeux olympiques de Montréal en 1976, aux épreuves de "Trap Shooting", et obtenu la 41e place. Il a été élu député en 1979 après avoir dirigé une entreprise familiale, Aso Cement Co., qui fait partie du groupe "Aso Corporation". Depuis 2001, Aso Cement Co. a créé une coentreprise ("Joint Venture") avec le groupe français Lafarge. Depuis 1996, il a occupé quatre postes ministériels : ministre de la Planification économique, poste qui n'existe plus ; ministre d'État chargé de la Politique économique et financière ; ministre des Affaires intérieures et des Communications ; et enfin ministre des Affaires étrangères de 2005 à 2007, où il était particulièrement ferme à l'égard de la Chine.

Aso possède une forte personnalité, il a notamment dit lors de son discours de politique général : *je ne m'enfuirais jamais* ! Est-ce qu'il faut entendre par là qu'il promet de ne jamais démissionner ? Il a également osé critiquer directement son adversaire Ichiro OZAWA, qui était présent, ce qui est plutôt exceptionnel lorsqu'un premier ministre entre en fonction. D'ailleurs, dans son discours, il a prononcé 27 fois le mot "watashi" ("je"), contre 19 fois pour Koizumi, 14 fois pour Abe et seulement 8 fois pour Fukuda.

Par ailleurs, Aso est fier de se vanter d'être un fan de mangas. On dit encore, qu'il est illettré parce qu'il a des difficultés pour lire et qu'il ne joue pas sérieusement son rôle de chef du gouvernement. En outre, on lui trouve une ressemblance étonnante avec le caricatural Hyottoko, personnage de la tradition japonaise.

Taro ASO est lui-même "fils à papa", héritier de la circonscription électorale (pratique appelée "seshu", répandue aussi dans le domaine de l'entreprise) aux mains de sa famille depuis son descendant Okubo. Le gouvernement Aso, c'est aussi le gouvernement des "Bonbons". Il faut en particulier souligner les nouveaux ministres suivants :

- Kunio HATOYAMA, ministre des Affaires intérieures et des Communications, est le petit fils du premier ministre Ichiro HATOYAMA (1954-1956), lequel était le premier Président du PLD, et son grand frère Yukio HATOYAMA est le secrétaire général du PDJ.
- Eisuke MORI, ministre de la Justice, est le fils du ministre de l'Environnement Yoshihide MORI, lequel est le petit frère de l'épouse du premier ministre Takeo MIKI (1974-1976) ;
- Hirofumi NAKASONE, ministre des Affaires étrangères, est le fils du premier ministre Yasuhiro NAKASONE (1982-1987), connu comme étant un "faucon" ;
- Shoichi NAKAGAWA, élu ministre des Finances et également ministre d'État chargé des Services financiers, il a dû démissionner le 17 février 2009 pour état d'ivresse, lors d'un sommet du G7. Son père était un ancien ministre des Technologies et des Sciences, Ichiro NAKAGAWA ;
- Shigeru ISHIBA, ministre de l'Agriculture, des Forêts et des Pêches, son père était le vice-ministre administratif de la Construction ensuite devenu Gouverneur de Shimane ;
- Yuko OBUCHI (né en 1973), ministre d'État, chargé de la dénatalité et de l'égalité des sexes, est la fille de l'ancien premier ministre Keiichi OBUCHI (1998-2000).

Cinq jours après la constitution du gouvernement Aso, le ministre de l'Aménagement du Territoire, des Infrastructures, des Transports et du Tourisme, Nariaki NAKAYAMA a annoncé sa démission après avoir été fortement critiqué pour ses propos. D'une part, il avait affirmé que le syndicat des enseignants était le *cancer de l'Éducation*, et qu'il devait donc être dissout parce qu'il est opposé à la mise en place d'un cours sur l'éducation morale. D'autre part, il avait ajouté que *le Japon est un peuple unique*. Et enfin, il a affirmé que depuis la Seconde Guerre mondiale, les Japonais font "gonedoku", en s'adressant à des propriétaires qui s'opposent à l'agrandissement de l'aéroport de Narita. C'est-à-dire que les Japonais résistent de plus en plus face au changement et qu'ils obtiennent ainsi de plus en plus de compensations en échange. Nakayama avait souligné que, *cela est la conséquence de la mauvaise éducation depuis 1945.*

À peine élu en septembre 2008, que déjà en novembre suivant, on attendait sa démission. Fortement critiqué pour ses propos très déplacés, par exemple : *Pourquoi devrais-je payer les frais médicaux de personnes qui tombent malades parce qu'elles ne font que boire, manger et ne font rien ?* Pendant une réunion du Conseil de la Politique économique et fiscale sur les dépenses de la Sécurité sociale. On lui reproche aussi de n'avoir toujours pas emménagé au "Kantei" (siège et lieu de résidence officielle du premier ministre). Et aussi de fréquenter, quotidiennement en fin de journée, des bars Clubs réservés à des membres de la haute société, qui peuvent payer un droit d'inscription, par exemple au bar Club de l'Hôtel Impérial, de 525.000 yens et une cotisation annuelle de 126.000 yens, hors frais de consommation. Les frais de consommation peuvent facilement s'élever à 100.000 yens pour une seule soirée.

Le 18 décembre 2008, à la demande du PDJ (parti de l'opposition), des informations ont été rendues publiques par le ministère de la Santé et du Travail, révélant que 300 prisonniers britanniques, néerlandais et australiens ont travaillé entre le 10 mai et le 15 août 1945, dans une mine de charbon appartenant à l'entreprise Société des Mines Aso, dans le département de Fukuoka. Alors qu'il avait réagi, en tant que ministre des Affaires étrangères, en publiant des objections sur le site Internet du Consulat du Japon de New York à propos de la publication d'un article du *New York Times* révélant ces faits en novembre 2006. Le 13 novembre 2008, Taro ASO, cette fois en tant que premier ministre, en réponse à la question du Comité des Affaires étrangères et de la Défense du Sénat sur ce point, a déclaré que ces faits n'étaient pas confirmés. Taro ASO n'avait que 5 ans à l'époque, mais il refuse toujours de reconnaître lui-même la réalité de ces accusations contre sa famille, dont on a d'abord retrouvé des traces dans les archives de "United-States National Archives and Records and Administration", puis plus récemment, dans les archives du ministère de la Santé et du Travail du Japon.

Sans oublier que plus de 10.000 Coréens auraient également été soumis au travail forcé dans l'entreprise de la famille Aso, pendant l'occupation de la Corée par le Japon, selon les autorités coréennes et malgré l'absence d'archives. Mais il est indéniable que lors de la capitulation du Japon, la quasi-totalité des documents et des archives compromettantes ont été volontairement détruites par les entreprises concernées et par les autorités administratives et militaires.

Enfin, Aso a encore répété qu'il ne démissionnerait jamais, alors que, déjà les Japonais n'attendaient que ça, étant donné que sa cote de popularité était passée sous la barre des 20 % en janvier 2009. Ainsi, il a enfin décidé d'emménager avec sa famille dans la résidence officielle du "Kantei", 118 jours après sa nomination. Ce déménagement tardif risquait fort de lui porter malheur, tout comme à Fukuda, lequel ne s'était décidé à résider au "Kantei" que 110 jours après sa nomination, ce qui ne lui a pas porté bonheur par la suite.

Lors de la Déclaration de politique générale du gouvernement pour 2009, pendant laquelle quatre ministres interviennent, l'intervention d'Aso était modeste et il paraissait effacé. En effet, son discours fut bref, c'est-à-dire, qu'il ne contenait que 8467 caractères, le discours le plus court depuis celui de son beau-père en 1982, Zenko SUZUKI, alors premier ministre. Et il est probable qu'aux prochaines élections législatives de septembre 2009 le Japon aura un autre premier ministre, si Aso résiste jusque-là au harcèlement de ses détracteurs. Mais parfois nos meilleurs amis sont nos meilleurs ennemis. Ainsi, le vieux Yosano (né en 1938), ministre d'État chargé de la Politique économique et financière, devant la Chambre des députés, n'a pas lu une phrase importante de la Déclaration de politique générale pour 2009. Il a omis de mentionner :... *sous le leadership du premier ministre Aso...* Comme si déjà, il préparait un nouveau coup d'État politique, mais cette fois contre Aso. Justement, il cumule en plus de son poste, également les fonctions de ministre des Finances, et de ministre d'État chargé des Services financiers à la place de Nakagawa, lequel a dû donner sa démission pour s'être présenté en état d'ivresse, lors d'une conférence de presse du sommet du G7 le 14 février 2009 à Rome. Mais aussi pour avoir affrété un jet privé à 320.000 euro pour se rendre à cette réunion en mettant deux heures de moins que sur un vol régulier.

Malgré l'âge avancé de Yosano, il semblait ainsi le mieux placé au PLD à prendre la succession d'Aso dont la cote de popularité était tombée en dessous de la barre des 10 %, selon certains sondages menés en février 2009.

Pour la première fois depuis la création du PLD en 1955, il est envisageable que le PLD ne soit plus le parti majoritaire à la Chambre des députés après les élections législatives normalement prévues en septembre 2009. Grâce à l'aggravation de la crise économique et financière et au changement politique aux États-Unis, le PDJ s'imaginait déjà au pouvoir. Et Ozawa promettait de réduire l'influence des hauts fonctionnaires en nommant de nouveaux élus politiques aux postes-clés de la haute administration. Il s'engageait à réformer le régime des retraites et à lutter contre l'avancée de la précarité. Enfin, il voulait prendre des mesures financières pour accroître le nombre de naissances, et promouvoir les OGM dans le pays. On peut également prévoir que Koike, dit "la renarde", profiterait une fois de plus de changer de parti pour arriver à ses fins. Finalement, selon les sondages, la personnalité politique la mieux placée comme nouveau premier ministre serait le ministre de la Santé, Yoichi MASUZOE (né en 1948). En effet, Masuzoe n'a pas pris l'ascenseur, n'est pas non plus un "bonbon", et n'exerce que le mandat de sénateur depuis 2001, en plus de son poste de ministre de la Santé depuis août 2007, lors du second gouvernement Abe. Masuzoe est un ancien professeur en politique internationale de l'Université de Tokyo. Il faut souligner également qu'il est francophone depuis qu'il a passé deux ans à Paris (1973-1975) en tant que chercheur invité et spécialiste de la politique et de la diplomatie de la France, puis deux ans à l'Institut des hautes études internationales et de développement de Genève (1976-1978). Il a avoué qu'il avait décidé d'entrer dans la politique, notamment à cause de son expérience de soigner et d'assister sa mère atteinte de la maladie d'Alzheimer pendant plusieurs années.

L'AFFAIRE NISHIMATSU

Cependant, la candidature d'Ozawa au poste de premier ministre est compromise depuis que son propre assistant parlementaire (fonctionnaire payé par l'État) et trésorier de son comité de soutien politique "Rikuzankai" a été mis en état d'arrestation le 3 mars 2009. La police le suspecte d'avoir enregistré jusqu'à 21 millions de yens de dons pour le compte de Rikuzankai, alors qu'il semblerait qu'il avait connaissance qu'il s'agissait de dons d'associations directement financées par Nishimatsu. D'où une violation de la loi sur le financement des partis politiques si la mauvaise foi est réelle et sérieuse. Cette loi a été créée en 1948 et modifiée treize fois, notamment en 1999 pour interdire aux entreprises de faire des donations directement aux personnalités politiques. Selon la loi, les entreprises peuvent donner de l'argent à des partis politiques, mais pas directement à des hommes politiques ni à leur comité de soutien. Toutefois, l'aide financière des entreprises aux associations de soutien des hommes politiques est une pratique courante, mais leur financement est opaque.

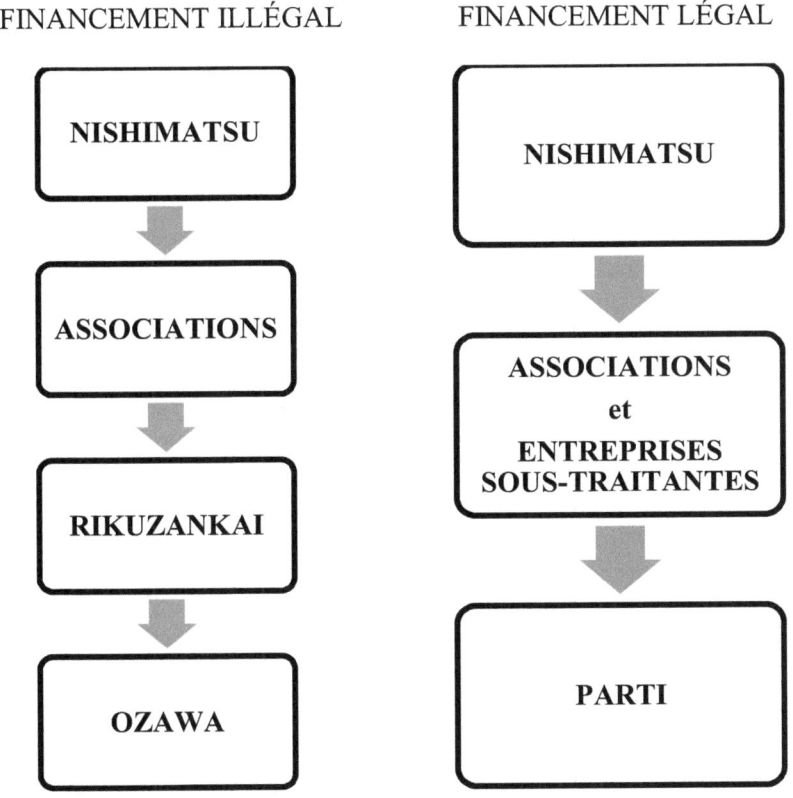

Nishimatsu est une entreprise de bâtiment et de travaux publics qui financent deux associations dont d'anciens employés sont les membres. Ces associations ont elles-mêmes fait des dons en argent à Rikuzankai dont le président est Ozawa. Le financement des partis par des entreprises est tout à fait légal à condition que le montant de la donation respecte une limite en fonction du capital de l'entreprise donatrice et imposée par la loi. Mais il est strictement interdit par la loi qu'une entreprise fasse directement un don en argent à une personnalité politique qu'elle désire soutenir. Mais ce mécanisme rend la loi obsolète pour lutter contre la corruption des hommes politiques. Dans l'affaire Ozawa, on constate notamment que Rikuzankai ayant reçu de l'argent de Nishimatsu, Ozawa aurait alors favorisé la candidature de Nishimatsu lors d'un appel d'offres pour une construction dans sa circonscription d'Iwate.

Le 5 mars 2009, deux jours après l'arrestation de l'assistant parlementaire d'Ozawa, Iwao URUMA (né en 1945) a soulevé l'indignation de l'opinion publique et du PJD en affirmant officieusement qu'*il n'y aura pas de poursuite de membres du PLD dans l'affaire Nishimatsu*. Uruma est un très haut fonctionnaire, secrétaire général adjoint du Cabinet, et ancien commissaire général (chef) de la police nationale jusqu'en août 2007. Il a été nommé secrétaire général adjoint dans le gouvernement Aso en septembre 2008. On pourrait supposer donc que le PLD au pouvoir, la police et la magistrature auraient mis à jour l'affaire Nishimatsu pour accabler le Parti démocrate du Japon et l'empêcher de conquérir le pouvoir aux prochaines élections législatives. Il y a eu beaucoup d'autres affaires de corruption plus importantes que celle-ci. Mais ici, le but était de porter gravement atteinte à la bonne réputation du PDJ aux yeux des électeurs, alors que presque tous les responsables politiques sont plus ou moins concernés par cette forme de corruption institutionnalisée.

Il semble ainsi que beaucoup d'hommes politiques japonais de tous les partis se sentent visés par cette affaire qui a provoqué la panique parmi eux. Désormais, 70 % des Japonais pensent qu'Ozawa devrait démissionner de son poste de chef du Parti démocrate du Japon. Ozawa ne fait donc plus partie des favoris pour occuper le poste de premier ministre, même s'il affirme qu'il ignorait tout de ce financement occulte.

En ce temps de récession mondiale, il apparaît que le Parti communiste japonais est le parti qui semble tirer le plus profit de la crise. Il comprend 400.000 membres, dont 14.000 nouveaux adhérents depuis l'automne 2007 et après avoir atteint le pic de 500.000 en 1990. Il faut souligner que lors de l'adoption d'une loi de 1999 autorisant le travail intérimaire dans tous les secteurs d'activité, seul le Parti communiste s'y était opposé. Sans doute qu'aux prochaines élections législatives, le Parti communiste japonais récoltera davantage de voix et donc de sièges de députés. En effet, ses membres apportent leur aide aux gens en difficulté, notamment pour obtenir une aide sociale ou un hébergement temporaire.

La nouvelle attirance pour le Parti communiste japonais vient aussi du succès du roman prolétarien : *Kanikosen* ("Le navire-usine"), écrit en 1929 par Takiji KOBAYASHI (1903-1933). Ce livre retrace l'histoire des marins d'un bateau de pêche qui fabriquent des conserves de crabe au large de la péninsule du Kamtchatka et qui se révoltent contre leurs effroyables conditions de travail. De nos jours, cette histoire éveille l'intérêt du public sur la situation des travailleurs dans la précarité. En 2008, l'édition de poche de *Kanikosen*, publiée par *Shinchosha*, a été tirée à 357.000 exemplaires. Selon l'éditeur *Shinchosha*, 30 % des nouveaux lecteurs de *Kanikosen* ont entre 19 et 29 ans et 45 % entre 30 et 49 ans. Plus de 50 % ont de moins de 40 ans dont les 25-35 ans qui sont entrés sur le marché du travail en période de récession économique.

Depuis le 3 mars, le jour de l'arrestation de l'assistant parlementaire d'Ozawa, le contexte politique a subitement changé, bien que la cote de popularité du gouvernement Aso soit remontée à 23,2 % pour le *Yomiuri Shimbun* à la fin mars 2009 et à 28,2 % au début d'avril pour *TV Nippon*. En effet, la situation qui était jusqu'alors favorable à une victoire du PDJ aux prochaines élections législatives s'est renversée au profit du PLD. Ainsi, Aso pourrait engager la responsabilité de son gouvernement devant le Parlement pour l'adoption définitive de son 3e plan de relance en cas de résistance ou de rejet par l'opposition. Aso pourrait donc présenter sa démission et celle de son gouvernement pour provoquer des élections législatives anticipées en mai ou juin 2009.

LES DERNIERS SOUFFLES D'ESPOIR

Les ressources humaines sont essentielles pour que la Nation soit forte. Cependant, la population du Japon est arrivée à son point culminant en décembre 2004, sans jamais franchir le seuil de 128 millions habitants, pour ensuite amorcer son déclin. Ainsi, dans cette nouvelle configuration, il faut se concentrer sur l'éducation et élever le niveau de chaque individu pour que le Japon survive. Les systèmes qui seront affectés par la diminution de la population devraient être modifiés aussitôt que possible. Que ce soit pour la sécurité sociale ou pour des projets de travaux publics, cela suppose une certaine augmentation de la population et de la croissance économique. Dans le secteur des travaux publics, le déclin démographique signifiera que l'endettement sur chaque contribuable sera plus grand. Autre exemple, le régime de retraite doit être conçu pour permettre à chacun de couvrir le coût de la vie. Le 14 avril 2009, le ministère de la Santé a publié des estimations sur le montant des pensions de retraite. Si le nombre actuel de cotisants d'environ 65 % se maintient, les futurs retraités ne percevront jamais plus de 50 % de leur salaire actuel. Si le nombre de cotisants baissaient de 1 %, le montant des pensions baisserait de 0,05 à 0,06 %. Le ministère avait déjà publié en février

2009, une estimation basée sur un taux de cotisants de 80 %. Dans cette situation, les retraités japonais ne percevraient plus que l'équivalent de 50,1 % de leur salaire actuel sous forme de pension à partir de 2038.

En outre, les universités sont trop conformistes, elles doivent cesser de brider la création intellectuelle. Cependant, la motivation pour étudier diminue parmi les jeunes. L'une des raisons est que la société japonaise est une société sans idéal et sans grand projet pour l'avenir. Comparés aux étudiants chinois et américains, presque tous les étudiants japonais affirment que le plus important pour eux est d'apprécier chaque moment de leur jeunesse. Et quand on leur demande ce qu'ils pensent de l'avenir, la plupart répondent qu'ils ne voient rien de positif et sont incapables de faire des projets pour l'avenir. Ils sont sans rêve et sans espoir, dit le professeur Masahiro YAMADA de l'Université de Chuo à Tokyo, dans son livre, *Kibo kakusa shakaï* ("La société de l'espoir divisé", ou bien "le Japon brisé par le désespoir des perdants"). Les Japonais ont le sentiment qu'il est inutile de faire des efforts pour construire un meilleur futur, et que la société descend dans les profondeurs du désespoir. Selon Yamada, deux situations ont contribué à l'aggravation des disparités entre ceux qui ont de l'espoir et ceux qui n'en ont pas. Premièrement, les gens sont exposés à de plus grands risques qu'avant, comme la disparition de l'emploi à vie dans la même entreprise. Deuxièmement, en raison des disparités entre les métiers, la population est en train de se diviser en deux groupes : les gagnants, qui sont la minorité et les perdants, qui sont la majorité. Il y a quand même des jeunes au Japon qui ont envie de donner un sens à leur vie et de faire quelque chose d'unique. Mais même s'ils ont un travail, ils trouvent que les conditions de vie sont trop dures. Ainsi, il faudrait des alternatives qui permettraient de retrouver l'espoir pour réussir sa vie. Il faut prendre des mesures pour contenir le déclin de la natalité et le désespoir social.

LE RÊVE DES ENTREPRENEURS : LE TRAVAIL TRÈS BON MARCHÉ

C'est d'une part, d'attirer des travailleurs étrangers qualifiés et très qualifiés, d'autre part, de réduire les coûts de la main-d'œuvre des travailleurs japonais en contrat à durée indéterminée.

Le 14 octobre 2008, le "Keidanren" (ou "Japan Business Federation", c'est-à-dire le patronat japonais) a proposé l'accueil de nouveaux immigrés à titre permanent et non plus uniquement à titre temporaire, dans le but de répondre au manque de main-d'œuvre dans les années à venir à cause de la dénatalité et du vieillissement de la population. Déjà, une loi de 1990 avait permis d'accueillir massivement des "Nikkeijin" peu qualifiés ou bien sans qualifications en tant que travailleurs intérimaires ou bien en CDD. L'idée sous-entendue du patronat japonais, c'était déjà précariser l'emploi peu ou non qualifié. Un assouplissement qu'on estimait nécessaire à une relance, alors que le Japon se trouvait en pleine crise économique à cette époque ! L'effet positif sur l'économie de la précarisation du marché du travail peu qualifié n'a été que de trop courte durée et insuffisant au regard du monde des affaires.

Cette fois, le "Keidanren" fait la promotion auprès du gouvernement japonais de la nécessité de précariser le marché du travail qualifié et très qualifié pour sortir de la crise économique. En effet, le patronat japonais tente d'obtenir l'appui des hommes politiques et des grands fonctionnaires pour adopter une nouvelle loi autorisant le recrutement massif d'étrangers diplômés. L'objectif sous-entendu étant d'attirer une main-d'œuvre étrangère hautement qualifiée dont les salaires et les avantages seront plus bas que ceux de leurs homologues japonais. Ils seront recrutés en CDD renouvelables ou bien sous la forme de contrats de missions temporaires. La deuxième étape consistera ensuite dans la remise à niveau vers le bas des salaires et avantages acquis par les salariés japonais hautement qualifiés sur ceux des employés qualifiés étrangers.

Alors qu'un bon nombre de "Freeters" japonais diplômés possèdent déjà et posséderont à l'avenir une formation suffisante pour répondre à cette demande créée par le vieillissement de la population et la forte baisse de la natalité. L'augmentation de la demande de travailleurs qualifiés constituerait un espoir pour les jeunes "Freeters" d'obtenir enfin un emploi stable, de se marier, d'avoir un enfant et d'acheter un logement dans le futur. Le Japon, face à la diminution rapide de sa population, n'aurait donc pas besoin d'immigrés mêmes très qualifiés pour occuper à l'avenir les emplois à pourvoir, surtout si l'on prend aussi en compte que la consommation intérieure diminue. Comment peut-on proposer d'accueillir des travailleurs immigrés en pleine période de crise économique et que le pays se dirige vers la décroissance ? Et que, dans le même temps, le ministère de la Santé et du Travail a annoncé, le 30 janvier 2009, qu'au moins 124.802 "Freeters" auront perdu leur travail entre octobre 2008 et le 1er avril 2009. 95,6 % des "Freeters" réduits au chômage viennent du secteur de la production industrielle. Par contre, selon la Fédération des sociétés d'intérim et de sous-traitance, qui envoient des travailleurs dans les circuits de la production industrielle, 400.000 "Freeters" auront perdu leur emploi à la fin mars 2009, y compris les "Nikkeijin" qui sont considérés comme des travailleurs étrangers malgré leur origine japonaise. Finalement, depuis le 9 avril 2009, l'État donne une prime au retour de 300.000 yens (2240 euro) par travailleur et de 200.000 yens supplémentaires pour chaque membre de la famille pour inciter les "Nikkeijin" ayant perdu leur emploi à quitter définitivement le Japon.

L'idée de *partager le travail*, c'est le nouveau slogan du "Keidanren", qui consiste à diminuer, le nombre d'heures de travail, à instaurer des jours de fermeture des usines, à baisser les salaires, à répartir la charge de travail pour éviter les licenciements, à des réaffectations et à des congés non rémunérés. Ce qui se manifeste donc d'une part, par une diminution du nombre d'heures normales hebdomadaires de travail, et d'autre part, par une suppression des heures supplémentaires que les travailleurs japonais avaient pris l'habitude de faire, et qui se traduit par une baisse significative de leurs salaires. Le patronat estime que le "partage du travail" est nécessaire dans le but de garantir l'emploi des travailleurs, car si cela n'est pas accepté, il faudrait alors licencier davantage.

Acceptant de voir leur salaire diminué, les salariés japonais cherchent à faire un second travail à temps partiel, le soir ou bien le week-end. En principe, les règlements intérieurs des entreprises interdisent l'exercice d'une seconde activité. Mais compte tenu de la très mauvaise situation économique, les entreprises ferment les yeux. Par exemple, un employé (40 ans) de Mitsubishi Motors, qui travaille dans l'usine de Mizushima qui produit 70 % des véhicules de la marque pour le marché japonais, a reçu un salaire net de 170.000 yens en janvier 2009, soit 100.000 yens de moins qu'auparavant, lorsqu'il faisait des heures supplémentaires. Pour trouver un second travail afin de compenser la perte importante de salaire, ils se retrouvent en concurrence sur le marché avec les "Freeters" qui viennent de perdre leur travail. Selon un sondage du quotidien *Asahi*, en début février 2009, 68 % des gens sont "pour" le "partage du travail". C'est-à-dire, que plus de la moitié des Japonais, toutes générations confondues et dans tous les secteurs d'activité, l'accepte avec résignation.

En 2008, suite à des inspections, le ministère de la Justice a relevé 549 infractions au programme gouvernemental de formation de stagiaires étrangers dans les entreprises japonaises. 452 entreprises et organisations ont été reconnues coupables d'exploitation abusive de stagiaires étrangers et sanctionnées. En fait, ces entreprises en ont profité pour bénéficier d'une main-d'œuvre bon marché. Le programme gouvernemental de formation a été créé en 1993 en vue de favoriser le transfert des technologies japonaises vers des pays en développement dans des domaines tels que l'ingénierie civile et la construction. 60 % de ces entreprises et organisations obligeaient les stagiaires à travailler jusqu'à minuit ou plus. Elles ne payaient pas les heures supplémentaires effectuées et certaines avaient l'habitude de saisir les passeports des stagiaires pour les empêcher de partir.

Il faut également souligner qu'il y a actuellement environ 120.000 étudiants étrangers au Japon. C'est-à-dire, 2,4 fois plus qu'il y a 10 ans, en particulier dans les domaines de l'ingénierie et de l'agriculture. En outre, 25 % des étudiants doctorants sont des étrangers. Dans un sondage, 32 % des entreprises interrogées ont répondu n'avoir jamais recruté un seul étranger. En 2007, il n'y avait que 2 % d'étrangers sur le nombre total d'actifs dans les entreprises, y compris étrangères sur le territoire japonais. La question se pose alors de savoir quelles sont les entreprises japonaises au Japon qui embaucheront des étrangers qualifiés ou très qualifiés dans les années à venir.

LE RÊVE DE BONHEUR DES "NIHONJIN"

La montée du désespoir chez les Japonais ("Nihonjin" ou "Nipponjin") peut aussi se mesurer à travers leur point de vue des relations avec d'autres pays. En 2008, pour 68,9 % des Japonais, les relations avec les États-Unis sont bonnes, mais cela représente une baisse de 7,4 % par rapport à 2007, et le plus mauvais chiffre depuis 1998. D'autre part, 71,9 % des Japonais pensent que les relations avec la Chine ne sont pas bonnes. Ce qui représente une hausse de 3,9 % par rapport à 2007 et le plus mauvais score. Enfin, 66,6 % des Japonais affirment qu'ils n'ont aucune sympathie à l'égard des Chinois, ce chiffre est le plus mauvais depuis 1978.

Dans les résultats du sondage suivant sur "les mots préférés des Japonais", on retrouve leurs attentes, leurs espoirs. La *NHK Broadcasting Culture Research Institute* a effectué un sondage en mars 2007 auprès de 3600 personnes âgées de plus de 16 ans, et 2394 personnes (67 %) ont répondu : Merci à 67 %, Prévenance à 44 %, Santé à 41 %, ensuite, Paix, Douceur (Gentillesse), Honnêteté, Bonheur etc. Ils avaient fait le même sondage il y a 25 ans : Effort (en 4e place il y a 25 ans, et cette fois-ci, en 15e place) ; Persévérance (de la 11e place il y a 25 ans, et cette fois-ci, en 28e place) ; Par contre : Douceur (ou gentillesse) (à la 22e place, il y a 25 ans, et cette fois-ci, en 5e place) ; Paix (de la 9e place à la 4e) ; Bonheur (de la 13e place à la 7e).

Dans ce pays où la politesse joue toujours un rôle social prépondérant, on peut s'étonner en tant qu'étranger que le mot "merci" soit le mot préféré des Japonais, bien avant l'expression "je t'aime".[27] Au Japon la recherche du bonheur passe après la gratitude. Mais les Japonais rêvent aussi de ce qu'ils n'ont pas et qui leur paraît inaccessible, le bonheur. Dans l'ensemble, les Japonais ne sont pas heureux et ne veulent surtout pas le montrer.

En ces temps de crise économique, les Japonais tendent à se replier un peu plus sur eux-mêmes et à rechercher plus de protection par la xénophobie, non seulement, par le renforcement des contrôles aux frontières et en incitant les travailleurs étrangers à repartir chez eux, mais aussi en restant fermé au développement du tourisme.

Ce pays, qui porte la honte, n'a pas fini de nous émerveiller, car le nombre de visiteurs étrangers au Japon avait augmenté de 10,3 % en 2005 par rapport à l'année précédente. Ainsi, dans le but de renforcer la sécurité du territoire, depuis le 20 novembre 2007, tout étranger de plus de 16 ans qui se rend au Japon doit être photographié et donner ses empreintes digitales, à l'exclusion de certains résidents permanents, comme les Coréens nés au Japon.

---

[27] Voir Chapitre 3, titre : "Santaku".

D'autre part, l'Agence nationale du Tourisme (Japan National Tourism Organization ou JNTO) a été créée le 1er octobre 2008, afin d'accueillir davantage de touristes étrangers, pour passer de 8,35 millions en 2007, à 10 millions en 2010 et à 20 millions en 2020. Cependant, selon une enquête publiée le 9 octobre 2008 par le ministère des Affaires intérieures, 40 % des hôtels et "ryokans" (hôtels traditionnels) n'ont jamais accueilli un étranger jusqu'à présent, dont 72 % ne voudront jamais héberger des étrangers. Au motif qu'ils ne peuvent pas communiquer dans une langue étrangère pour 76 %, que les équipements ne sont pas adaptés pour leur accueil pour 72 %, et que les hôteliers japonais craignent d'avoir davantage de problèmes avec les étrangers pour 63 %.

Enfin, la majorité des Japonais craignent que l'augmentation du nombre de touristes étrangers constitue une menace pour leur sécurité et leur tranquillité, et demandent que l'on prenne des mesures. Déjà, à cause de leur mauvais comportement, les touristes étrangers ont été temporairement exclus des ventes aux enchères de Tsukiji à Tokyo, le plus grand marché aux poissons de vente en gros du monde. L'accès a été interdit du 15 décembre 2008 au 18 janvier 2009 aux 500 touristes qui viennent chaque jour, pour photographier au flash et toucher les thons. Si l'expérience est concluante, cette interdiction pourrait être renouvelée, car "Tsukiji" n'est pas une attraction pour touristes, même si les guides et les agences de voyages le considèrent ainsi, estime la Préfecture de Tokyo.

On constate que face à ce qui vient de l'extérieur du pays, que l'on nomme "gaïatsu", les Japonais ne semblent pas complètement résignés et peuvent exercer une forte pression à l'intérieur du pays, que l'on pourrait qualifier en japonais de "naïatsu". Mais cette résistance des Japonais ne semble s'exercer que pour tenter de résister aux influences extérieures à leur pays, qu'ils estiment négatives par rapport à leur culture, à leur mode de vie et de pensée, pour maintenir toute l'homogénéité particulière et unique au monde du peuple Yamato.

Ainsi, la volonté politique de développer le tourisme au Japon se trouve subitement compromise par une très forte remontée du yen et l'aggravation de la récession économique mondiale depuis la crise financière de l'été 2008. Selon la nouvelle Agence nationale du Tourisme, seulement environ 513.700 étrangers ont visité le Japon en décembre 2008, soit un déclin de 24,1 % par rapport à décembre 2007. Le nombre de touristes étrangers a chuté de 41,3 % en février 2009 par rapport au même mois de l'année précédente. Seulement 408.800 étrangers ont visité le Japon en février 2009. Ce déclin est le deuxième plus après une réduction de 41,8 % en août 1971, l'année suivant l'Expo d'Osaka et depuis que ces statistiques ont été créées en 1961.

À la grande satisfaction de ceux qui craignent les mauvaises manières des "gaïjin" (étrangers) et leur influence néfaste sur les jeunes Japonais, SHOGANAÏ !

LE RÊVE DES POLITICIENS : UNE SEULE ASSEMBLÉE

Le Japon continuant, malgré tout, de prendre le grand virage du changement avec toujours autant de résignation. Un groupe de réflexion a été créé en mai 2008, comprenant 105 députés du PLD et quatre ex-premiers ministres, Mori, Koizumi, Abe et Fukuda. Leur objectif est de faire des propositions pour une réforme institutionnelle. Notamment, diminuer le nombre de parlementaires de 30 %, afin de créer une Assemblée unique d'environ 500 élus, contre 722 élus actuellement dont 480 députés et de 242 sénateurs. Pour cela, il faut réviser la Constitution et créer une grande circonscription départementale, à partir du 1er janvier 2019. Ils se sont réunis de nouveau le 16 janvier 2009 dans le but d'inscrire ce projet dans le nouveau programme du PLD pour les prochaines élections législatives.

Les politiciens japonais rêvent d'affaiblir l'omnipotence de la machine administrative et de faire barrage aux fonctionnaires partant à la retraite et cherchant à se reconvertir dans le secteur privé. La pratique de l'"amakudari" (ce qui signifie littéralement, descendre du ciel) était déjà interdite pendant les deux premières années de la retraite dans un domaine concernant proche de ses anciennes fonctions. Mais dans le but de lutter contre une forme de corruption des fonctionnaires, le gouvernement veut interdire aux ministères de jouer le rôle d'intermédiaire avec les entreprises dans le recrutement de fonctionnaires à la retraite. Ces derniers peuvent toutefois s'adresser au "Centre d'échange du personnel entre le secteur public et privé" qui a été mis en place en 2008 au sein du Cabinet Office. L'existence même de ce Centre n'élimine pas la corruption, elle ne fait que la déplacer, la concentrer entre ses mains et plus proche d'un contrôle politique du gouvernement.

Le 13 juin 2008 sous le premier gouvernement Fukuda, la Loi-cadre portant réforme du régime des fonctionnaires nationaux a été adoptée. Le 31 mars 2009, le Conseil des ministres a adopté un nouveau projet de réforme de l'État, dont l'un des objectifs est d'établir la flexibilité des postes entre les ministères et de renforcer le pouvoir politique. Notamment, par la création d'un Bureau centralisé de nomination des cadres administratifs ("Naikaku jinji kyoku") concernant environ 600 hauts fonctionnaires et 400 futurs cadres de la haute fonction publique, à l'exception des membres de la magistrature, de la police et de l'Autorité nationale d'encadrement et de gestion de la fonction publique ("jinji-in"). Le gouvernement se heurte à une forte résistance de la part des fonctionnaires, lesquels ont exigé que le chef de ce Bureau soit un des trois secrétaires généraux adjoints, celui qui a le titre de très haut fonctionnaire. Donc ce serait un coup d'épée dans l'eau que de désigner un haut fonctionnaire à un tel poste, car cela pourrait empêcher toute mobilité des fonctionnaires entre les ministères voulue au départ par la création du Bureau. Création aussi d'un poste directement auprès du premier ministre de "chargé de la stratégie de l'État de la diplomatie et de la sécurité", dont le rôle et l'importance semblent flous.

LE RÊVE DE BON VOISINAGE

En Asie du Sud-est, le Japon reste un pays à l'écart, notamment à cause des mauvais souvenirs de son occupation pendant la Seconde Guerre mondiale chez ses voisins. Mais également parce que le Japon communique et échange trop peu avec ses voisins. Pourtant, sur le plan culturel, les Coréens seraient les plus proches même si la différence reste énorme. Le Japon craint le jour où les deux Corées ne feront plus qu'une. La Corée unifiée pourrait devenir un voisin puissant non seulement économiquement, mais aussi militairement. En conséquence, la grande Corée aspirant à une plus grande indépendance, la présence des forces armées américaines en Corée du Sud pourrait être remise en cause.

La Corée du Nord s'était engagée dans des négociations avec la Corée du Sud, les États-Unis, le Japon, la Chine et la Russie en vue d'un démantèlement de ses installations atomiques en échange d'une aide économique. Les pourparlers entamés depuis août 2003 visaient à conduire la Corée du Nord à renoncer à ses ambitions atomiques en échange d'une importante aide énergétique. La première *résolution 1695* du 15 juillet 2006 a condamné et sanctionné la Corée du Nord pour ses essais de tir de missiles balistique du 5 juillet. Puis malgré les discussions, la Corée du Nord a procédé à son premier essai atomique le 9 octobre 2006. Puis en contrepartie d'une aide énergétique et de concessions diplomatiques, elle a accepté en 2007 d'interrompre ses programmes nucléaires. En remerciement, en juin 2008, George W. BUSH a décidé la levée des sanctions bilatérales imposées depuis 1950 à la Corée du Nord, selon le *Trading With The Enemy Act* (Loi sur le commerce avec l'ennemi limitant les échanges commerciaux avec des pays ennemis des États-Unis).

Mais en septembre 2008, elle a menacé de remettre en route son principal réacteur de Yongbyon et expulsé du site les inspecteurs de l'Agence internationale de l'Énergie atomique (AIEA). Ayant obtenu des États-Unis son retrait de la *liste des États soutenant le terrorisme*, sur laquelle elle figurait depuis 1988, malgré les protestations du Japon, elle a accepté en échange de réintégrer le processus de démantèlement de ses installations nucléaires. Sans tenir compte des avertissements, elle a poursuivi des essais de lancement de fusée longue portée, ce qui constitue une sérieuse menace pour la sécurité de la région, estime la Communauté internationale.

Malgré la menace du Japon de détruire la fusée lors de son survol du territoire japonais, la Corée du Nord a affirmé avoir lancé, le 5 avril 2009, un satellite expérimental de communication dans un but pacifique. Officiellement, le satellite aurait eu pour objet de diffuser des chants patriotiques et révolutionnaires. Tandis que selon les États-Unis, aucun satellite n'aurait atteint l'espace. La Corée du Nord a le droit de lancer un satellite en orbite comme le prévoit le Traité des Nations-Unies de 1967 relatif à l'espace extra-atmosphérique, qui précise que l'espace extra-atmosphérique peut être *exploré et utilisé librement par tous les États, sans aucune discrimination*.

La fusée nord-coréenne a survolé pendant quelques minutes le nord du Japon placé en état d'alerte, puis s'est abîmé dans l'océan Pacifique après avoir un parcours de 3200 km. La Corée du Nord a déclaré avoir réussi son tir et placé en orbite un satellite de télécommunications. L'armée américaine a confirmé le fait que la Corée du Nord n'avait pas placé de satellite en orbite, ajoutant que le premier étage de la fusée était tombé en mer du Japon et le deuxième étage dans l'océan Pacifique. Mais les experts reconnaissent qu'il s'agit d'un succès technologique partiel dans le développement d'un engin à longue portée, même si aucun satellite n'a été placé en orbite.

La Corée du Nord a affirmé que le lancement de sa fusée respecte le droit international et qu'elle souhaitait seulement placer un satellite en orbite. Cependant, les États-Unis, le Japon et la Corée du Sud suspectent la Corée du Nord d'avoir réalisé un tir expérimental de missile balistique Taepodong-2 à trois étages d'une portée estimée à 6700 km susceptible d'emporter une tête nucléaire et d'atteindre l'Alaska ou Hawaï. Ce tir a été fait en violation de la *résolution 1718*, adoptée par le Conseil de Sécurité le 14 octobre 2006, stipulant que la Corée du Nord doit *s'abstenir de tout nouvel essai nucléaire ou tir de missile balistique*. Du point de vue juridique, une sanction de la part de la Communauté internationale ne semble pas envisageable s'il n'y a pas eu de violation réelle et sérieuse des règles du droit international.

Les États-Unis, le Japon, la France et la Grande-Bretagne veulent une ferme condamnation de la Corée du Nord, au motif qu'elle viole la *résolution 1718*. Car ils considèrent que l'utilisation d'une technologie de missile balistique est une violation claire de la résolution. Cependant, la distinction entre lancement de "satellite" et tir de "missile balistique" est importante. En effet, les technologies de lancement de satellites et des missiles balistiques sont similaires.

Finalement, le Conseil de Sécurité de l'ONU a discuté le 5 avril 2009 des conséquences du tir d'une fusée balistique par la Corée du Nord sans prendre de résolution, mais en décidant de poursuivre les négociations. La Chine et la Russie, qui disposent du droit de veto, ont demandé au Conseil de faire preuve de retenue et ont désapprouvé toute nouvelle résolution, afin de ne pas compromettre les Pourparlers à six sur le démantèlement des capacités nucléaires de la Corée du Nord. Ils ont également rappelé le droit pour tous les pays à l'utilisation pacifique de l'espace.

Les *résolutions du Conseil de sécurité* sont les seules résolutions des Nations-Unies reconnue comme ayant un caractère obligatoire et dont le non-respect peut faire l'objet de sanctions, car elles sont adoptées à l'unanimité des cinq membres permanents (Chine, États-Unis, France, Grande-Bretagne et Russie), lesquels sont les cinq premières puissances possédant des armes nucléaires dans le monde. Plutôt que de rendre une *résolution*, les cinq membres permanents du Conseil de sécurité et le Japon ont adopté une *déclaration* à l'unanimité des 15 membres du Conseil, le 13 avril 2009, pour condamner le tir de fusée balistique de la Corée du Nord. En réalité, cette déclaration est soit une résolution déguisée pour ne pas froisser la Corée du Nord, car elle a fait l'objet d'un vote à l'unanimité et prévoit l'activation de la procédure de sanction prévue par la *résolution 1718*, soit une simple déclaration de mise en œuvre de ladite résolution, laquelle n'a jamais été appliquée en fait depuis 2006.

Cependant, la déclaration ne fait référence ni à un missile ni à un satellite, mais à "un tir". La déclaration envoie un message clair et ferme à la Corée du Nord et que sa violation du droit international ne restera pas sans conséquence. Cette déclaration *condamne le tir effectué par la Corée du Nord le 5 avril* et affirme qu'il est *en contravention avec la résolution 1718 du Conseil*, qui interdit à la Corée du Nord tout essai nucléaire ou tir de missile. Le Conseil *exige que la Corée du Nord s'abstienne de tout nouveau lancement* et va désigner à la fin avril les entreprises nord-coréennes, dont les avoirs financiers à l'étranger seront gelés. Selon la procédure prévue par la *résolution 1718*, incluant la création d'un comité pour mettre en œuvre et superviser les sanctions. Mais ce comité n'avait jamais été activé, pour ne pas compromettre les Pourparlers à six sur le démantèlement des installations nucléaires de la Corée du Nord. Enfin, la déclaration a appelé à la reprise des Pourparlers à six.

Le Japon a décidé de renforcer ses contrôles et de prendre davantage de mesures de rétorsion économiques pour sanctionner de nouveau la Corée du Nord. Depuis 2006, le Japon interdit toute importation nord-coréenne, l'accès à ses ports aux navires sous pavillon de la Corée du Nord et refuse l'accès à son territoire aux voyageurs Nord-Coréens. En outre, l'exportation de 24 produits de luxe vers la Corée du Nord est interdite, une mesure visant particulièrement les cadres de l'élite nord-coréenne.

Le gouvernement japonais a décidé que les transferts de fonds du Japon vers la Corée du Nord de plus de 10 millions de yens (75.000 euro, selon le cours du yen à la mi-avril 2009) seront désormais soumis à l'accord préalable des autorités, tandis que le plancher des transferts soumis à autorisation était jusqu'à présent fixé à 30 millions de yens (225.000 euro).

Le Japon abrite une communauté de Nord-Coréens qui envoient de l'argent à leurs proches en Corée du Nord. Ainsi, les voyageurs se rendant en Corée du Nord depuis le Japon devront obtenir l'accord des autorités pour pouvoir emmener une somme supérieure à 300.000 yens (2260 euro), jusqu'à présent le seuil était fixé à 1 million de yens (7500 euro).

En dehors de ses programmes nucléaires et balistiques, le Japon reproche à la Corée du Nord l'absence de progrès dans le dossier des 17 kidnappés japonais dans les années 1970 et 1980 pour former des espions à la langue et à la culture japonaise. Seulement 5 Japonais ont été rapatriés en 2002 et huit autres seraient décédés, a affirmé la Corée du Nord qui n'a avoué que 13 enlèvements.

En réaction à la déclaration du Conseil de sécurité, la Corée du Nord rejette fermement la décision du Conseil de sécurité, qualifiée d'*insulte insupportable* envers son Peuple, son retrait des négociations sur le démantèlement de ses installations nucléaires et la reprise de son programme d'armement atomique, selon un communiqué du 14 avril 2009 du ministère des Affaires étrangères nord-coréen. Le communiqué officiel précise que :

Les Pourparlers à six n'ont plus lieu d'être. Nous ne participerons plus jamais à de telles discussions et nous estimons que nous ne sommes plus liés par aucune décision prise dans le cadre de ces discussions (...) La Corée du Nord va renforcer sa force de dissuasion nucléaire pour assurer sa défense par tous les moyens (...) Nous allons prendre des mesures pour rouvrir nos installations nucléaires désactivées (...) et retraiter des tubes de combustible nucléaire usagés provenant des réacteurs expérimentaux... Selon la logique américaine, le Japon peut lancer un satellite, car il est l'allié des États-Unis, mais nous n'en avons pas le droit, car nous avons un régime différent et que nous ne sommes pas soumis aux Américains.

En conclusion, les faits confirment que les Nord-Coréens n'avaient en réalité aucun satellite de télécommunications à mettre sur orbite. Leur mauvaise foi confirme donc qu'il s'agissait effectivement d'un essai de tir à longue portée interdit par ladite résolution. Dans le but de perfectionner leur fusée, ils manifestent ainsi leur volonté de poursuivre leurs essais et d'aller encore plus loin. Mais ce qu'il faut craindre par-dessus tout, c'est l'avenir de la Corée du Nord et de la Corée du Sud, l'effondrement du dernier rempart contre l'économie de marché, bien davantage que les menaces et les gesticulations des uns et des autres qui fusent de toute part. La Chine veillant à tirer le plus grand profit d'un rééquilibrage géopolitique en Asie du Sud-est. La sécurité du Japon serait alors fragilisée.

LE RÊVE DU RETOUR À LA CROISSANCE

Il est vrai que, plus que nulle part ailleurs dans le monde, qu'au Japon, la réalité, c'est la folie de tous et que le rêve n'est la raison que d'un seul. *Le Beau pays* d'Abe n'était donc qu'un rêve, à la fois celui d'*Alice au pays des merveilles* et celui d'un petit-fils de criminel de guerre de la Seconde Guerre mondiale. Une version douce du vieux rêve caressé par ceux qui se disent du *Peuple Yamato* (ceux qui se vantent d'être les descendants de ceux qui seraient à l'origine de la création du Japon en tant qu'entité politique vers le 5e siècle), et qui prétendent appartenir à une civilisation, exceptionnelle, unique en son genre et distincte du reste du monde. Un rêve qui n'a duré que dix mois, de septembre 2006 à juillet 2007, juste le temps d'accoucher d'un idéal mort-né, faute d'avoir pu germer dans l'esprit des citoyens, et qui n'était qu'un cauchemar pour certains.

Si le rêve d'Abe d'un *Beau pays* se réalisait, alors les Japonais auraient un idéal à atteindre et seraient moins dans l'incertitude. On ne peut pas reprocher à Abe d'avoir fait un rêve pour son pays, il a du mérite pour avoir essayé de le mettre en œuvre, car aucun autre premier ministre japonais ne semble avoir une ambition pour l'avenir de son pays. Mais comme les Français, il arrive que les Japonais soient hermétiques à tout grand changement de société, et qu'ils regrettent aussitôt d'avoir élu untel premier ministre. Seulement, il risque d'arriver la même chose en France avec l'élection de Nicolas SARKOZY à la présidence. Ce dernier était déjà désavoué par une partie de ses électeurs qui ont peur du changement, alors qu'ils l'ont élu pour changer la société française. Le rêve aussi de Sarkozy pour la France risque fort d'avorter.

Au plus fort de la crise, tous les grands pays sont à la recherche d'un nouveau grand projet de société. Peut-être que si Abe était arrivé au pouvoir un an après sa démission en septembre 2007, c'est-à-dire en pleine crise financière, son idée de *Beau pays du Japon* serait arrivée au moment propice et aurait fait l'objet d'une écoute plus attentive. Et qu'il n'aurait pas été poussé à la démission aussi vite.

Taro ASO n'a pas sa langue dans sa poche, comme on dit en français. Lors de son investiture à la tête du gouvernement, il a osé affirmer que, sans doute, le destin l'avait choisi en pleine crise économique et financière parce qu'il est l'homme de la situation. Et que, "*le Japon sera le premier pays au monde à sortir de la récession*", a prétendu également le premier ministre Aso, lors de ses vœux pour l'année 2009, comme si l'on était dans une nouvelle compétition entre les grands pays industrialisés, remettant en jeu leur propre classement parmi les gagnants et les perdants pour sortir de la crise. Aso croit fermement qu'il suffit d'adopter le plus gros budget de l'État de toute l'histoire du pays (88.548 milliards de yens ou 720 milliards d'euro pour l'exercice 2009-2010) dans le but de financer des "mesures exceptionnelles" pour combattre la décroissance. Mais cette fois, la récession est globale, et nécessite donc des mesures exceptionnelles à l'échelle planétaire, de la part de l'ensemble des États, et qui ne devraient pas se limiter uniquement à injecter de l'argent dans leur propre économie. Le Japon a toutefois déjà commencé à distribuer 1500 milliards de yens (17 milliards de dollars) d'aides pour bâtir des infrastructures et stimuler la demande intérieure dans les Pays en développement de la région Asie-Pacifique.

Aso, comme tant d'autres chefs d'État, est également persuadé qu'il suffit de s'inspirer du plan de relance d'Obama, lequel prévoit un *Green New Deal* pour investir massivement dans le développement des "Greentech", afin de relancer la croissance au Japon. Mais tous les plus grands pays industrialisés touchés par la crise veulent leur *Green New Deal*. En France, on appelle cela *l'Engagement national pour l'environnement* par les lois Grenelle I et Grenelle

II. Alors, pourquoi ne pas mettre en place ensemble un *Global Green New Deal*, comme le suggèrent les Nations-Unies ? Le gouvernement Aso propose donc de développer le marché de l'"économie verte",[28] dont la production industrielle d'"énergies vertes", en créant des activités liées à la protection de l'environnement. Selon ce plan, cela devrait permettre de créer un million d'emplois pour doper l'économie, et du même coup, lutter contre le réchauffement climatique.

Le Japon fonde beaucoup d'espoir sur l'importance des sommes engagées dans la relance de son économie nationale. D'après les chiffres officiels publiés par le Cabinet Office et le ministère des Finances japonais, l'ensemble des plans de relance comprend :
- Un plan adopté le 29 août 2008 en Conseil des ministres par le gouvernement Fukuda (11.500 milliards de yens), puis adopté définitivement par le Parlement le 16 octobre 2008 ;
- Le premier plan du gouvernement Aso adopté en Conseil des ministres le 30 octobre 2008 (26.900 milliards de yens) dont l'adoption au Parlement avait été reportée par Aso en janvier 2009. Ce plan était toujours en débat en février 2009 et n'a été adopté que le 4 mars suivant.
- Le second plan du gouvernement Aso, décidé en Conseil des ministres le 19 décembre 2008 (37.000 milliards de yens), n'a été adopté définitivement par le Parlement que le 27 mars 2009.
- En outre, le gouvernement Aso a annoncé, dès mi-février 2009, un troisième plan de relance. Ce troisième plan d'Aso portant sur un montant

---

[28] Il faut souligner, tout particulièrement, l'avancée technologique du Japon dans la mise au point de la pile à combustible ou pile à hydrogène pour les usages domestiques. Ainsi, Tokyo Gas, Osaka Gas, Nippon Oil et trois autres groupes dans le domaine de l'énergie vont mettre en vente, à partir du mois de mai 2009, des générateurs qui permettront aux propriétaires d'une maison individuelle de créer leur propre électricité à domicile, à partir de gaz liquéfié d'où sera extrait l'hydrogène nécessaire dans les piles à combustible. L'électricité sera créée par un système (de la taille d'une chaudière) en faisant passer dans un circuit des électrons extirpés d'hydrogène, substance qui est ensuite recombinée avec l'oxygène de l'air pour former de l'eau sans rien rejeter d'autre. Ce système, qui simultanément fournit de l'eau chaude, permet ainsi une forte réduction des émissions de gaz à effet de serre (CO_2) jugés responsables du réchauffement climatique. Les six entreprises conjointes qui font cause commune dans le but de faire du Japon "la Nation de l'environnement", espèrent en vendre 2,5 millions d'ici 2030 (un peu plus de 5 % du nombre de foyers)" dont 4.000 à 5.000 la première année. Depuis 2005, la pile à combustible est expérimentée dans plus de 3000 foyers. Cela coûtera pour une maison individuelle, 3,2 à 3,5 millions de yens (26.500 à 28.300 euro). L'État donnera une subvention qui pourrait atteindre 1,4 million de yens par foyer. Les recherches se poursuivent pour ramener le coût de l'installation à un million de yens dans trois ans puis à 500.000 yens (3.250 euros) en 2015. Autre exemple dans la ville de Maebaru, au sud du département de Fukuoka, 150 maisons situées ont été équipées de piles à combustible, dans le cadre du projet pilote "Hy-Life Project" financé par le NEDO (New Energy and Industrial Technology Development Organization). Ce projet a commencé le 11 octobre 2008. La pile à combustible résidentielle à cogénération (de classe 1 kW) a été développée par Nippon Oil Corporation. Elle utilise l'hydrogène extrait du gaz de pétrole liquéfié (GPL).

de 56.800 milliards de yens, dont 15.400 milliards de yens de fonds publics (soit plus de 2 % du PIB), a été adopté le 10 avril 2009 par le gouvernement. Ce plan sera présenté le 27 avril au Parlement pour être définitivement adopté.

Toutefois, malgré les retards importants dans l'adoption définitive des plans de relance d'Aso, l'ensemble des trois premiers plans de relance japonais atteint au moins 75.400 milliards de yens, dont 12.000 milliards de yens de fonds publics ; soit **830 milliards de dollars**, dont 132 milliards de dollars de fonds publics. Ou bien encore 645 milliards d'euro, dont 102 milliards d'euro de fonds publics. Soit au total, l'équivalent de 13,36 % du PIB du Japon en 2007.

Si on ajoute le montant prévu pour le quatrième plan japonais (le troisième du gouvernement Aso) au total des trois plans déjà adoptés, on atteint la somme phénoménale de 132.200 milliards de yens, dont 27.400 milliards de yens de dépenses publiques. Ce qui représente **1322 milliards de dollars**, dont 274 milliards de dollars de dépenses publiques en considérant qu'au 10 avril 2009, 1 dollar équivaut à 100 yens. Ce qui représente largement plus que le plan de relance américain et place le Japon en tête dans la compétition au retour de la croissance économique.

En comparaison, le plan chinois sur 2 ans se monte à 580 milliards de dollars, soit 7 % du PIB sur 2 ans. Le plan américain atteint **850 milliards de dollars**, soit 6 % du PIB. Tandis que l'ensemble des différents plans de relance européens n'atteint que 280 milliards d'euro, soit près de 1,1 % du PIB de l'Union-Européenne et en dessous du seuil de 2 % du PIB prescrit par le Fonds monétaire international (FMI) pour tous les États. Des médias prétendent que le total des plans de relance des pays de l'Union-Européenne atteindrait 400 milliards de dollars. Ce qui resterait quand même largement inférieur au plan américain et à l'ensemble des plans japonais et donc insuffisant. En réalité, on atteint la somme totale de 480 milliards d'euro si on ajoute le plan de relance de la Commission européenne de 200 milliards d'euro, soit 1,7 % du PIB de l'Union-Européenne.

Finalement, le plan français n'atteint que la somme ridicule de 26 milliards d'euro sur un an. Alors, il vaut peut-être mieux fonder ses espoirs d'un retour de la croissance sur le Japon et les États-Unis, pour sauver les économies des pays européens ! En effet, juste après les États-Unis, le Japon arrive en seconde place dans l'importance des sommes qu'il veut engager pour relancer la croissance, et ce qui paraît logique en tant que seconde ou troisième puissance économique du monde. Mais le Japon sera peut-être en première place si son 4e plan d'un montant prévisionnel de 500 milliards de dollars est définitivement adopté. Le Japon cherche ainsi à être le premier dans la course à la relance, comme il le prétend, en ne fondant pas tous ses espoirs uniquement dans l'attente d'une relance de l'économie aux États-Unis. Ces derniers prétendent déjà que grâce à leur plan, c'est le commencement de la fin de la récession économique ? Pour le monde ou seulement pour les États-Unis d'Amérique ?

Le rêve d'Aso est d'être le premier à faire sortir son pays de la récession économique, mais c'est aussi d'insuffler une nouvelle vision pour l'avenir. Ainsi, Aso a annoncé la création d'un "Comité des sages", le 7 avril 2009, dans le but de réfléchir à la mise en œuvre d'une nouvelle société plus dynamique et sereine et de faire des propositions pour tenter de réduire l'incertitude ambiante et le malaise social. Le Comité des sages doit réfléchir à la société idéale et rendra un premier rapport à la mi-juin 2009. Le Comité des sages, créé au sein du Secrétariat de Cabinet ("Naikaku Kanbo") siégeant au Kantei, comprend 15 membres dont : le secrétaire général du Comité des sages, Hiroya MASUDA (ex-ministre des Affaires intérieures) ; Michiko YAMAGUCHI (porte-parole d'un groupe de défense des victimes d'hépatites causées par les médicaments) ; Taro MIYAMOTO (professeur de l'Université de Hokkaido et fils aîné de Kenji MIYAMOTO (1908-2007), l'ancien président du Parti communiste japonais), etc.

CONCLUSION

CHANGER DANS LA RÉSIGNATION

La prospère économie japonaise cherche un nouveau souffle en comptant une fois de plus sur la résignation pour y puiser de nouvelles forces. Changer dans la résignation, c'est accepter le changement dont on est à la fois un des responsables dans un premier temps, puis victime de ses conséquences. Mais c'est aussi tenter de prendre des initiatives pour contrôler ce qui change, malgré notre volonté, et nous y adapter. Mais les changements, auxquels nous devons faire face partout dans le monde, sont considérés comme "hen", au sens "bizarre" du terme, estiment les Japonais. Des changements inédits dans l'histoire de nos civilisations, auxquels nous n'avons pas de réponses adéquates. Pour les Japonais, noyés dans l'incertitude du lendemain, la voie de la résignation est encore la meilleure solution pour faire face au changement.

La société du mérite traditionnelle japonaise était fondée sur la croyance éthique de la primauté des valeurs de la politesse et de la résignation dans le but de transformer l'homme sans modifier son environnement. Dans ce contexte, la société cherche d'abord la satisfaction de la collectivité en tentant de changer l'homme par lui-même pour qu'il accepte de se résigner aux contraintes de son environnement. La société du mérite traditionnelle, c'est la société dans laquelle règne en permanence le sentiment de satisfaction, dans un contexte où les valeurs essentielles sont morales et spirituelles.

En revanche, la société du mérite moderne prend racine dans la croyance politique qu'il faut d'abord changer notre environnement au moyen du développement, à l'échelle mondiale, de l'industrie, du commerce et des finances, et qu'en procédant d'abord ainsi, la société peut espérer indirectement changer l'homme. Ce type de société tend, avant tout, à privilégier la satisfaction personnelle, et plutôt d'une manière matérielle pour que l'homme se résigne à transformer son environnement en rejetant les contraintes que ce dernier lui impose. La société du mérite moderne, c'est la société où règnent, en permanence, le sentiment d'insatisfaction et l'esprit de compétition, dans un contexte où les valeurs essentielles sont matérielles.

La société japonaise d'aujourd'hui n'est ni l'un ni l'autre de ces deux types de société, elle est à cheval sur les deux. Elle a renoncé à faire un choix définitif entre revenir à des valeurs plus traditionnelles et opter pour une société complètement modernisée, plus ouverte, véritablement démocratique, prenant en compte l'épanouissement individuel, comprenant le véritable sens du mot "liberté", non xénophobe et acceptant le brassage des races et des peuples. Les deux lui font peur, *bikkuri shimashita !* comme ils disent, mais pour eux dans les deux cas, c'est aussi la mort. Ainsi contrairement aux idées reçues, le maintien de certaines pratiques et principes traditionnels constitue un frein pour faire du Japonais, un homme résolument moderne. Les Japonais vivent un grand dilemme, entre une vieille mère japonaise habillée en kimono et un jeune père américain habillé en businessman. Le mariage des traditions et de la modernité n'est pas forcément une réussite au Japon, en effet, cela a créé une société bancale qui ne sait plus où elle va, ni quoi faire, et qui engendre des choses monstrueuses et condamnables dans les sociétés occidentales. La société japonaise est en danger si la récession économique qui s'est s'installée dure trop longtemps. Le Japon est aussi le pays "kega" (le pays blessé), peuplé de "keganin" (de blessés) qui auront peut-être un jour envie d'attirer l'attention sur eux en affichant ouvertement leur mal-être et leur honte à la face du monde, pour que l'on prenne soin d'eux en les aidant à trouver une issue.

CONTINUER SUR LA VOIE DE LA RÉSIGNATION

Si l'espoir fait vivre, la voie de la résignation nous indique qu'il ne faut pas trop espérer, ni trop désespérer. Qu'ainsi la résignation n'est pas un défaut, mais une qualité permettant de surmonter les obstacles. Toutefois à condition de prendre de bonnes résolutions.

L'unique issue pour le Japon serait d'intégrer les "Grands États-Unis". Une nouvelle puissance mondiale, dont le caractère juridique serait à mi-chemin entre l'État et l'Organisation internationale, permettrait à tout pays de lier son destin à d'autres pays pour affronter les nouveaux enjeux économiques, financiers, sociaux, environnementaux qui se moquent des frontières. Mais également, de se préparer à redessiner le monde en tenant compte des changements climatiques. Dans les Grands États-Unis, on trouverait sans doute essentiellement des pays anglophones comme les États-Unis d'Amérique et la Grande-Bretagne, mais aussi d'autres Nations, dont l'existence même serait menacée, qui chercheraient à se mettre sous leur protection. Il est évident que les Grands États-Unis seraient sous le leadership des États-Unis d'Amérique tant qu'il conserve sa place de leader dans le monde. Ces derniers se voyant eux-mêmes menacés de perdre leur place de première puissance mondiale par le monde redessiné ; et collatéralement le Japon, lequel aurait déjà perdu son rang de seconde puissance économique au profit de la Chine.

Déjà, d'un bout à l'autre du monde, les grandes puissances économiques de la fin du 20e siècle avaient un destin commun. Mais ce sont les chemins, que chacun a empruntés pour y arriver, qui différaient. Tous ces chemins mènent à un destin identique, une sorte de fin d'un monde menacé par toutes sortes de fléaux, naturels ou non, dans lesquels nous avons tous en commun des responsabilités. Les États aussi, comme les individus, deviendront soit beaucoup plus riches, soit beaucoup plus pauvres. Il y a déjà des États méritants et des États perdants dans cette guerre au développement, à la richesse. Le fossé s'aggrave, les grandes puissances économiques occidentales et le Japon sont déjà en phase d'appauvrissement comparé à l'enrichissement de la Chine et d'autres puissances économiques émergentes comme l'Inde et le Brésil.

Le Japon n'échappe pas non plus aux bouleversements climatiques. D'une part, la hausse des températures pose déjà un sérieux problème d'alimentation en électricité en été pour rafraîchir l'air dans les immeubles et les habitations. Le climat, de plus en plus suffocant dans les grandes agglomérations en été, est insupportable et rend très difficile toute activité à l'extérieur. Mais cela empire... On s'attend à un grand tremblement de terre accompagné d'un énorme tsunami avant 2030 touchant Tokyo, selon les experts. Les typhons deviennent plus violents et destructeurs, et la montée des océans n'épargne pas le Japon.

D'autre part, l'organisation "National Ice Center" (sous tutelle du Département du Commerce américain) a déclaré le 5 septembre 2008 que le retrait de la banquise de l'Arctique avait libéré simultanément les passages du Nord-est et du Nord-ouest, constaté grâce à la surveillance par satellite. C'est-à-dire que les eaux de ces deux passages sont libres de glace à plus de 90 % en même temps et pendant seulement quelques jours avant que la glace ne se reforme vers la mi-septembre. Ainsi, par la route du Nord-est, en longeant la Sibérie, Tokyo ne sera plus qu'à 13.500 km de Rotterdam au lieu de 21.200 km en passant par le Canal de Suez ; et par la route du Nord-ouest, en longeant le Canada, Tokyo ne sera plus qu'à 15.700 km de Rotterdam, au lieu de 23.300 km en passant par le Canal de Panama. Il résulte des simulations numériques réalisées par des scientifiques que la banquise arctique disparaîtra complètement pendant l'été vers 2050, mais certains glaciologues affirment que cela arrivera plus tôt, vers 2020. La libération des glaces dans l'Arctique attise déjà les convoitises de 5 pays concernés, les États-Unis, le Canada, le Groenland, la Norvège et la Russie, pour la recherche et l'exploitation d'énergies fossiles comme le gaz et le pétrole. Cela sera également la source de nouveaux conflits auxquels la marine russe se prépare déjà.

L'avenir du Japon est déjà programmé par les autorités du pays, cela se voit à travers leurs actions et leurs décisions pour le pays. C'est une sorte de fuite en avant collective organisée par les autorités pour contraindre tout un peuple à se jeter dans le vide sans réfléchir. La société japonaise traverse une sorte de trou noir, que l'on peut percevoir, mais dont on a aucune explication claire et dont on ignore ce qu'il y a de l'autre côté. C'est un trou noir social qui ne mène nulle part, où il est impossible de revenir en arrière, et où l'on ne trouve aucune issue. Si les États-Unis venaient à perdre leur rôle de leader mondial, ils entraîneraient le Japon dans leur chute ! Et la Chine serait ravie de saisir cette opportunité pour asseoir et renforcer sa domination dans toute l'Asie y compris sur le Japon.

C'est du "déjà vu" par le passé, lorsque les "samuraï" reconvertis dans l'administration et le business ont précipité le pays dans la guerre mondiale. Selon le vieux "Jocho", le vrai "samuraï" ne doit pas se suicider, il vaut mieux qu'il se résigne à combattre jusqu'au bout pour ne jamais subir la honte d'être un perdant. Mais aller au combat, peut être également un moyen de se suicider tout en préservant sa dignité et en laissant parfois, en souvenir, l'image d'un héros. Cependant, un authentique "samuraï" ne doit jamais avouer ses faiblesses. Toutefois, il faudrait qu'un jour, le Japon reconnaisse ouvertement toutes ses faiblesses ("yowane") pour tenter de trouver des solutions à ses maux.

Le Japon a fait un grand pas en 1995, après la nomination, en 1994, d'un premier ministre socialiste, Tomiichi MURAYAMA (fils de pêcheur né en 1924). C'est à l'initiative de ce dernier que le pays s'est repenti officiellement pour la première fois depuis 1945 pour tous les dommages et les crimes de guerre commis pendant la Seconde Guerre mondiale.

Voici l'extrait le plus important de sa Déclaration à l'occasion du 50e anniversaire de la fin de la Seconde Guerre mondiale, le 15 août 1995. "*Pendant une certaine période dans un passé pas trop éloigné, le Japon, poursuivant une politique nationale erronée, a fait route vers la guerre, piégeant le Peuple japonais dans une crise qui lui a été fatale, et par son système colonial et agressif, a causé des dommages et des souffrances énormes à différents peuples, en particulier à des Nations asiatiques. Dans l'espoir qu'une telle erreur ne se reproduise plus à l'avenir, nous prenons en considération, dans un esprit d'humilité, ces faits irréfutables de l'histoire, et exprimons ici de nouveau, de profonds remords et nos excuses les plus sincères. Permettez-nous également d'exprimer nos sentiments les plus profonds de deuil pour toutes les victimes de notre pays et celles de l'étranger.*"

D'ores et déjà, la volonté de changement de politique de la majorité des électeurs américains, qui s'est manifestée par l'élection à la présidence des États-Unis d'Amérique de Barack OBAMA, signifie également pour une bonne partie des Japonais que le changement doit aussi s'imposer au Japon. Les Japonais estiment qu'ils sont incapables par eux-mêmes de changer quelque chose, que le changement ne peut venir que de l'extérieur, "gaïatsu" (pression venant de l'étranger) disent-ils. Les barbares au long nez ont d'abord échoué en cherchant à imposer leur idole crucifiée. Puis les barbares sont revenus au nom de leur nouvelle foi, *faisons-nous la guerre par le commerce... ouvrez donc vos frontières, sinon nous vous ferons la guerre par les armes*. À deux grandes nouvelles reprises pour le Japon, le changement est venu d'ailleurs : l'arrivée des "grands bateaux noirs" et les deux bombardements atomiques. Dans le premier cas, le Japon, qui est une entité femelle, s'était laissé séduire et violé par un étranger américain ; dans le second cas, cette femme, qu'est le Japon, a été défigurée et brulée par le souffle atomique, puis elle a accouché dans la douleur d'un monstre à l'apparence efféminée dont l'handicap l'obligera à rester sous la tutelle de son père, les États-Unis d'Amérique. Car le Japon est incapable de prendre une importante décision pour lui-même. Le Japon, infantilisé par le choc de la défaite lors de la Seconde Guerre mondiale, est comme un monstre refusant aussi tout métissage alors qu'il est déjà lui-même le fruit d'un mélange. Il craint sans cesse que quelque chose d'autre de "gaïatsu" arrive, comme le risque d'être abandonné par son père américain. Mais à ce moment-là, le Japon se refermerait une nouvelle fois sur lui-même, tel un "hikikomori", si aucun nouveau leadership mondial ne venait s'imposer à lui, de gré ou de force. Dans cette dernière hypothèse, il risquerait d'être anéanti définitivement et pour toujours. Pour supporter la réalité et continuer sur la voie de la résignation, le Japon a trouvé refuge dans le monde virtuel.

Dans les rangs du Parti démocrate japonais, certains ont repris le slogan de Barack OBAMA : *Change, Yes, We Can !* Notamment, dans la petite ville japonaise du même nom, Obama, dont le groupe de Pom-Pom girls japonaises, les "Obama girls", ont vainement espéré être invitées à Washington lors de l'investiture du nouveau Président Obama, le 20 janvier 2008. Cependant pour les Japonais, ce serait plutôt : *Change, Yes, But...* Quelque part, cela veut dire aussi : "SHOGANAI" !

L'Amérique d'Obama est comme un garçon séduisant qui a beaucoup de succès auprès des filles, et qui a beaucoup de copines qui sont les pays alliés. C'est l'Amérique du *Smart Power*, c'est-à-dire, qu'il y a des situations où il est nécessaire d'agir par la force (*Hard Power*), même de façon unilatérale ; tandis que dans d'autres cas, il faut rechercher des solutions par des moyens de négociation pacifique (*Soft Power*). Tandis que le Japon est comme une fille soumise, fidèle, résignée et jalouse. Alors, qu'il suffit que l'Américain lui murmure à l'oreille de temps en temps pour la rassurer : *Oui, c'est toi qui es le plus important pour moi !* Aussitôt, la Japonaise se retirerait en faisant trois pas en arrière pour ne pas lui faire d'ombre. La secrétaire d'État aux Affaires étrangères, Hillary CLINTON, avait préalablement déclaré lors d'une audition au Sénat américain que l'Alliance japono-américaine reste la pierre angulaire de la politique américaine en Asie pour maintenir la paix et la prospérité. D'ailleurs, elle a fait son premier voyage officiel au Japon du 16 au 18 février 2009, pour ensuite poursuivre son voyage en Indonésie, en Corée du Sud et qui s'est terminé en Chine du 20 au 22 février 2009. Elle a invité Taro ASO à être le premier chef d'État reçu par le nouveau Président américain Obama à la Maison Blanche le 24 février 2009. Cependant, l'entretien n'a duré qu'environ une heure et il n'y a eu ni déjeuner, ni conférence de presse. En revanche, Obama a déjeuné le même jour avec plusieurs présentateurs américains de télévision, selon le *Washington Post* paru le lendemain. Aso s'est entretenu avec Obama juste avant le premier discours de ce dernier devant le Congrès pour présenter son programme politique. Le fait qu'Aso ait été reçu en coup de vent par le nouveau président des États-Unis et le jour même de son discours devant le Congrès américain a été ressenti comme de mépris par la classe politique, les médias et l'opinion publique au Japon. Aso a eu tort de ne pas renoncer à ce rendez-vous fixé ce jour-là par les Américains pour éviter une telle humiliation, plutôt que d'être fier d'être le premier chef d'État reçu officiellement par Obama.

En effet, les États-Unis se méfient de la Chine et conservent une attitude réservée à son égard. Cependant, méfis-toi petite Japonaise ! Il faut être prêt au choc de la *Smart Politics* d'Obama, la politique intelligente avec d'un côté une main de fer et de l'autre un gant de velours. Cette nouvelle politique américaine veut mettre fin à l'unilatéralisme de la politique étrangère américaine de George W. BUSH, en conséquence, la place du Japon dans l'alliance n'aurait plus autant d'importance que dans le passé.

Les Japonais disent qu'ils veulent le changement, mais qu'il faut aussi, en attendant, accepter de tout subir, que c'est ainsi ! Ils sont persuadés que le changement ne peut pas venir de leur propre initiative, mais de quelque chose qui vient de l'extérieur et qu'ils seraient prêts à endurer. Parce qu'à la différence des Occidentaux, des Chinois et des Russes, les Japonais n'ont pas l'esprit révolutionnaire. Ils n'ont pas cette conscience. Ce qu'ils veulent, en appliquant le principe de "non-résistance", c'est maintenir l'existence du "wa", de l'harmonie du peuple Yamato (ancien nom du Japon), unique en son genre : une seule civilisation, un seul peuple, une seule langue, une seule culture et le sentiment unanime de vouloir appartenir à une communauté identique. De l'application du principe de non-résistance, le Japon tire sa force pour surmonter les difficultés qui se présentent à lui. C'est aussi une façon de fuir la réalité. Par contre, l'appartenance de tous à une seule classe sociale, la classe moyenne, cet idéal-là a été brisé et pourrait constituer une fissure dans l'harmonie du peuple "wa". Mais si le "wa" se fissure, aussitôt le peuple "Yamato" fait corps, afin de ne faire plus qu'un dans un vaste mouvement de solidarité. Comme on l'a vu avec l'avènement du "Village des intérimaires". Peut-être que les donateurs et les bénévoles n'étaient pas seulement là pour venir en aide aux nouveaux SDF, mais avant tout, parce que chacun pense que : "Peut-être que demain, ce sera à mon tour de tout perdre !"

Le Yamato est tel un bambou, qui résiste aux typhons et aux tremblements de terre, et que si on le coupe, il repousse aussitôt. À la différence de l'arbre qui tente de résister à la tempête, le bambou s'incline sous la force du vent, il se soumet aux forces de la nature sans résistance, pour survivre. Tandis que l'arbre, par sa résistance, serait déraciné par la force de la tempête, calciné par le feu ou abattu par les hommes ; et par sa résistance, l'arbre risque davantage la mort.

Si le Japon adoptait le concept de révolution par la force, le "wa" serait définitivement brisé et pour toujours, comme si l'on arrachait les racines d'un bambou pour qu'il ne repousse plus jamais. Et pourtant, pour Victor HUGO, *le progrès n'est rien d'autre que la révolution faite à l'amiable*. C'est une idée qui semble correspondre tout à fait à l'esprit "wa" du Japon, car les Occidentaux ont la fâcheuse tendance à faire progresser la société en entrant systématiquement en conflit. Toutefois, de nos jours en France, il semble que l'esprit révolutionnaire ne s'oriente plus vers le progrès, mais plutôt pour s'opposer systématiquement à toute volonté de changement. Le slogan de la grève générale du 29 janvier 2009 étant : *Résister !*

Finalement, pour les Japonais la vision occidentale ne leur convient pas, parce que pour eux : le changement oui, mais... *S'enfuir, c'est gagner !* ("nigeru ga kachi !"). Ce qui signifie que l'on peut tirer un grand profit d'une attitude résignée et qu'ainsi vu du Japon :

N'est-ce pas l'Occident qui marcherait à l'envers ? Parce qu'à l'égard des Japonais, ce sont les Occidentaux qui sont "hen" ("bizarres"), étranges !

CHARTE DES DIX-SEPT ARTICLES DE SHOTOKU DE L'AN 604

ARTICLE I. Une harmonieuse coopération est la chose la plus précieuse, et l'on ne se révoltera pas arbitrairement. Ce doit être l'attitude fondamentale. Or, les hommes ont chacun l'esprit partisan, et il y a peu de gens impartiaux. Si bien que souvent, ils n'obéissent ni à leur souverain ni à leur père et se querellent avec leurs voisins. Si au contraire, tout le monde, les supérieurs et les inférieurs, s'entendent bien et peuvent discuter harmonieusement, il s'ensuit un résultat satisfaisant que rien ne peut empêcher.

ARTICLE II. On doit respecter sincèrement les trois principes bouddhistes : la nature de Bouddha, la Loi de la raison et l'union des hommes. C'est le dernier refuge pour tous les êtres vivants, et la norme la plus respectable pour tous les pays du monde. À quelle époque pourrait l'homme se passer de ces vérités ? Bien rares sont les hommes incurablement méchants. C'est pour cela que les hommes, par un enseignement suffisant, peuvent en venir à suivre la vérité. Si, donc, l'on ne se remet pas à ces trois principes bouddhistes, par quelle voie peut-on rectifier tant de perversités humaines ?

ARTICLE III. L'Édit impérial une fois reçu, obéissez-y absolument. Le souverain est comme le ciel, les sujets comme la terre. Le ciel couvre, la terre soutient. Par cela, les quatre-saisons marchent suivant leur ordre, toutes les créatures peuvent se développer normalement. Mais si la terre veut couvrir le ciel, l'effondrement total s'ensuivra très vite. C'est pour cela que, lorsque le souverain ordonne, les sujets doivent obéir, et que si les supérieurs mettent en pratique cette obéissance, les inférieurs suivront leur exemple. En conséquence, une fois l'Édit impérial reçu, obéissez-y absolument. Sinon, la désobéissance entrainera un échec irréparable.

ARTICLE IV. Tous les fonctionnaires doivent observer la politesse comme règle de base. La base pour gouverner le peuple, c'est essentiellement la politesse. Si les milieux élevés méconnaissent la politesse, les humbles classes méprisent la politesse, il y aura nécessairement des crimes. C'est pourquoi l'ordre et la classification de la société ne seront jamais ébranlés avec de nombreux fonctionnaires respectueux de la politesse, et si d'innombrables gouvernés la respectent aussi, l'État sera gouverné sans difficulté.

ARTICLE V. Tous les fonctionnaires, en ignorant toute convoitise et en renonçant aux appétits matériels, doivent exercer impartialement leurs compétences dans les requêtes. Des plaintes de nombreux gouvernés sont présentées mille fois chaque jour. Si elles sont aussi nombreuses même en un jour, combien seront recueillies pendant plusieurs années ? De nos jours, ceux qui s'occupent d'une affaire tendent à obtenir des avantages personnels et les jugent en écoutant favorablement les plaintes de ceux qui leur présentent des pots-de-vin. C'est ainsi que les plaintes des riches peuvent facilement atteindre leur objectif comme une pierre jetée dans l'eau. Tandis que, les plaintes des pauvres ne sont jamais bien écoutées comme de l'eau dispersée sur des pierres. Par conséquent, les pauvres ne peuvent réagir, et la voie équitable que les fonctionnaires doivent suivre tombe en désuétude.

ARTICLE VI. Châtier le mal et recommander le bien, c'est la bonne règle ancienne. Ne cachez donc pas les bonnes œuvres des hommes, et ne manquez pas de corriger et de châtier leurs mauvaises actions. Les fonctionnaires flatteurs et trompeurs sont assimilables à des instruments néfastes pour renverser l'État et à une épée aiguisée pour diviser le peuple. Et ceux qui flattent bassement ont l'habitude de rapporter aux supérieurs les fautes des inférieurs, et d'accuser les défauts des supérieurs en face des inférieurs. Ces gens-là n'ont pas d'esprit loyal envers le souverain, ni de vertu miséricordieuse envers le peuple. C'est là, la source d'un grand chaos.

ARTICLE VII. Chaque homme a sa propre mission et ne doit pas abuser des charges de sa fonction. Si des personnes sages et éclairées assument une fonction publique, des louanges s'élèveront. Mais si des individus pervers l'occupent, de nombreux désastres et désordres s'ensuivront. Car il y a dans le monde peu d'hommes sages par naissance. C'est seulement en travaillant à leur formation par des études assidues qu'ils peuvent devenir de vrais sages et saints. Toutes les affaires grandes ou petites peuvent être pertinemment réglées par des hommes compétents et tout fonctionne bien lorsque les sages assument leurs responsabilités même en cas d'urgence. Ainsi, l'État peut s'épanouir et la société ne peut être ébranlée par une crise. C'est pourquoi l'ancien chef divin cherche un homme compétent pour la fonction publique et ne confie jamais une mission à un homme médiocre.

ARTICLE VIII. Tous les fonctionnaires doivent venir à leur bureau tôt le matin et le quitter tard le soir. Les services publics sont toujours lourdement chargés, si bien qu'ils ne peuvent accomplir leurs travaux, même par les efforts de toute une journée. C'est pourquoi, s'ils viennent tard le matin, les fonctionnaires ne peuvent faire face à une nécessité urgente, et que s'ils quittent le bureau trop tôt, ils ne peuvent jamais accomplir leurs tâches.

ARTICLE IX. Une sincère confiance est à la base de la juste marche des hommes. Pour bien réussir, il faut cette sincérité. Le bien ou le mal, le succès ou l'échec, dépendent toujours ou de l'existence active de cette sincère confiance ou de son absence. Si le souverain et ses nombreux sujets sont intimement liés par elle, alors rien ne manque pour tout réussir. Si au contraire, cette confiance ne joue pas entre eux, ils échoueront dans tous les cas sans exception.

ARTICLE X. Bannissez l'indignation et chassez la colère. Soyez tolérant pour tous les reproches des autres contre vous. Chacun a son propre cœur et chaque cœur ses propres convictions. Ce que l'un juge juste, on l'estime injustifié. Ce que l'autre croit illégitime, on le croit juste. On n'est pas toujours sage et l'autre n'a pas toujours tort. Nous sommes tous fragiles et faillibles. Nul ne peut déterminer le critère absolu de la justice et de l'injustice. Nous sommes tous à la fois sages et médiocres. C'est pourquoi même si l'autre s'indigne ouvertement contre vous, il vaut mieux que vous craigniez d'avoir commis vous-même une erreur. Et même si vous croyez être le seul à avoir compris la vérité, il vaut mieux que vous suiviez le comportement de la majorité en respectant son opinion.

ARTICLE XI. En évaluant justement les mérites et les fautes des fonctionnaires, il faut leur attribuer exactement la récompense ou la punition correspondant à leur tâche. De nos jours, il arrive qu'on n'accorde pas de récompense au succès mérité ni de châtiment au crime commis. Les fonctionnaires supérieurs doivent équitablement distribuer récompenses et punitions.

ARTICLE XII. Les divers intendants locaux ne doivent pas prélever trop de charges sur le peuple. L'État n'a jamais deux souverains, ni le Peuple deux maîtres. Les innombrables masses populaires de tout ce pays ne soutiennent qu'un seul souverain comme leur maître unique. Les fonctionnaires publics chargés des affaires locales ne sont que des intendants détachés et subordonnés à ce souverain. Pourquoi pourraient-ils prélever arbitrairement, au nom de l'intérêt public, des charges sur le peuple dans leur intérêt privé ?

ARTICLE XIII. Les fonctionnaires doivent exécuter également d'autres tâches dans d'autres services publics. À cause d'une maladie éventuelle ou d'un voyage nécessaire, une défaillance peut survenir dans les services publics. Mais si d'autres agents exécutent ces tâches, ils peuvent y suppléer harmonieusement comme s'ils les pratiquaient depuis longtemps. Il ne faudrait pas qu'on empêche le bon fonctionnement des services publics par une carence éventuelle, en s'excusant de n'avoir pas pu y participer.

ARTICLE XIV. Tous les fonctionnaires ne doivent pas nourrir de jalousie envers autrui. Si on envie l'autre, celui-ci aussi est également jaloux. La jalousie ne connait pas de limites. Ainsi, si on trouve l'intelligence de quelqu'un d'autre supérieure à la sienne, on est mécontent, et s'il y a quelqu'un d'autre plus compétent que soit, on est irrité et jaloux. Si bien qu'il est extrêmement difficile pour l'État de trouver des sages et des saints pour exercer le pouvoir, car même au bout de cinq cent ans, si un homme sage apparaît dans le pays, et même si mille ans après, s'élève un homme véritablement saint, il arrive qu'on les repousse par jalousie. Comment peut-on gouverner le pays, si l'État ne peut introduire ni un sage ni un saint dans le gouvernement ?

ARTICLE XV. La juste voie pour les sujets, c'est qu'ils ne s'orientent que vers l'intérêt public en renonçant à leur intérêt privé. Quand on se préoccupe de son avantage personnel, on provoque la rancœur des autres, et cela entraîne la discordance de tous. Le souci des intérêts matériels discordants empêche le bon fonctionnement des services publics. Et si la rancœur et la haine dominent, la déviation des institutions et la violation des lois sont inévitables. C'est pourquoi l'article I énonce que, tous les supérieurs et les inférieurs, doivent collaborer harmonieusement, l'un avec l'autre, dans un esprit de désintéressement.

ARTICLE XVI. La bonne loi ancienne recommande que le gouvernement emploie le peuple en choisissant une saison propice. Le gouvernement peut donc l'employer pour des services publics pendant lorsqu'il est inactif en hiver. Mais pendant les mois du printemps à l'automne, on ne doit pas le faire travailler, car c'est la saison où celui-ci travaille pour l'agriculture et la culture de la soie. Que peut-on manger, si l'on n'encourage pas l'agriculture, et comment peut-on s'habiller, si l'on ne facilite pas la cueillette des feuilles de mûrier pour produire la soie ?

ARTICLE XVII. On ne doit pas décider seul et arbitrairement des affaires publiques importantes. On doit toujours le faire par une discussion suffisante avec de nombreux interlocuteurs. Quant aux affaires de moindre importance, il n'est pas nécessaire de les examiner avec de nombreux autres personnages. Mais quand on discute des grandes affaires publiques, il faut toujours redouter une erreur éventuelle. C'est ainsi que si l'on discute avec de nombreuses personnes, il s'ensuivra que le raisonnement, suffisamment débattu, aura une sage conclusion.

TABLE DES MATIÈRES

AVANT-PROPOS

INTRODUCTION
- Se résigner au changement 11
  - Le "Beau Japon" d'Abe, ce n'était qu'un rêve ! 14

CHAPITRE 1
- Le poids insupportable de l'histoire 21
  - Le pays "wa" 22
  - L'arrivée des Occidentaux 26
  - Retour du nationalisme et de la guerre 27
  - L'Accord secret de Yalta 31
  - Le procès bâclé de Tokyo 33
  - Les horreurs de l'occupation japonaise en Asie 34

CHAPITRE 2
- Le déclin de l'esprit "Yamato" 37
  - Les enseignements du samuraï 37
  - Mishima et Jocho, les deux samuraï 40
  - Une société toujours à la recherche du "wa" 45
    - L'abandon des valeurs martiales 48
    - Le "giri" ou le devoir moral 51
    - L'esprit "ganbaru" 56
    - Le pays des hommes "aïmaï" 57

CHAPITRE 3
- Le Japon en pleine crise de maturité 63
  - La génération "Dankaï" 64
  - "Jukunen rikon" ou le divorce tardif 65
  - Droit au partage de la retraite de son époux 67
  - La loi sur la sécurité de l'emploi des personnes âgées 71
  - L'abandon des personnes âgées par leur famille 72
  - Inégalité devant l'impôt 73
  - 60 millions de Japonais en 2100 74
    - Inquiétudes et certitudes économiques 78
  - Le divorce : n'attendez-vous que cela ? 81
    - Questionnaire pour hommes de plus de 50 ans 81
    - Questionnaire pour femmes de plus de 50 ans 82
    - Santaku 84
  - La vie de rêve des séniors 86
  - Vers une nouvelle politique sociale japonaise 89

CHAPITRE 4

L'ÉDUCATION EN DÉRIVE 95
   Les raisons du malaise de la jeunesse et de l'éducation 97
   Laxisme des établissements d'enseignement 100
   Abandon de l'État dans le financement de l'éducation 101
   L'affaire des universités créées par des sociétés privées 104
   Le harcèlement moral domine la société 106
      Portrait type d'un intimidateur 107
      Les intimidations à l'égard des enseignants 108
   Le suicide ou l'absence des enfants "ijime" 110
   Les intimidations du gouvernement 113
   Question délicate du patriotisme 114
      Respect des cérémonies dans les établissements scolaires 114
      Rappel à l'ordre de l'État dans l'éducation 116
   Retour à la discipline et aux examens annuels 117
   L'éducation marchandise 121
   Les caprices des "Shinsotsu" 127
      La fin des avantages acquis 129

CHAPITRE 5

LES JAPONAIS SANS ÉTAT-CIVIL 133
   Le "Koseki" 134
      Forme et contenu du Koseki 138
   L'intolérable article 772 143
      La présomption de légitimité en cas de naissance avant le 200e jour du mariage 144
      Définition du "tsutatsu" 145
      La présomption de légitimité en cas de naissance dans les 300 jours suivant le divorce 146
      La règle des 300 jours pose cinq problèmes majeurs 147
      Le processus en résumé 147
      Augmentation des cas 148
   Le rejet définitif de toute modification de l'article 772 151
   Violation des droits de l'homme par le Japon 155
   Les "Nikkeijin" 157

CHAPITRE 6

DU SEXLESS AU SLOWSEX 163
   En finir avec le syndrome de Sexless 165
      Douze étapes pour en finir avec le Sexless 167
   Le syndrome de Sexless dans le mariage 168
   Le temps des "konkatsu" 171

CHAPITRE 7

LA SOCIÉTÉ "KOWAÏ" 175
   Être ou ne pas être "futsu" 176
   La rumeur de la montée de l'insécurité 177
      Les horreurs quotidiennes 181
   Tomohiro, un garçon tout à fait ordinaire 185

    Les "Boso-rojin" en prison *189*
    Le traitement des grossesses non désirées : une banalité *190*
    Que faire en cas d'affabulation ? *194*
    Je n'étais qu'une petite lycéenne ! *195*
    Priorité à la réduction du nombre de suicides *196*
        Le pic de 33.093 suicides en 2007 ....*198*
        Disparus et suicidés ont la même motivation *201*

CHAPITRE 8
    L'ÉMERGENCE DES "NITOFURITA" *203*
    La nouvelle fracture sociale *206*
    Le moral en dessous de zéro *209*
    Les ermites "hikikomori" *214*
    Les "Freeters" ou les travailleurs sacrifiés *216*
        La seule solution, c'est la guerre *217*
        Condamné "Freeter" à vie *219*
    Les "Six-tatamis" contraints à la vie de hamster *224*
    Les "Homuresu" et les "Netcafé-nanmin" *226*
        Le village précaire de "Haken-mura" *229*

CHAPITRE 9
    LE GRAND CHAMBOULEMENT ALIMENTAIRE *233*
    Le pays des épis rayonnants *234*
        Le rôle du Japon face à la crise alimentaire mondiale *236*
    Le Méga-ramen *238*
    Les Nippons sans thon, c'est la fin du Japon ! *241*
        Adoption du premier plan mondial contre la surpêche au thon *241*
        La tentative du retour de la baleine au menu des Japonais *242*

CHAPITRE 10
    LE GOUVERNEMENT DES TECHNOCRATES *247*
    Le contrôle de l'information par les "kisha-clubs" *248*
    Le rôle obscur du "Shusho Kantei" *249*
    Structure et composition du Gouvernement *254*
    La bonne gouvernance de l'Agence impériale *258*
    La composition de la Famille impériale *259*
    Le calendrier impérial *262*
    L'emprise de l'Agence sur le destin du pays *263*
    Le budget de la Maison impériale *266*
    Masako, Princesse d'une prison dorée *267*

CHAPITRE 11
    LE GRAND TSUNAMI FINANCIER *273*
    Fin de la reprise économique *274*
    Baisse et gel des salaires *278*
    La hausse du surendettement et les "sarakin-jigoku" *280*
    La charité des actionnaires japonais *282*
    Le financement des retraites, responsable de l'euro fort *284*

    Yubari, une ville en faillite *288*
    Ogama, un village à vendre *290*
    2008, l'année de la décroissance.. *291*
        Le rebond de la crise du manque de liquidités 298
        Les créanciers douteux japonais 300
        Le "yenten", l'argent du paradis 304
        Le Japon au secours des États-Unis d'Amérique 306

CHAPITRE 12

    LA FIN D'UN MAUVAIS RÊVE *313*
    Le difficile réveil du pays *313*
    Le système de l'ascenseur... *318*
    Le coup d'État des vétérans.. *321*
    Abe pris dans son propre piège *322*
    L'après Gouvernement Abe *323*
        Le second gouvernement mort-né de Fukuda 326
        Le gouvernement des "Bonbons" 327
        L'affaire Nishimatsu 333
    Les derniers souffles d'espoir *335*
        Le rêve des entrepreneurs : le travail très bon marché 336
        Le rêve de bonheur des "Nihonjin" 339
        Le rêve des politiciens : une seule Assemblée 341
        Le rêve de bon voisinage..342
        Le rêve du retour à la croissance 345

CONCLUSION

    CHANGER DANS LA RÉSIGNATION..351
    Continuer sur la voie de la résignation *352*
    CHARTE DES DIX-SEPT ARTICLES DE SHOTOKU DE L'AN 604 359

L'HARMATTAN, ITALIA
Via Degli Artisti 15 ; 10124 Torino

L'HARMATTAN HONGRIE
Könyvesbolt ; Kossuth L. u. 14-16
1053 Budapest

L'HARMATTAN BURKINA FASO
Rue 15.167 Route du Pô Patte d'oie
12 BP 226
Ouagadougou 12
(00226) 76 59 79 86

ESPACE L'HARMATTAN KINSHASA
Faculté des Sciences Sociales,
Politiques et Administratives
BP243, KIN XI ; Université de Kinshasa

L'HARMATTAN GUINÉE
Almamya Rue KA 028
En face du restaurant le cèdre
OKB agency BP 3470 Conakry
(00224) 60 20 85 08
harmattanguinee@yahoo.fr

L'HARMATTAN CÔTE D'IVOIRE
M. Etien N'dah Ahmon
Résidence Karl / cité des arts
Abidjan-Cocody 03 BP 1588 Abidjan 03
(00225) 05 77 87 31

L'HARMATTAN MAURITANIE
Espace El Kettab du livre francophone
N° 472 avenue Palais des Congrès
BP 316 Nouakchott
(00222) 63 25 980

L'HARMATTAN CAMEROUN
BP 11486
Yaoundé
(00237) 458 67 00
(00237) 976 61 66
harmattancam@yahoo.fr

588504 - Novembre 2014
Achevé d'imprimer par